司马迁与《史记》论集

第十二辑

陕西省司马迁研究会2018年年会论文集

长安与丝路文化传播学科创新引智基地资助项目

陕西省司马迁研究会 / 编

张新科 李红岩 / 主编

陕西新华出版传媒集团
陕西人民出版社

图书在版编目(CIP)数据

司马迁与史记论集. 第十二辑, 陕西省司马迁研究会2018年年会论文集 / 张新科, 李红岩主编. — 西安: 陕西人民出版社, 2023.2
 ISBN 978-7-224-14807-7

Ⅰ.①司… Ⅱ.①张…②李… Ⅲ.①司马迁(约前145或前135—?)—人物研究—文集 ②《史记》—文集 Ⅳ.①K825.81-53 ②K204.2-53

中国国家版本馆 CIP 数据核字(2023)第 007206 号

责任编辑：王　凌　武晓雨
封面设计：杨亚强

司马迁与《史记》论集(第十二辑)
SIMA QIAN YU SHIJI LUNJI
——陕西省司马迁研究会2018年年会论文集

编　　者	陕西省司马迁研究会
主　　编	张新科　李红岩
出版发行	陕西新华出版传媒集团　陕西人民出版社
	(西安市北大街147号　邮编:710003)
印　　刷	中煤地西安地图制印有限公司
开　　本	787毫米×1092毫米　1/16
印　　张	25
字　　数	390千字
版　　次	2023年2月第1版
印　　次	2023年2月第1次印刷
书　　号	ISBN 978-7-224-14807-7
定　　价	88.00元

如有印装质量问题，请与本社联系调换。电话 029-87205094

司马迁与《史记》论集（第十二辑）编委会

顾问 袁仲一

主编 张新科 李红岩

编委 张新科 徐卫民 程世和 凌朝栋
　　　 田 静 梁建邦 梁中效 马 来
　　　 高益荣 刘炜评 杜 敏 曹 强
　　　 王长顺 王晓鹃 刘银昌 程永庄
　　　 程建虎 王晓红

目 录

◎《史记》思想文化研究

建立"史记学",促进中华优秀经典传承　　　　　　　张新科　003

从《史记·货殖列传》看企业家精神在早期经济活动中的表现

　　　　　　　　　　　　　　　　　　　　　　　　王晓鹃　015

汉文化与西部时代
　　——立足于《史记》的考察　　　　　　　　　　梁中效　032

《史记》中扁鹊医术与传统医学的研究　　　　闫向莉　原百胜　048

论"司马迁线"与中国传统文化的关系　　　　　　　王使臻　063

《史记》的家庭教育与母亲承担的教育作用　　　　　侯海英　071

◎《史记》文学艺术研究

《史记·五帝本纪》的史诗描写艺术　　　　　　　　冯晓莉　087

司马迁《史记》的艺术魅力与戏剧艺术之关系　　　　刘晓莉　094

《红楼梦》对《史记》悲剧特征的接受　　　　　　　张　萍　103

001

史官文化背景下的中国古代历史叙事　　　　　　　雷　勇　　　115

◎《史记》人物研究

《史记》附传功能论　　　　　　　　　　　　　魏耕原　　　133
《伯夷列传》与正史隐士书写　　　　　　　　　霍建波　　　147
伯夷、叔齐的形象流变考论　　　　　　　　　　周　斌　　　159
汉代关中游侠刍议　　　　　　　　　　　刘炜评　王彦龙　176
《楚汉春秋》佚文中的项羽　　　　　　　　　　任　刚　　　188
被低估的治世人才
　　——以《史记》公孙弘为例　　　　　彭国怡　杨宁宁　197
司马迁眼中的司马相如
　　——解读《司马相如列传》　　　　　　　　刘向斌　　　215
略论《史记》里之长公主　　　　　　　　　　　潘铭基　　　232

◎《史记》文献研究

从《史记·封禅书》小说家类看《汉书·艺文志》《封禅方说》之性质与内容
　　　　　　　　　　　　　　　　　　　　　　　　孙振田　251

《史记》选本文献研究的意义　　　　　　　　　凌朝栋　261

《史记》三家注引《诗》及相关问题　　　　　　李小成　267

论近现代《史记》文章学评论之特点　　　　　　王长顺　285

项羽"乌江自刎"与"身死东城"考辨　　　　　　薛引生　298

◎《史记》接受研究

《史记》与古文文统　　　　　　　　　　张申平　李荣菊　307

中国历代小说序跋对《史记》运用研究　　　　　何悦玲　316

论《史记》在朝鲜半岛的传播与影响　　　　　　杨绍固　346

大学生对《史记》接受度及意愿的调查研究
　　——以榆林学院大四学生为对象　　　　　　李晓虎　360

◎《史记》相关研究

中国传统诗学的审美之维
　　——发愤著书 不平则鸣 穷而后工　　　陈西洁　　371
《汉子精神》中"幽闭"的两种理解
　　——兼谈司马迁受"幽闭"说之错误　　　姚　军　　382

后　记　　389

《史记》思想文化研究

深入研究《史记》并建立体系完整的"史记学",是弘扬优秀传统文化的重要内容之一,也是文化自信的体现,对于繁荣学术,促进经典传承,把中华优秀文化及其研究成果推向世界具有重要意义。

建立"史记学",促进中华优秀经典传承[1]

张新科

《史记》是中华优秀传统文化的典范,其中蕴含着丰富的思想内涵,体现着我们的民族精神。《史记》由于具有独特的价值,受到历代学者的重视,乃至于逐渐成为一门重要的学问。宋代王应麟《玉海》卷四十六云:"司马氏《史记》……《史记》之学,则有王元感、徐坚、李镇、陈伯宣、韩琬、司马贞、刘伯庄、张守节、窦群、裴安时。"认为"史记之学"形成于唐代,这是有道理的。唐之后的《史记》之学继续发展,但还没有上升到更高的理论体系建构。时至今日,深入研究《史记》并建立体系完整的"史记学",是弘扬优秀传统文化的重要内容之一,也是文化自信的体现,对于繁荣学术,促进经典传承,把中华优秀文化及其研究成果推向世界具有重要意义。

(一)

建立"史记学",首先是由于《史记》这部巨著本身具有重要的文化价值。《史记》是我国第一部纪传体通史,记载了从黄帝到汉武帝时期中华民族三千年的历史,是一幅广阔的历史画卷,历代的帝王、贵族,各种大小官僚、政治家、军事家、文学家、经学家、说客、策士、刺客、游侠、商贾、卜者、俳优,都涌现在司马迁的笔下。《史记》"八书"还记载社会的典章制度,反映了人与自然、人与社会、人与人的关系等等,呈现出来的是一种立体化的社会。《史记》在许多方面突破了传统的旧观念、旧思想,表现出卓越的史识。《史记》体现了我们中华民族的智慧和力量,展现了我们中华民族维护统一、积极进取、坚韧不拔、革故鼎新、忧国爱国等民族精神[2]。《史记》在历史真实的基础上,运用

---

[1] 本文刊于《中国文化》(加拿大)2018年第3期。
[2] 详参张新科:《史记与中华民族精神塑造》,《光明日报》2017年4月16日。

文学笔法，刻画了许多鲜明的历史人物形象，是文史结合的典范。《史记》是先秦文化的集大成者，又是汉代文化的代表，以其深刻的思想、丰富的精神、独特的艺术对中国文化产生了广泛而深远的影响，成为中国文化史上一座巍峨的丰碑，正如清人李景星《史记评议·序》所说："由《史记》以上，为经为传诸子百家，流传虽多，要皆于《史记》括之；由《史记》以下，无论官私记载，其体例之常变，文法之正奇，千变万化，难以悉述，要皆于《史记》启之。"①毋庸置疑，《史记》也是世界文化宝库中一颗璀璨的明珠，齐思和曾评价："正如苏联学者图曼所说：'司马迁真正应当在大家公认的世界科学和文学泰斗中占有重要的地位。'当《史记》出现的时候，在全世界范围内，中国和古希腊罗马的史学最为发达。……和希腊史学名著比起来，《史记》的特点在于它的全面性，尤其是对于生活活动、学术思想和普通人在历史上的地位的重视。希腊历史学家的著作，往往集中到一个战争，重视政治、军事。普鲁塔克的传记汇编所收的人物也限于政治家和军事家，即使是最著名的希腊思想家、科学家亚里士多德，在他的著作中也没有一字提到，更没有一个关于从事于生产活动者的传记了。"②《史记》是中国和世界文化史上的经典著作，具有丰富的文化内涵和价值，这是它成为一门学科的关键所在，也是"史记学"建立的重要前提。

建立"史记学"，也在于从汉代开始，两千多年来的《史记》研究所积累的大量资料，为"史记学"的建立奠定了坚实的基础。这个研究基础有以下几个重要特点：

第一，时间跨度长，地域分布广。《史记》以其自身的魅力赢得后人的推崇，在两千多年的历史长河中显示出它强大的生命力。《史记》研究从汉代起步，愈来愈深入，逐渐形成了"史记学"。由于《史记》巨大的文化价值，南北朝时期就已传播到朝鲜半岛，隋朝时传播到日本，此后传播到欧洲③。如果从时间上看，传播到海外至今也已一千多年，从空间上看，其影响力不断扩大，从国内到国外，从东亚到西欧，成为世界性的文化经典，成为世界汉学家关注和研究的对象。

---

① 李景星：《史记评议·自序》，见《四史评议》，岳麓书社1986年版，第1页。
② 齐思和：《〈史记〉产生的历史条件和它在世界史学上的地位》，《光明日报》1956年1月19日。
③ 详参张新科、李红：《史记在国外的传播与研究》，载《博览群书》2015年第12期。

第二，成果形式丰富多样。传统的《史记》研究成果，以札记、短评、序跋、书信、点评、注释、论文、著作等形式为主。20世纪以来，在这些形式基础上又有较大发展，成果形式最多的是赏析、论文和专题著作，体现了《史记》研究的主体方向。尤其是专题著作，比传统的《史记》研究著作更富有理论性和系统性，是成果形式的一大发展。古今以来的《史记》研究成果，其内容或版本校勘，或考证史实，或评论章法结构，或批评历史人物，或探讨理论问题，或研究之研究；其方法或集解，或集评，或宏观研究，或微观考察。成果的多样性说明《史记》研究的兴盛与繁荣。

第三，学科领域广泛。由于《史记》具有百科全书的特点，所以研究成果也涉及众多领域，散见于各类典籍之中，以史学、文学为主干，其他还有哲学、政治学、经济学、军事学、地理学、民族学、天文学、教育学、人口学、医学、档案学等。即使史学、文学，其中也有考古学、校勘学、版本目录学、语言学等。并且，由《史记》研究引发到"史记三家注"研究，如程金造《史记索隐引书考实》、张衍田《史记正义佚文辑校》、应三玉《史记三家注研究》等，也引发到对《史记》研究著作的研究，如对明代凌稚隆《史记评林》、清代吴见思《史记论文》、清代牛运震《史记评注》等著作的研究，这是与《史记》密切相关的研究领域。

第四，专门性与非专门性成果结合。《史记》作为文史结合的典范，被广大读者接受。这种接受包括普通读者阅读欣赏《史记》的"审美效果史"，评论家对《史记》的"意义阐释史"，文学家对《史记》学习而进行创作的"经典影响史"。对于《史记》意义的阐释，是《史记》研究资料的核心部分，以专门性的资料为主流，如《史记》三家注、《史记钞》《史记评林》《史记论文》《史记评注》《史记菁华录》《史记志疑》等；除此之外，还有大量非专门性资料，古文选本如《文章正宗》《古文眉诠》《古文析义》《古文观止》等，小说评点如评《水浒传》《三国演义》《西游记》《红楼梦》《聊斋志异》等，史学评论如《史通》《文史通义》等，笔记如《习学纪言》《容斋随笔》《焦氏笔乘》《义门读书记》《日知录》等，文学评论如《文心雕龙》《艺概》《论文偶记》等，乃至于大量的序跋、书信、札记、咏史诗、戏曲、小说等，都对《史记》研究有一定帮助。

第五，文人学者的研究资料与民间资料、地上资料与地下资料的融合。《史记》一书纵横三千年历史，在撰写过程中采纳了各类资料，包括先秦典籍、汉代朝廷藏书、档案以及个人实地考察收集的民间资料等，类型十分丰富。唐代司马贞《史记索隐后序》说："太史公之书，既上序轩黄，中述战国，或得之于名山坏壁，或取之以旧俗风谣。"①所谓的"名山坏壁""旧俗风谣"，指的就是民间资料。与此相适应，研究成果也呈现出文人学者论著与民间资料相融合的特点。由于《史记》在文人学者中传播和研究的范围最广，所以研究成果以这类人的成果最为突出。与此同时，民间的许多乡土资料（如司马迁故乡韩城市有关司马迁的传说、风俗等）也是重要的组成部分。特别是不断出现的考古资料，为《史记》研究提供了新的依据、新的思路。《史记》所记载的历史是否真实可靠，许多已被考古材料所证明，或者纠正。王国维《殷卜辞中所见先公先王考》《殷卜辞中所见先公先王续考》，是最早利用甲骨文考证《史记》的论著，证实了《史记·殷本纪》所载殷先公先王的真实。②郭沫若《中国古代社会研究》一书，运用甲骨文、金文研究殷周社会，其中多处将甲骨文与《史记》记载比较研究。陈直《史记新证》亦是利用考古资料研究《史记》的代表作。山东银雀山汉墓、长沙马王堆汉墓、临潼秦始皇陵及兵马俑、广州象岗山南越王墓等许多考古成果为《史记》研究提供了非常重要的第一手资料。

如果我们从发展的角度看，两千多年的《史记》研究资料体现出如下特点：

第一，从成果文本看，经历了钞本向印刷本的变化。唐代以前的《史记》文献，以手写本的形式呈现，书写的媒介有简牍、帛书和纸张等，但不易保存，散失较多。如《隋书·经籍志》《旧唐书·经籍志》《新唐书·艺文志》所记载的汉唐以来的《史记》著作有顾柳言《史记音解》三十卷，许子儒注《史记》一百三十卷、《史记音》三卷，刘伯庄《史记音义》二十卷、《史记地名》二十卷，王元感注《史记》一百三十卷，李镇注《史记》一百三十卷、《史记义林》二十卷，陈伯宣注《史记》一百三十卷，徐坚注《史记》一百三十卷，裴安时《史记纂训》二十卷等，这些注本都已散佚。到了宋代及其以后，随着印刷技术的不断发展，《史记》的刊本愈来愈多，研究成果保存下来的也较为完备，直到我们今天的电子文献，更是一种先进的文献类型。

---

① 司马贞：《史记索隐后序》，见中华书局点校本《史记》第十册附录。
② 王国维：《观堂集林》卷九，中华书局 2004 年版。

第二，从评论、研究的角度看，由零散、感悟式的评论到系统化、理论化的专题研究。早期的《史记》研究，大都是感悟式的评论，三言两语，简明扼要，如汉魏六朝以来评论司马迁的"爱奇"问题、"史公三失"问题、班马异同问题等，许多是零散的感悟式的。"三家注"形成之后，逐渐有了系统性的研究，出现专门的研究著作，明清以来一直到今天，理论性、系统性的专题研究愈来愈明显。这种专题研究有几个明显的特点：一是突出问题意识，以问题为导向，层层深入；二是以理论为统帅，系统性强；三是以资料为依据，不空发议论；四是视野开阔，纵横开拓。这种理论研究，除了专著之外，还表现在数量众多的学术论文（包括硕士、博士学位论文），《史记》研究的最新成果往往首先从这些论文中体现出来，它们也是"史记学"向纵深发展的重要标志。据初步统计，仅1905—1998年，各类《史记》研究论文就已达2269篇。[①] 2001年以来，仅中国史记研究会主办的《史记论丛》1—12集刊发的论文就多达897篇，《渭南师范学院学报·司马迁与史记研究》栏目1989—2015年刊发《史记》论文380篇[②]。可见20世纪以来《史记》研究论文的数量日益剧增。随着研究的不断深入，对《史记》研究之研究也已展开，如张新科、俞樟华《史记研究史略》，杨海峥《汉唐〈史记〉研究论稿》等，或系统勾勒《史记》研究史，或选取某一阶段的《史记》研究进行研究。日本学者池田英雄《史记学50年——日中史记研究的动向（1945—1995年）》[③]，比较分析中日1945年至1995年的《史记》研究等。

第三，从成果特征来看，个人著作始终占主导地位，但也已开始集成式的研究。由于学术研究的特殊性，对《史记》研究往往是个体独立思考、独立研究，所以，无论是论文还是著作，基本以个人为主。当然，从古代开始就有人注意把不同学者的成果汇集在一起，给读者提供较为丰富的信息。在《史记》研究史上，作为资料与研究集大成者的著作，南朝刘宋时期裴骃的《史记集解》就已开了先河，到唐代形成了著名的"三家注"，可以说是《史记》研究的第一个里程碑。到明代出现以凌稚隆《史记评林》为代表的著作，汇集历代评论，具

[①] 安平秋等主编：《史记教程》，华文出版社2002年版，第9页。

[②] 张大可主编：《史记论丛》专辑第6卷《中国史记研究会十五年》，中国文史出版社2015年版，第191、385页。

[③] ［日］池田英雄：《史记学50年》，日本：明德出版社1995年。

有重要的意义。清代程余庆《历代名家评注史记集说》，继承《史记评林》传统，亦是具有集大成者的特点。20世纪30年代，日本学者泷川资言《史记会注考证》汇集中日《史记》研究成果，主要以文字训诂、史实考证等为主，但也具有集大成者的特点。当代以来，韩兆琦《史记选注集说》发展到《史记选注汇评》，直到他最新的《史记笺证》，一直关注汇评工作。杨燕起等编纂的《历代名家评史记》精选古代到1949年的《史记》评论资料，给研究者提供了方便。张新科等主编的《史记研究资料萃编》进一步发展，将评论延伸到当代，并按专题形式编排，使汇评工作有了新的拓展。近年来，张大可、丁德科主编的《史记论著集成》，汇辑当代学者的专题研究成果，也具有重要意义。赵生群主持修订中华书局《史记》点校本，在校勘方面吸收各家而自成一家，使《史记》校勘更上层楼。

第四，从发展趋势看，《史记》研究由"史料学"逐步向"史记学"发展。《史记》是史学著作，所以，历代研究首先从史料、史学入手，探讨其真实性及其历史价值。传统的《史记》研究，重在搜集史料，考证史料和文字，从"三家注"开始大都如此，尤其是清代乾嘉学派对《史记》的人名、地名、官爵、人物、史实、文字音韵、文献来源等的考证，使《史记》史料学研究达到顶峰。这种细致的考证研究，是最基础的，也是必不可少的研究，对于澄清历史史实、认识《史记》的史料价值具有重要意义。20世纪以来，"史料学"研究仍然是《史记》研究的重要内容之一。尤其是对《史记》的许多疑案研究，如司马迁生卒年问题、司马谈作史问题、《史记》断限问题、《史记》缺补问题、《史记》倒书问题、《史记》版本问题等，一直是研究的热点问题。王国维、顾颉刚、余嘉锡、朱东润、郭沫若、王达津、程金造、郑鹤声、金德建、贺次君、施丁、李人鉴、安平秋、曲英杰、韩兆琦、张大可、袁传璋、赵生群、张玉春等，在这些方面取得重要成就。这是研究《史记》最重要的方法之一。同时，20世纪以来，随着学术的不断发展，《史记》研究也由"史料学"向"史记学"转化。因为《史记》不是一般的史料汇编，司马迁要"究天人之际，通古今之变，成一家之言"，这是《史记》之魂。从史料的整理和挖掘中分析司马迁思想，通过具体材料探讨《史记》丰富的思想内涵及其价值，上升到"史记学"的理论高度，这是《史记》研究的必经之路。传统的"史料学"研究，也有学者在考证中提出一些理论问题，如"史公三失"、班马异同、司马迁"爱奇"、司马迁寓论断于叙事之中、司马迁运用互见法等问题。但是，这些问题只是提出来了，还没有很好地、系统地论述和解决，有些还只停留在表面，有待于深入探究。20 世纪初期已显示出理论的探讨，如梁启超、蔡尚思、徐浩、杨启高、李长之等对《史记》纪传体体例、《史记》的成因以及《史记》文章风格等进行了较为深入的探讨。这种系统性的、规律性的探讨，在现代以来有了较大发展，尤其是新时期以来，随着思想的解放运动，这种研究取得了突破性进展。①其中所探讨的问题，深入到《史记》的灵魂深处，挖掘《史记》的史学价值、思想价值，提升了《史记》研究的内涵，为"史记学"体系的建立打下坚实的基础。

建立"史记学"，也是当前文化发展和文化建设的需要。《史记》是中华优秀文化经典之作，它所体现的大一统思想、中华民族皆为黄帝子孙的思想，所表现的爱国思想、积极进取精神、求实创新精神等，都对当今社会有积极作用。我们之所以把"史记学"作为一门学科，就是要弘扬这些有价值的人文精神。尤其是大一统的思想，对于凝聚我们民族的团结精神，更具有十分重要的现实意义。《史记》所表现的人文精神，并没有随着时代的消逝而消逝，而是一个继续流淌着的跨时间的文化流程，它的人文精神，经过不断的净化、升华之后变为我们的现实精神。《史记》中许多人物积极进取、刚强不息、勇于革命，对民族精神的形成起了重要作用，这是我们民族宝贵的精神财富。建立"史记学"，这是当前传承中华优秀传统文化的需要，有利于中华经典文化的广泛传播。中共中央办公厅、国务院办公厅《关于实施中华优秀传统文化传承发展工程的意见》中强调："中华优秀传统文化，积淀着中华民族最深沉的精神追求，代表着中华民族独特的精神标识，是中华民族生生不息、发展壮大的丰厚滋养，是中国特色社会主义植根的文化沃土，是当代中国发展的突出优势，对延续和发展中华文明、促进人类文明进步，发挥着重要作用。"②《史记》作为优秀传统文化的

---

① 张大可：《三十年来史记研究述评》、《史记的民族凝聚力与研究现状》（收入作者再版的《史记研究》一书，华文出版社 2002 年版），肖黎《建国以来史记研究情况述评》（载《社会科学研究》1983 年第 5 期），曹晋《史记百年文学研究述评》（载《文学评论》2000 年第 2 期），陈桐生《百年史记研究的回顾与前瞻》（载《文学遗产》2001 年第 1 期），张新科、俞樟华《史记研究史略》（三秦出版社 1990 年版）等论著对此均有详述。

② 全文载于 2017 年 1 月 26 日《光明日报》。

代表，是三千年中华文化的总结，蕴含的价值非常丰富，值得深入挖掘和研究。从发展学术的角度来说，现实的变革促进人们思想观念的变化，也促使人们不断从新的时代要求去深化传统经典的研究，以期从中吸取本时代所需要的营养。司马迁《高祖功臣侯者年表序》："居今之世，志古之道，所以自镜也。"①因此，"史记学"对当代的学术发展具有重要的现实意义。新时期以来，围绕着司马迁及其《史记》，人们展开了多方面的研究，研究领域不断扩大，除了史学、文学外，还涉及哲学、美学、经济学、军事学、天文学、医学、教育学、建筑学、民俗学、地学、神话学等；研究的问题也在不断地深入，而且组成了司马迁研究的学术团体，这对于繁荣学术、发展学术起了积极作用。同时，"史记学"也能促进史学、哲学、文学、语言学、民俗学等其他学科的研究等。我们还应看到，"史记学"的发展，为考古学、民族学、地理学等其他学科也提供了重要的基础资料。同时，司马迁继承父业，以强烈的使命感，担当起编纂历史的重任，不虚美，不隐恶，以求实创新的精神和顽强的毅力，去完成编纂《史记》的伟大事业，这种治学精神在今天仍然具有积极的现实意义。

（二）

建立"史记学"，不仅具有必要性，而且具有重要性。"史记学"的建立，对于深入认识和研究汉代文化具有重要意义。《史记》是先秦文化的集大成者，同时又是汉代文化的代表，以此为突破口研究汉代社会，无疑是一条重要途径。而且，司马迁创作《史记》的目的是"究天人之际，通古今之变，成一家之言"，这是史学家、哲学家的使命。正如梁启超在《中国历史研究法》中所说："迁著书最大目的乃在发表司马氏一家之言，与荀况著《荀子》，董生著《春秋繁露》性质正同，不过其一家之言乃借史的形式以发表耳。故仅以近代史的观念读《史记》，非能知《史记》者也。"研究汉代史学、哲学，离不开《史记》，"史记学"的研究历史也证明了这一点。进一步来看，"史记学"的建立，可以对我国史学的产生、发展、演变提供某些规律性的论证。先秦时期已有编年、国别等史学著作，《史记》的出现，无论从史学意识、史学目的、史学编纂，还是史学规模、

---

① 司马迁：《史记》，中华书局1959年版，第878页。

史学语言等，都是中国史学史上的一次革命。而后来的史学，尤其是"二十四史"，基本都是沿着司马迁开创的史学道路继续前进。因此，"史记学"的建立，将有助于我们认识中国史学的源流及其发展，探寻史学发展中的核心问题。再以文学而言，司马迁在历史真实的基础上，施展文学才华，使《史记》成为中国叙事文学的里程碑。先秦时期的叙事文学，主要是历史散文中的《左传》《国语》《战国策》，《史记》继承了它们的长处，并吸收了抒情文学如《诗经》《楚辞》、政治哲学著作如诸子百家等的精神，成为先秦文学的集大成者和汉代文学的典型代表。后来的文学，都从它这里吸取了营养。如古代的散文，唐宋八大家、明代的前后七子和唐宋派、清代的桐城派，都高举学习《史记》的大旗。《史记》成为中国古典散文的千秋宗匠。其他文学样式如传记、小说、戏剧、辞赋等都与《史记》有密切关系①，甚至于司马迁提出的"发愤著书"理论对于中国古代文学批评也产生深远影响。因此，建立"史记学"，对于中国文学发展的来龙去脉也会有更深入的认识。除史学、文学之外，《史记》中所体现的哲学、经济学、军事学、民族学、地理学、教育学、天文学、医学、音乐学等各种思想也是非常丰富的。研究中国文化，《史记》是无法绕开的。

建立"史记学"，也具有重要的世界意义。《史记》在世界各国都有一定的影响。《北史·高丽传》记载，唐以前"三史"已传到朝鲜半岛。目前，俄文、法文版全本《史记》都已问世，英文版全本《史记》也即将完成。据覃启勋《史记与日本文化》一书考证，《史记》在公元600年至604年之间由第一批遣隋使始传日本，明清之际，是《史记》东传日本的黄金时代。②在日本，已经形成一支实力强大的《史记》专门研究队伍，仅近现代而言，颇有影响的专家有泷川资言、水泽利忠、宫崎市定、野口定男、加地伸行、池田芦洲、池田英雄、伊藤德男、今鹰真、藤田胜久、小泽贤二等百余人。《史记会注考证》《史记会注考证校补》《史记研究书目解题》等著作，都是颇有特色的著作。欧美国家的《史记》研究也有较大成就，如法国的沙畹、康德谟、吴德明，美国的华兹生、

---

① 《史记》与中国文学的关系，详参张新科《史记与中国文学》一书，商务印书馆2010年版。

② 覃启勋：《史记与日本文化》，武汉大学出版社1989年版，第41页。

倪豪士、侯格睿、杜润德、王靖宇、汪荣祖等①。当然,国外的《史记》研究还很不平衡,也存在不少问题;而且,国外研究成果被介绍进来的也不多。随着中国对外开放政策的实行,各国之间的文化交流日益频繁。建立"史记学",可以在原有基础上进一步扩大和加深国际间的合作交流,促进中国文化走出去。

"史记学"的建立,也具有重要的文化教育意义。读史使人明鉴,从事《史记》研究,建立"史记学",有助于我们进行历史的反思,在认识历史的同时,也认识自我,提高自己认识社会的能力,完善自己的人格结构。同时,《史记》也是我们民族智慧的结晶,其中的治国理政思想、道德观、价值观、义利观等,对于当今治理天下以及培养人们高尚的道德节操具有积极的作用。习近平总书记2015年2月15日在陕西考察时讲道:"对历史文化,要注重发掘和利用,溯到源、找到根、寻到魂,找准历史和现实的结合点,深入挖掘历史文化中的价值理念、道德规范、治国智慧。比如,司马迁的《史记》、班固的《汉书》中所凝结的先人智慧,对今天治国理政有不少启示。古人说,'读经传则根底厚,看史鉴则议论伟'。发掘和利用工作做好了,才能去粗取精、去伪存真、古为今用,做到以文化人、以史资政。"《史记》是"以文化人"的极好教材,应该得到开发和利用。而且,《史记》借助文学的手段,以美的语言、美的结构、美的形式,使传主的生命价值得以很好的展现出来,并产生美感效应。正如茅坤所说:"读游侠传即欲轻生,读屈原、贾谊传即欲流涕,读庄周、鲁仲连传即欲遗世,读李广传即欲力斗,读石建传即欲俯躬,读信陵、平原君传即欲好士。"②这样的传记效果,是任何说教形式难以达到的。因此,建立"史记学",以史为鉴,是文化传承的重要内容之一。

(三)

建立"史记学",既有历代积淀的雄厚基础,又有重要的文化价值和意义。那么,如何建立这门既具有历史意义又具有现实意义的学科?笔者曾对此提出

---

① 关于海外《史记》研究情况,详见张新科等《史记在国外的传播与研究》一文,载《博览群书》2015年第12期。

②《茅鹿门先生文集》卷一。《史记评林》卷首引。

一些看法，主要有走综合化之路，以理论作统帅，多样化的形式，立体化的研究，世界化的目标，生产化的方式。①当然，建立一门学科，绝不是一蹴而就的，需要长期的积累，以上这些工作仍然是今后需要努力的方向，要以科学求实的态度，对待优秀经典著作，尤其是理论的探讨需要不断加强和提升。在此，笔者特别强调两项重要的基础性工作，即《史记》的普及化和数字化。

建立"史记学"，需要有广泛的群众基础。因此，文史工作者要以普及《史记》、传承优秀文化为己任，针对不同层次、不同年龄的人群，采取不同的普及方式，扩大《史记》传播范围，使经典著作深入人心。《史记》具有百科全书特点，其传播范围当然不只是史学、文学；而且《史记》不只是文人雅士的案头著作，也是普通大众的必读书目；不只是大专院校青年学生的必修课程，也是干部培训的极好教材；不只是中国文化的经典，而且也是世界文化经典，在世界范围内传播。开设课程、专题讲座、编写普及读物，运用广播、电视、网络等各种形式，形成普及《史记》的强大阵势，使更多的人认识《史记》的巨大价值、认识司马迁的伟大精神，认识中华优秀文化的内在魅力。如果没有广泛的传播和普及基础，"史记学"也就失去了依赖，失去了生命力。当然，普及与提高是一个统一体，普及是为研究打基础，而且把《史记》研究成果传播到更广的范围，也是一种普及。

现代科技的快速发展，为学术研究插上了新的翅膀。《史记》研究，是精神生产，生产工具也应随着时代而变化。我们在进行综合化工作时，依赖于科学技术手段，其中最重要的乃是电子计算机以及网络技术的使用。先进科学技术的使用，对于《史记》资料中心的建立以及广泛传播《史记》和研究成果有着重大的意义，甚至是革命性的变化。网络技术带来查阅资料的方便，带来研究的数字化，研究手段的更新为新的研究奠定良好基础。目前，有关单位正在进行大规模的《史记》数据库建设，不仅将《史记》按照一定的主题模块数字化，而且将古今中外《史记》研究成果分门别类进行数字化处理，为研究者提供极大便利，这是一项非常有意义的工程，也是建立"史记学"重要的奠基工作。

---

① 笔者《史记学概论》一书曾对"史记学"的范畴、特征、源流、价值、发展趋势等问题进行了探讨。商务印书馆2003年版。

当然,"史记学"能否建立、能否发展,起决定作用的还是研究主体——人。研究者必须具有一定的素养。唐代史学理论家刘知几认为:"史才须有三长,世无其人,故史才少也。三长,谓才也,学也,识也。"[1]清代章学诚《文史通义·史德篇》在此基础上又加一"德"字。[2]可见《史记》研究者只有具备多方面的素养,才能担当起重任,才能鉴别史料的真伪、源流,才能从繁杂的资料中分析问题,解决问题。

"史记学"不同于其他学科,从本质上说是人文社会科学的一个分支,具有多学科性。它的建立与发展,与史学、哲学、文学、民族学、地理学、政治学、经济学、军事学、档案学等,都有一定的关系。但作为"史记学"的体系构架,应该是以史学、哲学、文学作为最重要的支柱学科。总之,需要各学科共同努力,建立起独具特色的新学科,促进学术发展,促进中华优秀文化的传承。

"史记学"的发展,经历了两千多年,经过无数学者的不懈努力,逐步发展壮大,尤其是20世纪以来,"史记学"发展到一个新的阶段。由于《史记》具有深刻的思想内涵和完整的体系,能使有价值的生命走向永恒的时间和无穷的空间,"史记学"也将具有它的无穷魅力和生命力,愈来愈受到人们的重视,对此,我们充满信心。

(张新科,陕西省司马迁研究会会长,陕西师范大学教授、博士生导师。)

---

[1] 刘昫:《旧唐书·刘子玄传》,中华书局1975年版,第3173页。
[2] 章学诚撰,叶瑛校注:《文史通义校注》,中华书局1985年版,第219页。

从《史记·货殖列传》看企业家精神在早期经济活动中的表现①

王晓鹃

企业是市场经济活动的主要参与者,企业行为是社会经济和社会发展的重要推动力量,企业家是经济活动的重要主体,是企业的统帅和灵魂,也是推动经济社会发展的生力军,而企业家精神则是企业创新的精神内核。司马迁在《史记·货殖列传》中,专门记叙了一系列春秋战国至西汉的工商业者形象,是中国"古代史书中唯一一篇专门为工商业者树碑立传的文字",钱钟书评论道:"当世法国史家深非史之为'大事记'体者,专载朝政军事,而忽诸民生日用;马迁传《游侠》,已属破格,然尚以传人为主,此篇则全非'大事记'、'人物志',于新史学不啻乎辟鸿蒙矣。"②极大地肯定了该篇的历史价值。那么,这些早期的工商业者是不是企业家?尤其是西汉的工商业者,在创新创业时,有没有相似的经历?抑或共同的价值追求?换言之,他们有没有企业家精神?知古鉴今,对这一问题的探讨,或许可以进一步加深对我国早期商业活动的认识,而对目前的市场经济活动亦可提供一定的参考。

一、企业家精神

党的十八大以来,习近平总书记多次谈及企业家精神,指出"市场活力来自于人,特别是来自于企业家,来自于企业家精神";要"激发企业家精神,发挥

---

① 本文刊于《渭南师范学院学报》2022年第10期。
② 钱钟书:《管锥编》(第一册),中华书局1986年版,第383页。

企业家才能";要"保护企业家精神,支持企业家专心创新创业";党的十九大更是明确提出"激发和保护企业家精神,鼓励更多社会主体投身创新创业"的思想。那么,什么才是企业家精神?

历史地看,"企业家精神"(Entrepreneurship)的概念是近代西方的产物,是和西方国家近代企业产生和发展的过程密切相关。如以熊彼特和鲍莫尔为代表的德国学派,强调企业家的创新精神;以奈特和舒尔茨为代表的芝加哥学派,注重于企业家的风险承担能力和冒险精神以及应付市场失衡的能力;以米塞斯和科兹纳为代表的奥地利学派,则着重关注企业家对市场机会的识别能力。[1]在国内,张维迎认为企业家精神应该包括四点:一是对盈利机会的警觉性;二是简单化;三是想象力;四是毅力和耐心。[2]汤亮认为企业家精神应有三个重心:创新思维是企业家精神的鲜活灵魂,工匠精神是企业家精神的不变本色,执着敬业是企业家精神的内核动力。[3]姜绍华认为:"对于进入新时代的我国而言,企业家精神除了创新和冒险精神,还应当有强烈的社会责任感和国家大局意识,应当有更高的境界、更高的追求、更高的市场伦理自觉。"[4]董正英则认为,企业家精神包括三个含义:(1)首创性;(2)创造性地组织、重组社会经济运行机制,实现资源向实际效益的转化;(3)承担风险和接受失败。[5]

虽然众说纷纭,但有几点却是一致的,即"企业家"的本质特征就是冒险家和创新者,是社会财富的缔造者。企业家精神首先是要具备创造力和社会责任感,即创新精神、冒险精神、敬业精神和担当精神。从这四个维度去关照《货殖列传》中的工商业者,或许会打开早期经济的另一扇窗户,让我们得以领略两千年前企业家的风采和气魄。

---

[1] 唐国华:《企业家才能配置与经济增长:基于省际面板数据的经验研究》,《科学与科学家研究》,2012年第11期。
[2] 张维迎:《知识的本质与企业家精神》,《经济观察报》2017年5月7日。
[3] 汤亮:《中国企业家精神的三个重要特征》,《中华工商时报》2017年10月10日。
[4] 姜绍华:《新时代如何培育企业家精神》,《大众日报》2018年1月17日。
[5] 董正英:《创业教育的关键点:企业家精神》,《文教资料》2018年第31期。

二、《货殖列传》中的工商业者

《货殖列传》的写作动机与主旨，司马迁在《太史公自序》曾明确说过，"布衣匹夫之人，不害于政，不妨百姓，取之于时而息财富，智者有采焉。作《货殖列传》"①，即主要为春秋末期至秦汉以来布衣起家的大货殖家作传，通过介绍他们的言行、社会经济地位，以及他们所处的时代、重要经济地区的特产商品、有名的商业城市和商业活动、各地的生产情况和社会经济发展的特点，叙述他们的致富之道、经营思想，以便"令后世得以观择焉"。

仔细阅读文本，发现最早见著于《货殖列传》的是齐国的太公望，但司马迁选取货殖家的标准是"布衣匹夫"，姜子牙贵居相位，显然不在此列，因为作为统治者的他，虽然曾制定有关货殖的政策和法规，但是毕竟不是亲操货殖之业的人。至于春秋时的"计然"，是一个人，还是一本书，悬而未决，如钱穆就采晋人蔡谟之说，认为"计然"是范蠡写的一部书名（《先秦诸子系年》）。为了慎重起见，"计然"暂不列入。司马迁正式选取立传的第一人，是春秋时的陶朱公，即范蠡，第二位是子贡。战国时代，有白圭、猗顿、郭纵、乌氏倮、巴寡妇清、蜀卓氏之先、程郑、宛孔氏之先八人入传；汉代有曹邴氏、刀间、宣曲任氏之先、无盐氏、田啬、田兰、韦家栗氏、安陵和杜县的杜氏九人入传。同时，司马迁还选取几个小商人附入传记，如桥姚、秦扬、田叔、雍伯等。

这些货殖家或工商业者，从传统的视域，人们更多地将他们视为"商人"，即"以别人产生的商品或服务进行贸易，从而赚取利润的人"，俗称生意人。由于人口众多，我国历代统治者都将农业视为立国之本，历史上一直有"士农工商"四民的区分，商人的社会地位极低，处于社会结构的最底端，也是统治者眼中的"末业""贱业"。"重农抑商"也是历代王朝的基本国策，如韩非子就提出了工商为末业的观点，"夫明王治国之政，使其商工游食之民少而名卑，以寡趣本务而趋末作"②，把商人看作是社会的蛀虫；汉高祖亦规定商人必须纳重税

---

① 司马迁：《史记》卷一百三十《太史公自序》，中华书局 2014 年版，第 4026 页。
② 韩非著：《韩非子·五蠹》，中华书局 2007 年版，第 273 页。

（主要是人头税），不得穿丝绸衣服，不得骑马，子子孙孙都不得做官；汉武帝更是恢复了秦朝的谪戍制度，将有市籍的商人及其子孙都列入征发对象，并规定商人不论登记与否，一律课重税，商人和家属不许拥有土地，违者土地没收，并充当奴隶。这些政策，无疑在一定程度上影响了春秋战国至西汉商人阶层的兴起和早期经济的繁荣与发展。

从现代的角度来看，"商人"的范畴显然要比"企业家"广，即不是所有的商人都可以成为企业家，更不可能都具有企业家精神。值得注意的是，《货殖列传》中列出的这些商人，却大多数堪称企业家，司马迁对他们很是欣赏，以至于专门用了一个词——"素封"，来褒扬：

> 德者，人物之谓也。今有无秩禄之奉，爵邑之入，而乐与之比者，命曰"素封"。①
>
> 由是观之，富无经业，则货无常主，能者辐凑，不肖者瓦解。千金之家比一都之君，巨万者乃与王者同乐。岂所谓"素封"者邪？非也？②

关于"素封"的含义，张守节《正义》曾道："言不仕之人自有园田收养之给，其利比於封君，故曰'素封'也。"③在司马迁看来，在相对自由的经济社会中，那些富有创造性、布衣起家、能自食其力、德才兼备的商人，虽然没有官职俸禄和封地收入，但他们拥有财富，生活得富足快乐，这就是"素封"。这些被称作"素封"的商人，除了拥有大量的钱财与物资之外，更重要的是有德行，即"企业家精神"，《史记·货殖列传》中着墨颇多的便是这类企业家。

---

① 司马迁：《史记》卷一百二十九《货殖列传》，中华书局2014年版，第3970页。
② 司马迁：《史记》卷一百二十九《货殖列传》，中华书局2014年版，第3982页。
③ 司马迁：《史记》卷一百二十九《货殖列传》，中华书局2014年版，第3970页。

三、《货殖列传》记叙的企业家精神

（一）创新精神

创新精神，是企业家活动的典型特征，包括产品创新、技术创新、市场创新、经营模式创新、组织形式创新等。纵观《货殖列传》，全篇洋溢着这种创新精神，如蜀卓氏之先、程郑：

> 蜀卓氏之先，赵人也，用铁冶富。秦破赵，迁卓氏。卓氏见虏略，独夫妻推辇，行诣迁处。诸迁虏少有余财，争与吏，求近处，处葭萌。唯卓氏曰："此地狭薄。吾闻汶山之下，沃野，下有蹲鸱，至死不饥。民工于市，易贾。"乃求远迁。致之临邛，大喜，即铁山鼓铸，运筹策，倾滇蜀之民，富至僮千人。田池射猎之乐，拟于人君。①

> 程郑，山东迁虏也，亦冶铸，贾椎髻之民，富埒卓氏，俱居临邛。②

蜀郡卓氏的祖先是赵国人，因从事冶铁而致富，并掌握了一整套冶铁技术。秦始皇灭赵国后，卓氏被强制迁移，在几乎一无所有的条件下，不畏艰险，宁愿到边远的汶山从事开发。卓氏到达临邛后，很快发现了铁矿，立即就地冶炼铸造，产品遍销滇、蜀地区，对促进当地经济的发展做出了重大贡献，而他自己也成为拥有上千家僮的巨富，生活的奢华足以与君主相媲美。另一位程郑，经历与卓氏相似，生产的铁器远销南越，积聚的财富与卓氏不相上下。

卓氏和程郑，无疑是成功的企业家，也是思维创新的"大师"。当时，其他被迁的人都用身边仅留下的一点余钱贿赂押送他们的官吏，以便找个近一些的地方，结果被安置在葭萌（今四川昭化县），只有卓氏不求苟安，因为他熟谙地理，早知道汶山之下是一片沃野，有"民工于市，易贾"的优越条件，故能够预见一般人无法想象的市场，能够发现一般人无法发现的机会，具有卓越的开

---

① 司马迁：《史记》卷一百二十九《货殖列传》，中华书局2014年版，第3976页。
② 司马迁：《史记》卷一百二十九《货殖列传》，中华书局2014年版，第3977页。

拓精神和创新精神。

再如白圭：

> 白圭，周人也。当魏文侯时，李克务尽地力，而白圭乐观时变，故人弃我取，人取我与。夫岁孰取谷，予之丝漆；茧出取帛絮，予之食。太阴在卯，穰；明岁衰恶。至午，旱；明岁美。至酉，穰；明岁衰恶。至子，大旱；明岁美，有水。至卯，积着率岁倍。欲长钱，取下谷；长石斗，取上种。①

白圭是战国时著名的企业家，主要经营农副产品。他主张减轻田税，提出贸易致富论，并根据市场的具体情况来实行"人弃我取，人取我与"独特经商战略。当时，各级贵族都有自己的封地，地主有租米，官吏有廪米，军士也按月领取廪米，粮食根本不需依赖市场。面对这种情况，白圭便把市场开拓点放在农民身上，因为农民虽然是粮食的生产者，但是不少人在交租纳税之后，所剩谷物已经无几，早在春播大忙之前就已断粮，急需谷物充饥或下种。这时，春蚕恰好可以上市了，白圭就收取农民手中的蚕丝和绢帛，然后再供应给他们粮食。农民缺少的生活用品和生产资料，只有在秋粮上市之时才有能力购买，白圭就在秋收季节收购粮食，然后再向农民供应冬闲时需求的蚕丝和生漆等手工业原料，以便农民利用冬闲从事家庭农副业生产。白圭还运用天文学、气象学的知识，总结出农业经济循环说，认为农业经济的一个周期为12年。由此可见，白圭的成功，既来自多年的商业实践，又来自于思维创新。即他能够准确判断市场的变化规律和顾客的购买能力，审时度势，顺应时机，利国利民。

又如刀间：

> 齐俗贱奴虏，而刀间独爱贵之。桀黠奴，人之所患也，唯刀间收取，使之逐渔盐商贾之利，或连车骑，交守相，然愈益任之。终得其力，起富数千万。故曰"宁爵毋刀"，言其能使豪奴自饶而尽其力。②

---

① 司马迁：《史记》卷一百二十九《货殖列传》，中华书局2014年版，第3954页。
② 司马迁：《史记》卷一百二十九《货殖列传》，中华书局2014年版，第3978页。

齐地的刀间是一位商业奇才，他敢于一反世俗，专门从奴隶中挑选人才，特别是对于那些被奴隶主视为桀骜不驯却精明强干的奴隶，都加以收买，并委派他们去经营手工业和商业，获取利润。刀间因此致富，而奴隶们在为刀间尽力的同时，自己也成为富人，所以齐地民谣都说"宁爵毋刀"（宁可不改变奴隶身份，不要平民享有的爵位，也不愿离开刀间）。显然，刀间的成功，来自他过人的胆识，即敢于并且善于在奴隶中发掘商业人才。他的创新，属于经营创新，即通过扩大和延伸经营管理的方式，不是把奴隶当作简单的生产工具和劳动力，而是充分利用他们的智力和能力，故而获得高额收益。

又如乌氏倮和寡妇清：

> 乌氏倮畜牧，及众，斥卖，求奇缯物，间献遗戎王。戎王什倍其偿，与之畜，畜至用谷量马牛。秦始皇帝令倮比封君，以时与列臣朝请。而巴寡妇清，其先得丹穴，而擅其利数世，家亦不訾。清，寡妇也，能守其业，用财自卫，不见侵犯。秦皇帝以为贞妇而客之，为筑女怀清台。夫倮鄙人牧长，清穷乡寡妇，礼抗万乘，名显天下，岂非以富邪？[1]

乌氏（今甘肃平凉西北）有一个叫作倮的畜牧商，发现游牧民族拥有大量牛羊，却缺少纺织品，乌氏倮就把自己养的牲畜全部卖掉，并用来购买游牧民族渴望得到的丝绸，然后设法献给他们的首领。首领十分高兴，就用十倍于"贡品"的价格赏赐给乌氏倮牲畜。乌氏倮回秦国后，再卖掉牲畜购买丝绸"献给"游牧民族的首领。乌氏倮周旋在秦国和戎人之间，做跨国生意，企业也越做越大，到后来他的牲畜多得数不清，只能用拥有多少山谷来计算，而乌氏倮在秦国更是得到尊崇，秦始皇诏令他与封君同列，按规定时间同诸大臣进宫朝拜。

至于巴郡（今重庆市）女企业家清的事迹，简直就是传奇。巴清早年丧夫，终生守寡不再嫁。这位单身女人，凭借出色的炼丹技术和过人的商业头脑，一手推动家族企业成为垄断全国丹砂、水银行业的商业帝国。她出巨资帮助秦始皇修建长城，为秦始皇修建陵墓提供大量水银，晚年被秦始皇封为"贞妇"。在

---

[1] 司马迁：《史记》卷一百二十九《货殖列传》，中华书局2014年版，第3957页。

"收天下之兵"的秦朝，她能够"用财自卫"，拥有一支私人武装。她死后，秦始皇专门下旨修筑"怀清台"，以示褒扬。

太史公说，乌氏倮不过是个边鄙之人、畜牧主，巴清是个穷乡僻壤的寡妇，却能与皇帝分庭抗礼，名扬天下，这难道不是因为他们富有吗？显然，乌氏倮和巴清的财富，来自他们的谋略，即善于创新市场、选择市场和经营市场，而这正是企业家的基本素质。

（二）冒险精神

企业创新风险是二进制的，要么成功，要么失败，企业家没有第三条道路可走。对1939年在美国硅谷成立的惠普，1933年在日本成立的丰田集团，1984年分别在中国北京、青岛成立的联想和海尔等众多企业而言，虽然这些企业创始人的生长环境和创业机缘千差万别，但无一例外都是在条件极不成熟和外部环境极不明晰的情况下，他们敢第一个吃螃蟹，正如《货殖列传》中的宣曲任氏之先：

> 宣曲任氏之先，为督道仓吏。秦之败也，豪杰皆争取金玉，而任氏独窖仓粟。楚汉相距荥阳也，民不得耕种，米石至万，而豪杰金玉尽归任氏，任氏以此起富。富人争奢侈，而任氏折节为俭，力田畜。田畜人争取贱贾，任氏独取贵善。富者数世。然任公家约，非田畜所出弗衣食，公事不毕则身不得饮酒食肉。以此为闾里率，故富而主上重之。[1]

陕西关中宣曲的任氏，原是仓库主管，秦朝灭亡时，豪杰们纷纷收罗价值昂贵的金玉，唯独粮仓无人问津，任氏敏锐地认识到粮食的价值，大量储藏粮食。后来，楚汉在荥阳一带大战，农民无法耕种土地，导致米价涨到一石万钱，任氏大发其财，豪杰们到手的金玉都流到了他手中。而其他富人相互炫富摆阔时，任氏却生活节俭，将资产投入农牧业；别人买土地和牲畜时只拣便宜货，任氏却只求质优，不怕多花钱。由于投资有效，资金风险率大大降低，故他家几代

---

[1] 司马迁：《史记》卷一百二十九《货殖列传》，中华书局2014年版，第3979页。

都保持着富足。

再如无盐氏：

> 吴楚七国兵起时，长安中列侯封君行从军旅，赍贷子钱，子钱家以为侯邑国在关东，关东成败未决，莫肯与。唯无盐氏出捐千金贷，其息什之。三月，吴楚平，一岁之中，则无盐氏之息什倍，用此富埒关中。①

汉景帝时，吴楚七国之乱爆发，在长安的列侯和封君被征召从军。为了筹措军饷，列侯不得不向商人借贷。由于列侯的封邑都在关东（函谷关以东），而吴楚七国的叛乱地也在关东，时局不明，成败未定，许多子钱家（投资者）担心收不回本息，不敢贸然放贷。只有无盐氏毅然拿出千金供借贷，年利定为十倍。果然，吴楚之乱仅三个月就平息，无盐氏一年之内获利十倍，一跃成为关中首富。

又如桥姚：

> 塞之斥也，唯桥姚已致马千匹，牛倍之，羊万头，粟以万钟计。②

汉武帝刚开始开拓疆土时，边疆地广人稀，桥姚敏锐地抓住商机，立即投入大量人力物力，不久就获得马千匹、牛两千多头、羊万余只和粮食数万石的丰厚回馈。

显然，任氏、无盐氏和桥姚能够迅速致富，是建立在对西汉当时政治、经济形势的准确判断的基础上的，是以敢为天下先、甘冒风险为前提的。尤其是无盐氏，他进行的不是一般意义的借贷，而是风险投资，风险越大，利率自然越高。如果吴楚七国叛乱得逞，或者平叛战争持续多年，或者列侯的封邑遭受破坏，他很可能连本金都收不回。这也是一般投资家的疑虑。如果没有对时局的准确判断，没有冒险精神和必胜的信心，无盐氏也不敢轻举妄动。无盐氏的资金保证了列侯们能及时从军，使部队能迅速集结行动，并保证朝廷在短期内取得胜利。对列侯来说，他们尽管付出了高额利息，但由于封邑得到保全，从而

---

① 司马迁：《史记》卷一百二十九《货殖列传》，中华书局2014年版，第3980页。
② 司马迁：《史记》卷一百二十九《货殖列传》，中华书局2014年版，第3980页。

避免了更大的损失。对朝廷来说，能在短期内平叛，保证了国家经济和政治的正常运转，意义非凡。还有一点我们必须明白，即当无盐氏将千金交给列侯（借方）时，并没有一个政府部门或保险公司为他做过任何风险担保，十倍的利息是毫无保障的。以今律古，推己及人，我们不得不承认，无盐氏所冒风险的价值远远不止十倍的收益，他也绝不是普通投机钻营的高利贷者，在他身上体现出来的，恰恰是企业家可贵的冒险精神。因此，没有甘冒风险和承担失败的魄力，就不可能成为真正的企业家。

当然，除了这三位光芒万丈的冒险家外，还有一部分商人，如战国时代的猗顿、郭纵、宛孔氏之先，汉代的曹邴氏、田啬、田兰、韦家栗氏、安陵和杜县的杜氏九人，太史公虽有提及，但着墨较少：

> 猗顿用盬盐起。而邯郸郭纵以铁冶成业，与王者埒富。①
>
> 关中富商大贾，大抵尽诸田，田啬、田兰。韦家栗氏，安陵、杜杜氏，亦巨万。②
>
> 宛孔氏之先，梁人也，用铁冶为业。秦伐魏，迁孔氏南阳。大鼓铸，规陂池，连车骑，游诸侯，因通商贾之利，有游闲公子之赐与名。然其赢得过当，愈于纤啬，家致富数千金，故南阳行贾尽法孔氏之雍容。③
>
> 鲁人俗俭啬，而曹邴氏尤甚，以铁冶起，富至巨万。然家自父兄子孙约，俯有拾，仰有取，贳贷行贾遍郡国。邹、鲁以其故多去文学而趋利者，以曹邴氏也。④
>
> 周人既纤，而师史尤甚，转毂以百数，贾郡国，无所不至。洛阳街居在齐秦楚赵之中，贫人学事富家，相矜以久贾，数过邑不入门，设任此等，故师史能致七千万。⑤

---

① 司马迁：《史记》卷一百二十九《货殖列传》，中华书局2014年版，第3986页。
② 司马迁：《史记》卷一百二十九《货殖列传》，中华书局2014年版，第3981页。
③ 司马迁：《史记》卷一百二十九《货殖列传》，中华书局2014年版，第3977页。
④ 司马迁：《史记》卷一百二十九《货殖列传》，中华书局2014年版，第3978页。
⑤ 司马迁：《史记》卷一百二十九《货殖列传》，中华书局2014年版，第3978页。

山西人猗顿以畜牧业起家,兼营盐业;河北邯郸人郭纵以冶铁为业,倾国巨富,在当时都影响很大。汉代的富商巨贾大都聚居在皇城长安周围,如田氏、韦家栗氏、安陵和杜杜氏等。至于宛孔氏之先,也以冶铁成为巨富,生活奢侈,一边与诸侯交接,牟取暴利,一边又乐善好施,获得"有游闲公子之赐与名"的美誉。鲁国的曹邴氏家族亦以冶铁起家,但很吝啬,还有一套家规:"然家自父兄子孙约,俯有拾,仰有取。"他们家族租赁、放债、做买卖遍及各地。周人师史的致富之道,与曹邴氏相似,但都以吝啬出名。对这些商人,司马迁也给予了充分的肯定:

> 此其章章尤异者也。皆非有爵邑奉禄弄法犯奸而富,尽椎埋去就,与时俯仰,获其赢利,以末致财,用本守之,以武一切,用文持之,变化有概,故足术也。若至力农畜,工虞商贾,为权利以成富,大者倾郡,中者倾县,下者倾乡里者,不可胜数。①

太史公认为,这些人都不是有爵位封邑、俸禄收入或者靠舞文弄法、作奸犯科而发财致富的,全是靠冒着被追杀后埋于荒野的风险去捕捉致富的机会,进退取舍,随机应变,获得财富的。换言之,他们都是冒险家,所冒的除了资金风险,还有生命危险。他们奉公守法,通过正当途径谋取财富,理所应当。至于那些致力于农业、畜牧、手工、山林、渔猎或经商的人,凭借权势和财力而成为富人,大者压倒一郡,中者压倒一县,小者压倒乡里,那更是多得不可胜数,但他们并不是太史公描述的对象。对这些"奸富",太史公多持不屑和鄙夷的态度。

(三) 敬业精神

英特尔总裁葛洛夫有句名言:"只有偏执狂才能生存。"企业家只有坚持夸父逐日般的精神,才可能运筹帷幄,稳操胜券。20 世纪 80 年代诺基亚人涉足移动通信,但到 90 年代初芬兰出现严重经济危机,诺基亚未能幸免,遭到重创,公司股票市值缩水了 50%。在此生死存亡关头,公司非但没有退却,反而毅然决

---

① 司马迁:《史记》卷一百二十九《货殖列传》,中华书局 2014 年版,第 3981 页。

定变卖其他产业，集中公司全部的资源专攻移动通信，并终获成功。因此，对企业家来说，货币只是成功的标志之一，对事业的无限忠诚和责任，才是企业家为之奋斗的不竭动力。《货殖列传》也刻画出了这种精神：

> 夫纤啬筋力，治生之正道也，而富者必用奇胜。田农，掘业，而秦扬以盖一州。掘冢，奸事也，而田叔以起。博戏，恶业也，而桓发用富。行贾，丈夫贱行也，而雍乐成以饶。贩脂，辱处也，而雍伯千金。卖浆，小业也，而张氏千万。洒削，薄技也，而郅氏鼎食。胃脯，简微耳，浊氏连骑。马医，浅方，张里击钟。此皆诚壹之所致。①

农业并不是收益高的行业，但秦扬经营得当，富甲一州。虽然盗墓是不光彩的勾当，田叔却由此起家。赌博是恶业，桓发却因而致富。男子汉看不起做行商，雍县人乐成却发了财。贩油脂的人地位低下，但雍伯赚了千金。卖浆是小生意，张氏却获利千万。郅氏靠磨刀这样的薄技而享受豪华的筵席，浊氏干制作胃脯这类小事而拥有高车驷马，张里凭马医的本领而过上王侯般的生活。

司马迁给我们提供的这几个"各任其能，竭其力，以得所欲"的例子，无一不是靠"诚壹"（信誉和敬业精神）获得成功的。和卓氏等人一样，他们"皆非有爵邑奉禄弄法犯奸而富"，而是靠自己的能力和敬业精神，努力经营，锲而不舍，终获成功。因此，太史公简要记录他们的事迹，并将他们尊为"贤人"。

（四）担当精神

担当是企业家的精神底色，也是企业家精神的终极追求。在我国当下优秀的企业家队伍中，像任正非、马云、张瑞敏、周厚健、董明珠等，他们的所作所为，就诠释着这种可贵的担当精神，而《货殖列传》的成功之处，就是塑造出了一批颇有社会责任感和使命感的早期企业家形象。如陶朱公：

> 范蠡既雪会稽之耻，乃喟然而叹曰："计然之策七，越用其五而得意。既已施于国，吾欲用之家。"乃乘扁舟浮于江湖，变名易姓，适齐

---

① 司马迁：《史记》卷一百二十九《货殖列传》，中华书局2014年版，第3981—3982页。

为鸱夷子皮,之陶为朱公。朱公以为陶天下之中,诸侯四通,货物所交易也。乃治产积居。与时逐而不责于人。故善治生者,能择人而任时。十九年之中三致千金,再分散与贫交疏昆弟。此所谓富好行其德者也。后年衰老而听子孙,子孙修业而息之,遂至巨万。故言富者皆称陶朱公。①

范蠡在辅佐越王勾践灭吴霸越之后,急流勇退,"浮海入齐",定居于当时的经济中心陶地(今山东定陶),运用"计然"的经济循环理论,开启了后半生的企业家生涯,最终成为伟大的商业领袖"陶朱公"。范蠡在19年期间,曾经三次经商成巨富,又三散家财,具有强烈的家族责任感和社会使命感,世人誉之:"忠以为国,智以保身,商以致富,成名天下。"范蠡,体现出早期企业家的仁德之心和慈善之情。

再如白圭:

> 能薄饮食,忍嗜欲,节衣服,与用事僮仆同苦乐,趋时若猛兽挚鸟之发。故曰:"吾治生产,犹伊尹、吕尚之谋,孙吴用兵,商鞅行法是也。是故其智不足与权变,勇不足以决断,仁不能以取予,强不能有所守,虽欲学吾术,终不告之矣。"盖天下言治生祖白圭。白圭其有所试矣,能试有所长,非苟而已也。②

白圭虽为富商,但生活俭朴,摒弃嗜欲,节省穿戴,与他的奴仆们同甘共苦,严于律己,又施仁爱于人。白圭把经商的理论,概括为四个字:智、勇、仁、强。他认为经商要按时机,就像孙子吴起用兵、商鞅行法一样,如果智不能够权变,勇不足以决断,仁不善于取舍,强不足以守业,就无资格去谈论经商之术,从而被后世商人誉为祖师爷。宋景德四年,真宗曾封其为"商圣"。白圭坚持经商需要大智大勇的素质,更要有仁义之心。由此可见,白圭理想中的商人是一个具有高度文化修养和高尚道德品质的人,这和他"以仁为本"的经

---

① 司马迁:《史记》卷一百二十九《货殖列传》,中华书局2014年版,第3983—3984页。
② 司马迁:《史记》卷一百二十九《货殖列传》,中华书局2014年版,第3955页。

营理念相符合，也是企业家的终极精神追求。

又如子贡，太史公赞道：

> 子赣既学于仲尼，退而仕于卫，废著鬻财于曹、鲁之间，七十子之徒，赐最为饶益。原宪不厌糟糠，匿于穷巷。子贡结驷连骑，束帛之币以聘享诸侯，所至，国君无不分庭与之抗礼。夫使孔子名布扬于天下者，子贡先后之也。此所谓得埶而益彰者乎？①

端木赐作为"孔门十哲"之一，声名赫赫，曾任鲁国、卫国之相，还善于经商，富致千金，为孔子弟子中首富。《论语·先进》载孔子之言曰："回也其庶乎，屡空。赐不受命，而货殖焉，臆则屡中。"②《史记·仲尼弟子列传》亦载："子贡好废举，与时转货资……家累千金。"③孔子的儒学成为显学，孔子名满天下，实与子贡有关。换言之，是企业家端木赐用雄厚的资金支撑、宣扬着孔子的学说，师徒两人相得益彰。子贡的追求，既体现出企业家的家国情怀，又体现出企业家的终极哲学追求。

又如卜式，见《史记·平准书》：

> 初，卜式者，河南人也，以田畜为事。亲死，式有少弟，弟壮，式脱身出分，独取畜羊百余，田宅财物尽予弟。式入山牧十余岁，羊致千余头，买田宅。而其弟尽破其业，式辄复分予弟者数矣。是时汉方数使将击匈奴，卜式上书，原输家之半县官助边。④

卜式，从事畜牧业十余年，成为西汉成功的商人。当时，汉正在抵抗匈奴入侵，卜式上书，愿意捐出一半的家财资助边事。面对这种不同寻常的举动，汉武帝和丞相公孙弘都觉得奇怪，认为违背了人之常情，没有采信。一年多后，恰逢匈奴浑邪王等人投降，朝廷开支很大，国库空虚，贫民大迁徙，所有费用都

---

① 司马迁：《史记》卷一百二十九《货殖列传》，中华书局2014年版，第3955页。
② 杨伯俊评注：《论语》，岳麓书社2009年版，第128页。
③ 司马迁：《史记》卷一百二十九《货殖列传》，中华书局2014年版，第1727页。
④ 司马迁：《史记》卷一百二十九《货殖列传》，中华书局2014年版，第2675页。

靠朝廷补给，朝廷没法完全供给。卜式又拿出了20万给河南太守，用来发给迁徙的民众。河南上报富人救济贫民的名单，汉武帝认出了卜式的名字，尊卜式为长者，任命他为中郎。后来，遇吕嘉反叛，卜式又上书请战，汉武帝很感动，下诏说：

> "卜式虽躬耕牧，不以为利，有余辄助县官之用。今天下不幸有急，而式奋愿父子死之，虽未战，可谓义形于内。赐爵关内侯，金六十斤，田十顷。"布告天下，天下莫应。列侯以百数，皆莫求从军击羌、越。至酎，少府省金，而列侯坐酎金失侯者百余人。①

汉武帝认为卜式行为高雅，亲自耕种，牲畜繁殖多了，就分给兄弟，另创家业而不被利益迷惑。当年北部边境调军出击匈奴，卜式上书出钱助官。往年西河灾荒，卜式又率齐人送粮到西河。今天又首先奋起报名从军，虽然没有交战，但可以说充分表现了他内在的节操。汉武帝赐卜式关内侯，黄金四十斤，田十顷，布告天下，希望天下人都以他为楷模，积极为汉武帝"击羌、越"的国家决策出人出资，响应者却寥寥无几，甚至连百余位列侯也袖手旁观。汉武帝震怒，采用检查"酎金"的激进方式，趁机废除了上百列侯的爵位。

抛开汉武帝当时的政治形势不言，仅从企业家身份来说，卜式不止一次向朝廷捐献巨款的行为，就充分体现出他心怀百姓、心系天下的责任感和使命感。这种担当，既是对社会的担当，又是对国家的担当，堪称西汉的爱国企业家。

四、早期企业家精神的消退

《货殖列传》所述企业家开始的时间，据李埏考证，在公元前5世纪初，结束止于汉武帝朝。②至于《货殖列传》于何年搁笔，目前尚不可考，但可能止于元鼎三年（前114）杨可告缗之时。

据《史记·平准书》记载，元狩四年（前119），汉武帝颁布了"算缗"和

---

① 司马迁：《史记》卷一百二十九《货殖列传》，中华书局2014年版，第1735页。
② 李埏等：《史记·货殖列传研究》，云南大学出版社2002年版，第16页。

"告缗"令，对商人实行全面管制。所谓"算缗"，就是对商人和手工业者的营业、财产征收高额税收，不主动申报的或申报不实的罚戍边一年，财产没收充公。又重申商人不得占有土地，违者没收。为了鼓励检举揭发，朝廷规定将被检举者所没收财产的一半作为对检举者的奖励，这就是"告缗"。

元狩五年（前118），汉武帝下令实行盐铁专卖，各地的盐铁产业由官府经营，私自铸铁、煮盐者处斩左脚趾的刑罚，并没收产品。这一建议虽然是由大司农颜异提出的，但是具体操作的是他的下属大农丞东郭咸阳和孔仅、侍中桑弘羊。东郭咸阳和孔仅本身就是大盐铁出身，而桑弘羊则是洛阳商人的儿子，让他们来对付商人，可谓命中要害，商人们只能乖乖就范。东郭咸阳和孔仅被派往全国各地去落实措施，设置了数十个盐官和铁官专卖机构，选用饶有资产又内行的人为主管官员。

元狩六年（前117），汉武帝任命杨可主管全国的"告缗"，并将反对此举的右内史（首都特区长官）义纵以"废格沮事"（抵制破坏法令实施）的罪名公开处死。从此，告缗之风遍及全国。到元鼎二年（前115）取得辉煌战果：

> 卜式相齐，而杨可告缗遍天下，中家以上大抵皆遇告。杜周治之，狱少反者。乃分遣御史廷尉正监分曹往，即治郡国缗钱，得民财物以亿计，奴婢以千万数，田大县数百顷，小县百余顷，宅亦如之。于是商贾中家以上大率破，民偷甘食好衣，不事畜藏之产业，而县官有盐铁缗钱之故，用益饶矣。①

由于朝廷发动充分，检举揭发的"告缗"者积极性高。在短短两年内，朝廷就没收了商人们的成亿财物、成万奴婢；各县没收的田产多者数百顷，少者也有百余顷，住宅也数以百计。经过这番打击，中产以上的家庭大多破产，全国的财富都集中到国库，国库一下充实了。

元封元年（前110），汉武帝又在全国推行均输、平准法，在各地设置专职官员，负责收购物资，根据路途远近和运输状况进行调剂，在京师设立"平准"机构，以各地输入的物品及官方制造的产品为本钱，进行交换和买卖，以平抑

---

① 司马迁：《史记》卷三十八《平准书》，中华书局2014年版，第1730—1731页。

物价，从而进一步控制了商品流通领域。

由于官方具有行政垄断性、市场渠道畅通性和资本充足性等巨大优势，势单力薄的商人自然无法与之抗衡。就这样，商人和手工业主的利润空间悉数被官方剥夺和压缩。客观地看，汉武帝确实通过这些政策加强了中央集权，打击了一部分不法商人，并在一定程度上抑制了土地兼并，缓和了社会矛盾，但有一点我们应该清楚，即土地兼并和社会贫富矛盾激化并非商人造成，始作俑者是列侯、官僚、宦官和豪强地主，他们多数是巧取豪夺，商人却是出钱购买土地。

总之，《货殖列传》记叙的时间，始于公元前5世纪初，止于公元前2世纪末的汉武帝元鼎年间，历时约四百载。这四百年，是我国历史上大变动、大发展的时期，思想上有百家争鸣，经济上有相对自由的商业环境，故商业理论迭出，商业奇才辈见，并涌现出一批名垂青史的优秀企业家。至汉武帝，在"罢黜百家，独尊儒术"，取得思想上的统一后，又通过"算缗"、"告缗"、盐铁专卖、均输和平准法，取得经济上的官方绝对垄断权，这也是时代的必然要求和趋势。从此，早期璀璨的商人群体无奈淡出历史舞台，经济也进入漫长的封建官方垄断时期。"皮之不存，毛将焉附"，当然，唐宋以后的官方经济通过精细分工、技术进步、工艺创新和市场引导，也取得巨大成绩，但和秦汉已经有所不同。早期企业家创业思想和商业环境不复存在，企业家精神的消退也在情理之中。通过《货殖列传》，我们得以了解这批早期优秀企业家的事迹，看到他们创造的巨大社会财富和对国家做出的非凡贡献，领略到他们身上卓越的创造力和社会责任感。太史公用"素封"来赞扬，确实眼光独到，也实至名归。这些早期企业家的经济思想，对我们目前的经济建设来说，或许亦有一定的参考价值。

（王晓鹃，陕西省司马迁研究会秘书长，陕西师范大学文学院教授、博士生导师。）

汉文化与西部时代
——立足于《史记》的考察

梁中效

在五千年中华文明史上,周秦汉唐是以千里蜀道为轴心的西部时代;宋元明清是以万里大运河为轴心的东部时代。而司马迁的《史记》,则是记录西部时代开端的百科全书。秦汉帝国的统治重心在西部,以蜀道为轴心、以"秦中—汉中—蜀中"为战略基地。[1]秦朝是西部时代的开拓时期,汉朝是西部时代的奠基时期,汉武帝统治下的汉朝是西部时代第一个鼎盛时期。司马迁《史记》则记录了这一时期的壮丽辉煌。

一、中华文明起源于西部

在历史的洪荒岁月,西部以西北黄土高原的厚重和西南四川盆地自然环境的优越,成为中华文明的发源地。以"秦中—汉中—蜀中"为基地的"天府之国"是秦汉西部时代的摇篮。司马迁在《史记》中明确提出了中华文明起源于西部的论点。

首先,西北是神明的发源地。《史记·封禅书》云:"自古以雍州积高,神明之隩,故立畤郊上帝,诸神祠皆聚云。"或曰:"东北神明之舍,西方神明之墓也。"[2]《集解》引张晏曰:"神明,日也。日出东北,舍谓阳谷;日没于西,墓谓濛谷也。"秦汉王朝祭祀天地祖宗的圣地集中在关中和西部地区。"自五帝以至秦,轶兴轶衰,名山大川或在诸侯,或在天子,其礼损益世殊,不可胜记。

---

[1] 梁中效:《秦文化与西部时代》,西南师范大学学报 2002 年第 5 期。
[2] 司马迁:《史记》,中华书局 1999 年版。

及秦并天下，令祠官所常奉天地名山大川鬼神可得而序也。于是自殽以东，名山五，大川祠二。曰太室。太室，嵩高也。恒山，泰山，会稽，湘山。水曰济，曰淮。"秦朝强化了关中和西部在国家祭祀体系中的地位，"自华以西，名山七，名川四。曰华山，薄山。薄山者，衰山也。岳山，岐山，吴岳，鸿冢，渎山。渎山，蜀之汶山。水曰河，祠临晋；沔，祠汉中；湫渊，祠朝那；江水，祠蜀。"①西部的名山大川祠祀地共有十一处，超过了东部地区的七处，几乎多了一半。同时提升了关中地区名山大川祠祀的地位。"陈宝节来祠。其河加有尝醪。此皆在雍州之域，近天子之都，故加车一乘，驹四。""霸、产、长水、沣、涝、泾、渭皆非大川，以近咸阳，尽得比山川祠，而无诸加。"西汉建立后，继承了秦朝的祭祀制度。刘邦下诏曰："吾甚重祠而敬祭。今上帝之祭及山川诸神当祠者，各以其时礼祠之如故。"②到汉文帝时期，随着经济的日渐繁荣，进一步提升了关中及西部山川祭祀礼品的等级。"朕即位十三年于今，赖宗庙之灵，社稷之福，方内艾安，民人靡疾。间者比年登，朕之不德，何以飨此？皆上帝诸神之赐也。盖闻古者飨其德必报其功，欲有增诸神祠。有司议增雍五畤路车各一乘，驾被具；西畤畦畤禺车各一乘，禺马四匹，驾被具；其河、湫、汉水加玉各二；及诸祠，各增广坛场，珪币俎豆以差加之。"③汉武帝时期，大汉王朝走向辉煌，武帝封禅祭祀的足迹遍于五岳四渎，但国家祭祀的中心仍在关中。司马迁说："今天子所兴祠，太一、后土，三年亲郊祠，建汉家封禅，五年一修封。薄忌太一及三一、冥羊、马行、赤星，五，宽舒之祠官以岁时致礼。"④对天神太一与地祇后土的祭祀皆在国都长安。因此，西汉王朝的国家祭祀中心在关中盆地和西部地区，这是国家大事唯祀与戎的古典社会，西北作为"神明之隩"奠定了西部时代的精神信仰基础。

其次，西部是文明的发源地。司马迁认为夏商周三代皆起源于西部，秦汉两大王朝更是以西部为基地走向全国，从而形成了中华文明起源于西部的系统论

---

① 梁中效：《秦文化与西部时代》，西南师范大学学报2002年第5期。
② 司马迁：《史记》，中华书局1999年版。
③ 司马迁：《史记》，中华书局1999年版。
④ 司马迁：《史记》，中华书局1999年版。

断。《史记·六国年表》云:"或曰'东方物所始生,西方物之成孰'。夫作事者必于东南,收功实者常于西北。故禹兴于西羌,汤起于亳,周之王也以丰镐伐殷,秦之帝用雍州兴,汉之兴自蜀汉。"①对此,史记三家注有解读。《集解》皇甫谧曰:"孟子称禹生石纽,西夷人也。传曰'禹生自西羌'是也。"《集解》徐广曰:"京兆杜县有亳亭。"《史记》正是以中华文明西部起源论来建构其全书的理论框架。第一,中华民族的始祖炎黄二帝起源于西部。《史记·五帝本纪》云:"黄帝居轩辕之丘,而娶于西陵之女,是为嫘祖。嫘祖为黄帝正妃,生二子,其后皆有天下:其一曰玄嚣,是为青阳,青阳降居江水;其二曰昌意,降居若水。昌意娶蜀山氏女,曰昌仆,生高阳,高阳有圣德焉。黄帝崩,葬桥山。其孙昌意之子高阳立,是为帝颛顼也。"黄帝与炎帝部族最早起源于甘肃天水至陕西西安之间的渭河河谷,有考古资料、文献记载与文化遗存的多重证据。而且黄帝妻子嫘祖系四川盆地人,其子孙生活的若水、江水皆在四川盆地。而炎帝就诞生在秦岭南坡汉中盆地。《史记·五帝本纪》又云:"轩辕之时,神农氏世衰。"《集解》皇甫谧曰:"易称庖牺氏没,神农氏作,是为炎帝。"《正义》帝王世纪云:"神农氏,姜姓也。母曰任姒,有蟜氏女,登为少典妃,游华阳,有神龙首,感生炎帝。人身牛首,长于姜水。有圣德,以火德王,故号炎帝。"这里的"华阳"即秦岭之南坡。证明中国西部秦陇与巴蜀之间是中华文明发祥的高地。《国语·晋语》说:"昔少典娶于有蟜氏,生黄帝、炎帝。黄帝以姬水成,炎帝以姜水成。成而异德,故黄帝为姬,炎帝为姜,二帝用师以相济也,异德之故也。"②中科院考古所曹定云认为:"黄帝部落出自华胥氏。据史载,黄帝出于少典,生于寿丘(今甘肃天水),长于姬水,故而以姬为姓。"姬水在哪里?史书没有明确记载。现在一般学者认为,是指从今麟游流出而南流入渭河的漆水河。此河在今武功县境内,历史上属宝鸡市管辖。"姬""漆"相通。所以,宝鸡市是黄帝从渭河上游东迁的第一个居住地。继续向东,就是"华山"。而古"华山"泛指秦岭。《列子·黄帝》篇记载:"(黄帝)昼寝而梦,游于华胥氏之国。"③所谓

---

① 司马迁:《史记》,中华书局1999年版。
② 左丘明:《国语》,吉林人民出版社1996年版。
③《列子》,中华书局2018年版。

"华胥氏之国"，就是以古之秦岭为中心的陇东、关中地区。这里是中华民族重要的发源地之一。因此，黄帝部落出自"华胥氏之国"是没有疑问的，地域上也非常吻合。第二，五帝中的颛顼、帝喾皆是黄帝子孙，皆生长于西部。尧舜禹时代，西部是圣王发祥与建功立业之地。《史记·五帝本纪》云："自黄帝至舜、禹，皆同姓而异其国号，以章明德。故黄帝为有熊，帝颛顼为高阳，帝喾为高辛，帝尧为陶唐，帝舜为有虞。帝禹为夏后而别氏，姓姒氏。契为商，姓子氏。弃为周，姓姬氏。"不仅黄帝后的圣王活动在西部，而且西部少数民族也是黄帝后裔。《史记·匈奴列传》记载："匈奴、夏后世之苗裔。"受司马迁的影响，民国先哲、国学大师章太炎在《中华民国解》中指出："然神灵之育自西方来，以雍梁二州为根本。宓牺生成纪，神农产姜水，黄帝宅桥山，是皆雍州之地。高阳起于若水，高辛起于江水，舜居曲城（据《世本》，西域为汉汉中郡属县。故公孙尼、子言舜牧羊于汉阳。据《地理志》，汉中郡褒中县有汉阳乡），禹生石纽，是皆梁州之地。观其帝王所产，而知民族奥区，斯为根极。雍州之地东南至于华阴而止，梁州之地东北至于华阳而止，就华山以定限，名其国土曰华，则缘起如是也。""质以史书，夏之为名，实因夏水而得，是水或谓之夏，或谓之汉，或谓之漾，或谓之沔，凡皆小别互名，本出武都，至汉中而始盛，地在雍梁之际。因水以为族名，犹生姬水者之氏姬，生姜水者之氏姜也。夏本族名，非邦国之号，是故得言诸夏。其后因族命地而关东亦以东夏着。下逮刘季，抚有九共，与匈奴、西域相却倚，声教远暨，复受汉族之称。此虽近起一王，不为典要。然汉家建国，自受封汉中始，于夏水则为同地，于华阳则为同州，用为通称，适与本名符会。是故华云、夏云、汉云，随举一名，互摄三义。建汉名以为族，而邦国之义斯在。建华名以为国，而种族之义亦在。此中华民国之所以谥。"[1]章太炎可谓深得太史公史学之真谛。

二、中华文化兴盛于天府

司马迁格外关注文化中心的盛衰变迁。他将秦汉帝国崛起强大视为秦蜀"天

---

[1] 柳诒徵：《中国文化史》，中国大百科全书出版社1988年版，第35—36页。

府之国"经济文化繁荣的结果。《史记·货殖列传》:"昔唐人都河东,殷人都河内,周人都河南。夫三河在天下之中,若鼎足,王者所更居也,建国各数百千岁。"这里的"三河"是指洛阳到长安之间的黄河中游,包括以黄河干流为轴,西到渭河、北到汾河、东到伊洛河流域,是夏商周文明的中心地带。唐人李峤《城》:"四塞称天府,三河建洛都。"其就是对长安、洛阳建都的形象概括。

秦汉时期的关中盆地、汉中盆地和四川盆地共同构成"天府之国"的大舞台,长安与成都则是天府之国的双子星座。这样,就构成了背靠高原的"胡苑之利",据有盆地的"四塞之固",面向平原"势如破竹"的有利形势。《史记·留侯世家》云:"夫关中左殽函,右陇蜀,沃野千里,南有巴蜀之饶,北有胡苑之利,阻三面而守,独以一面东制诸侯。诸侯安定,河渭漕挽天下,西给京师;诸侯有变,顺流而下,足以委输。此所谓金城千里,天府之国也。"对张良的话,三家注有详尽的注解。《正义》:"殽,二殽山也,在洛州永宁县西北二十八里。函谷关在陕州桃林县西南十二里。""陇山南连蜀之岷山,故云右陇蜀也。"《索隐》崔浩云:"苑马牧外接胡地,马生于胡,故云胡苑之利。"《正义》博物志云"'北有胡苑之塞。'按:上郡、北地之北与胡接,可以牧养禽兽,又多致胡马,故谓胡苑之利也。"《索隐》按:"此言'谓'者,皆是依凭古语。言秦有四塞之国,如金城也。故淮南子云'虽有金城,非粟不守'。又苏秦说秦惠王云'秦地势形便,所谓天府'。是所凭也。"这证明秦蜀"天府之国"的形成有一个较长的过程。

首先,战国时期,秦国的崛起,初步展示了秦蜀"天府之国"的地理环境优势。秦国在春秋末期到战国初年,越过秦岭山地夺得汉中盆地,然后沿汉水向东从楚国手中夺得汉水上游。秦厉共公二十六年(前451)取蜀汉中盆地,秦左庶长筑南郑城。秦躁公二年(前441),南郑附秦。秦惠公十三年(前387)伐蜀,夺回南郑。周显王元年(前368),南郑被蜀占据。在秦孝公时期,秦局促于关中一隅,被关东诸国瞧不起。《史记·秦本纪》:"楚自汉中,南有巴、黔中。周室微,诸侯力政,争相并。秦僻在雍州,不与中国诸侯之会盟,夷翟遇之。孝公于是布惠,振孤寡,招战士,明功赏。下令国中曰:'昔我缪公自岐雍之间,修德行武,东平晋乱,以河为界,西霸戎翟,广地千里,天子致伯,诸侯毕贺,为后世开业,甚光美。会往者厉、躁、简公、出子之不宁,国家内忧,未遑外事，三晋攻夺我先君河西地，诸侯卑秦、丑莫大焉。献公即位，镇抚边境，徙治栎阳，且欲东伐，复缪公之故地，修缪公之政令。寡人思念先君之意，常痛于心。宾客群臣有能出奇计强秦者，吾且尊官，与之分土。'"于是，开始了历史上著名的商鞅变法，秦国走上富强之路。《史记·苏秦列传》：苏秦对秦惠文王说："'秦四塞之国，被山带渭，东有关河，西有汉中，南有巴蜀，北有代马，此天府也。以秦士民之众，兵法之教，可以吞天下，称帝而治。'秦王曰：'毛羽未成，不可以高蜚；文理未明，不可以并兼。'方诛商鞅，疾辩士，弗用。"秦惠文王虽然没有采纳苏秦的建议，但在中国历史上苏秦首先发明了"天府"一词，并首先将关中、汉中、蜀中三个富饶的盆地称为天府之国。《索隐》按："周礼春官有天府。郑玄曰：'府，物所藏。言天，尊此所藏若天府然。'"从秦惠文王开始，秦以汉中盆地为基地，向南挺进巴蜀。秦惠文王更元九年（前316）派司马错领兵灭蜀，南郑复归秦。此时，巴蜀内乱，司马错主张伐蜀，张仪坚持伐韩。《史记·张仪列传》司马错曰："夫蜀，西僻之国也，而戎翟之长也，有桀纣之乱。以秦攻之，譬如使豺狼逐群羊。得其地足以广国，取其财足以富民缮兵，不伤众而彼已服焉。拔一国而天下不以为暴，利尽西海而天下不以为贪，是我一举而名实附也，而又有禁暴止乱之名。"《索隐》："西海谓蜀川也。海者珍藏所聚生，犹谓秦中为'陆海'然也。其实西亦有海也。"《正义》："海之言晦也，西夷晦昧无知，故言海也。言利尽西方羌戎。"秦惠文王采纳了司马错的建议，消灭巴蜀，将关中"陆海"与蜀中"西海"纳入版图，达到了进一步"富国""广地""强兵"目的，完全控制了关中、汉中、蜀中三个富饶的盆地，秦国综合国力进一步增强，"蜀既属秦，秦以益强，富厚，轻诸侯"。秦惠文王更元十三年（前312）秦楚丹阳之战，秦夺楚汉中地六百里与秦的南郑地区合并，置汉中郡，治南郑（今陕西汉中市汉台区）。至此，秦国彻底占领了大西南的汉江、长江上游，将秦岭南北的河、渭与江、汉上游的战略要地控制在自己手中，形成了雄踞西部、虎视东方的战略优势。同时，在战略上秦国还构成了对楚国的侧翼包围，为进一步灭楚和统一六国准备了条件。司马迁在《史记·秦始皇本纪》中引贾谊的论述，强调了天府之国在秦统一天下过程中的有利地位："秦地被山带河以为固，四塞之国也。自缪公以来，至于秦王，二十余君，常为诸侯雄。"秦朝灭亡，也是过于迷信天府之国的优越地位。"天下以定。秦王之心，自以为关中之固，金城千里，子孙帝王万世之业也。"

其次，楚汉相争之际，项羽未能定都关中，而是回到楚地定都彭城（今江苏徐州市）。这是项羽由盛而衰以至败亡的一个主要原因。项羽在河北与秦军主力决战时，刘邦乘势由武关进入关中占领咸阳，欲做关中王。《史记·高祖本纪》："或说沛公曰：'秦富十倍天下，地形强。今闻章邯降项羽，项羽乃号为雍王，王关中。今则来，沛公恐不得有此。可急使兵守函谷关，无内诸侯军，稍徵关中兵以自益，距之。'沛公然其计，从之。"刘邦的左司马曹无伤也暗中使人言项羽曰："沛公欲王关中，令子婴为相，珍宝尽有之。"这证明刘邦对大关中战略地位的认识高于项羽。鸿门宴之后，项羽虽压服刘邦，即使没有刘邦为关中王，自己也放弃了定都关中的大好机遇。《史记·项羽本纪》："人或说项王曰：'关中阻山河四塞，地肥饶，可都以霸。'项王见秦宫皆以烧残破，又心怀思欲东归，曰：'富贵不归故乡，如衣绣夜行，谁知之者！'"在《集解》中，徐广曰："东函谷，南武关，西散关，北萧关。"项羽虽未定都关中，但深知其战略地位的重要，认为"古之帝者地方千里，必居上游"，将主要竞争对手刘邦封到南郑为汉王，而将关中封给秦的三个降将，既让其相互牵制，又可堵死刘邦于秦岭之南，以绝后患。《史记·项羽本纪》："又恶负约，恐诸侯叛之，乃阴谋曰：'巴、蜀道险，秦之迁人皆居蜀。'乃曰：'巴、蜀亦关中地也。'故立沛公为汉王，王巴、蜀、汉中，都南郑。而三分关中，王秦降将以距塞汉王。项王乃立章邯为雍王，王咸阳以西，都废丘。长史欣者，故为栎阳狱掾，尝有德于项梁；都尉董翳者，本劝章邯降楚。故立司马欣为塞王，王咸阳以东至河，都栎阳；立董翳为翟王，王上郡，都高奴。"而刘邦被封为汉王后，转危为机，据有秦蜀。《史记·高祖本纪》记载：公元206年四月入汉中，筑坛拜将，明修栈道，暗度陈仓，八月出兵占领关中，然后用秦蜀天府之国为基地，击败项羽。为了防止楚王韩信坐大，又伪游云梦，扣留韩信，降为淮阴侯，大赦天下。田肯对刘邦建言："陛下得韩信，又治秦中。秦，形胜之国，带河山之险，县隔千里，持戟百万，秦得百二焉。地势便利，其以下兵于诸侯，譬犹居高屋之上建瓴水也。"刘邦很重视田肯的意见，但未定都关中，而是定都洛阳。齐地人娄敬对刘邦说，汉定都洛阳，欲比隆西周，但东周衰落，原因之一是放弃了关中。《史记·刘敬叔孙通列传》"及周之衰也，分而为两，天下莫朝，周不能制也。非其德薄也，而形势弱也。今陛下起丰沛，收卒三千人，以之径往而卷蜀汉，定三秦，与项羽战荥阳，争成皋之口，大战七十，小战四十，使天下之民肝脑涂地，父子暴骨中野，不可胜数，哭泣之声未绝，伤痍者未起，而欲比隆于成康之时，臣窃以为不侔也。且夫秦地被山带河，四塞以为固，卒然有急，百万之众可具也。因秦之故，资甚美膏腴之地，此所谓天府者也。陛下入关而都之，山东虽乱，秦之故地可全而有也。夫与人斗，不搤其亢，拊其背，未能全其胜也。今陛下入关而都，案秦之故地，此亦搤天下之亢而拊其背也"。娄敬总结了战国以来波澜壮阔的历史画卷，提出定都天府之国关中的建议，颇有战略眼光。他虽然是山东人，但不以地域为先，而是以国家利益为重。刘邦集团以山东人为主，皆不愿定都关中，在张良的提议之下，最终定都长安，奠定了大汉四百年江山的基础。

秦汉定都关中，是当时中华文明发展规律的最佳选择。东汉学者杜笃在《论都赋》中有精彩描写："昔在强秦，爰初开畔，霸自岐、雍，国富人衍，卒以并兼，桀虐作乱。天命有圣，托之大汉。大汉开基，高祖有勋，斩白蛇，屯黑云，聚五星于东井，提干将而呵暴秦。蹈沧海，跨昆仑，奋彗光，埽项军，遂济人难，荡涤于泗、沂。刘敬建策，初都长安。太宗承流，守之以文。躬履节俭，侧身行仁，食不二味，衣无异采，赈人以衣桑，率下以约己，曼丽之容不悦于目，郑卫之声不过于耳，佞邪之臣不列于朝，巧伪之物不鬻于市，故能理升平而刑几措。富衍于孝景，功传于后嗣。""非夫大汉之盛，世藉雍土之饶，得御外理内之术，孰能致功若斯！故创业于高祖，嗣传于孝惠，德隆于太宗，财衍于孝景，威盛于圣武，政行于宣、元，侈极于成、哀，祚缺于孝平。传世十一，历载三百，德衰而复盈，道微而复章，皆莫能迁于雍州，而背于咸阳。宫室寝庙，山陵相望，高显弘丽，可思可荣，羲、农已来，无兹著明。"他首先论述了西汉的强盛是定都长安的结果，即"夫大汉之盛，世藉雍土之饶，得御外理内之术"。紧接着阐发了"天府之国"物产的丰饶与山川的险要。"夫雍州本帝皇所以育业，霸王所以衍功，战士角难之场也。《雍》所载，厥田惟上。沃野千里，原隰弥望。保殖五谷，桑麻条畅。滨据南山，带以泾、渭，号曰陆海，蠢生万类。梗柟檀柘，蔬果成实。畎渎润淤，水泉灌溉，渐泽成川，粳稻陶遂。厥土之膏，亩价一金。田田相如，鐇鐷株林。火耕流种，功浅得深。既有蓄积，陁塞四临：西被陇、蜀，南通汉中，北据谷口，东阻崤岩。关函守峣，山东道穷，置列洴、陇，靡傿西戎；拒守褒斜，岭南不通；杜口绝津，朔方无从。鸿、渭之流，径入于河；大船万艘，转漕相过；东综沧海，西纲流沙；朔南暨声，诸夏是和。城池百尺，陀塞要害。关梁之险，多所衿带。一卒举礧，千夫沉滞；一人奋戟，三军沮败。地势便利，介胄剽悍，可与守近，利以攻远。士卒易保，人不肉袒。肇十有二，是为赡腴。用霸则兼并，先据则功殊；修文则财衍，行武则士要；为政则化上，篡逆则难诛；进攻则百克，退守则有余：斯固帝王之渊囿，而守国之利器也。"①对于国都长安的文化地位，国学大师钱穆有精彩论述，他在《国史大纲》中指出："西汉承秦而都关中，长安为全国之头目，东方的文化、经济不断向西输送，使与西方的武力相凝合，而接着再从长安向西北伸展（驱逐匈奴，开通西域）。西汉的立国姿志，常是协调的、动的、进取的。"②"长安代表周、秦、汉、唐极盛时期之首脑部分，常为中国文化之最高结集点。"③

三、大汉盛世奠基于西部

汉唐是中华文明光耀全球的时代，是丝绸之路沟通东西方的隆盛时期。而西汉在探索国家治理的理念思想、发展道路、民族关系与对外交往、文明对话、走向世界等方面，又超越唐朝。西汉全盛的汉武帝时期，以西部为舞台整合诸子百家文化，"罢黜百家，独尊儒术"，创立太学，确立了儒家思想的统治地位，探索出了"霸王道杂之"的治国理念；改盐、铁、酒、铸钱私营为官营，铸五铢钱，在主要经济部门推行国有化政策，增强了中央王朝的经济实力；改对匈奴的防御、和亲政策为主动进攻政策，解除了匈奴对汉朝的威胁，长城内外"马牛放纵，畜积布野"，促进了多民族国家的发展；开拓了南方和西南疆域，使越族以及西南各少数民族和汉族更好地融合在一起，将辽阔的云贵高原、珠江流域、海南岛与南海诸岛纳入了帝国的版图；派张骞凿空万里，出使西域，打通了丝绸之路，促进了中西双方的经济、文化交流。这在中国史上属首次。汉武

---

① 范晔：《后汉书》，中华书局1999年版。
② 钱穆：《国史大纲》，商务印书馆1996年版，第193页。
③ 钱穆：《国史大纲》，商务印书馆1996年版，第501页。

帝是中国封建王朝中最杰出的君主之一,他奠定了汉王朝强盛的局面,使汉朝成为中国封建王朝第一个发展高峰,他还开辟了辽阔的疆域,奠定了汉地的基本范围。司马迁作为汉武帝时期的文化精英,亲身经历、参与建设并且见证了这样一个伟大的时代,他在《史记》中创设了《平准书》《河渠书》《西南夷列传》《南越列传》《东越列传》《大宛列传》《货殖列传》等,全面记录了这个伟大的时代,展示了西部地区的风采和魅力。《史记》卷一百三十《太史公自序》:"汉兴五世,隆在建元,外攘夷狄,内修法度,封禅,改正朔,易服色。作今上本纪第十二。"司马迁认为西汉的隆盛在汉武帝时代。"汉兴五世,隆在建元"就是他的判断。当然,身处盛世的司马近,并不能全面观察到当时盛况,而后世的史学家班固则有较全面的评述。《汉书》卷六《武帝纪》:"汉承百王之弊,高祖拨乱反正,文、景务在养民,至于稽古礼文之事,犹多阙焉。孝武初立,卓然罢黜百家,表章《六经》。遂时咨海内,举其俊茂,与之立功。兴太学,修郊祀,改正朔,定历数,协音律,作诗乐,建封禅,礼百神,绍周后,号令文章,焕焉可述。后嗣得遵洪业,而有三代之风。如武帝之雄才大略,不改文、景之恭俭以济斯民,虽《诗》、《书》所称,何有加焉!"这样的评价是客观而又全面的。东汉文学家杜笃在《论都赋》中对汉武帝时代也有中肯而文采飞扬的赞美:"是时孝武因其余财府帑之蓄,始有钩深图远之意,探冒顿之罪,校平城之仇。遂命票骑,勤任嫖青,勇惟鹰扬,军如流星,深之匈奴,割裂王庭,席卷漠北,叩勒祁连,横分单于,屠裂百蛮。烧蹋帐,系阏氏,燔康居,灰珍奇,椎鸣镝,钉鹿蠡,驰坑岸,获昆弥,虏僄侲,驱骡驴,御宛马,鞭駃騠。拓地万里,威震八荒。肇置四郡,据守敦煌。并域属国,一郡领方。立侯隅北,建护西羌。捶驱氐、僰,寥狼邀、莋。东摩乌桓,蹂轔濊貊。南羁钩町,水剑强越。残夷文身,海波沫血。郡县日南,漂厮朱崖。部尉东南,兼有黄支。连缓耳,琐雕题,摧天督,牵象犀,椎蚌蛤,碎琉璃,甲樺瑁,戕觜觿。于是同穴裘褐之域,共川鼻饮之国,莫不袒跣稽颡,失气虏伏。非夫大汉之盛,世藉廱土之饶,得御外理内之术,孰能致功若斯!"①这一段话全面展示了封建帝制时代第一个盛世——汉武盛世迷人的风采!

---

① 范晔:《后汉书》,中华书局1999年版。

首先，汉初六十年的休养生息，为盛世的到来奠定了经济基础。汉武帝时代汉朝经济进入全盛期。从战国到汉初，秦蜀"天府之国"发展成为全国的首富之区，为汉朝西部全盛时期的到来奠定了基础。《史记·货殖列传》："汉兴，海内为一，开关梁，弛山泽之禁，是以富商大贾周流天下，交易之物莫不通，得其所欲，而徙豪杰诸侯强族于京师。关中自汧、雍以东至河、华，膏壤沃野千里，自虞夏之贡以为上田，而公刘适邠，大王、王季在岐，文王作丰，武王治镐，故其民犹有先王之遗风，好稼穑，殖五谷，地重，重为邪。及秦文、德缪居雍，隙陇蜀之货物而多贾。献公徙栎邑，栎邑北却戎翟，东通三晋，亦多大贾。孝、昭治咸阳，因以汉都，长安诸陵，四方辐辏并至而会，地小人众，故其民益玩巧而事末也。南则巴蜀。巴蜀亦沃野，地饶卮、姜、丹沙、石、铜、铁、竹、木之器。南御滇僰，僰僮。西近邛筰，筰马、牦牛。然四塞，栈道千里，无所不通，唯褒斜绾毂其口以所多易所鲜。天水、陇西、北地、上郡与关中同俗，然西有羌中之利，北有戎翟之畜，畜牧为天下饶。然地亦穷险，唯京师要其道。故关中之地，于天下三分之一，而人众不过什三；然量其富，什居其六。"这里的"关中"是包括关中、汉中、蜀中的"大关中"，是西汉真正的天府之国。对汉武帝时代经济的繁荣，司马迁在《史记·平准书》中有生动的描写："至今上即位数岁，汉兴七十余年之间，国家无事，非遇水旱之灾，民则人给家足，都鄙廪庾皆满，而府库余货财。京师之钱累巨万，贯朽而不可校。太仓之粟陈陈相因，充溢露积于外，至腐败不可食。众庶街巷有马，阡陌之间成群，而乘字牝者傧而不得聚会。守闾阎者食粱肉，为吏者长子孙，居官者以为姓号。故人人自爱而重犯法，先行义而后绌耻辱焉。当此之时，网疏而民富，役财骄溢，或至兼并豪党之徒，以武断于乡曲。宗室有土公卿大夫以下，争于奢侈，室庐舆服僭于上，无限度。物盛而衰，固其变也。"这种前所未有的繁华景象和奢侈之风的盛行，让司马迁喜忧参半。

其次，汉武帝"罢黜百家，独尊儒术"，为盛世的到来奠定了思想基础，武帝时代汉朝文化进入全盛期。汉武帝整合文化，奠定了大中华多元一体的文化格局。这一时期实现了国内南北方之间、各民族之间的文化融合与整合；开拓丝绸之路，开创了东西方之间文化大交流、大融合的新局面，树立了中国在世界上的文化大国形象。《汉书·董仲舒传》记载：元光元年（前134）汉武帝召集各地贤良方正文学之士到长安，亲自策问。董仲舒对策："《春秋》大一统者，天地之常经，古今之通谊也。今师异道，人异论，百家殊方，指意不同，是以上亡以持一统；法制数变，下不知所守。臣愚以为诸不在六艺之科孔子之术者，皆绝其道，勿使并进。邪辟之说灭息，然后统纪可一而法度可明，民知所从矣。"①这是秦汉大一统王朝建立之后，儒者第一次开宗明义地提出要以"六艺之科，孔子之术"作为国家的统治思想，来统一人民的思想言行。这与汉武帝加强中央集权的治国理念不谋而合。他的建议被采纳，儒家思想逐步取得独尊地位。"及仲舒对册，推明孔氏，抑黜百家。立学校之官，州郡举茂材孝廉，皆自仲舒发之。"②董仲舒的开创之功不可没，受到汉代学者的敬仰。刘向称："董仲舒有王佐之材，虽伊、吕亡以加，管、晏之属，伯者之佐，殆不及也。"评价甚高。刘向的儿子刘歆认为："伊、吕乃圣人之耦，王者不得则不兴。故颜渊死，孔子曰'噫！天丧余。'唯此一人为能当之，自宰我、子赣、子游、子夏不与焉。仲舒遭汉承秦灭学之后，《六经》离析，下帷发愤，潜心大业，令后学者有所统壹，为群儒首。然考其师友渊源所渐，犹未及乎游、夏，而曰管、晏弗及，伊、吕不加，过矣。"③其评价也是中肯的。实际上，汉代的统治政策是外儒内法、霸王道杂之。《汉书》卷九《元帝纪》，宣帝曰："汉家自有制度，本以霸王道杂之，奈何纯任德教，用周政乎！且俗儒不达时宜，好是古非今，使人眩于名实，不知所守，何足委任？"一语道破了汉武帝统治的奥秘。《汉书·武帝纪》也说："孝武初立，卓然罢黜百家，表章《六经》。遂畴咨海内，举其俊茂，与之立功。"④董仲舒生逢盛世，遇到雄才大略的汉武帝，不仅让自己的主张变成了现实，而且使中国西部再一次成为思想文化大一统的制高点，国都长安成为当时全国乃至世界文化的中心。人才济济，群星闪烁。《史记·平津侯主父列传》引班固称曰："是时汉兴六十余载，海内乂安，府库充实，而四夷未宾，制度多阙，上方欲用文武，求之如弗及。始以蒲轮迎枚生，见主父而叹息。群臣慕乡，异人并

---

① 班固：《汉书》，中华书局1999年版。

② 《列子》，中华书局2018年版。

③ 班固：《汉书》，中华书局1999年版。

④ 班固：《汉书》，中华书局1999年版。

出。卜式试于刍牧,弘羊擢于贾竖,卫青奋于奴仆,日䃅出于降虏,斯亦曩时版筑饭牛之朋矣。汉之得人,於兹为盛。儒雅则公孙弘、董仲舒、儿宽,笃行则石建、石庆,质直则汲黯、卜式,推贤则韩安国、郑当时,定令则赵禹、张汤,文章则司马迁、相如,滑稽则东方朔、枚皋,应对则严助、朱买臣,历数则唐都、落下闳,协律则李延年,运筹则桑弘羊,奉使则张骞、苏武,将帅则卫青、霍去病,受遗则霍光、金日䃅。其余不可胜纪。是以兴造功业,制度遗文,后世莫及。孝宣承统,纂修洪业,亦讲论六艺,招选茂异,而萧望之、梁丘贺、夏侯胜、韦玄成、严彭祖、尹更始以儒术进,刘向、王褒以文章显。将相则张安世、赵充国、魏相、邴吉、于定国、杜延年,治民则黄霸、王成、龚遂、郑弘、邵信臣、韩延寿、尹翁归、赵广汉之属,皆有功迹见述于后。累其名臣,亦其次也。"得人才者得天下,这是大汉王朝最可宝贵,也是最自豪的国家财富,更是盛世最突出的标志。

再次,汉武帝派张骞出使西域,奠定了中原王朝向西看的立国基础,汉武帝时代汉朝对外文化传播进入全盛期。丝绸之路开拓于西部。秦汉王朝虽然都是比肩而立的大帝国,但两大帝国关注的目标和立国的方向不同。大秦帝国向东看,关注国家统一的稳固,防止关东六国复辟,防止"楚虽三户,亡秦必楚"的局面出现。因此,秦始皇不仅巡游关东,宣扬国威,而且在生命的最后一刻也没有放松对关东的警惕。最明显的例证是,秦始皇陵陪葬的兵马俑坑,整个森严的军阵皆东向,千军万马的地下军阵仍然时刻注视着遥远的东方。而汉朝从刘邦时代开始就重视西部匈奴的威胁,到汉武帝时期更将战略目光投向遥远的西方。汉武帝派张骞出使西域,打通了东西方的交通道路,为中国人打开了一个前所未闻的、广阔的西部世界。其一,张骞开通西北丝绸之路。司马迁在《史记·大宛列传》中一开篇就讲:"大宛之迹,见自张骞。张骞,汉中人。"建元二年(前139),张骞以郎官身份应募出使西域,率领一百多名随行人员,以匈奴人堂邑父为向导从长安出发前往西域。从汉武帝建元二年(前139)出发,至元朔三年(前126)归汉,共历十三年。出发时是一百多人,回来时仅剩下张骞和堂邑父二人。张骞能够历尽千辛万苦,征服千难万险返回长安,关键在于他"持汉节不失",心向祖国的信念;在于他"为人强力,宽大信人,蛮夷爱之"的个人品德与伟大人格。其二,张骞发现西南丝绸之路。张骞在大夏时,看到了四川的土产邛竹杖和蜀布,追问它们的来源。大夏人告诉他，是大夏的商人从身毒买来的，而身毒国位于大夏的东南方。因为四川在长安西南，身毒有蜀的产物，这证明身毒（今印度）离蜀不会太远。据此，张骞向汉武帝建议，遣使南下，从蜀往西南行，另辟一条直通身毒和中亚诸国的路线，以避开通过羌人和匈奴地区的危险。元狩元年（前122）汉武帝采纳了张骞的建议，并命张骞去犍为郡（今四川宜宾）亲自主持其事，这就是《史记·大宛列传》里记载的"乃复事西南夷"。由于张骞熟悉西域及草原地理环境，曾于元朔六年（前123）以校尉身份随卫青征伐匈奴，以"知水草处，军得以不乏，乃封骞为博望侯"。《索隐》"案：张骞封号耳，非地名。小颜云'取其能博广瞻望'也。寻武帝置博望苑，亦取斯义也。"公元前119年，汉武帝任命张骞为中郎将率团第二次出使西域。到达乌孙的赤谷城（今伊塞克湖东南），张骞分遣副使到大宛、康居、大月氏、大夏、安息、身毒等国，于公元前115年回到长安。"乌孙发导译送骞还，骞与乌孙遣使数十人，马数十匹报谢，因令窥汉，知其广大。骞还到，拜为大行，列于九卿。岁余，卒。"张骞为畅通西域贡献了智慧与生命。"乌孙使既见汉人众富厚，归报其国，其国乃益重汉。其后岁余，骞所遣使通大夏之属者皆颇与其人俱来，于是西北国始通于汉矣。然张骞凿空，其后使往者皆称博望侯，以为质于外国，外国由此信之。"《集解》苏林曰："凿，开；空，通也。骞开通西域道。"《索隐》案："谓西域险厄，本无道路，今凿空而通之也。""质于外国"，《集解》如淳曰："质，诚信也。博望侯有诚信，故后使称其意以喻外国。"李奇曰："质，信也。"张骞不仅"凿空"万里，开通丝绸之路，而且诚待天下，赢得了西域各国的信任，树立了汉朝在西域负责任大国形象和文化大国形象。张骞两次出西域，长达十七年，行程万余里，克服了常人难以想象的艰难险阻，开通了长期被匈奴阻塞的西北陆上丝绸之路，架起了沟通东西方文明的桥梁；第一次系统全面客观地掌握了西域各国的真实情况，改变了西汉帝国对西域模糊不清的认识，为将其纳入中国版图奠定了基础；促进了中外经济文化的大交流，中原先进的生产技术和文化传到西域，西域的物产和文化输入中国，极大地丰富了中国和西域各国人民的物质与精神文化生活。[①]张骞为盛世的大汉王朝打开了一个迷人多姿的西部世界的窗口。

---

① 王介甫：《中外文化交流史》，书海出版社2004年版，第70—71页。

小　结

秦汉王朝崛起、强大于中国西部，由西部走向世界，成为当时全球最发达、最文明的国家。秦汉西部时代以"马文化"著称，宋明东部时代以"船文化"闻名。秦皇汉武开疆拓土，恢弘大气，是西部时代"龙马精神"的典范。

其一，西汉继承了有史以来西部文明的硕果。《史记·六国年表》："或曰'东方物所始生，西方物之成孰'。夫作事者必于东南，收功实者常于西北。故禹兴于西羌，汤起于亳，周之王也以丰镐伐殷，秦之帝用雍州兴，汉之兴自蜀汉。"

其二，西汉都城长安是向西开拓的文化中心。公元前101年，"中国军队越过帕米尔高原，打败大宛，掠获大批汗血马，并使之承认中国的霸权。于是控制了跨越中亚的贸易通道，大大扩展了汉朝的疆域"。"对于中国来说，纳贡制度所耗不菲，但因此而避免了战争，并使中国作为世界文明中心的地位得到确立。"[①]

其三，西汉在西部建立起了大一统的思想体系。董仲舒的"《春秋》大一统者，天地之常经，古今之通谊也"。受到汉武帝的青睐，于是"推明孔氏，抑黜百家"，"罢黜百家，表章《六经》"。

其四，西汉在西部迎来人才辈出与文化繁荣的时代。是时"海内乂安，府库充实"，"群臣慕乡，异人并出"，"是以兴造功业，制度遗文，后世莫及"。鲁迅在《汉文学史纲要》中指出："武帝时文人，赋莫若司马相如，文莫若司马迁。"[②]而文坛两司马皆是西部之子。司马迁的《史记》完成于西部。

其五，西汉的立国姿态是西向的与积极进取的。钱穆指出："长安为全国之头目，东方的文化、经济不断向西输送，使与西方的武力相凝合，而接着再从长安向西北伸展（驱逐匈奴，开通西域）。西汉的立国姿态，常是协调的、动的、进取的。"英国学者艾兹赫德说："丝绸之路的重要性是文化上的，而不是商业上的。""汉武帝和他的继任者需要一个向西开放的窗口，以制衡不断威胁中国

[①] [美] 伊佩霞：《剑桥插图中国史》，山东画报出版社2001年版，第47页。
[②] 鲁迅：《汉文学史纲要》，上海古籍出版社2005年版，第49页。

的、因隔绝而出现的闭塞。"①

其六,汉代奏响了中华文明由西部丝绸之路走向世界的黄钟大吕。博望侯张骞开拓丝绸之路,定远侯班超守护丝绸之路。二人前仆后继,确保了丝绸之路的畅通。司马迁说:"汉既通使大夏,而西极远蛮,引领内乡,欲观中国。作《大宛列传》。"法国学者谢和耐认为:"与七世纪时把目光转向内陆亚渊的中国相反,从唐代中期开始,中国将目光转向了海洋。"②

总之,汉文化开始于西部、繁荣于西部;西部是多民族文化融合的高地,也是中华文化走向世界的基地,更是东西方文化荟萃的圣地。汉文化深深地打上了西部时代的烙印,西部时代为汉文化注入了开拓进取的活力。习近平总书记于2013年9月7日,在哈萨克斯坦纳扎尔巴耶夫大学演讲中首次提出"丝绸之路经济带"即"一带一路"倡议。他明确指出:"两千一百多年前,中国汉代的张骞肩负和平友好使命,两次出使中亚,开启了中国同中亚各国友好交往的大门,开辟出一条横贯东西、连接欧亚的丝绸之路。我的家乡陕西,就位于古丝绸之路的起点。站在这里,回首历史,我仿佛听到了山间回荡的声声驼铃,看到了大漠飘飞的袅袅孤烟。这一切,让我感到十分亲切。"今天,在全球关注"一带一路"倡议的大背景之下,在西部大开发走向深入的历史进程中,汉文化与西部时代的探讨具有重要的历史意义和现实意义。

(梁中效,陕西理工学院历史文化与旅游学院院长、教授,两汉三国文化研究所所长,陕西省司马迁研究会副会长。)

---

① [英]艾兹赫德:《世界历史中的中国》,上海人民出版社2009年版,第27页。
② [法]谢和耐:《中国社会史》,中国藏学出版社2006年版,第211页。

《史记》中扁鹊医术与传统医学的研究

闫向莉　原百胜

扁鹊是战国时期著名医家，医术超群，医理精湛，为传统医学的发展和普及做出了巨大贡献，在当时受到人们普遍的尊重和认可，被尊为神医。西汉司马迁在著写《史记》时为其开辟列传，以记述扁鹊事迹，弘扬其医学造诣和对医学的奉献。《史记》所载扁鹊的医学成就，并不是空穴来风，无论其医案的描述还是其经验的总结，均以深厚的医学功底为背景，体现了扁鹊的医学素养，并在具体的案例研究中展示了中国传统医学治病救人的科学性和社会价值。本文即是对《史记》中扁鹊其人其术与传统医学之间关系的探析。

一、扁鹊与传统医学的渊源

（一）扁鹊其人其术

扁鹊，本名秦越人，战国时期著名医家，约生于公元前407（周威烈王十九年），卒于公元前310（周赧王五年），《史记》记载"扁鹊者，勃海郡郑人也，姓秦氏，名越人"[1]，他精通内科、外科、妇科、儿科、五官科，通过望闻问切诊断，擅长砭刺、针灸、按摩、汤液、热熨之法治疗疾病。秦越人医术超群，救人无数，因医名卓著，被世人尊为扁鹊[2]重生，直接称之为扁鹊。

扁鹊早年师承长桑君，历史典籍罕见其人，唯独《史记·扁鹊仓公列传》有记载。历史上长桑君且出场仅仅一次，留下寥寥数语，但在医学界被尊为神明。

---

[1] 司马迁：《史记》，岳麓书社1988年版，第747页。
[2] 扁鹊，传说黄帝时期的神医，名扁鹊。

长桑君与扁鹊私交甚好，他认定扁鹊是医学人才，便传授扁鹊方术，授扁鹊以绝密药方使扁鹊具有了超乎寻常的观物能力，造就了扁鹊高超绝伦的医术，成就了一代名医的神话。在《史记·扁鹊仓公列传》说长桑君"殆非人也"①，太史公视长桑君为神人。

（二）扁鹊与传统医学师承规则

许多传统文化在传承过程中对继承人的选择上都有很严格的要求，传统医学也是如此，医道选择继承人的原则就是"非其人勿传"，长桑君传授扁鹊医术就是遵循这一原则。

医道被称为人之司命，属于仁业仁术，因此传统医学对继承此业者在道德素养和天然悟性方面有很高的要求，只有拥有纯朴道德素养的人才能负起医道济世扶困的责任心，也只有具有天然深邃悟解力的人才能透彻明晰地领悟深奥的医理，因此德才兼备才能实现医学的功用，造福于民，传统医学很早就有了这种认识理念，形成了"非其人勿传"的传承规则。《素问·气交变大论》说"余闻得其人不教，是谓失道，传非其人，慢泄天宝"②，由经文可以看出古代大贤对医道继承人本质的重视程度。这种宁缺毋滥的高度使命感和责任心，即重视医术更看重医德，表现出古人敬畏医道、敬畏生命的淳朴情怀，正是心存敬畏才能谨慎；《灵枢·官能》说"得其人乃传，非其人勿言。何以知其可传？黄帝曰：各得其人，任之其能，故能明其事"③。传统医学认为，人生于天地之间时时刻刻和天地相感应，天地人是一个整体，人的方方面面均受到天地之道的制约，因而医道不仅仅是人之道，更是蕴含了天地人的奥义，此奥义不是人人可以悟解，操行医道又必须明白天地人之道，因而古人明确地道明了唯有合适的人才能胜任其事。经文所谓"能明其事"就是对深奥的医理和生命的奥义能深切地把握和理解，唯有此等人才是适合医道的最佳人选。在《灵枢·官能》又说"各得其能，方乃可行，其名乃彰。不得其人，其功不成，其师无名。故曰

---

① 司马迁：《史记》，岳麓书社1988年版，第747页。
② 张志聪：《黄帝内经素问集注》，学苑出版社2011年版，第580页。
③ 张志聪：《黄帝内经素问集注》，学苑出版社2011年版，第497页。

得其人乃言，非其人勿传，此之谓也"①。经文说只有适合医道的人继承了医道，才能彰显医道的功用，发挥医道神奇的疗效，实现济世活人，扶危救困的医学大道，因此"非其人勿传"的择人准则是非常客观、非常现实的用人标准。

长桑君与扁鹊相处的数十年间，对扁鹊做了全方位的考察，确认扁鹊适合做医道传承人，悉传其医道，可以看出古人对医道的谨慎和敬畏。扁鹊继承了长桑君的医道，不仅自己医术精湛，救人无数，也确实使医道发扬光大，普传天下，为中华民族传统文化的传承和医疗事业的发展做出了巨大的贡献。

"非其人勿传"的传统，历代医学大贤都有深切的认知和感受。隋唐时名医杨上善在《太素·阴阳杂说》说："观人所能，妙知声色之情，可使瞻声察色，诸如是等，谓其人也。"②明代张介宾在《景岳全书·求本论》说："甚矣，医之贵神，神奚远哉，予故曰：医有慧眼，眼在局外；医有慧心，心在兆前。"③这两位大贤均认为业医者非有大智慧者不可以行其事，也只有独特悟解力者方能明察秋毫，洞明病情，方不误事，可见"非其人勿传"的理念影响了历代大贤，择人而授的传承方式，形成了传统文化尤其是医学方面独特的文化现象，这一现象摒弃的是表面的浮华，攫取的只是人为本这一根本因素。

（三）扁鹊传播脉诊

脉诊作为传统医学诊法之一，具有很实用的价值。据古籍记载远在黄帝时代名医们就能熟练地运用脉诊进行医事活动，可见脉诊渊源悠久，博大精深。扁鹊时代，医家要么开馆行医，要么居家行医，呈点状行医模式，医学传播主要依靠师徒之间单线传承以及古代巫文化的影响，诸多因素使医学传播非常艰难。到了扁鹊时代，《史记》记载："扁鹊名闻天下。过邯郸，闻贵夫人，即为带下医；过洛阳，闻周人爱老人，即为耳目痹医；来入咸阳，闻秦人爱小儿，即为小儿医。随俗为变。"④可见扁鹊行医范围之广，治疗疾病之杂，影响之大，所

---

① 张志聪：《黄帝内经灵枢集注》，学苑出版社2006年版，第497页。
② 杨上善：《黄帝内经太素》，人民卫生出版社1965年版，第46页。
③ 张景岳：《景岳全书》，中国中医药出版社1994年版，第20页。
④ 司马迁：《史记》，岳麓书社1988年版，第750页。

到之处广收门徒，传播医学，广言医事，使得普天之下的老百姓都知道扁鹊脉诊技术高超，脉诊之术也由此开始走向盛大，广为传播，因此可以说扁鹊对脉诊的传播起了巨大的推动作用。太史公在《史记·扁鹊仓公列传》中说"至今天下言脉者，由扁鹊也"①这句记载奠定了扁鹊在传统医学发扬光大方面的历史功绩。

二、扁鹊的六不治与传统医学治疗理念

扁鹊行医时间久，阅历丰富，见多识广，依其所见所闻，总结出不适宜治疗的六种情况，是传统医学的重要治疗理念。

（一）骄恣不论于理者不治

人的天性比较复杂，有一种人蛮横高傲，狂妄自大，自以为是，心无敬畏，目空一切，胡作妄为，不珍爱自家身体，凡事顺其心则喜，忤逆其心则怒，在疾病面前，难信医家之言，或急于求成不能坚持，半途而废，或者勉强治疗难遵医嘱，或服药无效则怒责医家不讲道理等，这种个性的人很容易和医家产生矛盾，稍有不顺遂的事情发生便会产生严重的医患纠纷，给医家带来许多不可预料的后果。医家是和病家打交道的，因此医家能遇到各种各样性格特点的人，医患关系融洽，互相体谅、互相信任是治病的前提，而医患关系和医家医术有关外，还取决于医患双方的个性特点。因此在临床时，遇到骄恣不论于理者，就要善于处理医患关系，就要小心谨慎，以免自取其辱、自污其门。

（二）轻身重财者不治

人生于世财物是必须的，但财物无论多么重要，也是为人服务的，是以提高人的生存质量为目的的。若为财物不惜身家性命，或守财吝啬，就是本末倒置了。持有这种理念的人往往是观念偏狭，思想固陋，不能觉悟，颠倒了人生于世的意义，不能爱身惜命，常常将小病酿成大病，大病耽误成死症，最后造成悲剧。

---

① 司马迁：《史记》，岳麓书社1988年版，第750页。

这种愚昧的观念，认识上的舛错，在现实中持有的人为数不少。扁鹊在行医过程中兴许遇到过许许多多这种人，因此提出这个理念也是有其深刻的现实基础的。

（三）衣食不能适者不治

衣食是生命存活的基础，衣食合理能养人，不当能害人，尤其是人在疾病期间和疾病恢复期间，衣食是否合理是影响康复的关键因素之一。

人的食物来自大自然，传统医学认为食物也有寒热温凉的性质，这四种性质称为四气，又有苦甘辛酸咸的味道，叫作五味。四气五味即是奉养生命之所需，也是为害之源头。对于四气伤人在《素问·阴阳应象大论》有记载，经文说"水谷之寒热，感则害人六腑"[1]，所谓"感"就是说正常情况下食物的四气是养人的，但是在食饮不当的情况下四气就会成为伤人六腑的因素，这是四气为灾，六腑里面肠胃是生化之源，是食物消化和营养物质吸收的部位，是真正养人的场所，也是人身真气聚集的地方，一旦纵情口服，食饮不节，饥饱无时，凉热不忌，损伤了肠胃功能，那么吸收营养物质的功能便会减弱。当养人的精华和能量不足为用的时候，便会百病丛生，因此后世医家总结出了内伤肠胃百病由生的理念，即是此理。现代医学认为肠胃是人的第二大脑，说明了肠胃对人的重要性，而现代的亚健康人员众多，无不和现代人的饮食不节有莫大的关系。

五味对应人的五脏，《素问·五脏生成篇》说"故心欲苦，肺欲辛，肝欲酸，脾欲甘，肾欲咸，此五味之所合也"[2]，饮食中的五味供养五脏，人的五脏本是生克制化相互平衡的，若有所偏食，食物五味的专一之性便会潜移默化地改变脏腑之间的平衡，导致疾病发生。五味和食饮中的物质成分有关，物质成分也会损伤人的不同部位。《素问·五脏生成篇》说"是故多食咸，则脉凝泣而变色；多食苦，则皮槁而毛拔；多食辛，则筋急而爪枯；多食酸，则肉胝䐜而唇揭；多食甘，则骨病而发落，此五味之所伤也"[3]，这是五味偏食对人的伤

---

[1] 张志聪：《黄帝内经素问集注》，学苑出版社2011年版，第8页。
[2] 张志聪：《黄帝内经素问集注》，学苑出版社2011年版，第102页。
[3] 张志聪：《黄帝内经素问集注》，学苑出版社2011年版，第102页。

害。由经文可知古人早已意识到五味偏性对人的危害，提出了饮食有节、五味均衡的生活告诫。

人在疾病期间或康复阶段，饮食均衡，四气适宜，五味调和尤其重要，只有饮食四气五味均衡合理的食饮，才能增强自身的正气，增加祛除病邪的能力，有利于早日康复。《素问·藏气法时论》说"毒药攻邪，五谷为养，五果为助，五畜为益，五菜为充，气味合而服之，以补精益气"[1]，经文所言就是要求在药物治疗后要谨慎地进行饮食调理，其中五谷、五果、五畜、五菜泛指各种营养物质，这些饮食各有其特有的四气五味，也是营养全面的指向，可知古人已经注意到了康复期间的营养要全面周备的道理。

民间广泛存在的病中忌口的习俗，历史悠久，就是四气五味为害的传统医学理念，不同疾病的忌口要求非常严格，已经形成了传统医学独特的忌口文化，普遍根存于百姓之间，造福于民。

在平时饮食方面，注意饮食五味的均衡，也是养生保健的关键所在。在传统医学典籍里面对五味养生保健的重要性也有精要的论述，《素问·生气通天论》说"是故谨和五味，骨正筋柔，气血以流，腠理以密，如是则骨气以精，谨道如法，长有天命"[2]。"谨和五味"就是要求五味匀调，不得偏食，古人经过长期的观察实践，深切地了解到五味对人的利害关系，五味调和均衡对人是有利的，若长时间五味偏食，则会带来灾害。因此饮食适当可以养生命，不适宜也可以害生命，可见扁鹊把"衣食不适者"作为六不治的原因是有深刻见地的。

一般来说，穿衣不适当也可以导致疾病发生，但远不如食饮广泛。

扁鹊把"衣食不能适"作为六不治之一，这是从饮食习惯上提出的不治之因，是非常深刻的。可见扁鹊长期扎根民间行医过程中切实观察了百姓生活的方方面面，注意到了饮食习惯对人的影响，因此提出这个不治之因即是对医家的提示，也是对饮食恶习者的告诫。

---

[1] 张志聪：《黄帝内经素问集注》，学苑出版社 2011 年版，第 222，223 页。
[2] 张志聪：《黄帝内经素问集注》，学苑出版社 2011 年版，第 30 页。

（四）阴阳并，藏气不定者不治

传统医学认为阴精、阳精以及血气是生命的组成部分，对于维持生命机能具有不可替代的功效，正常情况下阴精阳精及血气按照经脉循行，有规律的周流不休，同时阴阳血气之间又有复杂的联系，不可分割，互相依存，浑束为一。在异常情况下由于种种原因，阴阳血气的循行出现逆乱或互相攻冲，或各自分离固守一方，破坏了正常的秩序，导致疾病发作，这种情况叫作阴阳并。阴阳并的结果一旦引起藏气失养不能固守，神明难于维持生命正常的生机功能时，常常导致死亡的发生，或者会出现精神错乱、神明异常等，造成严重后果。阴阳并证逆转的概率少之又少，治疗也十分困难，扁鹊将此种情况列为不治之症，是深刻认识的结果。

阴阳并证，在传统医学里面具有丰富的描述，而且认识独到且深刻，传统医学里阴阳并证一般分为两种情况，即精气并入五藏和血气并。

《素问·宣明五气》论述了五精所并，经文说"五精所并：精气并于心则喜，并于肺则悲，并于肝则忧，并于脾则畏，并于肾则恐，是为五并"[①]，传统医学认为精是供养神明的精微物质，分为阴精和阳精，为人身之大宝。此五并证，均是阴阳精气并入五藏，五藏是生命的核心、五志的大本营，也是精神世界的本源，因此这五种并证，均引起神志的变化，此症并不一定引起死亡，但是会导致轻重不等的精神疾患。许多精神疾患就是对今天的医学来说，单从认清其根源上就很困难，在治疗上更是非常棘手的医学难题。可是在《黄帝内经》时代，传统医学对这类疾病的认识已经非常深入和精到。扁鹊作为传统医学的继承者，无论在医学理论上还是医学实践上，均认为此病不是轻易可以治愈的，此病尤其到了"藏气不固"的严重时期，更是不要轻易治疗。

《素问·调经论》记载了血气所并的情况，经文说"气血以并，阴阳相倾，气乱于卫，血逆于经，血气离居，一虚一实。血并于阴，气并于阳，故为惊狂；血并于阳，气并于阴，乃为炅中；血并于上，气并于下，心烦怨善怒；血并于

---

① 张志聪：《黄帝内经素问集注》，学苑出版社2011年版，第226页。

下，气并于上，乱而喜忘"①。血与气是极为重要的精微物质，对供养肌体来说既提供营养物质，又维持肌体组织的生机活力，不可须臾或缺。血气的循行贵在平和，各守本乡，又互依互生，传统医学认为气为血之帅，血为气之母，二者不可分开。《素问·调经论》说"人之所有者，血与气耳"②，人并不是单有血气，经文如此说只是强调了血气对人的重要性，这些生命中极为重要的精微也有乖张的时候，其中最恐怖的是分崩离析，血气不能浑束为一，而是一分为二，错乱逆行，各自固守一处，这是并证的基础。比如血并于上，气并与下，上下不能融通，出现心中烦乱，无故心生怨恨，情绪暴躁，难于控制，常表现出伤人毁物的举动，时发时止，变化无常，这种情况一旦发病治疗极为困难。气血并证引起许许多多的疾病，症状千差万别，因此并证并不是一个病，而是一大类疾病，重则致死，轻则顽固难愈。因此扁鹊将"阴阳并"列为六不治之一，是非常合理的经验教训。

本条是扁鹊从疾病的性质的难易上提出的不治症，也是经验之谈。

（五）形羸不能服药者不治

人作为自然的产物，生存于天地自然之间，饮食五味，感受寒暑，神志波荡，这些来自自身的或自然的因素都是诱发疾病的根源，因而疾病是任何生命过程中必然要遇到的问题。当疾病不至于害命的时候，是可以治愈的；当疾病对身心伤损超过了一定的限度，生机难以复返的时候，也不是医药可以治愈的，死亡在所难免。其中"形羸不能服药"就是身体损伤到了不可救药的程度了。现实中许多重病久病患者，到了积重难返的时候，往往出现这种情况。这种情况在传统医学里面也有精当而形象的描绘，《素问·玉机真脏》说"大骨枯槁，大肉陷下，肩髓内消，动作并衰，真脏未见，期一岁死，见其真脏，乃与之期日。大骨枯槁，大肉陷下，胸中气满，喘息不便，其气动形，期六月死，真脏脉见，乃与之期日。大骨枯槁，大肉陷下，胸中气满，喘息不便，内痛引肩项，期一月死，真脏见，乃与之期日。大骨枯槁，大肉陷下，胸中气满，喘息不便，内痛引肩项，身热，

---

① 张志聪：《黄帝内经素问集注》，学苑出版社2011年版，第501，502页。
② 张志聪：《黄帝内经素问集注》，学苑出版社2011年版，第503页。

脱肉破䐃，真脏见，十日之内死。大骨枯槁，大肉陷下，胸中气满，心中不便，腹内痛引肩项，身热，破䐃脱肉，目眶陷，真脏见，目不见人，立死，其见人者，至其所不胜之时则死"①。其中"大骨枯槁"是大腿骨枯朽不能任重；"大肉陷下"是股部丰满的肌肉瘦弱塌陷；"胸中气满"是胸部憋闷鼓起、气怯短浅；"肩髓内消"既肩膀骨与肋骨外露、凹凸不平；"破䐃脱肉"指小腿部隆盛的肌肉消失脱去，枯细如材；"目眶陷"是精气败绝于内的表现。这些症状就是"形羸"的具体描述。传统医学认为人的形和神是神形相感、浑束为一的整体，形涵存了神，神调控着形，二者是一损俱损、一荣俱荣的关系。"形羸"一旦到了一定的程度，生机已经消亡殆尽，很难继续涵存其神，神形分离是早晚的事，到了这种境地已经越过了医药可以挽救的范畴，甚至经典还给出了预期死亡的时间规律，可见传统医学对生命认识得精到且深刻。在现实中许多癌症患者到末期时，生命的精华消耗殆尽，形体露出狰狞恐怖的形象，就是"形羸"的情形。

形羸不能服药，是许多疾病末期，生命将要结束时出现的形体严重的变化症状，这种情况下作为不治之症是非常客观的、现实的。扁鹊的这个经验总结中肯实用。

（六）信巫不信医者不治

扁鹊时代，医与巫是很难分开的，巫师常常从事一些医疗活动，医家也常常做一些巫师的活计。扁鹊之所以把"信巫不信医"作为六不治的原因，也许扁鹊曾经无数次遇到过巫师误事的情形，悲戚的经历，惨痛的教训，使扁鹊认识到了巫师在治疗疾病上的荒谬，迫于良知的不忍，处于医家悲悯爱民的心境，终于高声呐喊"信巫者不治"的口号。从这个经验可以看出，扁鹊信仰的是科学，崇尚的是实事求是的精神，对迷信是不屑一顾的，在两千多年前这种品质难能可贵。

扁鹊罗列的六不治，涵盖了人性因素，认识理念，生活习惯，病情难易，信仰偏失，几乎全方位论述了不治之因，都有其医学理论做指导，也有经验做后盾，是非常淳朴、客观的经验总结和教训。

---

① 张志聪：《黄帝内经素问集注》，学苑出版社2011年版，第183，185页。

三、扁鹊的医学案例与传统医学临床经验

《史记》记载了扁鹊三个医案，凸显出扁鹊高超的医术，扁鹊既能娴熟地运用传统医学望闻问切的诊断方法，又能切合临床实际使用传统医学的基本理念，充分显现出传统医学在扁鹊时代就具有了极为完善的学术体系及其普遍的使用，展现出巨大的实用价值。

（一）简子之病

扁鹊对简子病理的解释是第一个病案。

简子病了，《史记》仅一句话记载了简子的病情，即"简子疾，五日不知人"[1]，扁鹊察色按脉诊断后，对简子的病给出了一番解释，首先说"血脉治也，而何怪"[2]，坦言简子虽然病了但血脉调匀，没有性命之忧，不足疑虑，并断言"不出三日必间，间必有言也"[3]，断定简子三日之内就会醒过来，这种预期疾病的能力对一个高明的医生来说并不神奇，而神奇的是"间必有言也"，简子虽然昏迷了七八天，扁鹊断定简子醒来后要说一番病中的经历。简子确实在扁鹊预言后两天半的时候醒过来了，醒来后说了一番话，说的内容神奇又离奇，完全契合了扁鹊的预期，简子说"我之帝所甚乐，与百神游于钧天，广乐九奏万舞，不类三代之乐，其声动心。有一熊欲援我，帝命我射之，中熊，熊死。有罴来，我又射之，中罴，罴死。帝甚喜，赐我二笥，皆有副。吾见儿在帝侧，帝属我一翟犬，曰：'及而子之壮也以赐之。'帝告我：'晋国且世衰，七世而亡。'嬴姓将大败周人于范魁之西，而亦不能有也。"[4]作为医生的扁鹊，依据普通的诊断，怎么知道简子醒后必有一番神游的言谈呢？而且知道简子神游的内容？通过察色按脉这样的诊断又怎么了解到患者精神世界的经历呢？这确实是扁鹊

---

[1] 司马迁：《史记》，岳麓书社1988年版，第747页。
[2] 司马迁：《史记》，岳麓书社1988年版，第747页。
[3] 司马迁：《史记》，岳麓书社1988年版，第748页。
[4] 司马迁：《史记》，岳麓书社1988年版，第748页。

高超之处。

　　从传统医学角度讲,通过望闻问切四诊能够获得许多疾病的信息,通过辩证取舍,确定病因,明确病性,厘定病位,确立用药,解除疾患,这是医学的任务和本领所在。从精神层面讲,医家能把握病家的精神状态,掌握病家的精神活动已属困难,尤其是患者意识昏迷的情况下,深层次了解患者的精神活动以及精神世界的经历更为难乎其难。扁鹊对简子的病,确实预期了简子神游时的经历以及简子醒来后的旷世言谈,从传统医学理论来看这种情况也是有据可凭的。其一,简子血脉无病,血脉是奉养精神和形体的,因此可以断定简子神形方面无病,只能是暂时的形神分离,传统医学称为神不守舍,这种情况就是血脉调匀,身形无碍;其二,扁鹊知道很早以前的秦穆公曾经出现过类似情况,因此扁鹊这样说也是有依据的,秦穆公早扁鹊三百年左右,扁鹊却知道秦穆公这个医案,可见扁鹊在学医过程中或师徒传授或阅读古医案,汲取其中的医学信息,深入研究,灵活运用,不断提高,体现出扁鹊善于融会贯通的能力,这个古医案恰好用在了简子医案中。从简子医案可以看出扁鹊不但自己行医总结经验,而且扁鹊高超的医术除了天分之外和自己努力勤奋是分不开的。

(二) 虢太子之病

　　虢太子病尸蹶症,是扁鹊第二医案。

　　扁鹊如是解释尸蹶:"夫以阳入阴中,动胃缠缘,中经维络,别下于三焦、膀胱,是以阳脉下遂,阴脉上争,会气闭而不通,阴上而阳内行,下内鼓而不起,上外绝而不使,上有绝阳之络,下有破阴之纽,破阴绝阳,色废脉乱,故形静如死状。夫以阳入阴支兰藏者生,以阴入阳支兰藏者死。"[1]

　　这段文字牵涉阴、阳、胃、经、络、三焦、膀胱、阴脉、气、色、阴支、阳支,这些理念都是传统医学术语。扁鹊的解释是:胃处于中焦,具有斡旋气机,条畅上下的功效,中焦是非常重要的部位;生命之气分为阴气和阳气,正常情况下阳气和阴气分别在阳脉和阴脉里面运行,且严格遵守自身的规律,不能舛错,这种规律一旦打破就会出现病变。当阳气进入

---

[1] 司马迁:《史记》,岳麓书社1988年版,第749页。

阴脉，阴脉的功能便被打乱，处于条畅气机的胃的功能便被迫受阻，若阳气进一步深入，循着经脉向下攻冲于下焦及膀胱，这个最下部位本是阴气盛隆的地方，现在被阳气占领，阴脉便会向上攻冲，这样的结果是阴阳二气不能融通，阴气上走头部，阳气内入腹内，向下的阳气在内鼓动而不能上行，在头部的阴气孤绝于上而不能下潜，这是因为头部有阻滞阳气上行的络脉，腹内有结络之脉破坏了阴气的下行通道，以至于形成阳气阻滞于下，阴气被拒于上的局面，阴阳二气不能调和，上下不能沟通，结果是气色败乱，脉气失调，使神明不能发挥正常调节形体的功能，所以出现身形安静得像死去了一样。扁鹊末了说尸蹶有死症和活症两种转归，假若阳气进入阴性支脉阻滞了藏气的功能，这种情况是可以救活的；假若是阴气进入阳性支脉阻滞藏气就会死亡。

  扁鹊对虢太子的尸蹶症的解释仅寥寥数语，便能抓住要害，切中病机，解释全面而深入，面临如此大病，依然从容不迫，神态自若，自信满满，胸有成竹。俗语说"医不叩门"，可是扁鹊对虢太子的疾病却是叩门而入，毛遂自荐，可见一代名医的风采。

  尸蹶，是传统医学的一个病名，在《黄帝内经》里面有许多篇幅论述到蹶症，比如《素问·厥论》《素问·气厥论》《灵枢·杂病》《灵枢·厥病》等，《黄帝内经》论述厥症，均认为此病的机理在于气脉的失调或逆乱所致，气脉的异常导致形体功能乖张，呈现的症状有轻有重，千差万别，严重的甚至影响到神经失常，出现状如死状的尸蹶症。《素问·厥论》里面，皇帝和岐伯有一段对话，探讨了尸蹶症的病情，皇帝曰"蹶或令人腹满，或令人暴不知人，或至半日远至一日乃知人者何也？"[1]岐伯曰"阴气盛于上则下虚，下虚则腹胀满；阳气盛于上，则下气重上，而邪气逆，逆则阳气乱，阳气乱则不知人也"[2]，这段对话明确地说明了阴阳二气的逆乱是导致"暴不知人"的原因，也正是尸蹶症的病机所在。《黄帝内经》对于尸蹶的论述和扁鹊解释虢太子尸蹶的理论如出一辙，由此可以看出扁鹊继承了正统的传统医学，是传统医学的继承和发扬光大者，同

---

[1] 张志聪：《黄帝内经灵枢集注》，学苑出版社2006年版，第386页。
[2] 张志聪：《黄帝内经灵枢集注》，学苑出版社2006年版，第386页。

时也可以看出扁鹊在运用传统医学方面具有深厚的造诣。

扁鹊治疗虢太子的病用的是针刺法,选取的是三阳五会穴,此穴也叫百会穴,处于颠顶之正中处,此穴近于大脑,又是足三阳脉与督脉交会之穴,具有醒脑、安神、升举下陷、调畅气机的功效,对于神志病有很好的治疗作用。扁鹊治疗虢太子之病,选取本穴,是非常恰当的取穴,又是独穴治病,可见扁鹊选穴之精当。由本医案可以看出传统医学在针灸方面,在扁鹊时代就取得了很高的成就。

(三)齐桓侯之病①

扁鹊望知齐桓侯之病的案例,充分展现出扁鹊望诊功夫的高超,扁鹊望诊的医术已达到了炉火纯青的程度。

传统医学将普通的医家分为三类,即上工、中工、下工。《灵枢·邪气脏腑病形》说"上工十全九……中工十全七……下工十全六"②,治愈率达到百分之九十的就是上等医家,百分之七十治愈率算作医术中等,下等的医家治愈率也在百分之六十,这种分类只是针对普通医家而言。任何行业,都会出现一些对本行业具有非凡天赋的人物。他们卓然超群,出类拔萃,道德优良。在医家里面,这种人物天然对医学具有超凡脱俗的理解力和悟性,更具有非凡的执行力,再加之个人的努力,注定会成为医界圣贤,堪称神医。这类人物虽然罕见,但并不是没有,扁鹊就是这种神医,扁鹊望知齐桓侯之病,就是典型的神医的典范,千百年来,被世人称为神奇。

传统医学认为生命就是一个小宇宙,属于巨工程,在内的脏腑,在外的四肢百骸,通过经脉把表里上下沟通起来,也将天地人三者统一起来,形成一个整体,不可分割,因此在内的脏腑和在外的皮肉筋骨存在着呼应的关系。当在内的脏腑有病变时,在外特定部位的气色或肤色就会发生形应的变化,通过这个外在的症状就可以推断内在的疾变和部位,叫作"以外揣内";同样在外的肌肤感受六淫之邪,邪气也可以循着脉络逐次内传,层层深入直达脏腑,依据感受

---

① 《史记·扁鹊仓公列传》称齐桓侯,在《韩非子·喻老》中有"扁鹊见蔡桓公"。
② 张志聪:《黄帝内经灵枢集注》,学苑出版社2006年版,第33页。

六淫性质和表现的症状，就可以推知何种邪气引起的内在病变，此法称之为"以内知外"，这是传统医学认识疾病和诊断疾病的方式之一。扁鹊望知齐桓侯之病，正是运用了这种方法。

在传统医学经典里面，关于外邪内传的记载非常丰富，其中《灵枢·百病始生》详尽地描述了这种情况。经文曰"是故虚邪之中人也，始于皮肤，皮肤缓则腠理开，开则邪从毛发入，入则抵深，深则毛发立，毛发立则淅然，故皮肤痛。留而不去，则传舍于络脉，在络之时，痛于肌肉，故痛之时息，大经代去，留而不去，传舍于经，在经之时，洒淅喜惊。留而不去，传舍于俞，在俞之时，六经不通四肢，则肢节痛，腰脊乃强，留而不去，传舍于伏冲之脉，在伏冲之时体重身痛，留而不去，传舍于肠胃，在肠胃之时，贲响腹胀，多寒则肠鸣飧泄，食不化，多热则溏出糜。留而不去，传舍于肠胃之外，募原之间，留着于脉，稽留而不去，息而成积，或着孙脉，或着络脉，或着经脉，或着俞脉，或着于伏冲之脉，或着于膂筋，或着于肠胃之募原，上连于缓筋，邪气淫泆，不可胜论"[①]。这段经文详细地记述了邪气内传的步骤和各个层次的症状，比较齐桓侯之病的内传顺序，可以看出扁鹊之所学与传统医学的理论是一脉相承的，可见扁鹊对传统医学理论掌握得非常精到，运用得非常娴熟，同时也可以看出扁鹊的医学也是学有所本，术有其源。从这个医案可以推知长桑君传授给扁鹊的医学当是正统的传统医学的精髓，进而可以推知祖国医学源远流长，博大精深。

扁鹊初见齐桓侯，通过其特定的肤色症状，确认其腠理已经潜伏了邪气，不及时治疗就会逐渐深入，而且深入的步骤依次是血脉、肠胃间、骨髓，这个内传的次序恰恰符合外邪内传的顺序。当邪气在腠理、血脉、肠胃间的时候，致命的因素已经存在，但此时邪气尚未发力，还不能在人的意识里面感受到这种因素的存在，此时看似风平浪静其实已是病情滔滔，这时候高明的医生可以用不同的治疗方法予以祛除邪气，补救正气，达到治愈的目的；但是当邪气深入到骨髓，也就是到了生命的根本部位，邪气开始发力，病来如山倒，人会意识到疾病的来临，此时病势已经形成，正不敌邪，已经损伤到生命的根本，是没

---

① 张志聪：《黄帝内经灵枢集注》，学苑出版社2006年版，第456页。

有药物可以治疗的。扁鹊运用医学知识掌握并预言了齐桓侯病变过程,和实际符合,齐桓侯因不听从扁鹊劝告终至不救。由本案可以看出扁鹊诊断齐桓侯之病,有其深厚的医学基础,可见扁鹊时代传统医学对生命的认识已经相当深邃和全面。

以上三个独立的案例,各有特色,从不同方面展现了扁鹊在传统医学上的高超医术。简子病例展示了扁鹊在脉诊方面独到的技能;虢太子案例显示了扁鹊扎实的传统医学理论基础;齐桓侯案例,显示了扁鹊成熟精到的望诊技术。扁鹊的医术代表了当时传统医学的最高水平,可见传统医学到了精深的境界,也是可以出神入化的。

总结:从《史记》记载可以看出,扁鹊的医术源于传统医学,扁鹊本人的诊断技术和临床实践已臻炉火纯青的境界,可见扁鹊时代传统医学已经具备了完整的体系,在诊断技术上,望闻问切四诊方面已经全面且独到;在治疗方法上,汗、吐、下、补等技术已经有了明确的针对性,已经能做到对症施法;在用药方剂类型上,丸散膏蔚剂已呈现多样化趋势,且能够熟练应用;在针灸方面,理论与临床应用已经相当成熟,已能做到对症准确取穴的程度。通过文字分析研究可知,在扁鹊时代,传统医学对生理病理的认识已经精深而周到,对生命无论在物质方面还是精神方面的认识已经达到了很高的境界,可见在中华民族悠久的历史过程中,传统医学在卫生保健方面发挥了无与伦比的贡献。扁鹊是传统医学的继承者,更是实践者,在发展和完善传统医学方面做出了巨大的努力,尤其在医学传承和发扬光大方面,扁鹊是医学史上一个重要的节点,从扁鹊开始,中国传统医学广为传播并得以持续发展,为华夏民族的医疗保健等,做出了巨大的贡献。

(闫向莉,陕西理工大学教师,历史学博士;原百胜,中医医生,从事传统医学研究。)

论"司马迁线"与中国传统文化的关系

王使臻

中国的苍茫大地,隐藏着一条线。它既与自然地理、气候人口有关,也与文化、民族、经济、政治密切相关。这条线如此特殊,在中国历史上引人瞩目,许多风流人物都曾注视过它。它最早被伟大的西汉史学家司马迁所揭示:

> 夫山西饶材、竹、榖、𬬻、旄、玉石;山东多鱼、盐、漆、丝、声色;江南出棻、梓、姜、桂、金、锡、连、丹沙、犀、玳瑁、珠玑、齿革;龙门、碣石北多马、牛、羊、旃裘、筋角;铜、铁则千里往往山出棋置,此其大较也。皆中国人民所喜好,谣俗被服饮食奉生送死之具也。①

在上引《货殖列传》中,司马迁依照自然地理把西汉全国划分为四大经济区:山西、山东、江南、龙门—碣石北,各区有其自然特产。尤为注意的是,司马迁以其敏锐的眼光,发现在其故乡黄河龙门与渤海海滨碣石之间,存在着一条隐约的线。这条线的南北,在自然地理、经济、文化方面,存在着明显的差异。此线以南的民俗是:

> 齐带山海,膏壤千里,宜桑麻,人民多文采布帛鱼盐。临菑亦海岱之间一都会也。其俗宽缓阔达,而足智,好议论,地重,难动摇,怯于众斗,勇于持刺,故多劫人者,大国之风也。其中具五民。而邹、鲁滨洙、泗,犹有周公遗风,俗好儒,备于礼,故其民龊龊。颇有桑

---

① 司马迁:《史记》卷一百二十九《货殖列传》,中华书局1959年版,第3253—3254页。

> 麻之业，无林泽之饶。地小人众，俭啬，畏罪远邪。①

此线以北的民俗，则截然相反：

> 种、代，石北也，地边胡，数被寇。人民矜懻忮，好气，任侠为奸，不事农商。然迫近北夷，师旅亟往，中国委输时有奇羡。其民羯羠不均，自全晋之时固已患其剽悍，而武灵王益厉之，其谣俗犹有赵之风也。故杨、平阳陈掾其间，得所欲。温、轵西贾上党，北贾赵、中山。中山地薄人众，犹有沙丘纣淫地余民，民俗懁急，仰机利而食。丈夫相聚游戏，悲歌慷慨，起则相随椎剽，休则掘冢作巧奸冶，多美物，为倡优。②

因为这条线最早是被司马迁发现并论述的，所以被称之为"司马迁线"。

龙门—碣石这条斜线，在中国的地理上有什么特殊意义呢？唐人张守节在其给《史记》作注的《史记正义》里注解："龙门山，在绛州龙门县。碣石山，在平州卢龙县。"③《正义》显然是把龙门和碣石④视作两座山⑤，而不是泛指的地名，以这两座山为坐标点，两点成一线，而连成了一条线，将中国的北方划分成了南北两个面：北面出产马、牛、羊、旃裘、筋角等游牧产品和射猎文化，南面则出产鱼、盐、漆、丝、声色等农耕产品与礼乐文化。这条线的南北两面的

---

① 司马迁：《史记》卷一百二十九《货殖列传》，中华书局 1959 年版，第 3262 页。

② 司马迁：《史记》卷一百二十九《货殖列传》，中华书局 1959 年版，第 3265—3266 页。

③ 司马迁：《史记》卷一百二十九《货殖列传》，张守节《史记正义》注 [四]，中华书局 1959 年版，第 3254 页。

④ 关于古代碣石山的地理位置，学者们有过多种论述与考证。代表性的观点有：河北昌黎县碣石山说、河北北戴河南海岸说、山东无棣县马谷山说、碣石沦于海说。代表性论文可参考：谭其骧《碣石考》，《学习与批判》1976 年 2 期；冯君实《"东临碣石"的碣石在哪里？》，《吉林师大学报》1978 年 3 期；任乃宏《碣石新考》，《文物春秋》，2014 年第 2 期。

⑤ 碣石与碣石山有区别，不能混为一谈。在《尚书·禹贡》中碣石是一座山，不是一块石头。参：吕绍纲《说禹贡碣石》，《史学集刊》1995 年第 1 期。《山海经》中的碣石与《禹贡》中的碣石山不是同一座山。

产品与文化存在着差异，简单来概括，就是农耕与游牧的差异。所以，龙门—碣石这条线，也可以被称为"农耕—游牧分界线"。

如果将龙门—碣石这条"司马迁线"，向两端延长并向北稍加平移的话，就会与另一条有趣的线重合。它穿越了中国地理的第一阶梯与第二阶梯之间的分界线，与400毫米等降水量线有重合，与"胡焕庸线"也有重合，与中国北部的长城线也有重叠的地方。一句话，这条线（指"司马迁线"及其变异的"胡焕庸线"，以下行文中的概念都相同）既是中国古代的"农耕—游牧分界线"，也是人口分布线，长城沿线也分布在这里。这条线的形成，既有自然地理的因素，如400毫米等降水量线造成了农耕与游牧的分界，季风与干旱的区别，进而对人口分布有极大影响；也有民族和文化的因素，如游牧民族与农耕民族在此对峙、融合，形成军事斗争的长城沿线，彼此的文化却也常常越过长城线，在此线左右融合交汇。

这条线，与中国传统文化有着密切的关系。它与"中国"的概念[①]及"中国"连续性的成长模式有联系。为何中国文明连续而未中断？为何地理与历史的中国是在不断扩大变化的？赵汀阳在《惠此中国：作为一个神性概念的中国》[②]里，试图用哲学方式思考并解释"商周以来至清朝的古代中国的生长方式"，提出了"中国旋涡"的解释模型[③]。他的解释模型，也探讨了这条中国大地上隐秘的线。这条线在"中国旋涡"模型中扮演了重要的角色。赵汀阳以长城线为例说明：

> 多数长城之所以位于与秦长城或明长城的重合地带或南北相去不远的位置，真正的原因是这一带几乎就是古代中国两大经济区的分界线，即游牧（渔猎）经济和农耕经济的分界线，同时几乎就是中国东部季风区与西北干旱区的分界线，也是中国的400毫米等降水量线，

[①] "中国"的概念，既指国家，也指文明，更指历史。即中国同时是一个国家、一个文明和一个历史的概念。但在时间上，作为一个国家的中国、作为一个文明的中国与作为一个历史的中国不是同时发生的，有其逐步形成的过程。

[②] 赵汀阳：《惠此中国：作为一个神性概念的中国》，中信出版集团2016年第1版。

[③] 赵汀阳：《惠此中国：作为一个神性概念的中国》，中信出版集团2016年第1版，前言，第Ⅷ页。

或半湿润和半干旱地区的分界线，大致符合"胡焕庸线"，即自黑河至腾冲的斜切线。①

著名地理学家胡焕庸于 1935 年提出的中国人口地理的重要分界线（简称"胡焕庸线"）被广泛认可和引用，是中国地理学发展的重要成果。"胡焕庸线"的基本表述是：自黑河至腾冲画一条斜切线，将中国分为东南和西北两个部分，东南部分面积占 36%，人口占 96%；西北部分面积占 64%，人口占 4%。胡焕庸最早通过统计数字证明了中国的地形图、雨量图和人口分布图三者的大概一致性。②地图平面上的"胡焕庸线"在中国具体的立体地形上，当然不是一条平面的直线，而是依地形变化而弯曲、偏离或犬牙交错的立体连线。比较有趣的是，这条立体的线却是相对稳定的存在。研究者们发现，胡焕庸线是第一地理本性的刻画，地貌、气候这些自然禀赋的要素不变，胡焕庸线反映的人口、经济地理格局也不会变。③这条线的稳定性与中国古代传统政治格局的相对稳定性（大一统）和中国地域的相对固定性也是相适应的。

这条线为什么隐含了中国文明稳定、连续不断的奥秘呢？赵汀阳认为，"胡焕庸线"所具有的地理、人口、气候、经济、文化多层重叠一致的含义，在很大程度上，大概把古代中国分成了游牧（渔猎）势力和农业势力两个大区域，也通常是一国两制（或一国多制）的分界线。中国传统政治的大一统格局为何从商周以来一直比较稳定？赵汀阳提出了一种解释：

从长时段来看，这两大区域（按：游牧势力和农业势力）的军事力量大致势均力敌，各有兴衰之时，而经济生产方式以及生活方式的差异使长城一线最容易成为两大势力的博弈均衡线，两大势力在力竭休战或理性言和之时，往往就停止在长城一线。但每次博弈的均衡线都有所出入，如河套地区，虽属干旱区，却有良好的灌溉条件，因此

---

① 赵汀阳：《惠此中国：作为一个神性概念的中国》，中信出版集团 2016 年版，第 132 页。
② 关于"胡焕庸线"的由来，可参考刘桂侠《瑷珲—腾冲人口分界线的由来》，《地图》2004 年第 6 期，第 48—51 页。
③ 王铮：《地理本性：胡焕庸线的突破与打破问题》，《探索与争鸣》2016 年第 1 期，第 43 页。

农牧两可。自战国以来，河套地区便反复易手。大概言之，自从中国逐鹿博弈由东西争胜转为南北争胜，长城一带就是典型的博弈均衡线，除非某一方拥有势不可挡的实力而实现大一统。

依据赵汀阳的解释，夏商周以来的中国，成为一个包含中原和四方各地的整体存在。中原与四方或者农耕文明与游牧文明的博弈，既形成了长城线，也使中国在成长、扩大。随着中原与四方的博弈，中国在旋涡运动中不断扩大。旋涡中心在发生着变动，并没有始终固定不变。与旋涡中心的变动相适应，中原核心的王朝都城也在古代发生着位移变化。赵汀阳指出，长城并非唯一的博弈均衡线，在南北争胜中，北方胜过南方的时候较多，因此，除了长城一带，其次的博弈均衡线便是淮河秦岭一带，再次是长江。总之，长城不仅不是边界，反而是逐鹿博弈的中心地带，是中国的南北中线。这也能够解释为什么当中国的核心随着博弈旋涡的变化而从中原位移到了北京。北京位于这条博弈均衡线附近，最利于同时控制南北局势，因此，有能力同时控制南北中国的大一统王朝往往选择定都北京。①

长城线不仅是分隔线、分界线、平衡线，苏秉琦对长城地带甚至有着更积极的解释。他将长城地带理解为"各民族文化的熔炉"，是农区与牧区两种文化最活跃的互动空间，虽有冲突，但更有互补和互相依存。在长城线这条纽带上，民族融合规模之大、历时之长，在世界历史上少见。中国许多民族在这里获得新的生命力，成为创造中国文化和文明的重要成员，造就了中华民族牢固的统一体。②自古以来，长城就是关内外文化冲突和文化交流的界线，但长城作为政治、经济、文化的界线，绝不是由历史上的偶然原因造成的。在此界线内外的民族迁徙上，存在一个明显的现象：古代长城北方民族的迁移基本上是一个单向过程，即少数民族不断越过长城向南迁移，而汉族则更进一步向南扩散。③长城内外游牧和农耕族群从冲突、对峙到逐渐走向交融、融合的历史过程，表明

---

① 赵汀阳：《惠此中国：作为一个神性概念的中国》，中信出版集团2016年版，第133—134页。
② 李凤山：《长城带民族融合史略》，《中央民族学院学报》1993年第2期。
③ 邓锋：《长城：文化的界线》，《渝州大学学报》（社科版）1996年第3期，第21页。

秦长城示意图

内聚性的中国文明发展扩大的特殊机制在于，能够把横向的外部的推动力转化为纵向的内部发展推动力，使得来自多元的外部各种文明与文化，在与农耕文明互动演进的过程中，不断地被转化为农耕文明自身发展的推动力量，从而使中国文明持续而未中断。[1]

与赵汀阳探讨"中国"概念存在于连续演变的状态，以"易"之道为存在方式类似，李零也提出过"阴阳割昏晓"的类似说法，把"司马迁线"视为是中国大地上的"太极图"里的"阴阳分割线"：并不是平面直线而是立体曲线的"司马迁线"把古代中国分成了游牧势力和农业势力两个大区域，"中国"和"夷狄"既对立又统一，不断吸引、旋转，使"中国"连续演变而扩大。

同时，李零也探讨了中国大地上的三条纬度线（横线）对中国文化的巨大影响。在北纬30度线与40度线之间的中国大地，是古代中国的核心区域，在经济、政治、文化、交通上的社会发展综合指标具有绝对优势，赵汀阳指出中原最具特殊性而无可替代的优势资源是以汉字为载体的精神世界或知识生产系统，是中国旋涡模式的最具决定性的动力。[2]李零认为，中国的大地从北到南有三条线：北纬40度或41度上下，属长城线，也是农牧分界线，在今秦皇岛、北京、张家口、大同、呼和浩特、包头一线。35度线属黄河线，是中国早期的都

---

[1] 参考相关论述：马瑞江《从多元到一体的动因与机制——长城内外游牧与农耕族群演进的历史研究》，天津师范大学博士学位论文，2008年。

[2] 赵汀阳：《惠此中国：作为一个神性概念的中国》，中信出版集团2016年版，第104页。

城线，在今曲阜、商丘、郑州、洛阳、西安、宝鸡、天水一线。30度上下则是长江线。①介于北纬40度与35度之间的38度线，即今石家庄、太原、榆林、银川、武威一线，则属于中国古代农耕与游牧的反复争夺、南北推移的界线：游牧势力强盛时，必然越过长城线，向南发展，直到占领35度都城线，农耕势力则退守在30度长江线以南采取守势。农耕势力强盛时，则将首都迁往40度长城线，以控驭南北。次则加强38度线的防卫，以保卫35度都城线。

西方史学有"地理决定论"②理论，认为人类的生活习惯及其文化特点由其地理条件而形成并有决定意义，甚至人的生理、心理，人口分布，种族优劣，文化高低，国家强弱，经济与社会发展等等无不听命于地理环境和自然条件的支配。它强调自然环境对社会发展的决定性作用，其思想和论述的出现在国内和国外都是比较早的，古希腊历史学之父希罗多德和中国春秋时期著名的政治家管仲都曾有过相关的论断。但到西方文艺复兴时期，这一思想才被大肆宣扬。后来人们公认孟德斯鸠为地理环境决定论的集大成者。他提出了自然条件与人的三种关系，其中尤其强调了气候的决定性作用。后来，其他思想家将这一思想进一步发展。"司马迁线"及其变异的"胡焕庸线"，就是中国版的地理环境决定论。越来越多的现代学者们研究发现，"胡焕庸线"在中国干旱与湿润区的分界线，高原与平原的分界线，城市群、交通网疏密的分界线，甚至工业基地分布疏密、现代化地域差异都有很高的相似性。③

《汉书·司马迁传》引用司马迁《报任安书》中司马迁自述创作《史记》的目的时说："网罗天下放失旧闻，考之行事，稽其成败兴坏之理，凡百三十篇，

---

① 李零：《我们的中国》第四编《思想地图：中国地理的大视野》，三联书店2016年版，第51—52页，213页。

② 地理环境决定理论的主要代表人物有法国的孟德斯鸠、美国的布克尔和森帕尔、德国的拉采尔等，被Ellsworth Huntington等人继承并鼓吹，他以罗马帝国在400—500年期间的兴衰为例，在此期间，由于罗马帝国大部分地区出现干旱，导致土地生产力的下降与农业产值的减少。食粮的紧缺使得帝国陷入紧张局面并使得其政治形势濒临崩溃。Jared Diamond在其获得普利策奖的著作Guns, Germs, and Steel中也受到过了这一理论的影响。

③ 王静爱：《中国地理课程讲义》，北京师范大学出版社2004年版。

亦欲以究天人之际，通古今之变，成一家之言。"①司马迁的"通变"意识就是一种冷静的历史意识，揭示历史演变之变的自身因素，所以他提出的"司马迁线"就是司马迁深邃的历史目光在中国大地上发现的中国文化演变的一个常量。与此常量相联系，司马迁还提出了一个中国"东南/西北"阴阳转换的理论——"夫作事必于东南，收功实者常于西北"，则是中国文化演变的一个变量。司马迁在《史记·六国年表》中总结周、秦、汉三朝何以能以西北区域统一东南区域的经验时，提道：

> 或曰"东方物所始生，西方物之成孰"。夫作事者必于东南，收功实者常于西北。故禹兴于西羌，汤起于亳，周之王也以丰镐伐殷，秦之帝用雍州兴，汉之兴自蜀汉。②

虽然司马迁用"或曰"（有人说）这样不肯定的语句形式，说明中国文明的早期历史似乎存在着一种"历史规律"，即中国文化萌生于东南方而成熟于西北方，并用大禹、商汤、周、秦、汉的王朝兴衰成亡的历史经验去论证这一规律或观点。如果以司马迁线为轴线，既决定了中国文化西北/东南二大经济文化区的长期平衡与不变，那么也决定了西北/东南的阴阳转换：当经济、文化相对落后的西北，在向心力旋涡的第一原动力推动下，进入相对先进东南，使中国旋涡扩大，国家大一统，完成阴阳面的再平衡，形成新的稳定平衡线，以农耕—游牧分界线为基线而摆动。

这大概就是司马迁眼中的"古今之变"历史周期律。这一历史周期律在古代中国的历史上多次演示，南北朝以后的隋唐大一统、元和清的大一统都遵循着这个模式，显示了伟大的司马迁历史目光的深邃和洞察。

（王使臻，陕西理工大学历史文化与旅游学院教师，历史学博士。）

---

① 班固：《汉书》卷六十二《司马迁传》，中华书局1962年版，第3266页。
② 司马迁：《史记》卷十五，中华书局1959年版，第686页。

《史记》的家庭教育与母亲承担的教育作用

侯海英

因为中国古代家庭稳定性的特征,很大程度上使得古代教育由家庭承担。在长期的生产和生活实践中,家庭逐渐形成具有特色的生产技术、生活经验或知识和学问,家族中的"长者"往往将这些技术、知识、学问一代又一代地传下去,这样就形成了世代相传的"家学"。这种家学,在士农工商阶层中都广泛存在。士为读书为官之道,经学传统;农工商则为谋生技能。大多数的家庭教育由家族中的"长者"完成,这一群体中包括家中的男性"长者"——祖父、父亲、叔父等,同时,家中的女性"长者"如母亲等,往往也承担这一角色。"孟母教子"的故事之所以被广泛传扬,一方面是因为她科学的教育观念,更多可能还源于孟母所承担的角色成为中国古代女性的典范。对于中国家庭教育的这一特征,《史记》中有大量的人物传记来体现,不同的家庭所侧重的教育内容有所不同,家庭中承担教育者的角色不同,其教育也显现出不同的特征。在此,我们通过对《史记》中教育角色的身份归类,尤其是母亲所承担的教育职责,来分析其家庭教育思想和内容,梳理司马迁通过不同的家庭教育的描述,表现出的不同的人物命运和人物性格。

一、家庭教育的内容

《说苑·杂言》中说:"一室之中,必有主道焉,父母之谓也。"[1]父子型核心家庭是中国社会主要存在的家庭结构。父亲母亲承担着主要的家庭教育职责。

---

[1]刘向撰,向宗鲁校证:《说苑》卷十七《杂言》,中华书局1987年版,第439—440页。

那么，在《史记》中，司马迁如何记载家庭教育的内容？

（一）帝王之家教子以明治国之德

《史记·五帝本纪》记载的尧、舜可谓圣人，而尧的儿子丹朱、舜的儿子商均皆不肖，说明帝王之家的家庭教育也十分重要。大禹三过家门而不入，其子启的教育主要依靠其母亲，启之成才，其母的教育作用凸显。

年轻时的汉高祖刘邦曾是无赖，认为读书无益，甚至讨厌读书人，直到他当上皇帝后，才逐渐认识到读书的重要性，对太子的读书学习高度重视，并在《手敕太子文》中说道："吾遭乱世，当秦禁学，自喜，谓读书无益。洎践阼以来，时方省书，乃使人知作者之意，追思昔所行，多不是……吾生不学书，但读书问字而遂知耳。以此故不大工，然亦足自辞解。今视汝书，犹不如吾。汝可勤学习。每上疏，宜自书，勿使人也。"[1]可见，刘邦对自己年轻时不知读书与不尊重知识的行为感到后悔，希望太子刘盈以此为戒，认真学习。中国古代形成了完善的帝王教育体系，帝王之家的教育自古就有，对此，司马迁在《史记》中有所反映。无论是尧舜禹时期，还是三代的帝王，都有接受教育的记载。《史记》记载了许多智者，其理想就是成为"帝王师"，从伊尹到姜子牙，从周公旦到李斯，历史上帝王的教育往往通过其身边的智者得以实施。但无论如何，帝王并非天生而知的，需通过教育获悉治国之道。这是《史记》在本纪中用大量详细的事例描述告诉我们的。

（二）官吏等知识分子教子以明为官做人之道

中国是一个农业国，封建统治下的百姓大多以种田为生，儒学"学而优则仕"的思想观念深深地影响着中国古代社会观念，"耕读传家"有着悠久的传统。边读书，边种田，成为大多数人的理想。进可以应科举以入仕，显耀门庭；退可以耕田为生，抚保妻子；可出可伏，可显可隐，这实在是一种最稳妥不过的处世方式了。

---

[1] 严克均校辑：《全上古三代秦汉三国六朝文·全汉文》卷一《高帝》，中华书局1958年版，第130—131页。

当然，这只是问题的一个方面。另一方面，更多的家长教子弟读书，主要还是为了做人。光宗耀祖固然重要，但是耕读传家的传承性更为大家所看重，尤其是在科举制度产生前的汉代，官吏的选用还未能规范，官吏的推荐和选拔更多地来源于对日常行为的考察和衡量。家世和人品受社会广泛好评，仍是社会大多数人受教育的目的。

在官僚、士大夫家庭，主要是向子孙传授为步入社会以资立身的专门文化知识教育，为子孙将来入仕进身、建功立业打基础。父授子业，子承父志，其内容丰富，有经学、法学、史学、医学、天文数术等。司马迁就是在这种父子相传，累世学经环境中成长起来的。因此，在《史记》中他大量地记载了官吏家庭对子女的教育。

1. 长辈通过自身的职业经历对子女进行潜移默化的教育

司马谈在临终时嘱托儿子司马迁，希望他子承父志，努力完成撰写史书任务，并引用儒家经典《孝经》进行孝道教育。"且夫孝始于事亲，中于事君，终于立身。扬名于后世，以显父母，此孝之大者。"后来，司马迁在下狱过程中，虽蒙受宫刑的巨大耻辱，但仍忍辱负重，不忘父亲的夙愿，在困境中坚持写作，终成伟大史学著作——《史记》。对于司马迁的成功，父亲的教育有着极为关键的作用。因此，父亲的言传身教对子女成长的作用极其重大。

同时，《史记·酷吏列传》详细记载了张汤的成长过程，其父的为官经历对他的影响极大，是其成长为律例专家的基础。

汉武帝时张汤曾任主管刑狱的最高司法长官御史大夫，这得益于他父亲自幼对他的因材施教。张汤的父亲曾任长安令，经常审理一些刑事案件，张汤从小耳濡目染，学习了不少法律常识。一次张父外出，让张汤在家看护，待张父回来之后，发现老鼠把家里的肉偷吃了，张父非常生气，把张汤痛打一顿。挨打后的张汤，就用烟熏的办法逮住老鼠，并搜出它吃剩的肉。张汤把老鼠当被告，把剩肉作为物证，按公堂审犯人的程序"传爰书，讯鞫论报，并取鼠与肉"，经过郑重审判，将老鼠分尸堂下。后来，张父知道这场盗肉案的处理过程，又拿过其"状纸"一看，见其"文辞如老狱吏"，大惊，认识到张汤有审案的才干。从此以后，张父便有意对张汤加强这方面的培养，"遂使书狱"，系统地教授张汤学习相关的司法律令知识。①正是张汤父亲的因材施教，张汤很快地成了一名审案能手，武帝时任御史大夫并参与制订法律。

2. 长辈通过自身的行为给子女以教育影响

家教是在家庭中进行，家长的言行举止对子女的影响是潜移默化的。《老子》云："不言之教，无为之益，天下希及之。"所谓"不言之教"，即是以自身的行为所进行的潜移默化的教育。身教是柔的，而这种身教却能令天下最难教育的人感化，这便是老子所倡导的"天下之至柔驰骋天下之至坚"②。

古来善为家教者都懂得这个道理。所以他们要子弟贤，自己且须先贤；要子弟廉洁，自己先须廉洁。以身作则，身教示范，榜样影响是最有说服力的教育。司马谈深通道家精髓，在司马迁的教育中对老子的不言之教更是运用得当。司马迁也是极力推崇这种教育方法，《史记·万石张叔列传》详细记载了万石君石奋以自己恭谨的行为来影响子孙的事迹。

石奋因恭敬被汉高祖所喜欢，到了文帝时石奋仍然"恭谨，无与比"，被推为太子太傅。万石君归老于家后，每次"过宫门阙""必下车趋"，以示对朝廷恭敬。做官的儿孙们来看望他，万石君"必朝服见之，不名"，以示对朝廷官员尊重。对于一些生活细节，万石君在家庭里营造孝谨的生活氛围，形成孝谨的门风，让子孙们在潜移默化中受到了教育。景帝时石奋四个儿子"皆以驯行孝谨，官皆至二千石"。故"万石君家以孝谨闻乎郡国，虽齐鲁诸儒质行，皆自以为不及也"③。

石奋对子女的教育十分重视，尽管儿子已经成年了，但只要发现他们有什么过失，就及时教育。子孙有过失，他"不谯让，为便坐，对案不食。然后诸子相责，因长老肉袒固谢罪，改之，乃许""内史庆醉归，入外门不下车。万石君闻之，不食。庆恐，肉袒请罪，不许。举宗及兄建肉袒，万石君让曰：'内史贵人，入闾里，里中长老皆走匿，而内史坐车中自如，固当！'乃谢罢庆。庆及诸子弟入里门，趋至家"。万石君石奋抓住儿子石兴"入外门不下车"的契机进

---

① 司马迁：《史记》卷一百二十二《酷吏列传》，中华书局1959年版，第3137页。
② 王弼注，楼宇烈校释：《老子·道德经注校释》，中华书局2008年版，第120页。
③ 司马迁：《史记》卷一百零三《万石张叔列传》，中华书局1959年版，第2764页。

行教育，取得良好的成效。自此以后，石庆及诸子"入里门、趋至家"。后来万石君的子弟个个"以孝谨闻乎郡国"，连最守礼法的齐儒生也自叹不如。石庆在其家庭中是最为粗率的，但"为齐相，举齐国慕其家行，不言而齐国大治，为立石相祠"。《史记》用大量的篇幅记载万石君的家庭教育过程，并指出他们的家庭教育受到了社会的广泛认可。

3. 重视培养子女的优良品德

萧何是汉初杰出的政治家和著名宰相。萧何在负责修建皇宫时，一定要造得宏伟壮观，而在为自己家购置田宅时"必居穷处，为家不治垣屋"。为自己儿孙添置房产时一定要选在穷陋的地方，而且不建围墙，表示无所藏不怕被人偷。他说："后世贤，师吾俭；不贤，毋为势家所夺。"①意思说，子孙生活在瘠田陋舍里，如果他们贤能，就会学习萧何的节俭精神，自立自强，学会发家致富；如果子孙不贤，简陋的田宅也不会成为豪门世家掠夺的目标。他以自己的实际行动告诉子孙，品德比钱财更重要，提醒子孙要想生活得好就必须自立勤奋。萧何认为，培养子女具备优良的品德比给他们留下丰厚的家产更重要，和现今社会上许多官二代的作为相比，智者萧何的家庭教育观念是不是可以给我们带来很多思考。

（三）百姓对子女进行日常劳作教育

1. 生产和谋生技能教育

司马迁在《史记·货殖列传》中指出："待农而食之，虞而出之，工而成之，商而通之。"说明在社会系统中，农林工商各行都不可缺少。广大农民、手工业者、小商人，在长期的生产和生活实践中，积累了丰富的农业生产知识、手工业技术、经商经验，他们把这些技术、知识、经验在家庭生活实践、生产劳动过程中一代一代地传授给他们的子弟。这是家庭教育最常见的形式，支撑着社会教育的主体发展。

我国古代名著《管子》，记载了很多家庭的经济活动。小农之家"父子夫妇终年耕耘"，则小农之子"少而习焉，其心安焉，不见异物而迁焉。是故其父兄

---

① 司马迁：《史记》卷五十三《萧相国世家》，中华书局1959年版，第2019页。

之教不肃而成，其子弟之学不劳而能。夫是故农之子常为农"①。这种家庭活动一直贯穿于中国古代社会，《史记》也有记载："高祖为亭长时，常告归之田。吕后与两子居田中耨。"②

这些记载虽不是直接写小农家庭的生产教育，但从中反映了子女与父母一起参加农业生产从而获得生产经验的普遍性。在河南、山东、四川等地出土的汉代画像砖、画像石上常有田间劳作的画面。徐州双沟汉画像石农耕图展现了汉代十分典型的合家出动的劳动景象：男女老少四人或耕地除草，或挑担送水。父母在长期的生产和生活实践中将积累的丰富农业生产技术经验传授给了下一代。

手工业者也在自己的行业内"旦夕从事于此，以教其子弟，少而习焉，其心安焉，不见异物而迁焉。是故其父兄之教不肃而成，其子弟之学不劳而能，夫是故工之子常为工"③。小商人亦"旦昔从事于此，以教其子弟，相语以利，相示以时，相陈以知贾。少而习焉，其心安焉，不见异物而迁焉。是故其父兄之教不肃而成，其子弟之学不劳而能，夫是故商之子常为商"④。在中国传统社会结构中，手工业者和小商人都是编户而外之民，他们世代承袭祖业，因此，其家族的传承性更强，家庭承担了子女技艺的教育。

司马迁重视经济，在《史记·货殖列传》中，对商人的家庭教育多有记载。鲁人曹邴氏以冶铁发家，富至巨万。"然家自父兄子孙约，俯有拾，仰有取，贳贷行贾遍郡国。"其家庭在对子女的教育中约定细致而实用，必须俯仰均有收获，商人的取财之道被演绎到极致。

2. 文化品德教育

在中国古代，百姓的家庭教育也并非只重视技艺的传承，在"耕读传家"的思想指导下，农耕之家最大的希望就是培养出将入仕的官吏候选者，因此，在

---

① 房玄龄注，刘绩补注：《管子》卷八《小匡第二十》，上海古籍出版社2015年版，第144页。

② 司马迁：《史记》卷八《高祖本纪》，中华书局1959年版，第346页。

③ 房玄龄注，刘绩补注：《管子》卷八《小匡第二十》，上海古籍出版社1989年影印本。

④ 房玄龄注，刘绩补注：《管子》卷八《小匡第二十》，上海古籍出版社2015年版，第146页。

经济稍有宽裕的情况下，便请师言教，教子女读书，期望子女能通过受教育而出人头地，改变家庭的命运。这种家庭教育模式贯穿于中国古代教育的始终，是中国古代家庭教育的核心内容。

同时，即便是商人之家也并非只注重商业技能的教育。司马迁在《史记·货殖列传》中对任氏的记载体现了商人家庭教育中照样注重品德的教育。"富人争奢侈，而任氏折节为俭，……然任公家约，非田畜所出弗衣食，公事不毕则身不得饮酒食肉。以此为闾里率，故富而主上重之。"宣曲任氏数代而富，但屈己从人，崇尚节俭，在家族公约里规定：不是自家种田养畜得来的物品不穿不吃，公事没有做完自身不得饮酒吃肉。其家庭教育不可谓不严格。司马迁在记载中没有单纯强调任氏的富有和善于经商的特征，而是选取此一事例来表现任氏的与众不同，可知司马迁对这种不依富而骄、朴实节俭的商人教育之道的推崇。

以上所表现出来的家庭教育内容往往主角都是父亲，我们之所以把《史记》中以上男性承担的家庭教育职责提取出来，是为了说明司马迁所描述的历史时期，家庭教育有哪些，以男性为主体的家庭教育都如何起到重要的社会作用的。众所周知，所有家庭教育母亲的参与都不可或缺。源于男权视角的缘故，作为家庭重要角色的母亲所起之作用被忽视或者隐匿。但是，司马迁作为史家的优秀之处在于，他并不仅仅记载男性占主导的家庭教育，《史记》中还有相当的篇幅描述了母亲对子女的教育。

二、母亲对子女的教育

中国传统家庭教育承担着子女一生的教育而并非仅限于少年时代。在这一教育工程中，对子女进行训诫教育不仅仅是父亲的职责，母亲在其中也往往扮演着重要的角色。虽然中国古代女性地位比较低下，母亲在家庭教育中体现的价值往往不被史家所重视，但是司马迁的卓识在于他对女性所承担的家庭教育职责非常重视。他在《史记》中通过对母亲形象的描述，点滴记载了女性在家庭教育中的作用，一方面可以使我们对传主有更深刻的了解，同时对母亲在家庭教育中所起到的作用进行了如实记载，体现了司马迁对母亲在家庭教育中重要作用的认可。

（一）帝王家母亲担负着家庭教育的重要责任

《史记》记载了大量中华各民族传说中的始祖母亲形象：姜嫄、简狄、女修、女华、姚姓玉女等。太史公将姜嫄等始祖母亲的生育神话，写得美丽而神奇，虽没有用大量的笔触描述她们如何教育子女，但是，其子女的成就都表明她们独自承担的家庭教育是如何的尽职尽责。在司马迁看来，教育子女是母亲最重要的角色内容，如《列女传》所载："惟若母仪，贤圣有智，行为仪表，言则中义，胎养子孙，以渐教化，既成以德，政其功业。"

《史记·夏本纪》中，有一段舜和禹的对话十分有意思：

> 帝曰："毋若丹朱傲，维慢游是好，毋水行舟，朋淫于家，用绝其世。予不能顺是。"禹曰："予娶涂山，癸甲，生启予不予，以故能成水土功。"

帝舜提醒大家不能像尧的儿子丹朱那样桀骜骄横、怠惰放荡。而大禹的回答也提到自己的儿子，说自己娶了涂山氏，生了启，但是没有养育过他，那就更谈不上教育他了，正是这个缘故能成就治水之功。那么启成人后怎么样呢？在其后文中，司马迁记载道："禹子启贤，天下属意焉"，并且强调"夏后帝启，禹之子，其母涂山氏之女也"。这种照应表现了司马迁的道德判断，作为王之子的丹朱享受到最好的安逸生活，但是却道德沦丧，失去了天下民心，最终失去了继承权；而大禹在其子启成长过程中"三过家门而不入"，大禹也认为自己未能教育培养儿子，启的出色不得不归功于母亲涂山氏的教育。司马迁在《史记》中如此取材，表现了他对这样出色承担子女教育、对子女成长作用巨大的女性充满了尊崇和赞扬。

姜嫄，《史记·周本纪》中一个奇异的母亲形象。姜嫄为有邰氏女，帝喾元妃，后稷之母。在野外踏了巨人的脚趾印而怀孕，生后稷，因无夫而孕，姜嫄非常恐惧，将后稷扔到野外。后稷却受到牛羊、鸟兽、草木的保护，姜嫄感到奇异，便把后稷抱回抚养。后稷长大后，成为周朝的始祖和农业方面的行家。无父而得以健康成长并有所作为，可见后稷的成长记录着母亲姜嫄的精心教育。

大任是周文王的母亲，品行贤德。太史公对大任的贤德，赞叹不已。在《太

史公自序》里感叹"大任十子,周以宗强"①,《史记·外戚世家》强调"周之兴也以姜原及大任"。《诗经》也有相关记载:

> 思齐大任,文王之母②(《诗经·大雅·文王之什·思齐》)
> 挚仲氏任,自彼殷商,来嫁于周,曰嫔于京。乃及王季,维德之行。大任有身,生此文王。维此文王,小心翼翼。昭事上帝,聿怀多福。厥德不回,以受方国。③(《诗经·大雅·文王之什·大明》)

大任以贤德和智慧助夫成就事业,孕育文王,进行教育,使文王聪明正直而有德行,一个朝代由此兴盛。可以说是典型的母亲教育子女成就大业的形象。《史记》的记载来源于《诗经》,司马迁选取此段材料加以运用,表达了他赞赏大任等贤德母亲对子女成长的帮助,认可母亲在子女成长过程中的重要作用。

(二)见识卓越的母亲对子女的教育引导

司马迁认为,母亲的教育不单单是在抚育子女,也不单单体现在子女年幼时,在子女成年后,母亲对子女的教育引导也是子女成功的关键。《史记》记载了几位见识卓越的母亲形象,她们对时代、环境、事情都有着独到的见解,在关键时刻能教育引导子女选择正确的方向,做出正确的判断。那些深通教育之道的母亲形象,令人记忆深刻。赵括的母亲,陈婴的母亲,王陵的母亲,张汤的母亲,还有吴起麾下一位不知名的士卒的母亲……这些伟大的母亲虽然没有留下姓名,但是,她们用自身的行为和语言,凸显了女性教育思想的光辉。

赵括母亲眼光独到,能够从儿子和丈夫对待将士、对待赏赐的不同态度上,发现儿子与丈夫的天壤之别。她预见到赵括为将的不合适,力谏赵王切勿任用赵括为将,赵王不听。她只好让赵王立下军令状,免除家人的连带罪责,保住

---

① 司马迁:《史记》卷一百三《太史公自序》,中华书局1959年版,第3308页。
② 王秀梅译注:《诗经》,中华书局2015年版,第599页。
③ 王秀梅译注:《诗经》,中华书局2015年版,第583页。

了家人性命。①

公甫文伯母敬姜，见于《史记·平原君虞卿列传》。

> 公甫文伯仕于鲁，病死，女子为自杀于房中者二人。其母闻之，弗哭也。其相室曰："焉有子死而弗哭者乎？"其母曰："孔子，贤人也，逐于鲁，而是人不随也。今死而妇人为之自杀者二人，若是者必其于长者薄而于妇人厚也。"

儿子死于仕任，母亲听说有两个侍妾为其自杀，她认为文伯必定"于长者薄而于妇人厚"，溺于闺房，没有向长者学习，没有尽心为国家效力，所以她不为儿子痛哭流泪。

陈婴母、王陵母和张汤母分别见于《项羽本纪》和《陈丞相世家》《酷吏列传》。陈母和王母，指导儿子在纷乱的局势下正确选择，可谓见识远大。张母办事风格独特，通过特殊的方法洗清儿子的冤情，为子报仇，可谓充满智慧。

秦汉之际，东阳县人陈婴被众人强立为一县之长，又欲立为王。其母曰："自我为汝家妇，未尝闻汝先古之有贵者。今暴得大名，不祥。不如有所属，事成犹得封侯，事败易以亡，非世所指名也。"婴乃不为王。陈婴听了母亲的告诫乃不敢称王。司马迁此一细节的描述表达出其对陈婴母亲远见卓识的敬佩，陈婴正是听从了母亲的教诲才在乱世里选择了正确的处世方法，得以最后跟随刘邦，成就一番事业。

刘项相争时，汉将王陵的母亲被项羽一方俘获，"有汉使来，陵母见之，谓曰：'愿告吾子，汉王长者，必得天下，子谨事之，无有二心。'遂对汉使伏剑而死，以固勉陵。"②王陵母亲以自己的生命来告诫和教育儿子，让他在乱世中做出正确的选择，王陵也正是因为从母言而跟随刘邦，才最终得以成为汉初开国的功臣。

张汤因三长史的诬陷而被处死，在家人准备厚葬他时，汤母曰："汤为天子大臣，被污恶言而死，何厚葬乎！"载以牛车，有棺无椁。她以此证明张汤的

---

① 司马迁：《史记》卷八十一《廉颇蔺相如列传》，中华书局1959年版，第2447页。
② 班固：《汉书》一百上《叙传》，中华书局1962年版，第4210页。

清白，证明张汤无罪而被杀的冤屈，这种出乎众人意料的处理方法，体现了汤母的明智和清醒。正因为此，才引起天子的注意，使张汤的案件得以重新审查。对张汤母亲的赞赏和认可，也体现了司马迁的态度。《酷吏列传》里的张汤并不被司马迁认可，但是，司马迁对张汤母亲的记载却充满敬意，正如天子的感叹的一样："非此母不能生此子。"从侧面反映了张汤母亲对其的教育和影响。

司马迁在传记中对这些母亲形象的描述，一方面使传主的形象饱满、成长脉络清晰，同时也说明在司马迁看来，人物的成长，母亲的教育可以起到重要的作用，即便是在成年以后，知子莫如母，母亲的远见卓识仍会给子女以重要的影响。因此，陈婴能认清自我，审时度势；王陵能忠心汉室，刚正不阿；张汤能明辨是非，冷静处事。司马迁对这些母亲的描述，强化了世俗社会所忽视的母亲对子女的影响力，可见司马迁对家庭教育的重视，对具备远见卓识的母亲对子女教育引导的赞赏。

（三）平民母亲以行动教育子女

在司马迁的记载中，还有一组光辉感人的平民母亲形象，其思想行为也深深地影响了子女和受教者。如春秋时期介子推母，战国时期吴起卒母和秦末汉初的帮助韩信的漂母。

介子推追随保护晋文公有功，晋文公论功行赏，却忘了介子推。介子推心有怨言。《史记·晋世家》记载了他们母子的一段对话：

> 其母曰："盍亦求之，以死谁怼？"推曰："尤而效之，罪有甚焉。且出怨言，不食其禄。"母曰："亦使知之，若何？"对曰："言，身之文也；身欲隐，安用文之？文之，是求显也。"其母曰："能如此乎？与女偕隐。"至死不复见。①

俗话说，母以子贵，没有一个母亲不希望自己的儿子能够富贵的。然介子推母为了儿子高洁的志向，慨然提出入山隐居，直至烧死，也不肯出来见

---

① 司马迁：《史记》卷三十九《晋世家》，中华书局1959年版，第1662页。

晋文公。正是因为有如此深明大义的母亲，才有介子推如此狷介之士。介子推母亲的大义从子志得到中国古代许多人的推崇。从某种意义上讲，介子推的高洁正是其母教育的结果。因此，介子推母亲的选择一方面是对儿子的认可，更重要的是她对教育成果的认可，她自己从内心是支持儿子的选择的，并没有丝毫勉强之意。司马迁在此处的描述是采摘《左传》资料，在其剪裁取舍中，司马迁强化了母亲的语言，用对话的形式来体现母子交流，表达介子推选择的原因和其母跟从的坚定性，说明司马迁对介子推之母的赞赏和钦佩，反证其母教育的成功。

吴起卒母，战国魏文侯时人，军事家吴起士卒之母。吴起在为将带兵时，爱兵如子，与士兵同甘共苦。士兵争为其效命，万死不辞。吴起为一个皮肤生疽的士卒吮吸伤口。士兵的母亲听说了这件事，哭了起来。请看太史公的感人记载：

> 卒有病疽者，起为吮之。卒母闻而哭之。人曰："子卒也，而将军自吮其疽，何哭为？"母曰："非然也。往年吴公吮其父，其父战不旋踵，遂死于敌。吴公今又吮其子，妾不知其死所矣。是以哭之。"[①]

别人以为名将吴起为一个小小的士卒吮疽，这应该是士卒和其母的荣幸。为何卒母还要哭呢？卒母的回答让人感叹不已："往年吴公为丈夫吮疽，结果丈夫拼命战死沙场。而今吴公又为儿子吮疽，不知儿子又将死于何方？所以大哭。"《史记》中春秋战国人物多取《左传》资料而有所裁剪，吴起传中司马迁舍弃大量的战争计谋描写而取此事例富含深意，在帝王将相的叙述史中，司马迁不但关注到吴起，更重要的还关注到吴起手下的兵卒，关注到兵卒母亲的悲哀和无奈。重视人，重视普通人在历史进程中的作用是司马迁超越历代史家的卓越处，从中也可透露出司马迁对像吴起卒母这样的百姓智慧而深明大义的赞赏。对此，台湾蔡师信评论说："卒母前有丧夫之痛，后有失子之忧，也都毫不怨尤，而连称'吴公'两次，以示衷心尊崇，该多不易。卒母深明大义，明白吴起爱兵是报国，而士卒拼死是报吴。滴水之恩，涌泉相报。国家兴亡，匹夫有责。吴起

[①] 司马迁：《史记》卷六十五《孙子吴起列传》，中华书局1959年版，第2166页。

卒母能够从大义出发，忍痛割爱，夫死子继，可谓高义！"虽未直言母亲对子女的教育，但是，母亲的智慧和顾全大局对子女的教育是潜移默化的。司马迁记此，也可谓是对卒母教育的赞赏。

中国历史以帝王将相为中心的记叙模式，使女性形象往往被漠视，掩盖于男权的重压下，很难看到完整的女性形象，更遑论表现母亲在家庭中的作用。即便卓越如司马迁，意识到母亲在家庭教育中的作用，但是，也并未能完全打破格局，对母亲的家庭教育有深入的描述。我们通过《史记》字里行间的分析，在人物传记的事例中寻找到蛛丝马迹，可以揣度太史公记载此类事例的心态，从中窥视古代母亲对子女的教育方法和影响。

（侯海英，陕西师范大学西北历史环境与经济社会发展研究院副编审。）

《史记》文学艺术研究

诗学与史学在人类早期文化特征中具有天然的亲缘。诗与史自古就是难解难分，相伴而生。《史记》是举世公认的史学巨著，也是"一部宏伟的史诗"。

《史记·五帝本纪》的史诗描写艺术

冯晓莉

诗学与史学在人类早期文化中具有天然的亲缘，诗与史自古就是难解难分，相伴而生。《史记》是举世公认的史学巨著，也是"一部宏伟的史诗"。[①] 这不仅是因为《史记》记录了以《诗经》为代表的中国古典诗歌的经典理论与创作成就，而且还因为《史记》本身有诗意、具诗性、富诗情，堪称散文体的史诗。

史诗是叙述英雄传说或重大历史事件的叙事长诗，其主要特点是背景庞大、人物众多，具有广阔的时间与空间跨度。《史记》除了文体不属于诗歌，史诗的其他特征都已经具备。如果我们不过分拘泥于现代学科的划分模式，将《史记》看成是一部散文体的史诗，应该不算过分。《史记》不仅整体结构如一部宏大的史诗，其中很多独立篇章也具有史诗特征。《史记》的开篇《五帝本纪》便是如此。在我们民族的文化意识中，五帝既是人间英雄，又充满了神性色彩，是无所不能的神话般的英雄。他们身上所具备的美好品德、他们所开创的丰功伟绩，是华夏民族骄傲而诗意地表达自己时的灵感来源。五帝生活的时期，大自然还处于蛮荒状态，人类文明也才曙光微露。五帝以他们勇往无前的意志、卓越超群的智慧与能力带领自己的族群在苍茫大地上披荆斩棘，开创了那个时代的最高文明。太史公满怀激情地描写了五帝创造人类文明的辉煌史诗，其中穿插描写了每个人的身世、能力、成就以及与他们相关的众多历史人物。"《史记》的史诗性效果，是建立在历史的真实性与通过文学描写使人物形成鲜明个性的完

[①] 张新科：《〈史记〉是一部宏伟的史诗》，《宝鸡文理学院学报》（哲学社会科学版）1994年第 3 期。

美结合之上的。"①阅读《五帝本纪》，我们可以真切地感受到来自上古的清新诗风。本文从形象塑造、诗意想象以及情感表达等几个方面分析《五帝本纪》所体现的史诗描写艺术，以就教于方家。

一、亦真亦幻的形象塑造

五帝是历史上真实存在过的人物，但是由于年代久远，他们的具体事迹已经湮灭不清。在叙述先秦历史时，司马迁利用了他所能找到的各种资料——文字、文物、歌谣、神话等。司马迁虽然认为古代流传下来的有些传说"不雅驯"，但他并未完全抛弃它们，而是精心整合、善加利用，用虚实结合的方式勾画出华夏文明最初的模样。比如在记录殷商与周部族祖先的来历时，他就采用了"玄鸟生商""履迹而孕"的神话传说，从而证明这些部族首领皆是应天命而生。他还把"黄帝崩，葬桥山"的史实与黄帝御龙升天的传说都写入《史记》，既尊重历史的真实，又满足了人们希望黄帝肉体不灭、精神不朽的美好愿望。如此虚实相生、亦真亦幻的表现方式，使得《五帝本纪》具有一种雾里看花的朦胧美。

"史事是史学的基本构成，最早的史事是人类脱离畜群的过程，是生物生命穿越蒙昧峡谷进入文明门槛的遗痕。经历意识、时空意识、史记意识，是人类在野蛮中的开化，也是人类在史事中的挣扎。"②《五帝本纪》正是以原始部落最早的几位首领的事迹为典型，生动地展现了人类脱离畜群，不断蜕变为文明人的过程。黄帝能够顺应天地自然的变化规律，"时播百谷草木，淳化鸟兽虫蛾"，使得自然界中的动物与植物都能为人类所用，从而奠定了农业民族的生存基础，也奠定了华夏文明的牢固根基。颛顼善于把握天时地利，理顺四时五行之气以教化万民，并能以虔诚的心意通于天地鬼神，求得神灵对人类的福佑。帝喾把自己的恩德广泛施于万物，敬鬼神、抚万民，以仁爱与公平赢得天下人的真心敬爱与服从。帝尧出生贵族而不傲不舒，和睦九族，昭明百姓，和合万国，

---

① 忽培元：《论〈史记〉的史诗意义和艺术魅力》，《延安大学学报》（社会科学版）2012年第4期。

② 栾栋：《解史——论史学意识》，《中国文化研究》2010年第1期。

奠定了后世儒家"齐家治国平天下"的思想基础。帝舜出身于"父顽，母嚚，弟傲"的奇特家庭之中，却并未沾染原生家庭的任何坏习惯，而是以孝悌善待、感化家人，并进而将仁善之心推广至全天下。其精诚所至感天动地，以至于入山林川泽而不迷、遇暴风雷雨而无恙。正是因为有这样一代又一代杰出人物的引领示范，华夏民族才能够积善成德，勇毅智慧，培育出令世界瞩目的文明之花。

五帝对于民族命运的探索过程是曲折的，也是诗意的。他们脚踏实地，而又壮怀激烈；他们叱咤风云，而又温情脉脉；他们嫉恶如仇，而又悲天悯人。他们与天斗、与地斗、与人斗，却又敬天、爱地、守护人类。在他们之前，伏羲画八卦、女娲生万物、神农尝百草，都带有更多的神性特质；而到了五帝时期，人性渐渐于神性中显露，原始文化不断向文明文化演进。如果说三皇们尚且在天地混沌中究天人之际，而五帝们则把主要精力放在关注人类自身的命运上。与雄伟的大自然相比，他们显然是渺小的，但他们的目光是坚定的，脚步是有力的。他们坚信人类的力量，坚定地带领着自己的族群，摸索人类生存的法则，踏上通往诗和远方的征程。《五帝本纪》把几代英雄的事迹集中在一起来展示，层次丰富，逻辑清晰，每一位英雄的事迹都代表了人类在"穿越蒙昧峡谷进入文明门槛"时的一段历程、一份挣扎、一次飞跃。比起同时代的普通人，他们似乎是无所不能的，而他们的无所不能又是立足于现实的，是令人信服的。他们之所以赢得世人普遍的尊敬，不仅因为他们有领导民众战胜灾害、获取幸福的能力，更重要的是他们的精神世界能达到令人仰望的境界。人性之真、人情之善、人心之美，所有的美德和谐地统一于这些英雄身上，使得他们成为令千秋万代敬仰的精神领袖。

二、天马行空的诗意想象

想象是文学的灵魂，也是文学的翅膀，离开了想象的文学必定索然无味，行之不远。那么史学可不可以想象呢？胡适曾说过，历史学家需要有两种必不可少的能力：一是精密的功力，一是高远的想象力。他认为史料所含的意义往往不显露，这时候就需要靠史学家的想象力来解释。胡适所称的"意义往往不显露"是指当史料中芜杂的东西太多，使人无法看清事实的本质时，史学家可以借助想象力来做出自己的判断与解释。而在史料严重不足的情况下，史学家的想象力显得尤为重要，《五帝本纪》就体现出司马迁丰富的想象力。

借助想象力塑造历史人物并非司马迁的独创。在《史记》之前，《左传》《战国策》等史传就有这样的先例。钱钟书在《管锥编》里提到，《左传》在记录"宴居退食"时的事情时，"既无录音之具，又乏密勿之谈"，但是却能将很多事情描述得栩栩如生，"盖非记言也，乃代言也，如后世小说、剧本中之对话独白也。左氏设身处地，依傍性格身分，假之喉舌，想当然耳"①。《左传》在记录历史事件时，往往会根据当时的环境，通过想象来补充一些情节。如介之推与母亲隐居绵山前的对话、鉏麑自杀前的独自慨叹等，都属作史家代言，而非记言。《战国策》在塑造人物时，也经常采用虚构和想象进行文学性描写。如《秦策一》写策士苏秦夜读《太公兵法》，引锥刺股、夜室独语的场景，就出于作者的想象。还有《齐策一》写邹忌暗自与徐公比美时的心理活动以及表现："孰视之，自以为不如，窥镜而自视，又弗如远甚。"②这样细腻生动的情节，完全是文学创作的手法。这种虚构手法于著史而言，显然不合"实录"要求，但是却有利于塑造鲜明而生动的人物个性。

《左传》与《战国策》为《史记》创作提供了经验。《史记》中的人物是历史上真实存在过的，但同时也是寄托着司马迁道德理想的想象性人物。班固说司马迁"其文直，其事核；不虚美，不隐恶，故谓之'实录'"③。后来的评论家也经常以"实录"来评价《史记》。事实上，所谓"实录"是就司马迁具有史家之胆魄、忠于史家之良心而言；如果就《史记》所记录的史料来说，有些内容并不符合"实录"的标准，《五帝本纪》在这方面就有突出表现。

司马迁生活的时代距离五帝时期三千多年。在著录《史记》之前，经过了无数代人的演绎，五帝的事迹已经变得荒诞不经，如"黄帝四面"之类传说就极为"不雅驯"。如何塑造出既带有古老时代的文化特色，又能让后世信服的五帝形象，是需要一番精心考量的。司马迁可以依据的资料只有《尚书》《五帝德》

---

① 钱钟书：《管锥编》，生活·读书·新知三联书社2008年版，第271页。
② 刘向：《战国策》，上海古籍出版社1998年版，第325页。
③ 班固：《汉书》，中华书局1962年版，第2738页。

《帝系姓》等典籍中十分有限的文字记载。如何最大限度地利用这些资料，补缀出关于五帝的完整事迹与形象，同时又能将人物形象塑造得真实可信，人物性格刻画得鲜明生动，对于司马迁而言是极大的考验。司马迁化解困境的法宝之一就是运用丰富的想象力。他将自己心目中所认为的帝王应该具有的美德集中于五帝身上，创造性地塑造出原始社会首领们的群体形象。

韩兆琦说："黄帝、尧、舜都是我国古代传说中的人物……作者写此纪所依据的《尚书·尧典》，据考证大抵产生于战国后期，作者依之写成尧、舜两位古代帝王，从中寄托了自己的政治理想，并使之与秦汉以来的专制政治形成对照，其用意是显而易见的。尧、舜无疑就是《史记》中最受作者尊崇的大公无私的理想帝王。"①不仅尧、舜如此，可以说，司马迁本人对五帝们的生平以及主要政治活动知之甚少，读者也无法考证司马迁所写是否属实，因此也无法做出"实录"的结论。为什么《史记》还会被人当作"信史"来看待呢？笔者以为，这是因为司马迁写出了这些人物的精气神，写出了自己心目中五帝应该有的样子，也写出了读者心目中理想的五帝模样："五帝们既有先天的卓异资质，又有无私奉献的崇高品德；既意识到民心重要，因而处处为民谋利，又富于开拓意识，不断创造革新，称之为尽善尽美。"②司马迁将自己对理想君王的想象移植到五帝身上，从而为后世君王树立典范，也为后世评判帝王树立了标准。这种天马行空的诗意想象是《五帝本纪》成功塑造人物的关键。

在《史记》中，除《五帝本纪》之外，记录汉代之前人物的各种"本纪""世家"以及"书""列传"，很多内容都是司马迁借助想象补缀完整的。甚至在叙述秦汉时期的史实时，也不乏想象成分。司马迁有"通古今之变"的历史观，除了描述已经发生的事情，还会"以事为例"凸显自己对历史的看法，因此，细节的描绘就很重要，而细节往往要靠想象才能完成。"没有文学的想象，就不会有《五帝本纪》，没有想象性的五帝群像，人类理想性的君王之仁德与王政也缺少了光辉灿烂的一页，后世君王也失去了为政处事的典范。"③

---

① 司马迁：《史记》，韩兆琦评注，中华书局2010年版，第1页。
② 周先民：《尽善尽美的理想帝王》，《文学遗产》1995年第3期。
③ 栾栋：《人文学概论》，暨南大学出版社2012年版，第89页。

三、自然生动的情感表达

历史是时间长河不断冲刷之后留下的遗痕，真与假、善与恶、美与丑，往往鱼龙混杂，纠缠交织，需要史家以冷静而敏锐的眼光披沙拣金。挑选史料的过程是艰辛的，叙述史事的过程也是痛苦的。过去岁月的那些人与事，曾经也都是有血有肉的鲜活生命、活色生香的悲欢离合。史学家的使命就是在数不清的历史人物与事件中精心挑选，将那些足以垂范后世或者警示后人的人与事记录下来，从而为后来者树立"知兴替，明得失"的镜子。当史学家通过自己的想象在头脑中再现那些故事原初的情节时，那些曾经滴淌过污血的丑恶与散发过馨香的美好不可能不激起史家的情感波澜。史学当然需要冷静，但是史学家不可能没有七情六欲。睿智理性如孔子者也忍不住以"春秋笔法"褒贬善恶，何况司马迁本就是爱奇之人，加之遭受巨大磨难之后难以自抑的"发愤"，使得他更是激情难抑。于是司马迁的善善恶恶之情便透过《史记》传达给读者，成了"史蕴诗心"最好的注脚。

《史记》是一幅巨型历史长卷，记录了大大小小四千多个历史人物。司马迁呕心沥血，在每个人物身上都灌注了自己的情感。这种感情，不是如有些人所理解的那样司马迁是因自身不公平的遭遇而泄私愤，也不是以个人好恶来褒贬历史，而是在对历史真相有了充分的认识、深透的分析之后的情不自禁的思想意识流露。正因如此，读者在读《史记》时也常常会被带入《史记》所描写的情境之中，忍不住"掩卷而思"或"废书而叹"。"司马迁的过人之处就在于他善于将史料与人情相互涵养。"[①]在《五帝本纪》中，司马迁在这些帝王身上倾注了自己的敬仰之情，因此，每一位帝王的形象都具有打动人心的力量。

黄帝执政期间，天下战乱不断，百姓不得安宁。黄帝带领诸侯南征北战，"披山通道，未尝宁居"。为了给华夏民族找到适合生存的地方，"迁徙往来无常处"。他选拔官员以治理万民，播种百谷以养万民，"劳动心力耳目"。这些饱含感情的文字透露出司马迁对这位华夏文明的开创者的无比敬仰。对于其他几位英雄，

[①] 栾栋：《人文学概论》，暨南大学出版社 2012 年版，第 78 页。

司马迁也都给予了高度评价。他称赞颛顼"静渊以有谋，疏通而知事"；称赞帝喾"聪以知远，明以察微。顺天之义，知民之急""仁而威，惠尔信"；称赞帝尧"其仁如天，其知如神，就之如日，望之如云，富而不骄，贵而不舒"；称赞帝舜"笃谨""天下得其利"。这些评价，无一不显示出司马迁丰富的情感。章学诚说："凡文不足以动人，所以动人者，气也。凡文不足以入人，所以入人者，情也。气积而文昌，情深而文挚，气昌而情挚，天下之至文也。"①《史记》正是做到了气与情皆能真挚饱满，故而能成为感人至深的天下至文。

结　语

中外学界不时有"中国无史诗"的喟叹，其实司马迁的《史记》就是一部伟大的华夏民族史诗。古今有见识的文学批评家都能看到史与诗关系之奥妙。刘知己说过："夫读古史者，明其章句，皆可咏歌。"钱钟书进一步提出"史有诗心、文心"以及"史蕴诗心"的论断。史蕴诗心反映了华夏文化中文史哲在本根处的一体同源。"《史记》史蕴诗心不是有心之器的有意为之，史蕴诗心是华夏文史哲互根智慧的天然耦合。史事有文学，文学不离悖史。司马迁出入人文群科而又熔铸群科以成一家之言，其史以史事为骨干，以文学为骨肉，文史互根是骨肉交融的有机整体。"②

将《史记》称为"史诗"类作品，是说其"史"兼"诗"。《史记》记述了自五帝以来历代英雄豪杰可歌可泣的奋斗史，赞颂了他们不畏强暴、坚持正义的不屈精神，谱写了一曲宏大的英雄颂歌。《史记》对历史上的反面人物以及黑暗事实加以无情鞭挞，入木三分地展示给后人什么叫作真正的丑恶。《史记》饱满的感情、生动的气韵自然流走于字里行间，汇聚成浓浓的诗情，具有极强的艺术感染力。

（冯晓莉，西安外国语大学中国语言文学学院副教授，文学硕士。）

---

① 章学诚：《文史通义》，叶瑛校注，中华书局 2008 年版，第 220 页。
② 栾栋：《人文学概论》，暨南大学出版社 2012 年版，第 77 页。

司马迁《史记》的艺术魅力与戏剧艺术之关系

刘晓莉

司马迁《史记》的历史功绩几千年来赞誉声不断,关注者研究者更是前赴后继、成果累累。的确,当我们不论什么时候走进司马迁,走进《史记》,都会为它博大深邃的精神魅力所折服,都会为它的波澜壮阔的故事所吸引,都会为它所折射出来的人文光芒所倾倒,都会为它笔触的细腻生动所感染。《史记》仿佛与人文社会的方方面面都有着千丝万缕的关联,只要我们俯下身,静下心去感知、去体会,都会与触及生命与灵魂的最动人的东西不期而遇。那就是生命中最不可缺少的人类共性的情感力量。司马迁对历史具有史学家独有的理解,也有认识这种情感的胸怀、魄力和驾驭这种情感的非凡能力。文学和艺术都需要情感的参与,《史记》是文学性的史书,是艺术化的史书,它的文学性和史学性同样高,不分厚薄。对于《史记》所具有的戏剧性,更应该深挖之,挖掘其中用文字展现出来的立体的故事情节、人物风貌,以及从《史记》里不断走向戏剧舞台的那些可感可触可歌可泣的历史人物。

一、以屈原《离骚》看司马迁《史记》的艺术魅力

司马迁的悲剧人生铸就了他对同他有着同样悲剧命运的历史人物的深切感悟和同情。刻骨铭心的认同感,使他创造出了一系列具有悲怆意义的历史人物。这些人物像雕塑群一样屹立在人文历史的长河里,也刻在了中华民族的集体记忆里。《史记》在文化层面上的亮点是《本纪》《世家》《列传》等人物传记,而这些人物传记最大的艺术魅力就是感情的完全加入和渗透。对情感的要求是文学的最大最基本的特点。文学需要情感的流动,而历史是需要情感的收敛,这完

全矛盾的两者，在司马迁的手里被运用得出神入化，鬼斧神工，被鲁迅誉为"史家之绝唱，无韵之离骚"。"史家之绝唱"在这里存而不论。"无韵之离骚"，则说明了《史记》与《离骚》的一致性与共通性。这一点需要重点说明。屈原的悲剧命运使司马迁几乎突破了儒家"悲而不怆，哀而不怨"的道德约束，对屈原的遭遇抢天而呼地进行抒发。《屈原贾生列传》有这样的描写"夫天者，人之始也；父母者，人之本也。人穷则反本，故劳苦倦极，未尝不呼天也；疾痛惨怛，未尝不呼父母也"①。这是司马迁悲剧命运与屈原命运的一致性所碰撞出的悲怆，以及能够发泄悲怆的最原始最根本的方式和途径。司马迁以自己的生命状态，完全准确地体认着屈原的生命状态，并在同病相怜的高度认知中，借鉴了《离骚》的创作形态。从这个意义上看，正如司马迁理解屈原"故忧愁幽思而作离骚"一样，他创作《史记》，尽管出发点本不一样，但因为特殊的事件，造成了在创作过程中情感宣泄、情感抒发的一致性。屈原创作《离骚》的本意和他所创造的文本的面目是一致的，而司马迁创作《史记》，最初的动因却是一方面颂扬盛世，另一方面是历史责任感使然。但是初心只能决定这件事非做不可，呈现出来一种什么样的面貌，却是生命当时最真实的状态所决定的。司马迁在完成历史使命时也承继着屈原创作《离骚》时的"盖自怨生也"。这是受到重大挫折后的司马迁对屈原的生命状态、情感状态和文体状态的一种深层次的体认和学习。

司马迁评价屈原《离骚》"国风好色而不淫，小雅怨诽而不乱，若离骚者，可谓兼之矣"②。笔者认为司马迁对《离骚》的认知，同样适用于我们对其《史记》的认知。可以看出，鲁迅不止是在大处以《离骚》比喻《史记》在文学上的巨大成就，在情绪以及文风上也有他的认同。司马迁《史记》最大的特点就是感情的汹涌澎湃始终没有突破儒家道德的堤坝。因为他对"诗骚传统"的独特而有见地的认识，既规范引领着后来文士的认识，也一定程度上规范着自己的行为准则。他所称道的《离骚》的"兼之"，既是特点，更是优点。既然是他所能理解认可的抒情表达方式，在非常时期，他也一定会借鉴运用其中。我们

---

① 司马迁：《史记》，中华书局1982年版，第2482页。
② 司马迁：《史记》，中华书局1982年版，第2482页。

在读司马迁《史记》的时候，经常为太史公的情感所左右，悲历史人物所悲，叹太史公之所叹。《史记》的感情表达和《离骚》在形式上一致，只是《离骚》节奏跳跃，汪洋恣肆，而《史记》的感情更多呈现暗潮涌动、强烈深沉。一个是疾痛惨怛而呼天抢地，一个是精神煎熬而悲怆叹息。尽管司马迁在写《史记》时，很多时候是控制着自己的感情进行理性的思维，但是感情的不可抑制仍然是《史记》传达出来的最真实的特点。

二、《史记》与戏剧之关系

谈起《史记》与后来诸多文学艺术之间的关系，在文学史或各种研究资料中颇为常见，是文人们高度一致的见识。这里笔者对《史记》在小说、散文等方面的关系及影响存而不论，重点谈谈司马迁《史记》与戏剧之关系。说起《史记》与戏剧的关系，论者往往最先反映出来的就是《史记》塑造了一系列栩栩如生的人物形象，为后来的戏剧发展提供了丰富多彩的素材。换句话说，他显见的贡献就是其故事多为戏剧文学所取材。但是笔者认为这个说法太宏观，《史记》有怎样的特质，为什么为通俗文学如此青睐？要回答这个问题，首先要知道戏剧文学的特点是什么。作为一种艺术形态，其具备的要素是方方面面的，但其主要的条件无外乎一二三。戏剧艺术最重要的特点应该有三点：第一，强烈的戏剧冲突（故事性强）；第二，空间和时间要高度集中；第三，人物语言的个性化。

第一，强烈的戏剧冲突。戏剧表演有别于其他艺术门类的最主要特点就是故事性极强。这表现在人物命运的跌宕起伏，情节的此起彼伏。山穷水尽与柳暗花明的交错呈现。浓郁的情感是表现戏剧冲突的催化剂。矛盾着的双方或冲突着的双方同时反向用力，将观众的情感、期待以及注意力、承受力牢牢地控制住，使人始终处在情绪中欲罢不能。司马迁《史记》的人物传记最突出的看点就是故事性强，人物、情节极富戏剧性。章培恒等主编的《中国文学史》称"《史记》的故事，又有不少是富于戏剧性的。司马迁似乎很喜欢在逼真的场景、尖锐的矛盾冲突中展开他的故事"[①]。《鸿门宴》中双方力量的或明或暗的较量，人

[①] 章培恒、骆玉明：《中国文学史》，复旦大学出版社2000年版，第213页。

物情节的剑拔弩张，惊心动魄，扣人心弦。《垓下之围》中的"霸王别姬"，寥寥数语就将项羽英雄末路的悲凉与虞姬美人无依的凄楚刻画出来，展现了一幕极富张力的戏剧效果，让人扼腕叹息。从故事情节悬念迭生，矛盾冲突尖锐这点来说，《史记》可以誉为"案头戏剧"。也就是说，阅读《史记》和观看戏剧在形式上有别，而在获得的审美感受方面却有异曲同工之妙。阅读需要文化的支撑，而观看戏剧只需要身体的到位和精神的加入。对文人来说，读《史记》更能提炼故事，拓展自己的想象，进而体会故事中有"我"这个角色参与的快感，更能在自己的认知世界里进行戏剧的演练。

第二，空间和时间要高度集中。戏剧艺术是一门完全受制于时间空间制约的艺术。时间的要求一般是两三个小时，对空间的要求是几十平方米大小的舞台，在有限的时间和空间里要完成人物的塑造、情节的提炼，其难度可想而知。所以选材、提炼尤其关键。舞台艺术适合展现故事的片段，而不适于展现宏大完整的故事情节。而《史记》是一部结构体制均宏伟壮丽的史书，如何能成为戏剧素材的起源地。这就不得不说到《史记》的另一个特点。《史记》的人物传记在叙写一个人的事迹时，往往采取的是片段与片段相连缀，构成整体故事的框架，完成故事的叙写。也就是多个单个故事汇集成一个人一生经历、一生命运的总和。每一个单元既独立，又相连。分开是一个独立的小故事，合在一起是一个完整的篇章。譬如《项羽本纪》是由"吴中起事""巨鹿之战""鸿门宴""垓下之围"等构成，展现项羽波澜壮阔的悲剧人生。《廉颇蔺相如列传》写蔺相如的事迹，主要写了"完璧归赵""渑池会""将相和"等片段，构成了蔺相如这个历史人物完整的形象。《李将军列传》也是由若干个小故事连缀成章，极其生动地完成了李广既高大又悲情的形象塑造。在《史记》中"片段"的呈现就好像是一颗颗精美的珍珠，而"整体"的呈现就是若干珍珠经过组合后的一件完美的工艺品。《史记》的这种写作特点为戏剧的取材提供了便利。

《史记》有许多宏伟壮丽的篇章，如果展现整体将受到时间空间的制约，而它所呈现的片段，正是符合了戏剧在时间和空间上的要求。精彩的剧目譬如《鸿门宴》《霸王别姬》等，不需要过多的修改，本身就是一幕生动的话剧。它的描写基本具备了戏剧的大多要素，故事性强，情节紧凑，人物性格鲜明，张力十足。《完璧归赵》对蔺相如的描写就极具戏剧性。"王授璧，相如因持璧却立，倚柱，怒发上冲冠。"①《将相和》对廉颇的形象塑造："廉颇闻之，肉袒负荆，因宾客至蔺相如门谢罪。曰：'鄙贱之人，不知将军宽之至此也。'"②这本身就是戏剧中的人物形象，无须任何加工改造，已生动得如见其人如闻其声了。这样的文字直接就可以转化为舞台效果，《史记》中这样相对完整独立，人物性格突出的故事比比皆是，它们成为后来戏剧取材的最便捷最成功的方式。文字描写、故事本身的紧凑性，与戏剧的特性完全一致。正是因为《史记》中有这样无数的小珍珠熠熠生辉，最终搬上舞台，才能放射出异常耀眼的光芒。

第三，人物语言的个性化，包括语言的形象化和口语化。人物语言的个性化是《史记》的又一大特点。故事曲折动人，形象鲜明生动，都与人物语言的生动和个性化息息相关。语言平板，形象就不会鲜明；语言陈旧，情节就不会生动；语言没有特色，故事就不会深入人心。因此，对传记文学来说，人物语言是否体现了人物的思想情感、精神风貌、道德情操、价值取向等至关重要。换句话说，人物语言的个性化直接决定人物形象是否能够树立。读《史记》经常为其中人物的极具个性化的语言所感染。譬如，刘邦有识人之才，自己却没有多少真才实学。因此，每次遇到紧急情况就不知所措。《项羽本纪·鸿门宴》描写刘邦在危急时刻有多次的"不知道该怎么办"。第一次是项伯夜奔刘邦军营，告诉张良项羽要打刘邦，让张良离开刘邦，不要做无谓的牺牲。张良觉得这样做不道德，便告诉了刘邦。书中描写："良乃入，具告沛公。沛公大惊，曰：'为之奈何？'"③第二次是张良问刘邦军力是否可以足以抵挡项羽军队，刘邦表示不能抵挡。

"良曰：'料大王士卒足以当项王乎？'沛公默然，曰：'固不如也。且为之奈何？'"④第三次是刘邦借故上厕所寻找机会脱身。"坐须臾，沛公起如厕，因招樊哙出。沛公已出，项王使都尉陈平召沛公。沛公曰：'今者出，未辞也，为

---

① 司马迁：《史记》，中华书局1982年版，第2440页。
② 司马迁：《史记》，中华书局1982年版，第2443页。
③ 司马迁：《史记》，中华书局1982年版，第312页。
④ 司马迁：《史记》，中华书局1982年版，第313页。

之奈何?'"①短短的一章中,数次"为之奈何"活脱出刘邦的个性特点,从这些独具个性的语言中也可以看出刘邦的两面性——个人行事能力的平庸和识人用人能力方面的不平庸。

"垓下之围"对项羽的刻画除了行为外,语言的个性化也起到了至关重要的作用。书中描写:

> 汉骑追者数千人。项王自度不得脱,谓其骑曰:"吾起兵至今八岁矣,身七十余战,所当者破,所击者服,未尝败北,遂霸有天下。然今卒困于此,此天之亡我,非战之罪也。今日固决死,愿为诸君快战,必三胜之,为诸君溃围,斩将,刈旗,令诸君知天亡我,非战之罪也。"②

在最后时刻,项王兵退乌江。乌江亭长舣船待欲渡项羽过河。项王笑曰:"天之亡我,我何渡为!且籍与江东子弟八千人渡江而西,今无一人还,纵江东父兄怜而王我,我何面目见之?纵彼不言,籍独不愧于心乎?"③

项羽反复说明是天要亡我,不是我不擅于打仗。从这些富于个性化的语言描写中可以看出他自负、不服输、逞匹夫之勇,此时又处于英雄末路的无可奈何的境地,充满了悲剧英雄的气概。

说起语言的形象化,《史记·张丞相列传》记载刘邦将废太子,周昌坚决反对一事最为有趣。周昌本来说话就有点口吃,废太子这件事重大且又紧急,周昌情急之下,越是口不能言,急得脱下官帽说道:"臣口不能言,然臣期期知其不可!陛下欲废太子,臣期期不奉诏!"④"期期"这样形象化的语言描写,将周昌忠厚坚持原则的耿直性格活脱脱地表现了出来。而且这一结巴性的抗旨,不仅没有惹恼刘邦,高祖皇帝反而和满朝文武百官都笑了,废太子这件事也暂且被搁浅。这个情节本身就极具戏剧性。

---

① 司马迁:《史记》,中华书局1982年版,第313页。
② 司马迁:《史记》,中华书局1982年版,第333页。
③ 司马迁:《史记》,中华书局1982年版,第336页。
④ 司马迁:《史记》,中华书局1982年版,第2677页。

语言的口语化也是《史记》中的人物对话的一大特点。很多语言通俗直白如口语。如前所举刘邦、项羽、周昌等人物语言都有此特点。再如刘邦和项羽同时对秦始皇巡游威仪的感慨。刘邦曰："嗟乎！大丈夫当如是也！"这是羡慕。项羽曰："必可取而代也！"这是野心。这样的描写，非常符合人物的性格特点。陈胜得势后，以前的朋友看见他居住的宫殿，失声道："夥颐！涉之为王沉沉者！"不用转化，便可成为戏剧舞台上的独白。在《史记》里这样个性化的语言描写比比皆是，不胜枚举。

三、《史记》的形象塑造与戏剧效应

《史记》所塑造的人物形象直接为戏剧文学所取材，从这个角度来说，人物形象的塑造是《史记》最成功之处，而形象的塑造，形象的展现不是单一的、平面的，它是立体的，是有血有肉的。人物命运的起伏跌宕，构成情节的跌宕起伏，而这一切均随着《史记》中历史人物的进入戏剧，产生了意想不到的戏剧效应。

这种戏剧效应的产生，首先是文人的参与。《史记》描写叙事的故事性、戏剧性，引起了文人的兴趣，将其搬上舞台；其次，戏剧独特的表现力，对平民阶层的影响更大，戏剧的形式又能为社会大众轻易接受。《史记》是案头阅读的故事，戏剧是舞台表演的故事。《史记》与戏剧的关系就是承接与变化的关系。也就是说史传文学与戏剧文学实现了对接与转换，二者的转化是雅文学向俗文学的转化，是小众受体向大众受体的转化，是单纯视觉文学向综合（看、听、感）文学的转化。这样的转化领域更宽阔，前景更广大。广大贫民获取的历史知识，认识的历史人物，大多不是从史书里获取的，而是从戏曲中得到的。

《史记》的许多人物故事被搬上戏剧舞台。"据傅惜华《元代杂剧全目》记载，取材于《史记》的剧目就有一百八十种"等。[①]从这里看出，戏曲在元代开花结果，播种者是司马迁，那片肥沃的土地正是《史记》。史记描写的人物是"大抵皆圣贤发愤之所为作也。此人皆意有所郁结，不得通其道，故述往事，思

---

① 袁行霈：《中国文学史》，高等教育出版社2005年版，第184页。

来者"①。司马迁认为自己和古人一样是"发愤著书"。同理，元代的知识分子哪一个不是"意有所郁结，"不得已而发愤写戏的。因此，元代的戏曲家不自觉地承袭了司马迁的思想、情感，又将他的思想情感通过他塑造的人物形象，写入戏剧，搬上舞台，寄予自己的命运之慨，表达与司马迁笔下的古人相似的情感。因此元代的一些杂剧感情强烈，气壮山河。

《赵氏孤儿》是中国戏剧史上极为经典的剧目，是最早走出国门享誉世界的中国戏剧。它就出自司马迁的《史记》。在这之前，"赵氏孤儿"的故事在《左传》里就有记载。但是，《左传》里赵氏孤儿的故事是宫闱丑闻，是赵氏孤儿的母亲赵庄姬和赵盾的异母兄弟赵婴齐私情导致的宫廷斗争，以及在斗争中赵氏家族的衰灭，最后始作俑者赵庄姬意识到赵家只剩下自己的儿子赵武，而此时自己借力杀死赵同、赵括的另一股势力栾氏、郤氏正在做大，于是便把儿子赵武带到晋国的王宫保护了起来。

而《史记》的记载则远比《左传》的记载惊心动魄、感人至深。《史记》的记载是围绕着如何保护忠臣遗孤赵氏孤儿展开，里面的人物形象鲜明饱满，过目不忘。晋灵公的昏庸无道，屠岸贾的戕害忠良，公孙杵臼、程婴的勇于牺牲等等，构成了一幅大忠大奸、气壮山河的画面。由于《史记》塑造的赵氏孤儿故事性强，极富戏剧性，千百年来在各种戏剧中反复上演，经久不衰。值得一提的是，《赵氏孤儿》重点刻画的仁人志士程婴是司马迁的同乡，他对同乡的描写寄托了更多自己的道德观和价值观。程婴在危难中承担使命，承担中不负使命，最终完成使命，让人不难体会到司马迁忍辱负重完成使命、创作《史记》的心路历程和情感归宿。

元人在取材、塑造人物时也在表达自己激愤的心情。因此，在多方面情感的共鸣下，《赵氏孤儿》获得了巨大的成功，其故事情节也给后世戏剧以启迪，甚至借鉴。例如，《薛家将》《杨家将》《岳飞传》等戏剧，基本上都是《史记》版的"赵氏孤儿"的故事脉络。

总的来说，司马迁的《史记》以其横溢的才华，饱满的情感，塑造人物、刻画细节的独特手法，为后世通俗文学，特别是戏剧文学拓宽了认识和表现的领

---

① 北京大学中国文学史教研室：《两汉文学史参考资料》，中华书局1986年版，第404页。

域，它的人物传记为戏剧人物的情感表达，故事情节的安排，对主题的张扬都提供了一种可以直接借鉴的范式。《史记》中高扬的理想主义精神，忠于历史的现实主义精神，以及人物塑造、叙述事件的强烈善恶观，与戏剧中表现人物的手法，扬善惩恶观一脉相承。这一切都表明了戏剧艺术与史记的深厚关系，甚至可以说，没有《史记》戏剧化地展示人物、情节与故事，戏剧艺术的发展速度和程度就难以预测。作为士大夫，在史书中成功运用戏剧的表现手法，并获得巨大成功者，《史记》首开其端，影响深远。

（刘晓莉，陕西艺术职业学院基础教学部教授。）

《红楼梦》对《史记》悲剧特征的接受

张 萍

情感是作家创作的重要因素,"感人心者,莫先乎情",作为一部以写人为主的纪传体史书,《史记》是一道历史悲剧人物的画廊。其所载悲剧人物之众、悲剧类型之多、悲剧艺术之高妙、作家的悲剧情感之深切,能够引发人们强烈的痛感、产生惊心动魄的感人力量,并对后世文学创作产生了深远影响。

《红楼梦》便是受到《史记》悲剧艺术沾溉的代表。《红楼梦》是一部小说,却与代表我国人乐天精神的戏曲小说不同,具有浓厚的悲剧意识,是一部彻头彻尾的悲剧。在悲剧人物群像的塑造、悲剧精神的展现、悲剧艺术的表现等方面,《红楼梦》一定程度上接受了《史记》的悲剧特征。

一、作家"借他人之酒杯,浇胸中之块垒"的悲剧抒情特征

中国文学具有含蓄蕴藉的抒情特征,文人以文学创作为依托抒发个人情怀的现象较为普遍。在司马迁之前,屈原在《离骚》里借香草美人象征自己高洁的品性,抒发政治理想;宋玉在《九辩》中借悲秋与美人迟暮表达自己的士不遇情怀。这些作品多是以象征的、虚拟的意象寄寓作家的情感,而司马迁把个人的悲剧遭遇和情感与《史记》中的历史人物结合起来,借历史悲剧人物抒发个人情感,借他人之酒杯浇胸中之块垒。《红楼梦》接受了《史记》的这种悲剧抒情特征,曹雪芹把个人情感和小说中的人物紧密结合,借文学作品中人物的遭际一吐胸中块垒之情。

（一）作家类似的悲剧经历

司马迁和曹雪芹虽生是不同时期的作家，但是都有着类似坎坷的悲剧人生经历，生活境遇的改变是其创作的重要动机。

司马迁生活的汉武帝时期，是汉王朝强大辉煌的时代。他生逢盛世，继任其父太史令之职，想要完成父亲遗志，继孔子《春秋》之后撰写一部伟大的史书，为大汉王朝润色宏业服务。但是李陵之祸改变了司马迁的命运，也改变了司马迁著述立传的创作目的。如果说李陵之祸前，司马迁著史是为了完成父亲的遗愿，为了实现一个史官的价值，为了给大汉盛世添彩；那么李陵之祸后，司马迁的人生、心态已经与前期迥乎不同了。司马迁以正直耿介之心为李陵辩护，却被下入蚕室处以"腐刑"，作为"刑余之人"，他的身心受到了重创。在《报任安书》中，司马迁表达了自己内心的挣扎与痛苦，"人固有一死，或重于泰山，或轻于鸿毛"，耻辱的遭遇使他一度想以死了结，但是又有何价值呢？经历了一番思想斗争后，司马迁从古之圣贤身上领悟到生之意义，发愤著书立言不朽。

悲剧性的人生遭遇使作家对现实有个更深刻的认识，所著之作品才更深刻更感人，如王国维所说"客观之作家不可不多阅世，阅世愈深则材料愈丰富、愈变化"[1]。司马迁创作《史记》如此，曹雪芹创作《红楼梦》亦如此。关于曹雪芹的生平资料留存下来的并不多，通过有限的资料可知，曹雪芹一生经历坎坷。曹家在曹雪芹的曾祖时期非常辉煌，曹雪芹早年过着优越的生活，后来随着政局的变化曹家败落，曹雪芹也由一个贵族公子沦落为"举家食粥酒常赊""寒冬噎酸齑，雪夜围破毡"的落魄文人。生活的变故使作者亲身体会到人情冷暖、世态炎凉，使他对人生有了更深刻的感悟，这种对人生的切肤体验是曹雪芹创作《红楼梦》的思想基础。

坎坷的人生经历使作家对人生有了更为深刻的体会，这种用生命亲自体会到的感悟又被作家通过文学创作的形式外化表现出来，这样的作品是作家心血凝成，自然深刻感人，《史记》如此，《红楼梦》亦如此。司马迁和曹雪芹把个人的人生经历和作品中的人物关合起来，借他人之酒杯浇胸中之块垒。

---

[1] 王国维：《人间词话》，中华书局2014年版，第24页。

（二）寄心楮墨、发愤抒情

通过以上对作家生平遭际的分析可知，司马迁和曹雪芹类似的人生悲剧使二人有类似的悲剧心理，同时也促使他们把悲剧的心理和思想通过文学创作表达出来。正所谓"《史记》为太史公之哭泣……曹雪芹哭泣于《红楼梦》"①。在《史记》和《红楼梦》的创作过程中，作家将身世之感寄托于作品中的悲剧人物，借他人之身世遭遇，表达个人内心之愤懑不平。

司马迁是从古代先贤发愤著书中有所感悟，便将内心之郁结通过"述往事，思来者"的方式表达出来。鲁迅《汉文学史纲要》也说："（司马迁）恨为弄臣，寄心楮墨，感身世之戮辱，传畸人于千秋，虽背《春秋》之义，固不失为史家之绝唱，无韵之《离骚》矣。"②指明《史记》不同于《春秋》"述而不作"之义，司马迁把个人主观情感与客观历史相融合，故有屈原《离骚》之发愤抒情之意。

司马迁尽忠直言，却遭受宫刑奇耻大辱的悲剧经历，使其创作《史记》的动机由"润色鸿业"一变而为"发愤抒情"。这种悲剧心境使司马迁在撰写《史记》选择人物入传时，对历史上的悲剧人物格外关注。这些悲剧历史人物"皆太史公自序也。所谓借他人之酒杯，浇胸中之块垒，诚不禁其击碎唾壶拔剑斫地慷慨而悲歌也"③。

作家由悲剧经历所产生的悲剧心境，通过文学作品中的悲剧人物体现出来。曹雪芹继承和接受了《史记》借著述中的人物抒发个人情感的方法，寄心楮墨、发愤抒情。《红楼梦》开篇即言："满纸荒唐言，一把辛酸泪，都云作者痴，谁解其中味。"④曲意表达了《红楼梦》一书的悲剧性质，也表达了作家创作的悲剧心理特征。《红楼梦》这种曲意达情，借文学作品中的人物与事件寄寓个人情感的抒情方式继承与接收了《史记》感于个人身世之慨而寄心于笔端的艺术手

---

① 刘鹗：《老残游记》，人民文学出版社2013年版，第2页。
② 鲁迅：《汉文学史纲要》，岳麓书社2013年版，第16页。
③ 袁文典：《永昌府文征·卷十二读史记》，人民文学出版社2013年版，第211页。
④ 曹雪芹、高鹗：《红楼梦》，人民文学出版社1992年版，第5页。

法。无怪乎后人评价其为"殆稗官野史中之盲左、腐迁乎"[①]！

二、悲剧人物群像的塑造

《红楼梦》对《史记》悲剧特征的接受还有一个非常鲜明的体现，就是悲剧人物群像的塑造。在中国文学史上，《史记》和《红楼梦》二者在写人艺术方面的成就都非常突出。《史记》生动再现了历史发展进程中各个阶层的历史人物；《红楼梦》也塑造了形形色色的艺术形象。不仅如此，《史记》和《红楼梦》在人物群像的塑造方面还有一个显著的共性特征：悲剧性。《史记》是上下三千年历史长河中悲剧历史人物的画廊，《红楼梦》是大观园里"千红一哭""万艳同悲"的众人悲剧。

（一）悲剧人物的多样性和多阶层性

在西方文学创作中，亚里士多德在《诗学》中强调悲剧人物的身份和地位，只有出身高贵、地位显赫的人物的痛苦或毁灭，才更容易唤起读者的悲剧情感，实现悲剧效果。所以西方文学中悲剧人物往往单一而又类型化。在中国文学中，《史记》之前的史书，基本是对社会上层人物和事件的记载。《史记》打破了阶级的局限，其悲剧人物的一个重要特点就是多样性和多阶层性：上至帝王将相，下至氓隶之人，司马迁公正客观地刻画出他们的人格，再现了他们的功劳，体现了进步的历史观。

在中国古典小说创作中，由于乐天精神的影响，即使悲剧人物的命运最后往往也是有喜剧的倾向，以合乎接受者的心理需求。《红楼梦》则不同，是一部彻头彻尾的悲剧，小说中塑造了形形色色各个阶层的悲剧人物形象。《红楼梦》悲剧人物群像的塑造和悲剧人物多阶层性的特点，无疑接受了《史记》的悲剧特征。

《史记》成功地塑造了众多的悲剧人物形象。司马迁在选择人物入传时，既考虑人物的历史价值，同时又兼顾人物传达个人情感的作用。由于司马迁个人

---

① 戚蓼生：《红楼梦研究资料汇编·石头记序》，南开大学出版社2012年版，第561页。

悲剧经历，所以他为众多的悲剧历史人物立传。韩兆琦认为，《史记》是一道悲剧人物的画廊，据统计《史记》全书所塑造的大大小小的悲剧人物形象达120多个。

《史记》除了悲剧人物的数量庞大外，还打破了传统史书只为对社会发展起重大作用的上层历史人物立传的传统。《史记》的人物传记几乎每一篇都涉及悲剧人物，类型十分广泛，涵盖了社会各个阶层。《史记》记载了多样的悲剧人物和各个阶层的悲剧形象，打破了传统史书的局限，为后世中国文学中悲剧艺术的发展开拓了新天地。

《红楼梦》也塑造了诸多的悲剧形象。这些悲剧人物包含社会各个阶层：上至皇室贵族，下至丫鬟仆役，全面展现了社会的横剖面，通过不同阶层人物的悲剧命运共同构建了《红楼梦》的悲剧主题。《红楼梦》塑造了多样化和多阶层的悲剧人物，不仅打破了中国古典小说的传统，同时也是对《史记》悲剧特征的接受与继承。

（二）悲剧人物性格的实录性和立体化

司马迁以良史之才著史，在《史记》中是有血有肉、生动真实的历史人物，因此《史记》的人物具有真实性和立体化特征。

《史记》的悲剧人物性格具有多面性、丰富性和完整性。司马迁既记载了人物对历史发展推动作用，也实写了他们的缺点与不足。比如《项羽本纪》中的项羽，司马迁在传记中立体化地展现了其性格的方方面面：坑杀降卒表现了他的残暴、东城快战展现了其英勇、霸王别姬说明其柔情、鸿门宴又表现其犹豫。又如《李将军列传》中的飞将军李广，司马迁满含仰慕与悲愤之情写了李广怀才不遇的一生，身经数战威震匈奴表明他的英勇，私斩霸陵尉又说明他的偏狭。司马迁以史学家的严谨书写历史人物形象，把历史真实和艺术真实相结合，使传记中的人物有血有肉、栩栩如生。

《红楼梦》是小说，作家往往根据主观需要赋予小说人物主观的个性色彩。《红楼梦》之前的中国古典小说，塑造人物具有类型化特征，《红楼梦》将好人全好、坏人都坏的写法打破了，人物形象具有多面性和立体化特征。作为小说，这一创作手法继承了史传文学的传统，也正因为此，《红楼梦》被后人誉为"史诗"。

《红楼梦》在塑造人物形象时，接受了《史记》作为史传文学真实性的人物塑造方法，使悲剧人物性格立体生动，接近现实中真实的人物。曹雪芹在描写悲剧人物时对人物的优缺点不加掩饰、表露无遗。如小说中被称为"富贵闲人"的贾宝玉，既聪明俊秀，又乖僻软弱；"潇湘妃子"林黛玉美丽多才，但又敏感小性；"才自精明志自高"的探春，却偏为庶出，且常常因为庶出的身份为了维护小姐的尊严而不顾及和亲生母亲的亲情。

《红楼梦》在塑造悲剧人物时兼顾人物性格的多面性，尽量使其符合现实生活的真实，这是对《史记》记载人物方法的接受和继承，也正因为此，《红楼梦》中的人物形象更加感动读者，更加具有现实意义。

三、悲剧人物类型的多样化

《史记》中形形色色的历史人物，其中有众多悲剧，这些悲剧人物的悲剧命运有所不同，呈现出悲剧人物类型的多样化特征，构成了《史记》多样性悲剧人物的画廊。《史记》悲剧人物群像的塑造和悲剧人物多样化的特征，对《红楼梦》悲剧人物的塑造有一定启发作用。

（一）坚守信念的殉道式悲剧

《史记》有一类悲剧，悲剧的主人公坚守某一信念，最终也为此信念付出很大的甚至生命的代价。他们的追求或是不合时代发展的需求，或是不合众人的价值追求，但是他们却始终坚守信念。如《伯夷叔齐列传》中的伯夷叔齐，他们为了恪守"义"的原则，不满武王以臣弑君的行为，在周武王平定殷商天下宗周之时，却义不食周粟，最终饿死首阳山以身殉道。《孔子世家》中孔子带领弟子周游列国，宣讲仁义之道，知其不可为而为之，困厄陈蔡"累累若丧家之狗"[1]，最终也无人接受他的主张。《赵世家》中的公孙杵臼与程婴、《刺客列传》中的荆轲……这些悲剧的主人公是孤独的、执着的，他们坚守自己的信念，也为所坚守的信念付出了代价。

---

[1] 司马迁：《史记》，中华书局2007年版，第767页。

《史记》中这种孤独的殉道精神在《红楼梦》中也有所继承，林黛玉对"情"的坚守便是一个典型的代表。《红楼梦》在第一回开篇就以神话传说的形式道出林黛玉绛珠仙草的前身，她修成女体，因报恩下凡，用一辈子的眼泪偿还神瑛侍者的灌溉之恩，使这个故事一开始就始于恩情。到人间的绛珠仙草秉性也自不同一般，她聪明灵秀、诗才出众，但是又体弱多病、孤独无依，贾宝玉是真正关心、爱护她的人，于是她把所有的情感倾注在宝玉身上。但是在强大的礼教和封建家长面前，宝黛的爱情最终无果。从某种意义上讲，林黛玉因情而生，也因情而死。在那个女子无才便是德的时代，在那个大家闺秀要大门不出二门不迈、遵守父母之命媒妁之言的时代，林黛玉敢于表露自己的真性情已经具有时代意义。但是在大的时代背景和社会环境下，黛玉的情感归宿注定是悲剧，她也是在青年女性追求爱情路上的孤独的殉道者。

　　黛玉坚守"情"如此，宝钗恪守"礼"亦是如此。她们都是孤独殉道者的悲剧。薛宝钗虽比黛玉大不了一两岁，但是却比黛玉持重平和很多，她恪守礼教的约束，听从父母之命，因此深得贾府上上下下人物的喜爱。作为一个少女，薛宝钗本也有自己的真性情，只不过在身份、家族、礼教等重重约束下，她善于收敛自己的个性而恪守礼教。《红楼梦》第四十二回"蘅芜君兰言解疑癖"黛玉在行酒令时不慎说出了《西厢记》《牡丹亭》中的诗句，宝钗假意责罚，道出了自己的真性情，小时候也偷背着大人看《西厢》《琵琶》《元人百种》等。原来她也和宝黛一般的心思，但是却在封建家长的压力下丢开了。宝钗也爱慕宝玉，从一开始就知道"金玉良缘"，但是她却从不直接表露自己的情感，即使在宝玉被打时送去丸药，多说了一句"连我们看着都心疼"的话，都羞得飞红了脸。她在自己生日时偏点贾母喜爱之戏文，在金钏死后毫不忌讳，用自己新做的衣服为其做装裹。她的通情达理深得贾府众长辈喜爱，她努力做着礼教要求下的女性，却因为合礼而埋没了自己的真性情。宝钗的一生是一个悲剧，是为了恪守"礼"而抹杀自我的殉道者的典型。

　　无论黛玉的情坚，还是宝钗的守礼，都是对内心信念的坚守，这是对《史记》中坚守信念的孔子、伯夷等人物精神的继承。因为坚守信念，所以他们殉道式的悲剧产生的悲剧力量更加感人。

（二）时运不济式的悲剧

《史记》中的人物悲剧还有一类就是时运不济的时代悲剧，如《李将军列传》中的飞将军李广。李广骁勇善战，为大汉立下了汗马功劳，但是却一生不遇。列传一开始司马迁便借汉文帝之口说"惜乎子不遇时"①，道出了李广一生的时运不济，假使在汉高祖打天下之际，李广肯定能够封侯，但是在汉文帝、汉景帝时期，汉代统治者以黄老思想为主，实行休养生息政策，所以李广即使再善于征战，也不是这个时代的需求。汉武帝时期国力强盛以后，改变了与匈奴求和的关系，转而主动出击，这个时代需要像李广一样骁勇善战的大将，李广立下诸多功劳，却始终未被封侯，最终还被迫自刭而亡。

《史记》对时运不济的悲剧人物类型描写，在《红楼梦》悲剧人物形象塑造过程中也有所继承。《红楼梦》中贾探春的悲剧便是典型。小说先通过判词预示了探春的悲剧："才自精明志自高，生于末世运偏消。"②探春是贾府众姐妹中最才华出众的一个，不仅生得"俊眼修眉，文采精华，见之使人忘俗"，而且处事干练，因为知书达理，通文懂墨，更比王熙凤要胜一筹。《红楼梦》中抄检大观园一回集中体现了探春刚烈之个性与闺阁中女子的远见卓识。在王熙凤病了之后，探春担起理家之任，革除弊端，充分显示了她的才华。连精明自负的王熙凤都不由称赞探春的能干，但是也感叹她没有托生在太太肚子里，这与《史记·李将军列传》中汉文帝感慨李广"不遇时"的命运何其相像！尽管探春有精明之才和高洁之志，但也不能改变其庶出的身份，也不能拯救末世的贾家，她是《红楼梦》中时运不济式悲剧的典型。

（三）贤才遭妒式的悲剧

《史记》中的人物悲剧还有一类是贤才遭妒式的悲剧，其中最典型的例子便是《屈原贾生列传》中楚国忠君爱国的大夫屈原。屈原热爱楚国，忠于楚君，但是"信而见疑，忠而被谤"，遭到楚国内部旧贵族的排挤，由楚王的近臣到被流

---

① 司马迁：《史记》，中华书局 2007 年版，第 1462 页。
② 曹雪芹、高鹗：《红楼梦》，人民文学出版社 1992 年版，第 52 页。

放，屈原的悲剧是贤才遭妒式的悲剧。除此之外，在《史记》中，《伍子胥列传》中的伍子胥因被太宰嚭所妒而被吴王夫差赐死；《廉颇蔺相如列传》中的廉颇因为谗臣郭开的诬陷最终客死他乡；韩非被同学李斯妒害而死；孙膑因为才高而被庞涓"以法刑断其两足而黥之，欲隐勿见"……这些人物或贤能，或有才智，或有德行，但是最终却受人所害酿成悲剧命运。

《史记》中贤才遭妒式的人物悲剧模式在《红楼梦》中也有所继承，如《红楼梦》中香菱的悲剧。香菱是曹雪芹笔下一个近乎完美的女性，她有"像东府里小蓉大奶奶的品貌"，有宝钗一般温柔敦厚的性格，有黛玉一样的灵气与诗才。但是她也是《红楼梦》中悲剧色彩最浓厚的女性形象，她本是千金小姐，却不幸被拐子拐了，后又卖给薛蟠为妾，又偏偏遇上夏金桂这样险恶的女主。夏金桂因妒忌香菱之才与貌，于是想方设法折磨陷害她。《红楼梦》中香菱的判词为："根并荷花一茎香，平生遭际实堪伤。自从两地生孤木，致使香魂返故乡。"这不仅道出她高洁的品性，也道出了她悲剧的遭际。

（四）性格过失式的悲剧

《史记》中一些人物的悲剧是因为性格原因所致，悲剧主人公往往聪明反被聪明误。如《项羽本纪》中项羽的失败就是其刚愎自用的性格所致。项羽英勇善战，可谓英雄豪杰。但是在楚汉之争中他却败给刘邦，司马迁文后评价他"自矜功伐，奋其私智而不师古"，正是性格上的过失促使他一步步走向失败。如《李斯列传》中的李斯，一生奉行"老鼠哲学"，虽出身贫寒却追求富贵功名，最终被赵高腰斩于市，可谓聪明一世糊涂一时。

《史记》中人物性格的悲剧类型在《红楼梦》的悲剧人物塑造中也有体现，王熙凤的悲剧便是这样的典型。王熙凤是贾府里"脂粉堆里的英雄"，是比贾府的男人们还强十倍的人，她精明能干，理家之才出众，《红楼梦》通过协理宁国府一事突出表现了王熙凤的理家之才。但是她却贪婪狠毒，作为贾府管家却借机放高利贷收取利钱中饱私囊，为一己之利不惜谋害他人性命（贾瑞之死、尤二姐之死等），最终"机关算尽太聪明，反算了卿卿性命"。

综上所述，《史记》中的悲剧历史人物多样化的类型对《红楼梦》中悲剧人物形象的塑造产生了重要影响。

四、悲剧精神的崇高悲壮

朱光潜《悲剧心理学》指出：悲剧是对苦难的反抗，悲剧人物只有表现出坚毅和斗争的时候，才有真正的悲剧。从这个意义来说，《史记》与《红楼梦》不仅是悲剧文学的代表，而且还具有崇高的悲剧精神。

（一）悲剧的崇高性

《史记》是一部历史悲剧人物的画廊，具有浓厚的悲剧意识。《史记》中悲剧人物的身上大多具有顽强不屈、不屈不挠的抗争精神，这使《史记》的悲剧精神动人心魄，具有崇高悲壮之美。这种不屈不挠的抗争精神也成为中华民族宝贵的精神财富。《红楼梦》是一部彻头彻尾的悲剧，但是其悲剧精神却不消沉，尽管《红楼梦》是以女性的悲剧为主，但是依然具有崇高悲壮的悲剧力量。

《史记》中的悲剧人物，以自觉、主动、积极的态度和行为去对待面临的痛苦和灾难，因此是一种崇高的、悲壮的悲剧精神。《孔子世家》中孔子以仁爱礼仪抗争礼崩乐坏的社会现实，虽未建功，但却树立了儒家道德。《屈原列传》中屈原上下求索，想要实现美政理想，虽以身殉国，但却树立了高尚的情操和人格。这些悲剧人物与命运进行抗争的精神震撼了读者的心灵，深深影响了后世的文学创作。

《红楼梦》继承了《史记》的悲剧精神，悲剧人物的身上具有一定的自觉、积极主动的抗争精神。行为偏僻性格乖张的贾宝玉，敢于突破封建礼教，不以仕途经济为己任，无视男尊女卑、主贵仆贱的伦理纲常；身为下贱心比天高的晴雯，敢于张扬个性，完全不同于唯唯诺诺的卑贱仆人。这是对《史记》悲剧精神的继承与接收，是悲剧人物自觉、主动抗争的崇高悲剧精神的展现。

（二）悲剧的深刻性

鲁迅说："悲剧就是将有价值的东西毁灭给人看。"《史记》中形形色色的悲剧人物，他们是历史发展过程中有一定贡献的人物，他们在历史发展的长河中有一定的历史推动作用。他们或是有卓越的才华与见识，或是有非凡的思想与人格。但是作为一部史学著作，司马迁以"不虚美，不隐恶"的信史的态度著述，历史人物的悲剧命运不可能改变。因此《史记》的悲剧精神除了悲剧人物积极抗争的崇高精神外，还有历史不可改变的无奈，司马迁通过历史人物的悲剧展现了更深层次的社会问题，这使得《史记》的悲剧精神不仅充满了凄婉感伤之情，同时具有深刻的社会意义。

如《李将军列传》中李广勇以当敌、仁爱士卒，但是却怀才不遇，在抗击匈奴的过程中虽屡建奇功，但却多次无功无赏。同样在抗击匈奴的战争中有出色贡献的卫青和霍去病，却因为与皇室的宗亲关系而位至大将军。对历史人物遭际命运的再现，表达了司马迁对汉代用人制度的批判。

《红楼梦》也继承了《史记》的这一悲剧特征，小说塑造了内外兼美的人物形象。这些美的形象最终被毁灭，揭示了悲剧背后深刻的社会问题。这使《红楼梦》充满了"悲凉之雾，遍被华林"的感伤色彩的同时，也具有深刻的时代与社会意义。

司马迁把个人的悲剧经历与悲剧心态同历史悲剧人物相结合，在每个传记的最后对历史人物做出评价，这使《史记》饱含了作者的主观情感而不同于一般史书，因此鲁迅称其为"无韵之离骚"。《红楼梦》虽为小说，但是其中又有曹雪芹对自己的家国身世之慨，有主观情感的表达。历史虽不可更改，司马迁却把对历史悲剧人物的感慨通过叙事艺术表露出来；虽然小说是虚构，但曹雪芹却把对艺术人物的同情也通过艺术化的方式表达出来。作品中人物的悲剧命运、作家的身世遭际，使作品充满了凄婉感伤色彩，同时也具有深刻的社会批判性。

（三）悲剧的艺术化表现

《史记》作为一部史学著作，具有实录精神，是"史家之绝唱"，但同时也是司马迁借历史人物发愤抒情的情感表达方式，是"无韵之离骚"。《史记》作为一部"史诗"，司马迁善于借用诗文增强悲剧人物的悲剧命运效果，善于借诗意化的悲剧场景描写渲染悲剧氛围。如项羽被围垓下时慷慨悲歌："力拔山兮气盖世，时不利兮骓不逝。骓不逝兮可奈何，虞兮虞兮奈若何！"[1]如太子丹众人

---

[1] 司马迁：《史记》，中华书局2007年版，第188页。

在易水送别荆轲的"风萧萧兮易水寒,壮士一去兮不复还",苍郁肃杀的秋日景色,凄清感伤的悲秋气象,感人至深的悲凉情怀。这种诗意化的文学艺术表现手法,不仅是人物传记对荆轲悲剧的渲染,同时也是司马迁对历史悲剧人物的致敬。

《红楼梦》是一部"诗史",作品中大量的诗文和人物的悲剧命运有密切联系。《葬花吟》中"花谢花飞花满天,红消香断有谁怜"的感慨,不仅是林黛玉个人的悲叹,同时也是大观园众女性悲剧命运的预兆性体现;"风刀霜剑严相逼"是黛玉对自己以及大观园中众女子处境的写照。这是对《史记》悲剧的艺术表现手法的继承与发展。

结　语

《史记》作为史传文学,是一部历史悲剧人物的画廊。司马迁通过记载众多历史人物的史实,塑造了诸多悲剧英雄人物的群像,展现了强烈的悲剧精神。《红楼梦》是一部悲剧,曹雪芹通过塑造众多内外兼美的女性,展现她们的悲剧命运,表现了浓郁的悲剧精神。《史记》是历史英雄悲剧,主要是男性悲剧的展现;《红楼梦》是世情家庭悲剧,主要是女性悲剧的展现。二者虽然悲剧的表现角度不同,但都产生了强烈的震撼人心的悲剧效果。《史记》的悲剧特征更是对《红楼梦》的创作产生了重要影响。

(张萍,西安培华学院人文学院讲师。)

史官文化背景下的中国古代历史叙事

雷 勇

中华民族是一个具有悠久史学传统的民族。在中国文化传统中,历史意识和官史所代表的史学意识对读书人产生了深广的影响,同时也波及、渗透到了民众,"盛世修史"是历代统治者的追求,参与修史则是读书人的梦想,而民众也普遍对历史感兴趣,由于各阶层的普遍参与,历史书写不仅形式多样,成果也极为丰富。总的来说,对历史的解释主要在三个层面进行:一是掌握着历史书写话语权、信息权的统治者层面,所谓的"史官文化"或"官史"传统是其代表;二是一般读书人,尤其是社会中下层的读书人,他们有自己的知识体系,有对史料的部分把握,往往参与"野史"的书写、传播;三是大众层面,主要通过文艺形式来表现,他们接受了上两个层面降落下来的知识,同时又有自己的言说。不同层次的人关注的问题不同,对历史的认识以及做出的解释也有很大差异,因此就出现了三种不同模式的历史书写,这就是史官叙事、文人叙事和民间叙事。历史演义小说则在融三家之长的基础上强化了艺术性,因而别具一格,成为中国古代历史书写中不可分割的一部分。

一、史官叙事

中国最早的史官出现于何时?对此,史学界一直有较大争议。一种比较传统的观点是:在黄帝时代就设置了史官。如刘知几在《史通·史官建置》中所说:"盖史之建官,其来尚矣。昔轩辕氏受命,仓颉、沮诵实居其职。至于三代,其数渐繁。……史官之作，肇自黄帝，备于周室。"①此外，许慎在《说文解字·序》中提到了"黄帝之史仓颉"②；《晋书·卫恒传》中也有沮诵、仓颉"始作书契，以代结绳"③之说；马端临也说："史官肇自黄帝有之，自后显者，夏太史终古，商太史高势。"④这些记载似乎都有一定根据，但实际上都是后人根据当时的史官职掌所作的推测，并不一定确有其事⑤。

从史学史的角度看，中国的史官文化有一个比较漫长的演变过程。史官文化发源于巫官文化。远古之时，"史"与"巫"并举，都具有"司天""司鬼神""司灾祥""司卜筮"等职能。在殷商时期，"巫史文化"仍占据统治地位，史官虽已出现，但还没有与巫完全脱离，他们"都代表鬼神发言，指导国家政治和国王行动"⑥，仍不具备后世"史，记事也"⑦的功能。商朝灭亡后，史官文化逐渐取代"巫史文化"，史官的职能也发生了一些变化。据《周官》《礼记》等书所记，周代所置史官名称很多，有太史、小史、内史、外史、左史、右史之名，其中"太史掌国之六典，小史掌邦国之志，内史掌书王命，外史掌书使乎四方，左史记言，右史记事。《曲礼》曰：'史载笔，大事书之于策，小事简牍而已。'"⑧总的来看，这些史官比较偏重藏书、作书以及朝廷礼仪方面的事务，并不以著史为专职。这种情况一直延续到了汉代。汉武帝时曾置太史令，以司马谈任此职，司马谈去世后其子司马迁继任，但据《汉书·司马迁传》记载："太史公既掌天官，不治民。"⑨司马彪在《后汉书·百官志》注中对其职能做了

---

① 刘知几著，浦起龙释：《史通通释》，上海古籍出版社1978年版，第304页。
② 许慎：《说文解字·序》，中华书局1996年版，第1页。
③ 房玄龄等：《晋书》卷三十六，中华书局1974年版，第1061页。
④ 马端临：《文献通考》卷五十一"职官考"五，中华书局1986年影印本。
⑤ 史学界对史官设置的时间至今没有定论。有人认为史官出现于仰韶文化时期，最迟不迟于大汶口文化时期；柳维本《隋唐以前中国史官建置与沿革述略》，《辽宁大学学报》1992年第6期；王树民《中国史学史纲要·绪言》，中华书局1997年版。）有人认为在夏时已有史官出现。（仓修良、魏得良《中国古代史学史简编》第一章，黑龙江人民出版社1983年版。）
⑥ 范文澜：《中国通史》第一册，人民出版社1978年版，第58页。
⑦ 许慎：《说文解字》，中华书局1936年版，第65页。
⑧ 刘知几：《史通》卷十一"史官建置"，《史通通释》，第304页。
⑨ 班固：《汉书》卷六十二，中华书局1962年版，第2714页。

这样的解释："掌天时、星历。凡岁将终，奏新年历。凡国祭祀、丧、娶之事，掌奏良日及时节禁忌。凡国有瑞应、灾异，掌记之。"①由此可见，汉代的太史令与周代的史官在职掌上并没有本质上的区别。到了东汉明帝时代，任命班固为"兰台令史"以撰述国史，史官才开始以修史为专职。此后，经魏晋南北朝至隋，史官的名目繁多，以修史为主的职能被逐步强化，史学也日益繁荣，逐渐成为一门独立学科，其地位也仅次于"经"。到了唐代，正式设立史馆，史官制度乃趋于规范化。贞观三年（629），唐太宗决定将史馆直属门下省，修史一事统一由宰相任监修，又别调其他官员兼任修撰、司直，号曰史官。他们在宰相的直接领导下撰修"起居注""时政记""日历""实录""国史""会要"以及前朝"正史"等。从此，史馆作为历代皇朝的主要修史机构，经宋、元、明、清等朝，历一千二百余年而不断，而古代史书中浩如烟海的"正史"也主要出自这些史官之手。

中华民族具有悠久的史学传统，在西周末和春秋时期，周王室和各诸侯国就分别出现了国史，这是中国史学史上最早的正式史书。《孟子》就有这样的记载："王者之迹熄而《诗》亡，《诗》亡然后春秋作。晋之《乘》、楚之《梼杌》、鲁之《春秋》，一也。"②这些国史的出现，标志着严格意义上的史书的诞生。春秋以前，学在官府，国史出于史官之手，也在官府的掌握之中。春秋末年，孔子开创了私人讲学的风气，打破了"学在官府"的局面。孔子以鲁国国史为基础，参照周王朝和列国国史，撰成《春秋》，于是出现了我国历史上最早的一部编年体史书。到了战国时期，私人历史撰述有了很大发展，这个时期出现的史书如《左传》《国语》《战国策》《竹书纪年》等都出于私人撰述。汉代，随着《史记》《汉书》的先后问世，纪传体史书普遍受到欢迎，而且被后来的史家当作"正史"而争相仿效。唐初，设史馆于禁中，官修史书被提上了政府的议事日程，从而使修史成为在政府组织下的影响全社会的自觉行为，而以史官为主的史书编撰也成为最重要的历史书写模式之一。

从史学的发展来看，古代史官的职责包括两个大的方面，即史实的记录和史

---

① 范晔：《后汉书》志第百官二，中华书局1965年版，第3572页。
②《孟子·离娄下》，见《孟子译注》，杨伯峻译注，中华书局1960年版，第192页。

书的编撰。刘知几在《史通·史官建置》中对此有比较清楚的论述：

> 夫为史之道，其流有二。何者？书事记言，出自当时之简；勒成删定，归于后来之笔。然则当时草创者，资乎博闻实录，若董狐、南史是也；后来经始者，贵乎俊识通才，若班固、陈寿是也。必论其事业，前后不同。然相须而成，其归一揆。①

刘知几所说的"书事记言"主要是指史实的记录，"勒成删定"则指史书的编修、书写。前一方面的工作主要由历代史官完成，而承担后一方面任务的史家则比较复杂，其中有的是专职的史官，有的是被临时征调参与官史编修的官员、文人，有的则以私人身份从事历史撰述。以"前四史"为例，编撰《后汉书》的范晔不是史官，司马迁、班固、陈寿虽然具有史官身份，但他们所著的《史记》《汉书》《三国志》却都不是官修史书。就编撰性质而言"前四史"应该都属于"史家私人撰述"②，但在传播的过程中，这些史书都逐渐被"经典化"，并最终被官方接受，成为史官文化或"官史"的一个组成部分。作为史官文化的直接载体，史官所撰修的史书是中国史学中最为重要的一个部分。总的来看，史官叙事主要有以下几个特点：

首先，编撰形式的多样性。梁启超在《中国历史研究法》中指出："中国于多种学问中，惟史学为最发达；史学在世界各国中，惟中国为最发达。"③丰富的历史内容和多样的编撰形式之结合，是中国古代史学的一个重要特点。关于古代史籍的分类，史学界一直没有定论。《隋书·经籍志》分为十三类，《四库全书总目》分为十五类，但无论如何分类，编年体、纪传体、纪事本末体都是大家公认，也最为重要的三种形式。编年体以时间为中心，依照年月顺序记述史事，其优点是史事和时间紧密结合，给人以明确的时间观念，容易明了史事发生、发展的时间背景及因果关系。纪事本末体以历史事件为中心，"因事命篇，

---

① 刘知几：《史通》卷十一"史官建置"，《史通通释》，第325页。
② 瞿林东：《中国简明史学史》，上海人民出版社2005年版，第117页。
③ 梁启超：《中国历史研究法》，上海古籍出版社1998年版，第10页。

不为常格",其长处在于"文省于纪传,事豁于编年"①。在众多的史书形式中纪传体最受重视,历来被视为"正史"。就体例而言纪传体实际上是一种综合体。其中"纪"基本上是编年体,叙述帝王事迹,排比历史大事;"传"主要记载各类历史人物的活动;"表"用谱牒的形式条理历史大事;"书""志"以事为类,主要记载各类典章制度的发展过程和有关自然、社会各方面的历史。这些史书各有所长,它们互相配合、互相补充,共同促进了中国史学的繁荣。

其次,历史书写的客观性。与私家撰述相比,史官的历史撰述具有得天独厚的条件,丰富的藏书和相对完备的官方记录为史官提供了比较翔实的第一手材料,同时也使史官有了比较恢宏的历史视野,这样一来,史官可以从比较宏观的角度来认识历史、阐释历史,对历史的揭示往往会比较全面、客观。而史馆的设立又可以使大量的一流学者汇集在一起,他们的参与及合作使历史撰述更加系统和完善。

再次,鲜明的正统色彩。史官修史大多是官府主持下进行的,这就要求史官必须站在统治者的立场上,按照统治者认可的道德观念和价值标准来评价历史人物和事件,因此,在历史书写方面往往有不少禁忌,成王败寇、为尊者讳、为贤者讳等都成了一种潜规则,即使像《史记》这样以"实录"见称的史书也可以看到不少神化、美化刘邦的不实之笔。此外,官修史书主要记载的是某一个皇朝的历史,而从唐代开始,基本上都是由新朝为已逝去的旧朝修史,出于"以古鉴今"的目的史官会坚持实录的原则,但史官毕竟是站在本朝的立场上来记述、阐释前朝历史的,因此在史料的取舍、历史事件和历史人物的评价方面自然会带上"当代"意识,这就会使所写的历史带有明显的倾向性。以三国历史为例,历代史官在究竟以谁为正统这个问题上就一直存在分歧:西晋陈寿的《三国志》"帝魏寇蜀",东晋习凿齿的《汉晋春秋》则变之为"尊汉抑魏";北宋司马光的《资治通鉴》以曹魏为正统,南宋朱熹的《资治通鉴纲目》则以刘蜀为正统。而之所以如此变化不定,都与特定的时代有密切联系,这也是史官文化政治性特点的一种突出表现。

---

① 章学诚:《文史通义·书教下》,叶瑛校注《文史通义校注》,中华书局1985年版,第51页。

二、文人叙事

中国古代文人有一种比较普遍的"历史情结"。他们对历史有极为浓厚的兴趣，也具备参与历史书写的基本条件，更重要的他们还有比较强烈的修史愿望，参与国史的修撰往往是他们的一种人生理想。但因种种原因，大多数文人都无法实现这种愿望，他们对此深感遗憾。《隋唐佳话》就有这样一则记载：

> 薛中书元超谓所亲曰："吾不才，富贵过分，然平生有三恨：始不以进士擢第，不得娶五姓女，不得修国史。"①

于是，他们就把这种"历史情结"寄托于"野史"的书写和传播。

所谓"野史"，主要指"私家编撰的史书，也称为稗史"②，一般来说正史之外私人修撰的别史、杂史、杂传、杂记等都属于此类。如王树民所言：野史"在封建时代，颇为统治者所歧视，认为不登大雅之堂，故而图书分类中，亦无统一的标准，一般的分置于史部的杂史和子部的杂家与小说家等类中"③。如刘知几把正史之外的所有记事的作品都归入"杂述"类，他在《史通·杂述》篇中把这些野史、杂传分为十类：

> 爰及近古，斯道渐烦。史氏流别，殊途并骛。榷而为论，其流有十焉：一曰偏记，二曰小录，三曰逸事，四曰琐言，五曰郡书，六曰家史，七曰别传，八曰杂记，九曰地理书，十曰都邑薄。④

明代史学家胡应麟则将这类野史归入"小说"类，他在《少室山房笔丛·九流绪论（下）》中把小说分为六类：

---

① 刘𣫎：《隋唐佳话》卷中，中华书局1979年版，第28页。
② 《辞源》（合订本），商务印书馆1988年版，第1714页。
③ 王树民：《史部要籍解题》，中华书局2003年版，第305页。
④ 刘知几：《史通》卷十"杂述"，见《史通通释》，第273页。

一曰志怪，《搜神》、《述异》、《宣室》、《酉阳》之类是也；一曰传奇，《飞燕》、《太真》、《崔莺》、《霍玉》之类是也；一曰杂录，《世说》、《语林》、《琐言》、《因话》之类是也；一曰丛谈，《容斋》、《梦溪》、《东谷》、《道山》之类是也；一曰辩订，《鼠璞》、《鸡肋》、《资暇》、《辨疑》之类是也；一曰箴规，《家训》、《世范》、《劝善》、《省心》之类是也。①

在六类中除志怪、传奇略具小说特点外，其他四类无不与史著密切相连。这些野史通常以笔记的形式出现，一般被称为"笔记""笔记杂录"或"笔记体史书"，其内容十分庞杂，体例也极不一致。②由于作者身份、见解、兴趣和视野不同，各类笔记都有自己的特点和价值。总的来看，文人笔记有以下三个特点：

第一，"补史"意识。文人从事笔记写作的一个重要原因是要借此补"史官之阙"，这从《国史补》《唐阙史》《大业拾遗记》之类笔记的命名就可见一斑。对此，刘餗在其《隋唐佳话》（又名《传记》）自述中有比较明确的表述：

> 余自髫卯之年，便多闻往说，不足备之大典，故系之小说之末……释教推报应之理，余尝存而不论，若解奉先之事，何其明著。友人天水赵良玉睹而告余，故书以记异。③

《隋唐佳话》一书中所记唐初的轶闻琐事皆为人亲眼所见，但书之则"不足备之大典"，"系之小说之末"则可以补正史之阙。受其影响，李肇也写了《唐国史补》一书，他在该书序中指出：

> 《公羊传》曰："所见异辞，所闻异辞。"未有不因见闻而备故实

---

① 胡应麟：《少室山房笔丛·九流绪论（下）》，上海书店2001年版，第282页。
② 刘叶秋先生在《历代笔记概述》（北京出版社2003年版）一书中把笔记概括为三种主要类型，即小说故事类笔记、历史琐闻类笔记和考据、辨证类笔记。见该书第4页。
③ 刘餗：《隋唐佳话·序》，中华书局1979年版，第1页。

者。昔刘𫠦集小说，涉南北朝至开元，著为《传记》。予自开元至长庆撰《国史补》，虑史氏或阙则补之意，续传记而有不为。言报应，叙鬼神，征梦卜，近帷箔，悉去之；纪事实，探物理，辨疑惑，示劝戒，采风俗，助谈笑，则书之。①

李德裕在《次柳氏旧闻》自序中也有类似的交代：

臣德裕，亡父先臣，与芳子、吏部郎中冕，贞元初俱为尚书郎，后谪官，亦俱东出，道相与语，遂及高力士之说，且曰："彼皆目睹，非出传闻，信而有征，可为实录。"先臣每为臣言之。臣伏念所忆授，凡十有七事，岁祀久，遗稿不传。臣德裕，非黄琼之达练，能习故事；愧史迁之该博，唯次旧闻。惧失其传，不足以对大君之问，谨录如左，以备史官之阙云。②

这些作者都有自觉的历史意识和强烈的历史责任感。这在易代之际表现得就更明显，如在清初，遗民中曾出现过一股私撰明史的风气，他们的一个主要目的就是借修史"以存明"。这个时期出现的《扬州十日记》《江阴城守记》《嘉定屠城纪略》等都属于文人笔记，它们比较详细地记载了清兵下江南后的暴行，这些史实在由清政府主持修撰的《明史》中是根本无法看到的。

第二，"民间"视野。文人笔记的内容十分丰富，有的侧重社会风俗，有的侧重历史掌故，有的侧重考辨和订正前史讹误，但总的来看，笔记的写作属于私人撰述，因而作者有更大的自由度。与史官不同，他们是站在"民间"的立场上来审视、表现历史的，因此选择史料的角度、所记的内容、叙事的方法等都与官修正史有一定差别。例如，晚唐时期出现了一批"历史琐闻"类笔记，如李肇的《唐国史补》、韦绚的《刘宾客嘉话录》、李德裕的《次柳氏旧闻》、郑处诲的《明皇杂录》、赵璘的《因话录》、郑棨的《开天传信记》等，它们的一个共同特点是都记本朝的史事，都涉及了唐代中晚期的政治和社会变化，但所

---

① 李肇：《唐国史补》卷上，《唐五代笔记小说大观》，上海古籍出版社2000年版，第158页。
② 李德裕：《次柳氏旧闻·自序》，《唐五代笔记小说大观》，第464页。

记与正史却大为不同。如《开天传信记》虽然只写了开元、天宝时期的32件史事，但却把唐玄宗在开元年间的励精图治、天宝年间的奢侈享乐，以及安史之乱后他作为"太上皇"的惆怅和失落都写了出来，作者关注的中心都是唐玄宗本人，而且比较注重写他的个人感受。梁启超在谈到野史的价值时曾说过这样一段话：

> 所谓别史、杂史、杂传、杂记之属，其价值实与正史无异，而时复过之。试举其例：吾侪读《尚书》《史记》，但觉周武王伐罪吊民之师，其文明程度殆为"超人的"，倘非有《逸周书》"克殷""世俘"诸篇，谁复能识"血流漂杵"四字之作何解。且吾不尚言陈寿《三国志·诸葛亮传》记亮南征事仅得二十字耶？然常璩《华阳国志》则有七百余字，吾侪所以得知兹役始末者，赖璩书也。至如元顺帝系出瀛国公，清多尔衮蒸其太后，此等在旧史中不得不谓为极大之事，然正史曷尝一语道及？欲明真相，非求诸野史焉不可也。①

这段话比较好地说明了"野史"与正史的不同。

第三，文人趣味。笔记的形式比较灵活，或亲历，或传闻，或读书所得。作者往往是根据自己的兴趣随手摘录，日积月累，汇编成书。这样一来，材料取舍的标准都是根据自己的喜好。如王仁裕的《开元天宝遗事》主要记开元天宝年间的朝野琐闻，全书共有故事146条，其中记开元年间事的仅有25条，作者感兴趣的主要是玄宗晚年之事，尤其是他荒淫奢侈的宫中生活。例如，书中写到杨贵妃一家事迹的就有30余条，其中以杨玉环为主角的就有"助娇花""助情花""销恨花""醒酒花""蛛丝卜巧""被底鸳鸯""冰箸""红冰""解语花""吸花露""含玉咽津""红汗""猧子乱局""风流阵"等15条。此外，书中还大量记载了当时宫内外的风俗习尚，如乞巧、红丝结缡、金钱卜、斗花、秋千、灵雀报喜、探春等。这些都可以看出作者的兴趣所在。

总的来看，文人笔记所写的都是文人眼中的历史，一般来说都比较关注文人

---

① 梁启超：《中国历史研究法》，上海古籍出版社1998年版，第49—50页。

自身的生活，其中最感兴趣是文人逸事，而对国家大事的记载也主要选取一些趣味性比较强的故事，虽然缺乏史官叙事的系统性和宏观视野，但却生动、细致，因此颇受读者喜爱。以《隋唐演义》为例，作品中关于唐玄宗的各种趣事就主要来自唐五代时期文人的笔记。

三、民间叙事

董乃斌在《民间叙事论纲》一文中较早引入了"民间叙事"这个概念，并对民间叙事的特点做了这样的概括：

> 民间叙事是老百姓的艺术创作，以口头创作、口头流传的方式而存在，口头性是它的基本特征，与此相关则有易变（不稳定）、易散失、往往无主名、允许集体增删并因增删者地域民族不同而形成多个版本（地域性异文）、广为流传而在流传中发生种种变异（历时性异文）等特点。此外，作为一种下层文化，它还有形式生动活泼、内容反映民众心理、民众思想和趣味、真实反映与自由想象相混杂，以及与主流文化既矛盾又统一、既对立又互补等等特点。[①]

这里所说的主要是口头形式的民间叙事。民间叙事的传统很早就已经存在。中唐以后，大众文艺获得了较大的空间，民间叙事也由隐到显，开始膨胀，于是代表下层民众观念的历史书写也逐渐增多，这主要体现在唐代"变文"和宋元时期的讲史话本。

"变文"指的究竟是什么？这个问题从 20 世纪 30 年代开始一直争论不休，至今没有定论。[②]比较传统的认识是：变文是各种俗讲文本的总称。如向达说："唐代寺院中所盛行的说唱体作品，乃是俗讲的话本。变文云云，只是话本的一

---

① 董乃斌、程蔷：《民间叙事论纲（上）》，《湛江海洋大学学报》2003 年第 2 期。
② 参见李时人：《佛教与唐五代白话小说研究·序言》，俞晓红《佛教与唐五代白话小说研究》，人民文学出版社 2006 年版，第 1—23 页。

种名称而已。"①王重民亦云:"在这一段时期之内,由讲经文演化成为讲佛教故事和讲历史故事的变文,终于由变文转变成为话本。在不同的阶段之内,曾采用过不同的名称;在不同的题材之内,又带来了一些旧有的名称。但在变文的全盛时期,则都用变文来概括这一类的文学作品,而作为当时的公名来使用。这就是在今天我们大学为什么又认为只有用'变文'这一名词来代表敦煌所出这一类文学作品,为比较适宜、比较正确的主要原因。"②"俗讲"是一种类似于后世说话艺术的宗教宣传形式,其初衷是宣传佛经、普及教义,当世俗听众听腻了枯燥的说教后,一些俗讲大师们就尝试将一些丰富多彩的历史故事吸收进来,于是,讲史也就成了俗讲中的一个重要内容。现存敦煌变文中的《舜子变》《晏子赋》《变文》《王昭君变文》《汉将王陵变》《李陵变文》《韩擒虎话本》等内容,都是人们喜闻乐见的历史故事。也有一些变文取自现实的历史故事,如《张义潮变文》《张淮深变文》中的主角都是唐朝当代人物,他们为国家做出了一些贡献。他们的事迹虽然在正史中没有载入,但在民间却广为流传。在这些历史题材变文中,成就较高、影响最大的是《伍子胥变文》,全文约1.6万字,叙述了伍子胥从亡命到复仇,最后被吴王赐死等一生中的主要事件。故事内容与《史记·伍子胥列传》和《吴越春秋》基本相同,但在具体情节上又有比较大的增删、改动,大致来说,情节的设置主要以伍子胥为中心,一方面突出了伍子胥的复仇,另一方面则极力渲染了伍子胥的落魄和英雄末路,使整个故事带有一种悲壮的色彩。从它对史书内容所作的增删取舍情况看,"它已经离史实甚远,而增加了许多虚构的情节内容,从而离小说更近"③。

关于宋代说话的家数,各种资料说法不一,但不论是"四家"还是"三家",以历史题材为内容的"讲史"都占有一席之地。"讲史"主要是"讲说通鉴、汉唐历代书史文传、兴废争战之事"④,这种艺术形式在宋代极为发达。据《东京梦华录》记载,北宋汴梁以讲史著称的艺人有孙宽、孙十五、曾无党、高恕、李

---

① 向达:《敦煌变文集·引言》,人民文学出版社1957年版,第3页。
② 王重民:《敦煌遗书论文集》,人民文学出版社1957年版,第184页。
③ 俞晓红:《佛教与唐五代白话小说研究》,人民文学出版社2006年版,第298页。
④ 吴自牧:《梦粱录》卷二十《小说讲经史》,浙江人民出版社1984年版,第196页。

孝详、霍四究、尹常卖等人，而且当时还出现了专业性的分工，如"霍四究说三分，尹常卖五代史"①。南宋讲史更为盛行，仅周密《武林旧事》一书所载的"演史"艺人就有乔万卷、许贡士、张解元等23人。②据《永乐大典目录》等书记载，宋元时期的讲史话本有26种，但保存至今的只有《新编五代史平话》《全相平话五种》《大宋宣和遗事》等数种。其中影响最大的是收在《全相平话五种》中的《三国志平话》。

《三国志平话》按照历史的顺序叙写了魏、蜀、吴由崛起、鼎足而立，至三国混一于晋的历史进程，主要情节和人物都于史有征。但它毕竟是民间讲史，出自传说及想象的东西很多。一些重要的情节如桃园结义、三战吕布、献貂蝉、千里独行、古城聚会、孔明杀曹使等，都是不见于正史而在民间早就流传的故事，带有明显的民间文学色彩。如平话中写孙权在孔明的劝说下决计抗曹，拜周瑜为帅，不料周瑜因其妻"年幼，颜色甚盛，周瑜每日伴小乔作乐，怎肯来为帅"？诸葛亮只得以计激之，谓："今曹操动军，远收江吴，非为皇权之过也。尔须知，曹操长安建铜雀宫，拘刷天下美色妇人，今曹相取江吴，虏乔公二女，岂不辱元帅清名？"③周瑜闻言大怒，这才答应出兵抗曹。这种写法显然与周瑜的身份不符，它反映出来的完全是市民阶层的审美趣味。至于一些于史有征的情节，如三顾茅庐、赤壁鏖兵、七擒七纵、木牛流马等，也多经过了说书艺人较大的改写。如鞭督邮事本为刘备所为，但在《三国志平话》中却变成了张飞杀了太守，督邮诬为刘备所杀，张飞不忿，"将使命绑缚，张飞鞭督邮，边胸打了一百大棒，身死，分尸六段，将头吊在北门，将脚吊在四隅角上"④。事后，刘、关、张三人还上了太行山落草。一些重要人物的出身也改得具有鲜明的下层意识，如说孙权出身庄农，祖上以种瓜为生；诸葛亮亦出身庄农，故被人讥为"牧牛村夫"等。

总的来看，"变文"和讲史话本都是民间文化的产物，它们无论是在取材还

---

① 孟元老：《东京梦华录》卷五"京瓦伎艺"，中华书局1982年版，第133页。
② 周密：《武林旧事》卷六"诸色伎艺人"，浙江人民出版社1987年版，第121—130页。
③《三国志平话》卷中，钟兆华《元刊全相平话五种校注》，巴蜀书社1990年版，第434页。
④《三国志平话》卷上，钟兆华《元刊全相平话五种校注》，巴蜀书社1990年版，第386页。

是叙事方面都有一些共同的特点，主要有三个方面：

其一，强烈的倾向性。与历史著作的客观叙事不同，讲史类作品总是站在下层民众的立场上，用他们的观念、是非标准来褒贬历史人物、评价历史事件。例如，对三国历史究竟应该以谁为正统的问题，史学家一直争论不下，就宋代而言，司马光的《资治通鉴》以魏为正统，朱熹的《资治通鉴纲目》则以蜀为正统，但在民间文化中，"拥刘反曹"的倾向却始终如一，而其评判标准就是曹操和刘备的个人品质，就是他们对待老百姓的态度如何。

其二，历史事件的故事化。与正史的求真不同，民间讲史以"趣"为先，讲史艺人往往将历史简约化、故事化，喜欢撷取某一个历史时期最精彩的事件、最主要的人物来加以演述，因此，大多以朝代兴替的乱世为背景，以战争为中心。

第三，人物的传奇化。塑造人物常用夸张的手法，强化其"超人"的特点，往往撷取人物最具有传奇色彩的人生片段突出其主要性格，同时设计一系列冲突，在冲突中凸显人物性格。

四、文学叙事

史官文化是中国文化的主流。史官文化的发达强化了中国人的历史意识，同时也激发了人们对历史的兴趣，因此，在代表官方意志的各类"正史"盛行的时候，民间的各种野史、传说也在不断孕育和衍生，它们代表的是民间的立场，因而形成了与正史截然有别的另一种话语系统。总的来看，三种历史书写模式各有所长，同时也都有自身的弱点。庸愚子在《三国志通俗演义序》中就曾这样说道：

> 然史之文，理微义奥，不如此，乌可以昭后世？语云："质胜文则野，文胜质则史。"此则史家秉笔之法，其于众人观之，亦尝病焉。故往往舍而不之顾者，由其不通乎众人，而历代之事愈久愈失其传。前代尝以野史作为平话，令瞽者演说，其间言辞鄙谬，又失之于野，士君子多厌之。[①]

[①] 罗贯中：《三国志通俗演义》卷首，上海古籍出版社1980年版，第1页。

人们渴望了解历史，但史官著述"理微义奥""不通乎众人"；野史、平话虽通俗易懂，却"言辞鄙谬"，内容"又失之于野"，于是"士君子多厌之"。正是在这种情形下，融二者之长又避其所短的"历史演义"就应运而生了。

《三国演义》的出现在中国文化史上有着划时代的意义。从文学史的角度看，它标志着"章回体"这一新的小说类型的诞生，开启了古代小说创作的一个新时代；从历史书写的角度看，《三国演义》则完成了从历史叙事到"历史演义叙事"[1]的转变。就后者而言，《三国演义》主要在两个方面为后来的历史叙事树立了榜样：

第一，民间立场与良史精神的结合。

《三国演义》的素材主要来源于两个途径：一是关于三国的历史文献；二是民间代代相传的三国故事和民间创作。一方面是上千年所积累、深化的史学传统以及史家对三国历史的叙述和评价，另一方面是民间三国传说的不断演化、丰富，它们固然为《三国演义》的创作提供了丰富的素材，但也给作者带来了巨大的困惑，这就是如何将史官文化的"实录"精神和民间情感及审美趣味融合在一起。《三国演义》的成功之处在于，首先尊重历史，作者在署名时就明确交代是据陈寿《三国志》而"演义"，作者力图营构的是一部比较真实的三国历史，但全书又带有鲜明的倾向性，无论是叙事的态度、立场，还是穿插于全书的评论，都毫不掩饰自己的爱憎，主要就是选择了"拥刘反曹"这个叙事视角，这就与《三国志》《资治通鉴》等史书以魏为正统有了区别。通俗演义的显著特点就是以民间的想象重写历史，同时又通过对历史人物的重塑、再造来表达民间的理想与愿望，所以历史演义的内容不仅有着较多的虚构成分，而且极富感情色彩。《三国演义》之所以能广泛流传，最根本的原因就在于它的创作具有典型的民间角度，即作品是从民众的角度看历史，展现在读者面前的是一部民众眼中的政治、军事史。它既是史官文化的衍生物，又是民间文化、民间精神的结晶。

第二，"虚"与"实"的完美结合。

---

[1] 董乃斌：《中国文学叙事传统研究》，中华书局2012年版，第449页。

罗贯中是"依史以演义"[①]，《三国演义》在创作上继承了史官文化的实录精神，小说中虽有不少虚构成分，但大的历史事件皆取之于史册，主要人物的性格、经历也基本符合史实，具体的过程、小的插曲和次要人物则不妨相对虚构。面对丰富、复杂的史料和民间故事，作者主要做了两方面工作：一是以史实为依据，剔除来自民间文化中过于荒诞、鄙俗的成分以及不符合人物性格的情节；二是精心提炼情节，增强小说的文学性。《三国演义》的成功之处就在于，在尊重历史、使情节框架合乎史实的前提下，充分发挥想象，将这些来自史书、民间的各种素材整理、提炼成一个又一个生动的故事情节，从而使小说的艺术性大大提高。其中最成功的例子就是关于"赤壁大战"的"重写"。总的来看，《三国演义》虽然保留了许多虚构的故事，虽然也注重故事的生动有趣，但同时又尽可能地靠拢历史，在处理两方面不可避免的矛盾冲突时基本上遵循的是史实优先的原则。章学诚称《三国演义》的特点是"七实三虚"，不论这个说法是否准确，但道出了《三国演义》成功的一个秘诀——"实"是史官文化的成分，"虚"则多与民间文化有瓜葛，只有容纳各种文化，才能丰富小说的内容。作者广泛吸收了来自不同层面的三国故事，又按自己的主体认识、价值观念和艺术好恶加以扭合，既保存了史官文化求真写实的精神，同时又有鲜明的倾向性和主体色彩，因此雅俗共赏，成为历史小说的经典之作。

史官文化与民间文化属于不同质的文化，但它们也并非全无瓜葛。讲史风气的形成是史官文化影响的结果，而讲史话本的内容、结构形式以及人物塑造方法等都受到历史著作的影响，如《秦并六国平话》的开篇诗中就说："世代茫茫几聚尘，闲将《史记》细铺陈。"[②]同时史书的编写也常常吸收了文人笔记、民间传说的成分。刘知几在《史通·采撰》中说："晋世杂书，谅非一族，若《语林》《世说》《幽明录》《搜神记》之徒，其所载或诙谐小辩，或神鬼怪物。其事非圣，扬雄所不观；其言乱神，宣尼所不语。皇朝新撰《晋史》，多采以为书。"[③]钱钟

---

① 金人瑞：《三国志演义序》，见《三国演义会评本》，陈曦钟等辑校，北京大学出版社1986年版。

② 《秦并六国平话》卷上，钟兆华《元刊全相平话五种校注》，第176页。

③ 刘知几：《史通》卷五"采撰"，《史通通释》，第116—117页。

书也曾指出:"《晋书》出于官修,多采小说;《南史》《北史》为一家之言,于南、北朝断代诸《书》所补益者,亦每属没正经、无关系之闲事琐语,其有乖史法在此,而词人之喜渔猎李延寿二《史》,又缘于此也。"[1]司马光在《进资治通鉴表》中也说过,他编撰《资治通鉴》时曾"编阅旧史,旁采小说"[2],而唐五代的文人笔记更是《资治通鉴》编撰时的重要参考资料。由此可见,两种文化一直处在交融、互动之中,在历史知识的记载、传播过程中,它们发挥了不同的作用。以《三国演义》为代表的历史演义,继承了史官叙事、文人叙事、民间叙事的优秀传统,广泛吸收了各家之长,在此基础上进一步强化了文学性,使历史书写变得更为灵动,因此也赢得了更多的读者。以对民众的影响而论,历史演义丝毫不弱于前三者,因此也成了中国古代历史书写中不可忽视的一个重要组成部分。

(雷勇,陕西理工大学文学院教授、中国古代文学专业硕士生导师。)

---

[1] 钱钟书:《管锥编》第二册,中华书局1979年版,第723页。
[2] 司马光:《进资治通鉴表》,《四部备要》集部《司马温公文集》卷一。

《史记》人物研究

附传往往故事性很强,既然付之文中,该传结构必然与之相关,或作为一传之论断,或与传主形成对比,或在节奏紧缓中具有调节作用,或者甚至影响传主性格,不一而足。

《史记》附传功能论[①]

魏耕原

历史上的小人物总是多数，其中有一枝一节可称述的，就不能不记，但又没有独立作传的价值，甚或进入类传也没有多少事迹，于是就随事制宜附在大人物或重要人物，甚至于次要的类传之中，乃至"书"中。当然重要的"本纪"与"世家"，作为附传都可以随时插了进去。所以，附传是最灵活机动的一体，除了"表"以外，它的黏结性很强，都可以附之以行。

一、叙事的故事性功能

"本纪""世家"庄重性不消说，即是"列传"也是具有权威性的厚重，而属于"小人物"的附传，它可以没头没尾，只取其中可记述的一枝一节，仅有一个判断或一个情节，甚或一次谈话，它可以是一个断片。附传概念的内涵与外延，迄今为止，似乎清晰的界定尚属缺乏，这并非附传的个别问题，"合传"与"类转"也存在缺乏明确的界域。

论及《史记》记述人物多样，人们习惯于聚集在"列传"上，而这些没有题目的附传，散见于《史记》的各处，甚至于连它确切的数字都很难说清楚，所以往往被人忽略。如果依了我们的统计，可能要在两百人左右，这比起有传人物之总和还要多得多。

这么多的人物，往往连名字也未留下，但他们的一枝一节的事迹，却常常焕

[①] 本文为2021年国家社科基金后期资助项目"《史记》风格论"（项目号：21FZW031）阶段性成果。

出闪光点。加上司马迁为人立传，因事为文，而又不主故常，具有广泛的兴趣与好奇的个性，这些小传就更能"发其奇而博其趣"了。"不写功业，专从小处落墨，把大处烘托出来。除却太史公以外，别的人能够做到的很少。"①这些"小处落墨"的地方，往往有许多的小故事，情节曲折，叙写生动，如果独立看，俨然是一篇"微型小说"，附于所在传中，就更有许多作用。

在《袁盎晁错列传》里，说到吴楚七国之反时，袁盎与晁错不睦，向景帝进言，急斩主张消藩的晁错，乱可平息。晁错被诛，派袁盎使吴。吴王欲使之为将，袁盎不肯。便让一都尉以五百人把他围守起来，准备杀掉他，他却意外地死里逃生："袁盎自其为吴相时，有从史尝盗爱盎侍儿，盎知之，弗泄，遇之如故。人有告从史，言'君知尔与侍者通'，乃亡归。袁盎驱自追之。遂以侍者赐之，复为从史。"这是追叙过去，接着写到现在：

> 及袁盎使吴见守，从史适为守盎校尉司马，乃悉以其装赍置二石醇醪，会天寒，士卒饥渴，饮酒醉，西南陬（角落）卒皆卧，司马夜引袁盎起，曰："君可以去矣，吴王期旦日斩君。"盎弗信，曰："公何为者？"司马曰："臣故为从史盗君侍儿者。"盎乃惊谢曰："公幸有亲，吾不足以累公。"司马曰："君弟去，臣亦且亡，辟（隐藏）吾亲，君何患！"乃以刀决张（割开军幕），道从醉卒隧［直］出。司马与分背（分手），袁盎解节毛怀之，杖，步行七八里，明，见梁骑，骑驰去，遂归报。

故事惊险，巧合得还有些离奇。牛运震说："纤悉宛曲，极情尽趣，他史绝不肯如此写，而独太史公不厌为此者，以笔有余情也。"②袁盎以德报怨，"以侍者赐之，复为从史"，故事本可结束。没料想故事后还有一故事，比前一故事更为曲折。袁盎在文帝时，见丞相周勃居功自得，文帝礼之甚恭，袁盎进谏，君谦让而臣失礼。自此"上益庄，丞相益畏"。等到周勃免相，有人上书告他造反，关进监狱，朝臣莫敢为言，"唯袁盎明绛侯无罪"，终得释放。所以"太史公曰"

---

① 梁启超：《中国历史研究法》，上海古籍出版社1998年版，第201页。
② 牛运震：《史记评注》，三秦出版社2011年版，第252页。

说他有"仁心为质，引义慷慨"的一面，这个故事就把他这方面的品德烘托出来。从史连名字也没留下来，"很可以陪衬主角，没有配角形容不出主角，写配角正是写主角。这种技术，《史记》最为擅长"①。这个故事可以作为后世小说、戏剧的无上蓝本，至少可写成唐传奇那样的短篇小说。

在《张耳陈馀列传》里，张耳陈馀扶立赵王，赵王偶出为燕军所得，燕军欲分赵地一半才归王，使者往，燕辄杀之以求地。张耳、陈馀很头痛。

"有厮养卒（伙夫）谢（告诉）其舍中曰：'吾为公说燕，与赵王载归。'舍中皆笑曰：'使者往十余辈，辄死，若何以能得王？'乃走燕壁。燕将见之，问燕将曰：'知臣何欲？'燕将曰：'若欲得赵王耳。'曰：'君知张耳、陈馀何如人也？'燕将曰：'贤人也。'曰：'知其志何欲？'曰：'欲得其王耳。'赵养卒乃笑曰："君未知此两人所欲也。夫武臣、张耳、陈馀杖马箠下赵数十城，此亦各欲南面而王，岂欲为卿相终己邪？夫臣与主岂可同日而道哉？顾其势初定，未敢参分而王，且以少长先立武臣为王，以持赵心。今赵地已服，此两人亦欲分赵而王，时未可耳。今君乃囚赵王。此两人名为求赵王，实欲燕杀之，此两人分赵自立。夫以一赵尚易燕，况以两贤王左提右挈，而责杀王之罪，灭燕易矣。"

这番说辞很符合当时形势。于是"燕将以为然，乃归赵王，养卒为御而归"。这个故事很有些像毛遂自荐，但他不过是个伙夫，同样连名字也未留下。故事生动有趣，即使今日读之，养卒归来之得意神情，仍可以想见，养卒所言："与赵王载归"，看来心里早有盘算，且气势夺人。文中两"笑"字，"舍中皆笑"为反衬，"养卒乃笑"，写其从容，此见先前成竹在胸。其说辞话锋迹近战国策士，"语意豁达简切，确中情事，非一时恐喝啖诱"（牛运震语）。全从利害权势着眼，不仅与此传风格亦颇为接近，而且在当时纷变局势中开拓出一片绿地。末尾的"为御而归"与前"与赵王载归"呼应，上下连成一片，自成起结。

以上两故事附于他传之中，还有写在传尾者。如《张释之冯唐列传》在《释

---

① 梁启超：《中国历史研究法》，上海古籍出版社1998年版，第201页。

之传》结尾说,"文帝崩,景帝立,释之恐,称病。欲免去,惧大诛至;欲见谢(向景帝请罪),则未知何如"。正在这当儿,王生帮他摆脱了困境:

> 王生者,善为黄老言,处士也。尝召居廷中,三公九卿尽会立,王生老人,曰"吾袜解",顾谓张廷尉:"为我结袜!"释之跪而结之。既已,人或谓王生曰:"独奈何廷辱张廷尉,使跪结袜?"王生曰:"吾老且贱,自度终无益于张廷尉。张廷尉方今天下名臣,吾故聊辱廷尉,使跪结袜,欲以重之。"诸公闻之,贤王生而重张廷尉。

景帝为太子时,曾入朝不下车而过司马门,张释之追止太子不得入殿门,并劾奏"不敬",还是由薄太后出面才得赦免,然后得入。有了这次过节,对新皇景帝自然畏惧。因了"用王生计,卒见谢,景帝不过也",才算过了这道坎儿。"王生"犹今言王先生,虽有姓然亦无名。"结袜"故事与《留侯世家》圯桥纳履有异曲同工之妙。张廷尉原本是极认真的长者,有此小传一经陪衬,张廷尉的人格便熠熠生辉,使人肃然起敬。而以此置于传尾,前叙行事皆关涉国家礼制、法律,有了这一层尊老,传主就近乎多维立体的雕塑了。

写在一传之末而又惊心动魄,使传主精神特别得到张扬,恐怕要以《刺客列传》的《荆轲传》为最著。说刺秦之次年,秦并天下,逮捕太子丹与荆轲之客,皆逃去。荆轲的好友高渐离改名换姓,为人做佣工,藏匿宋子一带,常听到主人家有客击筑,不由得论说起击得何处好、何处不好,主人家知道后让他去击筑,结果满座叫好,他想到长久畏惧地躲藏也不是个办法,便告退,拿出匣中筑和好衣服,像换了个人似的,坐客皆惊,待以平等之礼,使为上客,击筑而歌,客人无不流涕。宋子一带都连续请他做客。秦始皇知后召见,有认识者说他就是高渐离。秦始皇喜欢他的击筑,又不能轻易赦免,于是便熏瞎他的眼睛。使之击筑,没有不称美的。便逐渐让他接近击奏:

> 高渐离乃以铅置筑中,复进得近,举筑朴(击)秦皇帝,不中。
> 于是遂诛高渐离,终身不复近诸侯之人。

荆轲倒下去了,又来了高渐离扑了上来,这真是前仆后继,秦始皇吓怕了,再也不敢接近六国之人！这个故事多么壮烈，不杀秦始皇便死不瞑目，又是如此惊心动魄，死得又多么轰轰烈烈！他们虽然被诛，秦始皇却"终身不复近诸侯之人"，这样的结束，真如黄钟大吕，震响不绝！

不，还没有结束，这小传之后还缀另一小传，那就是句践附传：

> 鲁句践已闻荆轲之刺秦王，私曰："嗟乎，惜哉其不讲于刺剑之术也！甚矣吾不知人也！曩者吾叱之，彼乃以我为非人也！"

只看这些算不上"附传"，因《荆轲传》开头部分还有："荆轲游于邯郸，鲁句践与荆轲博（下围棋），争道（棋子所走的路），鲁句践怒而叱之，荆轲嘿（默）而逃去，遂不复会。"把首尾这两节文字合起来，又是一篇《句践传》了。在句践怒叱之前，还有荆轲与盖聂论剑，"盖聂怒而目之"的记述，此处谓为句践，此属行文之误。或谓"未附高渐离一着，以为曲终之美"（茅坤语）。顾炎武又谓《荆轲传》未载句践语，是属于"于叙事中寓论断法也"，因符合"不待论断，而于叙事之中即见其所指，惟太史公能之"①。两附传，前为正面烘托，后为反面衬托，正反回应荆轲，荆轲扶弱抗强的精神真可说感天地而泣鬼神，可以永垂不朽了！

吴见思说："前出高渐离为荆轲作波，后叙高渐离为荆轲作衬，扑之不中，亦为荆轲之不中作照应。"②牛运震说："高渐离一段，以淡微之神写诡异之态，酣酰凄澹，绝调奇笔。"③这都看出了文末附传的作用与特色。

再如《张耳陈馀列传》之末的贯高等附传，则与张、陈反目成仇做一极大对比；在《李斯列传》后附子婴小传，在《伍子胥列传》后附白公传，在《吕不韦列传》后附嫪毐传，都与传主具有密切关系，或烘托或对称或指示传主所酿成的恶果，都是为传主而发之笔墨，而绝不可少！

---

① 顾炎武：《日知录》"史记于叙事中寓论断"条，中州古籍出版社1990年版，第590页。
② 吴见思：《史记论文》，中华书局排印本第6册，第30页。
③ 牛运震：《史记评注》，三秦出版社2011年版，第219页。

二、附传在结构上的功能

附传一般因事牵涉顺便带出,所用文字大多没有多少,所以在结构上一般来说无关宏旨,与大局没有重要的关联,然在传末的附传,往往具有特殊作用,或是对全传寓有论断意义,或是另外生发的意旨而与传主形成对比,或者看似节外生枝,却具有引申主题的作用,或者属传主的行事的效果的延展,都有振动全局的效果。至于置于传中者,或者是全传情节的重要一环,或者与传主形成极端的对比构成反衬,或者在本传具有枢纽作用,牵一发而动全身。总之都担负结构变化的种种功能。

著名的《魏公子列传》中引人注目的侯嬴附传,就与传主一生最大的功业"窃符救赵"具有举足轻重的作用,魏公子好士也全由他体现出来。加上作者浓墨重彩地渲染过市磨蹭一大段,使这个"夷门抱关者"眼目神色毕现,传主倒做了他的"配角",由此带出朱亥,又为下文礼遇薛公、毛公也做了预示。秦围赵之邯郸,又把急救赵国的魏公子考验了一次,这才拿出救赵却秦的"窃符"策划。救赵是全传最重要的部分,侯嬴附传写得尤为出色,魏公子不耻下交才能有血有肉,在结构上体现了牵一发而动全身的作用。

顾炎武所说的"于叙事中寓论断",所举《袁盎晁错列传》文末记邓公语亦为附传。当晁错被斩,谒者仆射邓公为校尉,在击吴楚军为将,还而上书言事。景帝问他:吴楚听到诛晁错,收兵没有?邓公说:"吴王为反数十年矣,发怒削地,以诛错为名,其意非在错也。且臣恐天下之士噤口,不敢复言也!"景帝又问这是什么原因,邓公说:"夫晁错患诸侯强大不可制,故请削地以尊京师,万世之利也。计画始行,卒受大戮,内杜忠臣之口,外为诸侯报仇,臣窃为陛下不取也。"景帝听后默然许久,说:"公言善,吾亦恨(遗憾)之。"就回应了《袁盎晁错列传》中晁错拒绝其父劝阻的:"不如此,天子不尊,宗庙不安",且借邓公之口表达作者对晁错削藩的肯定。接着下文言邓公为成固人好奇计,交代了他的仕历及结局,就是标准的附传,目的在于"为错暴白也"(牛运震语),也寄寓作者肯否,真是少不得的笔墨!

《春申君列传》之末的李园附传,文字几乎占全传的三分之一,叙写春申君如何受制于李园，而步吕不韦贾人之国的后尘，欲求"毋望之福"却得到"毋望之祸"，而死于李园之手。春申君由此也成了"两截人"，此前赴秦之说昭王，及设法使楚太子归，"何其智之明也"。春申君后半生处心积虑，却招致杀身之祸。李园小传所叙写的与春申君勾结，就起决定作用，在结构上与前形成绝大对比。与李园附传相对的还有朱英附传。两附传又自成对比，结构更显得波澜起伏。吴见思说："初读《春申传》时，因想吕不韦盗秦，黄歇盗楚，是一时事，何不以作合传？乃史公偏不双序，却于传后一点，有意无意，眉目得顾盼之神，而笔墨在蹊径之外，岂可易测乎？"①所点"盗秦"正是与"盗楚"相对应，而且悲剧都出现在同年。这在结构上又翻出了一层波澜。

《萧相国世家》的召平附传处于文之中间。吕后与萧何合谋杀害韩信，刘邦即"拜丞相何为相国，益封五千户，令率五百人一都尉为相国卫。诸君皆贺，召平独吊"，于是带出召平小传。其人原本秦之东陵侯，秦亡而贫，种瓜于长安城东。他对萧何说：

> 祸自此始矣。上暴露于外而君守于中，非被矢石之事而益君封置卫者，以今者淮阴侯新反于中，疑君心矣。夫置卫卫君，非以宠君也。愿君让封勿受，悉以家私财佐军，则上心说。

召平是从易代之际政治漩涡中淌过来的人，旁观者清，萧何"从其计，高帝乃大喜"。一篇《萧相国世家》实际上就是刘邦三番五次猜忌的过程，在汉三年刘项相拒时，刘邦就派人"劳苦丞相"，鲍生就建议萧何遣子孙昆弟能上战场者"悉诣军所"——有这么多的亲人做"人质"，刘邦就不会有疑心，"于是何从其计，汉王大说"。在召平与鲍生出计之后，萧何还又听了门客的划策买地自污，"上乃大说"，但百姓告相国贱价强买民田，就把他关进监狱。召平附传刚好居于三次出计之中间，前后映照，上下牵动，贯穿连络。而且全传"胜处更在召平种瓜一段，于极忙之中，忽用闲笔；于极浓之中忽用淡笔，如此文情，惟史公能之"②。这是从行文的急缓，看出召平附传在结构的调节作用。

---

① 吴见思：《史记论文》，中华书局排印本第5册，第80页。
② 吴见思：《史记论文》，中华书局排印本第4册，第49页。

在《黥布列传》中间所附随何小传，游说英布背楚归汉，是英布一生的大转折，故详叙说辞，见其归汉之原因；英布被逼而反，又带出薛公小传。前者为大段说辞，后者则用大段问答，见其为汉所制的原因。两附传都说明英布一切都为眼前利害计较，不会有更大的政治野心。而且在结构上，"乘说英布事，便插入随何，因随何之说，便插入随何叙功一段。绝无痕迹，固是妙乎"。"随何之后，又插入一薛公，俱以闲人照耀。而策英布一段，分作两下，妙甚"①，先说服主宰得以见到英布，再策反英布归汉。这在前后两策士对称中，又有变化。

有些附传，乍看只是稍有牵连，细思则颇有用意。《季布栾布列传》中的《季布传》末"季心附传"，是因季心为季布之弟，故顺便带出。而下边的"丁公附传"就很耐人寻味：

> 季布母弟丁公，为楚将。丁公为项羽逐窘高祖彭城西，短兵接，高祖急，顾丁公曰："两贤岂相厄哉！"于是丁公引兵而还，汉王遂解去。及项王灭，丁公谒见高祖。高祖以丁公徇军中，曰："丁公为项王臣不忠，使项王失天下者，乃丁公也。"遂斩丁公，曰："使后世为人臣者无效丁公！"

季心之所以作为附传，不仅因是季布之弟，而且其人"气盖关中"，"士皆争为之死"，并且"季心以勇，布以诺，著闻关中"，很有些铢锱相称，故并述。而丁公行事与季布"得黄金百，不如得季布一诺"，颇不相类，而何以不写于《高祖本纪》而置于此？而且还要作为《季布传》之结束？

清人丁晏说："案合传义勇侠烈，千载如生，前传以丁公作一反照，为季布生色，此画家背染法。"②所谓"背染法"可能犹如人物画以背景或衣服之浓黑以对比出面部之光亮。牛运震亦言："丁公正与季布相反，高祖处之亦相反，附见作结，炼局生趣，两极其妙。"③然而项伯在鸿门宴前夜出卖项羽，后来不仅

---

① 吴见思：《史记论文》，中华书局排印本第6册，第56页。
② 丁晏：《史记余论·季布栾布列传》，见杨燕起等《历代名家评史记》，北京师范大学出版社1986年版，第654页。
③ 牛运震：《史记评注》，三秦出版社2011年版，第250页。

没杀,还封了射阳侯。梁玉绳对此有诗云:"项王不肖臣,丁公与项伯。如何汉高帝,一杀一封国。"还有曹无伤一旦出卖了自己,刘邦从鸿门宴逃回,就立即诛杀。看来作者不在意刘邦对出卖者是封侯还是诛杀,仅从放在季布传末看,还是为了反衬季布的忠勇。有时材料本身只属于平静地叙写,其中倾向不容易看出,但作者的安排取舍,也能提供些判断的帮助,对于"丁公附传"也当作如是观。或谓"附丁公,只因高帝不杀季布带出来"(茅坤《史记钞》语),但进一步想栾布哭彭越也未被刘邦所杀,丁公事何以不附栾布传后?

《孟尝君列传》末附"冯骥小传",文字占了此传的少半,如果按顺序夹在中间,孟尝君事势必隔断,文气难以连属沟通。一经采用追叙方式置于《孟尝君列传》之后,既无此弊,还可以与篇首"田婴附传"遥相作配,首尾呼应,中间而为传主,节次分明,结构自然匀称,这也是匠心独运善于经营之处。吴见思说:"孟尝君于中间序,而田婴、冯骥两传,则附在两头,环作章法。《田婴传》因在前,忍其累坠,故只用简法。而《冯骥传》因在后欲其衬贴故另出精神,淋漓尽致。"对如此安排,又言:"一篇看去笔势汪洋,文机清丽,步步曲折,引人入胜。所云山阴道上,秋冬之际更难忘怀。"①效果如此,则与结构安排很有关系,李景星亦言:"《孟尝君传》中间叙孟尝君事,而以田婴、冯谖附传分案两头章法最为匀适。合观通篇,又打成一片,如无缝天衣。盖前叙田婴,见孟尝君之来历若彼;后叙孟尝君事,见孟尝君之结果如此。养士三千,仅得一士之用,其余纷纷,并鸡鸣狗盗之不若也。太史公于此有微意哉!"②又在"田婴小传"末言使田文"主家待宾客,宾客日进,声闻于诸侯",自然带出传主。而在冯骥附传言宾客聚散,也是对《孟尝君传》的总结,这也是在结构上值得注意的地方。

而《平原君虞卿列传》的《平原君传》里,却把毛遂事夹叙中间,占了传主文字的一半。前叙平原君为宾客杀笑跛足之爱妾,后叙听取李同建议令夫人以下编于士卒之间,接叙虞卿与公孙龙子关于封信陵君与否,由此带出合传另一传主虞卿。而"毛遂附传"又写得生气勃勃,"如华岳插天,不阶寸土,而奇峰

---

① 吴见思:《史记论文》,中华书局排印本第5册,第61页。
② 李景星:《四史评议》,岳麓出版社1986年版,第70页。

怪石，劈面相迎"（吴见思语），而使平原君不免黯然失色，似有喧宾夺主之嫌。其实这正是不满平原君之意而见于结构上的特别安排，赞语谓其"未睹大体，而'贪冯亭邪说'使赵陷长平兵四十余万众，邯郸几亡"，则不满平原君意显然可见，故使此文别成一种格局。

《刺客列传》中的《聂政传》末，附聂政之姊聂荣伏弟尸痛哭，"乃大呼天者三，卒于邑悲哀而死政之旁"。以烈女衬托烈士，倍感动人，而使聂政"士为知己者死"之侠义精神，得以彰扬。在结构上，回光返照，聂政其人凛然如生，须眉四照。又使一篇激烈文字，刻骨到十分。

总之附传在结构上的作用，可谓多种多样，而且这些附传文字生气十足，甚或超越传主叙述之上，都有引人注目或耐人寻味的特色。在全文中居无定位不主固常，或因事顺序，或颠倒出之，不仅使全传结构匀称，而且也使结构变化多样。

三、与传主对比而使行文增色

附传除了故事的生动性与在结构上的多种功能以外，还有些附传，事迹单纯而无曲折，对于全传结构亦无十分重要作用，而全为了与传主的对比，使传主生色，或者对全传的叙述节奏具有微调作用。

《李将军列传》写了四战，其间插叙了几个附传，全是为了与传主做出许多对比。一是"程不识附传"插叙在上郡遭遇战之后，这次对比又分作四层。带兵程严而李宽，然都"未尝遇害"；二是程不识亦心服李广能使士卒"咸乐为之死"；三是匈奴畏李广而非程不识；四是士卒多"乐从李广而苦程不识"。程李俱为名将，而一经对比，李广治军之风格便凸显出来，这是从"才气无双"的角度予以对比。在右北平的遭遇战之后，广从弟与李广对比也分了两个方面，一是"蔡为人在下中，名声出广下甚远，然广不得爵邑，官不过九卿，而蔡为列侯，位至三公"；二是由此带出"诸广之军吏及士卒或取封侯"，"诸部校尉以下，才能不及中人，然以击胡军功取侯者数十人，而广不为后人，然无尺寸之功"，这是从"子不遇时"上对比，见出汉家不用李广。这些文字平实，不动声色，但一经对比，寄寓了无尽的感慨。

尤其是《伍子胥列传》中的申包胥，则别有一番感人之魅力！伍、申原为知交，伍员逃国，告别说"我必覆楚"，而申则针锋相对说"我必存之"。当多年后伍员率吴兵入郢，鞭楚平王尸三百。申则责其"今至于僇死人，此岂其无天道之极乎"。伍员回答："吾日莫途远，吾故倒行而逆施之。"以下叙写：

> 于是申包胥走秦告急，求救于秦。秦不许。包胥立于秦廷，昼夜哭，七日七夜不绝其声。秦哀公怜之，曰："楚虽无道，有臣若是，可无存乎！"乃遣车五百乘救楚击吴。六月，败吴兵于稷。

伍子胥为了报父兄为平王所害之家仇，处心积虑，隐忍苟活，以雪大耻，怨毒刻深，故有"我必覆楚"之誓言。而申包胥是国家观念极强的人，故对好友有"我必存之"的决心。一从家仇出发，一从爱国出发。然在这里并非要高扬后者而下视前者，作者赞扬后者以绝食恸哭求援的矢志不渝的精神，目的通过对比反衬出伍员"弃小义，雪大耻"的"烈丈夫"精神，而申之爱国精神也因此跃然纸上。

而《张耳陈馀列传》传末"贯高附传"，则把反抗横暴的死义精神叙写得回肠荡气，而"义不辱"的烈风刚气，正与张耳、陈馀弃义相斗反目成仇，形成尖锐对比，至为感人。对比连锁而最为复杂的要算《范雎蔡泽列传》中的"须贾附传"。范雎为魏国中大夫须贾之门客，随须贾出使齐国。齐王赐范雎金而不敢受，须贾以为"雎持魏国阴事告齐，故得此馈"。返魏以告魏之诸公子魏齐，魏齐大怒痛打范雎。范雎设法死里逃生，至秦而得昭王重用为相，改名张禄而魏不知，以为范雎早死。秦欲伐魏，魏派须贾使秦，范雎为了报仇雪耻，设计"为微行，敝衣闲步之邸"，说自己逃秦后"为人庸赁"。须贾同情他"一寒如此"，赠"一绨袍"。须贾欲见张禄，范雎说他的主人与之熟习，还可以借给须贾大车驷马。范雎把须贾骗入相府，须贾才知范雎即秦相张禄。"大惊"而"乃肉袒膝行"。于是范雎盛帷帐，侍者甚众，痛斥其罪，念其有绨袍相赠故放他返魏。须贾告辞：

> 范雎大供具，尽请诸侯使，与坐堂上，食饮甚设。而坐须贾于堂下，置莝豆其前，令两黥徒夹而马食之。数曰："为我告魏王，急持魏

齐头来！不然者，我且屠大梁。"须贾归，以告魏齐。魏齐恐，亡走赵。匿平原君所。

范雎扮演了"一寒如此"的佣工，也摆足了秦相的派头。前次释放须贾是为了"一饭一德必偿"，后次羞辱他是为了"睚眦之怨必报"，前后角色身份判若两人，这才使须贾上当受骗。作为附传的须贾在两场戏剧性情节中，只不过作为范雎自身对比的配角，起了兴波助澜的推动作用。有了这个配角才能构成对比，没有配角的两场"戏"都无从演出，虽然只做了配角，串联其中，但传主的性格也就再鲜明不过了。"写范雎微行诳须贾一段，极委曲极琐碎事悉力装点，将炎凉恩怨、世态人情一一逼露，绝似小说传奇，而仍不失正史局度。此太史公专擅之长，自古莫二者也。"①吴见思说："读至范雎待须贾，足为贫贱受陑之人扬眉吐气。……极写范雎骄矜得意，纯是小人之态，乃知睚眦必报，非君子之言也。"②戏剧性的冲突很引人注目，元人高文秀的《须贾椊诤叔》杂剧，就依此为蓝本。

与此有些接近的，则是《留侯世家》的"黄石公附传"。这是个没来历的神秘人物，属于民间传说，也有可能是出于张良本人的自撰。他的一生经历只知道直棱棱地把鞋摔到圮桥之下，命张良去取。张良的祖父辈都为韩国之相，仅家童就有三百。韩被秦灭，即以重金聘刺客在博浪沙伏刺过巡游的秦始皇，未遂而逃下邳。见此老者素不相识却如此颐指气使，很诧异。张良本是贵族少年，从来没有人用如此语气对他。"欲殴之。为其老，强忍，下取履。"又命"履我"。张良想已经把鞋拿上来了，就穿上呗。老头伸直腿等张良穿上。"笑而去。良殊大惊，随目之。"老头去了一里路光景，又回来，说"孺子可教矣"，便让张良五天后黎明在此相会。老头每次都到得很早，怒责张良来晚。直到第三次半夜即往，老头儿这才"出一编书"，说什么"读此则（即）为王者师矣"，并预言"后十年兴"——有大事（反秦）发生，还说"十三年孺子见我济北，谷城山下黄石即我矣"。老头一去，再也不见踪影。天亮一看，原来是《太公

---

① 牛运震：《史记评注》，三秦出版社2011年版，第196页。
② 吴见思：《史记论文》，中华书局排印本第5册，第90页。

兵法》，因而常诵读。"后十年，陈涉等起兵"，"后十三年从高帝过济北，果见谷城山下黄石，取而葆（宝）祠（供奉）之。留侯死，并葬黄石。每上冢伏腊（夏冬），祠黄石"。

太史公谓此事"亦可怪矣"，可信度少，但仍记述下来，觉得对叙写张良其人还是有用的。若就圮上受书看，还够不上附传。因其人来历不明，后来又失踪了，只能记述两句预言的兑现，这也就够上"附传"。苏轼《留侯论》说："夫子房受书于圮上之老人也，其事甚怪。然亦安知其非秦之世有隐君子者出而试之。……子房以盖世之才，不为伊尹、太公之谋，而特出荆轲、聂政之计，以侥幸于不死，此圮上老人之所以深惜者也。是故倨傲鲜腆而深折之，彼其能有所忍也，然后可以就大事，故曰'孺子可教也'。"所言不无道理。那么这位隐君子要把一个"暗杀党"改变为"王者师"，就分别两次都三番五次地磨去张良年轻气盛的头角。从附传看，两人的神情与心理活动都写得很足，"人情所不堪""老人调弄子房如婴儿然"（穆文熙《史记鸿裁》语），皆可历历在目。这对改变传主性格似乎起了决定性作用。史书写人均属盖棺定论，人物是定型的，独有此篇涉及人物性格的发展与变化，此一附传的功能可谓大矣！

有趣的是《平准书》本是西汉前期的经济史，却在后半篇出现了《桑弘羊》和《卜式》两附传。前者为经济学家，夹记其中则不消说了。而卜式乃一山野牧羊人，却勇于给他立传，文字亦长，独立看亦为十足的单传。卜式羊千余头，常分给其弟。当时多次击匈奴，卜式上书愿以家财一半助边。汉武帝使人问所欲，他什么也不要，且说贤者死边，有财者助边，"如此匈奴可灭也"。丞相公孙弘以为"此非人情"，不可许官。次年迁徙贫民，卜式以二十万钱助徙民。汉武帝想把他作为榜样，卜式不愿做官，只想牧羊。汉武帝就让他做管理上林苑羊的郎官。卜式仍布衣草鞋，一年多便羊肥数众。汉武帝见而称赏他。卜式趁机说："非独羊也，治民亦犹是也。以时起居；恶者辄斥去，毋令败群。"汉武帝觉其人奇特，以缑氏令试之，迁为成皋令，又拜为齐王太傅、御史大夫。因反对盐铁专卖不合上意，次年被贬为太子太傅。天旱，汉武帝命官求雨。卜式言：桑弘羊派吏坐市列肆，贩物求利，"亨弘羊，天乃雨"。此附传穿插于当时财政、税收、移民诸事中。卜式的行事与国家财政亏损相关，就其事而言，颇有些故事性，他是国家财政的支持者与见证人，所以"后半附卜式一传，处处关合夹叙,即以卜式终篇,而通篇神情俱见"[①]。把经济史与人物传记结合夹叙,这是司马迁的创造,也充分发挥了附传的作用。国家财力一弱他就出来上手,在对比中起了互补作用。

综上所论,附传往往故事性很强,既然付之文中,该传结构必然与之相关,或作为一传之论断,或与传主形成对比,或在节奏紧缓中具有调节作用,或者甚至影响传主性格,不一而足。一言而蔽之,有了这些小传,给传主增色不少,也给《史记》平添色彩多样的风光!

(魏耕原,西安文理学院文学院特聘教授。)

[①] 吴见思:《史记论文》,中华书局排印本第2册,第81页。

《伯夷列传》与正史隐士书写

霍建波

隐士文化是我国古代一种特殊的文化现象，是与仕宦文化相对而言的，它曾对我国古代文人士大夫的人生抉择、心理状态以及文学创作均产生过重大影响。隐士文化的形成既是古代隐士群体活动的历史展现，又有赖于古代典籍的隐士书写传统。本文以《史记·伯夷列传》为中心，对我国古代隐士书写传统尤其是正史隐士书写做全面扫描与简要分析。

一、《伯夷列传》之前的隐士书写

在《史记·伯夷列传》之前，我国先秦时期的典籍已有关于隐士的记载。这些记载虽不集中，也没有形成专题篇章，但却对《伯夷列传》以及后世的隐士书写传统有重大影响，也对我国隐士文化的形成有着开创性和奠基性的贡献。先秦典籍关于隐士的书写，以《论语》和《庄子》的篇幅最为可观，影响最大，也最具有代表性。《论语·微子》篇既最早提出了"隐者"的概念，也记载了众多的隐士形象，如荷蓧丈人、长沮、桀溺、楚狂接舆等。现把其分别摘录如下：

> 子路从而后，遇丈人，以杖荷蓧。子路问曰："子见夫子乎？"丈人曰："四体不勤，五谷不分，孰为夫子？"植其杖而芸。子路拱而立。止子路宿，杀鸡为黍而食之，见其二子焉。明日，子路行以告。子曰："隐者也。"使子路反见之。至则行矣。[①]

[①] 杨伯峻译注：《论语译注》，中华书局1980年版，第195—196页。

> 长沮、桀溺耦而耕，孔子过之，使子路问津焉。长沮曰："夫执舆者为谁？"子路曰："为孔丘。"曰："是鲁孔丘与？"曰："是也。"曰："是知津矣。"问于桀溺。桀溺曰："子为谁？"曰："为仲由。"曰："是鲁孔丘之徒与？"对曰："然。"曰："滔滔者天下皆是也，而谁以易之？且而与其从辟人之士也，岂若从辟世之士哉？"耰而不辍。子路行以告。夫子怃然曰："鸟兽不可与同群，吾非斯人之徒与而谁与？天下有道，丘不与易也。"①
>
> 楚狂接舆歌而过孔子曰："凤兮凤兮！何德之衰？往者不可谏，来者犹可追。已而，已而！今之从政者殆而！"孔子下，欲与之言。趋而辟之，不得与之言。②

上述这些关于隐士的片段记述，在结构形式上都颇为相近。一是通过人物对话的方式来体现，二是具备较为曲折生动的故事情节，三是隐士的性格形象都很鲜明。这三段所记载的隐士形象，都具备强烈的避人、避世倾向，即使与世人（以孔子与其门徒为代表）偶尔有所接触，也会很快地再度疏离而去；同时，这几个隐士也都对时政或者孔子等人进行了较为激烈的批判。由此可知，他们尽管选择了避世隐居，其实仍然在关注着社会现实，关注着时政人物，并未完全超脱人世之外。此外，《论语》记载的隐士，著名的还有《季氏》《述而》《公冶长》等篇都提及的"伯夷、叔齐"，《宪问》篇提及的"荷蒉""晨门""微生亩"等。除了直接记载隐士事迹，《论语》还载有孔子关于隐士思想的较为集中的论述，对后世隐士文化的形成和发展有着更为重要的影响。③因笔者曾在其他论著中涉及，此不赘述。

---

① 杨伯峻译注：《论语译注》，中华书局1980年版，第193—194页。
② 杨伯峻译注：《论语译注》，中华书局1980年版，第193页。
③ 霍建波：《宋前隐逸诗研究》，人民出版社2006年版，第42—45页。关于《论语》中的隐士思想，可参考拙著相关部分。

《庄子》不但最早提出了"隐士"①一词，同时也有大量关于隐士事迹的书写内容，其中以《杂篇·让王》篇最为集中、详尽，其他如《内篇·逍遥游》《内篇·齐物论》《外篇·天地》《外篇·知北游》《外篇·秋水》《外篇·田子方》《杂篇·徐无鬼》等，也均有所涉及。《让王》一篇文章，共有十几个小故事组成，这十几个小故事几乎均是叙述或讨论古代高人隐士之事。如《让王》篇记载的"尧以天下让许由"②，"又让于子州支父"，"舜让天下于子州支伯"，"舜以天下让善卷"，"舜以天下让其友石户之农"，王子搜"逃乎丹穴"，"颜阖守陋巷"，列子"再拜而辞"子阳赠粟，屠羊说"居处甚贱而陈义甚高"，"原宪居鲁"，"曾子居卫"，颜回"不愿仕"，魏侔"隐岩穴也"，"舜以天下让其友北人无择"，商汤拿王位"以让卞随"，"又让瞀光"，伯夷叔齐"北至于首阳之山，遂饿而死焉"，等等。③这些隐士都具备一个共同的特点，那就是不慕权势，不贪名利，坚辞当权者的禅让或封赏，追求全生、个性独立与自由，希望过着"逍遥于天地之间而心意自得"④的无拘无束、不以外物损害生命的生活。其中关于伯夷叔齐的记载，与《史记·伯夷列传》的关系最为密切，且为《伯夷列传》的撰写提供了二人故事的基本框架。现把该部分分享于下，后文再结合《伯夷列传》简单分析：

> 昔周之兴，有士二人处于孤竹，曰伯夷叔齐。二人相谓曰："吾闻西方有人，似有道者，试往观焉。"至于岐阳，武王闻之，使叔旦往见之，与盟曰："加富二等，就官一列。"血牲而埋之。二人相视而笑曰："嘻，异哉！此非吾所谓道也。昔者神农之有天下也，时祀尽敬而不祈喜；其于人也，忠信尽治而无求焉。乐与政为政，乐与治为治，不以

---

① 《庄子·外篇·缮性》云："古之所谓隐士者，非伏其身而弗见也，非闭其言而不出也，非藏其知而不发也，时命大谬也。当时命而大行乎天下，则反一无迹；不当时命而大穷乎天下，则深根宁极而待；此存身之道也。"见郭庆藩辑，王孝鱼整理《庄子集释》，中华书局1961年版，第555页。
② 《让王》篇提及"尧以天下让许由"一事，具体事迹则见《逍遥游》篇。
③ 郭庆藩辑，王孝鱼整理：《庄子集释》，中华书局1961年版，第965—988页。
④ 郭庆藩辑，王孝鱼整理：《庄子集释》，中华书局1961年版，第966页。

人之坏自成也，不以人之卑自高也，不以遭时自利也。今周见殷之乱而遽为政，上谋而下行货，阻兵而保威，割牲而盟以为信，扬行以说众，杀伐以要利，是推乱以易暴也。吾闻古之士，遭治世不避其任，遇乱世不为苟存。今天下暗，周德衰，其并乎周以涂吾身也，不如避之以洁吾行。"二子北至于首阳之山，遂饿而死焉。①

《论语》《庄子》之外，先秦典籍叙及隐士之事的，还有《左传》《诗经》《周易》《孟子》《列子》《韩非子》《吕氏春秋》等。《左传·襄公十四年》记载的吴国公子季札辞让王位的事迹，颇具隐士辞王、辞封的味道："吴子诸樊既除丧，将立季札。季札辞曰：'曹宣公之卒也，诸侯与曹人不义曹君，将立子臧。子臧去之，遂弗为也，以成曹君。君子曰：'能守节。'君，义嗣也。谁敢奸君？有国，非吾节也。札虽不才，愿附于子臧，以无失节。'固立之。弃其室而耕。乃舍之。"②《诗经》的一些诗篇描写、歌颂了隐士，也对后代产生了一定的影响。如《卫风·考槃》《陈风·衡门》等，均被后人明确认为是隐士诗。《周易》也有较为复杂的隐逸思想，笔者认为："《周易》的隐逸思想启发了儒、道两家，开启了先秦儒、道隐逸思想的端绪，对中国隐逸文化的形成、发展意义重大。"③综上可知，先秦时期的不少典籍，均有关于隐士的书写，尤其以《论语》《庄子》体现得最为充分、突出。中国古代的隐士文化，便由此掀开了神秘的第一页。

二、《伯夷列传》的隐士书写

先秦典籍虽有不少关于隐士的书写内容，但却零散不成体系，且并非是专门为记载隐士而做出的有意识的行为。如《论语》的记载，分散在二十篇的不同地方。虽在《微子》篇中，隐士的事迹排列在一起，相对集中一些，但其前后的章节并非关于隐士，且该篇亦没有一个统一的明确的主题。再如《庄子·杂

---

① 郭庆藩辑，王孝鱼整理：《庄子集释》（第四册），中华书局1961年版，第987—988页。
② 左丘明撰，蒋冀骋标点：《左传》，岳麓书社1988年版，第202页。
③ 霍建波：《宋前隐逸诗研究》，人民出版社2006年版，第42页。关于《周易》的隐士思想，可参考拙著第37至第42页。

篇·让王》篇，尽管通篇都是在记载和讨论隐士，但其本意是在说明道家的"尊生""全生"、不以物害生之理，并非是为记载隐士而撰写隐士故事。在我国历史上，真正为历史人物进行分门别类，并设立专门传记来记载隐士的，首推司马迁的《史记》。

在我国传统正史典籍中，大多数专门设立有隐士传，来记载隐士的生平事迹，并探讨隐士的相关问题。一般认为最早设立隐士传的正史是范晔的《后汉书》，如清代学者赵翼认为："《后汉书》于列传，《儒林》、《循吏》、《酷吏》外，又增《宦者》、《文苑》、《独行》、《方术》、《逸民》、《列女》等传。"①赵翼所提及的《逸民列传》就是《后汉书》的隐士传。清代史学家王鸣盛对范晔记载隐士还颇有不满，他说《后汉书》："贵德义，抑势力；进处士，黜奸雄；论儒学则深美康成，褒党锢则推崇李、杜；宰相多无述，而特表逸民；公卿不见采，而惟尊独行。"②王鸣盛认为《后汉书》"特表逸民"，也是指其《逸民列传》。现代学者往往在未做深入考察的前提下，认可了他们的说法。如高敏说："隐逸之士很少见于史册，故《史记》、《汉书》均无《隐逸传》的专篇。"③马华、陈正宏也认为："自范晔著《后汉书》独标《逸民传》后，历代正史便以'隐逸''逸民''处士'等等名目，为著名的隐士树碑立传，记言记行。"④不过笔者通过仔细考察《史记》《汉书》后，认为历史上专门为隐士立传的做法并不是始于《后汉书》，而是始于《史记》和《汉书》。并且早在《史记》和《汉书》中，就已经把隐士思想看得非常重要，评价也相当之高，同时也开始有了集中对隐士生平事迹的记载。虽不能算作成熟的隐士传，但是作为雏形的隐士传，丝毫没有问题，所欠缺的仅仅是没有点明而已。

西汉中期的司马迁继承发扬了先秦的文化传统，非常重视隐士及其价值取向的社会影响。台湾学者南怀瑾这样评价道："司马迁作《史记》，特别点出隐士一环的重要，把他和谦让的高风合在一起，指出中国文化，与中国文化人高尚

---

① 赵翼撰，黄寿成校点：《廿二史札记》，辽宁教育出版社2000年版，第5页。
② 王鸣盛：《十七史商榷》，中国书店1987年版，第82—83页。
③ 高敏：《中国历代隐士·序言》，河南人民出版社1994年版，第11页。
④ 马华、陈正宏：《隐士的真谛》，国际文化出版公司1997年版，第3页。

其志的另一面目。因此他写世家,便以《吴太伯世家》做点题;他写列传,便以《伯夷列传》做点题,尤其他在《伯夷列传》中,借题发挥,大发其历史哲学与人生、世事哲学的议论,比他的自序,还要进一层,深刻透露出文化哲学的观点,强调隐士思想的背景,与其崇高的价值。"[1]认真考察《史记》,发现南怀瑾的评价相当中肯。《史记》"世家"一体共设立有三十篇,其卷三十一《吴太伯世家》位居"世家"首位。该篇开头即叙述了吴太伯与其弟仲雍主动辞让王位给其兄弟季历,"乃饹荆蛮,文身断发,示不可用,以避季历"[2]。在篇末"太史公曰"中,司马迁又借孔子的话语对太伯、仲雍二人的行为给予了高度评价:"太伯可谓至德矣,三以天下让,民无得而称焉。"[3]王肃说:"太伯弟季历贤,又生圣子昌,昌必有天下,故太伯以天下三让于王季。其让隐,故无得而称言之者,所以为至德也。"[4]面对王位权势,太伯、仲雍兄弟表现得如此谦让、从容,比起后世皇室继承人争权夺利、自相残杀高出百倍、千倍,其高风亮节,永远令人敬仰。为了"嘉伯之让,作《吴世家》第一"《太史公自序》[5],即为了嘉奖、张扬太伯的高让之风,司马迁才在三十篇世家中把《吴太伯世家》放在首位。

同样,《史记》"列传"一体设立有七十篇,其卷六十一《伯夷列传》亦位于众列传之首。这也是为了弘扬伯夷、叔齐等人的高风亮节:"末世争利,维彼奔义;让国饿死,天下称之。作《伯夷列传》第一。"《太史公自序》[6]论其人物事迹,伯夷、叔齐兄弟与太伯、仲雍兄弟在辞让王位、淡泊名利一事上,几乎完全一致。如果说《吴太伯世家》叙述吴太伯与仲雍让位逃隐之事,还显得过于简略;那么《伯夷列传》差不多可以算作简明的隐士传了。在该篇传记中,司马迁历数了早期历史上几个著名的高人隐士,而把重点放在伯夷、叔齐兄弟二人身上。该篇从尧、舜时期的禅让制说起,首先记载了号称中国第一隐士的许由:

---

[1] 南怀瑾:《禅宗与道家》,复旦大学出版社1991年版,第145页。
[2] 司马迁:《史记》,中州古籍出版社1994年版,第439页。
[3] 司马迁:《史记》,中州古籍出版社1994年版,第444页。
[4] 何晏注,〔宋〕邢昺疏:《论语注疏》,中国致公出版社2016年版,第114页。
[5] 司马迁:《史记》,中州古籍出版社1994年版,第994页。
[6] 司马迁:《史记》,中州古籍出版社1994年版,第997页。

尧想要把天下之位让给许由，许由为此感到羞耻，于是就悄悄逃走，隐居了起来。接着提到了夏朝时期的卞随、务光，司马迁对他们的事迹一笔带过。但是通过《庄子·让王》篇，我们知道卞随、务光也是秉性淡泊、辞让王位的高士。他们不但不接受商汤的禅让，还都采取了十分激烈的反抗方式，最后两人都投水自尽，希望用清清的河水洗刷掉自己受到的诟辱。然后，《伯夷列传》把镜头对准了伯夷、叔齐二人，详细记载了二人的生平事迹：

> 伯夷、叔齐，孤竹君之二子也。父欲立叔齐，及父卒，叔齐让伯夷。伯夷曰："父命也。"遂逃去。叔齐亦不肯立而逃之。国人立其中子。于是伯夷、叔齐闻西伯昌善养老，盍往归焉。及至，西伯卒，武王载木主，号为文王，东伐纣。伯夷、叔齐叩马而谏曰："父死不葬，爰及干戈，可谓孝乎？以臣弑君，可谓仁乎？"左右欲兵之。太公曰："此义人也。"扶而去之。武王已平殷乱，天下宗周，而伯夷、叔齐耻之，义不食周粟，隐于首阳山，采薇而食之。及饿且死，作歌。其辞曰："登彼西山兮，采其薇矣。以暴易暴兮，不知其非矣。神农、虞、夏忽焉没兮，我安适归矣？于嗟徂兮，命之衰矣！"遂饿死于首阳山。[①]

这段 200 多字的传记，综合了《论语》《孟子》中孔子、孟子对伯夷、叔齐兄弟的评论，以及《庄子·杂篇·让王》篇的相关记载，并依据其他史料，做了适当的剪裁和补充，为我们提供了伯夷、叔齐兄弟二人比较详尽的生平材料。如他们身为孤竹国王子的身份，他们不愿接受王位、如何让位逃走，他们怎样劝谏周武王讨伐商纣王，为什么跑到首阳山隐居起来，且不食周粟，又是如何作诗言志、感叹自己生不逢时的，以及最后饿死的情形，全都一清二楚。再与前面提及的许由、卞随、务光等人联系起来，可见《伯夷列传》记载、探讨的乃是同一类人，那就是隐士。故认定《伯夷列传》是关于隐士的类传，是合情合理的；又认为《伯夷列传》是隐士传的雏形，那是因为题目并未点明是类传，如"隐士传""隐逸传""逸民传"之类，且传主之外的其他人的记载，也语焉

[①] 司马迁：《史记》，中州古籍出版社 1994 年版，第 635 页。

不详。

　　尽管还不成熟，但是这篇传记也很能说明问题，它在后人心目中已经被当作隐士传来看待了。如党艺峰认为："《伯夷列传》是中国文化中第一次对隐逸实践的叙述，同时完成了有关隐逸叙事的语法规范的建构。在司马迁之后，隐逸实践将长期地受到他所想象的图景的影响。"[1]"《史记·伯夷列传》在隐逸文化叙事中具有承前启后的特殊意义……归纳了此前隐逸话语的基本语法规则，从而启示出中国古代历史学对隐逸文化的关注。"[2]可见，尽管司马迁没有直接点明《伯夷列传》就是隐士传，但是它对后代隐士文化的巨大影响是毋庸置疑的，而且这种影响正是作为隐士传所产生的影响。除《吴太伯世家》《伯夷列传》之外，《史记》还叙及了一些著名的隐士。如卷五十五《留侯世家》提到的商山四皓、黄石公，卷六十三《老子韩非列传》记载的老子、庄子，卷一百二十六《滑稽列传》记载的东方朔等等，都是后人心目中著名的隐士形象。

三、《伯夷列传》之后的正史隐士书写

　　《史记·伯夷列传》之后，我国传统正史的第二部便是《汉书》。《汉书》与《史记》一样，也没有成熟的隐士传，而是仅有雏形的隐士传。《汉书》卷七十二《王贡两龚鲍传》的前半部分实际上也是隐士传，因为前部分所记录的内容，以及篇末的传赞，已经与后世正史的隐士传几乎完全一致了。由于这部分内容不是太多，也相当重要，故亦摘录于下：

> 昔武王伐纣，迁九鼎于雒邑，伯夷、叔齐薄之，饿死于首阳，不食其禄，周犹称盛德焉。然孔子贤此二人，以为"不降其志，不辱其身"也。而《孟子》亦云："闻伯夷之风者，贪夫廉，懦夫有立志。""奋乎百世之上，百世之下莫不兴起，非贤人而能若是乎！"
>
> 汉兴有园公、绮里季、夏黄公、甪里先生，此四人者，当秦之世，

---

[1] 党艺峰：《〈伯夷列传〉和隐逸叙事》，渭南师范学院学报2003年第6期。
[2] 党艺峰：《〈伯夷列传〉和隐逸叙事》，渭南师范学院学报2003年第6期。

避而入商雒深山，以待天下之定也。自高祖闻而召之，不至。其后吕后用留侯计，使皇太子卑辞束帛致礼，安车迎而致之。四人既至，从太子见，高祖客而敬焉，太子得以为重，遂用自安。语在《留侯传》。

其后谷口有郑子真，蜀有严君平，皆修身自保，非其服弗服，非其食弗食。成帝时，元舅大将军王凤以礼聘子真，子真遂不诎而终。君平卜筮于成都市，以为："卜筮者贱业，而可以惠众人。有邪恶非正之问，则依蓍龟为言利害。与人子言依于孝，与人弟言依于顺，与人臣言依于忠，各因势导之以善，从吾言者，已过半矣。"裁日阅数人，得百钱足自养，则闭肆下帘而授《老子》。博览亡不通，依老子、严周之指著书十余万言。杨雄少时从游学，以而仕京师显名，数为朝廷在位贤者称君平德。杜陵李强素善雄，久之为益州牧，喜谓雄曰："吾真得严君平矣。"雄曰："君备礼以待之，彼人可见而不可得诎也。"强心以为不然。及至蜀，致礼与相见，卒不敢言以为从事，乃叹曰："杨子云诚知人！"君平年九十余，遂以其业终，蜀人爱敬，至今称焉。及雄著书言当世士，称此二人。其论曰："或问：君子疾没世而名不称，何势诸名卿可几？曰：君子德名为几。梁、齐、楚、赵之君非不富且贵也，恶虖成其名！谷口郑子真不诎其志，耕于岩石之下，名震于京师，岂其卿？岂其卿？楚两龚之洁，其清矣乎！蜀严湛冥，不作苟见，不治苟得，久幽而不改其操，虽随、和何以加诸？举兹以旖，不亦宝乎！"

自园公、绮里季、夏黄公、甪里先生、郑子真、严君平皆未尝仕，然其风声足以激贪厉俗，近古之逸民也。若王吉、贡禹、两龚之属，皆以礼让进退云。①

该篇首先叙述了伯夷、叔齐兄弟之事，并以孔子、孟子的评价充分肯定了他们的道德节操；接着记载了商山四皓的事迹，他们因为避秦之乱而隐居商山，入汉后曾帮助保全刘盈的太子之位，稳定了天下局势，建立了特殊的功勋；然后记录能"修身自保，非其服弗服，非其食弗食"的郑子真、严君平，前者"不

---

① 班固撰，颜师古注：《汉书》，中华书局1962年版，第3055—3058页。

诎其志，耕于岩石之下，名震于京师"，后者隐于卜筮，自得其乐，连朝廷大臣都"不敢言以为从事"；最后来了个小节，说商山四皓与郑子真、严君平等人都不曾做官，但是他们的风范"足以激贪厉俗"，称他们都是"近古之逸民"。

说完这些"逸民"的故事之后，《汉书》笔锋一转，正式记载王吉、贡禹等传主，他们均是"以礼让进退"的"清节之士"。很显然，《汉书》的重点放在了这些"清节之士"的身上。他们都曾经有过入仕经历，为官都清正廉洁，总体来说算不得隐士。但是他们又绝不贪恋官位，如果现实社会令他们不满，他们就会毫不犹豫地辞官而去，还有人对官场根本没有好感。如王吉看到汉宣帝大兴土木就上书劝谏，遭到冷遇以后，便毅然"谢病归琅邪"；其子王骏接受了父亲"毋为王国吏"的训示，也"道病，免官归"；其孙王崇不满王莽专权误国，便"谢病乞骸骨"。他们祖孙三人"世名清廉"，即使"去位家居"，也能够"布衣疏食"，没有怨言，深得隐士精神的高致。贡禹早年因受到长官责备，便免冠谢罪，于是感叹："冠一免，安复可冠也！"坚决辞官，毫不留恋。龚胜、龚舍"二人相友，并著名节"，并称"两龚"。开始龚胜出仕，龚舍不仕。龚胜居官刚正，多次上书论述朝政，后数次表示要辞官养老；王莽秉政后，主动上书"乞骸骨"，终于获准。龚舍先被楚王强聘，后四次被朝廷征召，但他或者托病推辞，或者逗留数月后仍免官归乡，其仕隐经历与后来的陶渊明倒是颇为相似。该篇所记载的这些"清节之士"，虽然都非隐士，但都不贪恋官场，更不热衷权势富贵，其风范与"隐于朝廷"的"吏隐"十分相似。

该篇传赞对前面两类人进行总结，也值得注意。赞文引用《周易》"君子之道，或出或处，或默或语"，表明出仕与隐居"各得道之一节……山林之士往而不能反，朝廷之士入而不能出，二者各有所短"，然后说"春秋列国卿大夫及至汉兴将相名臣，怀禄耽宠以失其世者多矣！是故清节之士于是为贵。"[1]综上所说，称该传的前半部分是一篇隐士传，或许并不过分。如果把这一部分独立出来，并且取个"逸民传"之类的题目，这就是一篇较为完整的隐士传了。正是因为并未独立出来，所以笔者认为该传的前半部分与《史记·伯夷列传》一样，都是雏形的隐士传。

---

[1] 班固撰，颜师古注：《汉书》，中华书局1962年版，第3097页。

综上可知，我国正史对隐士树碑立传的传统，并非始于《后汉书》，而是始于《史记》与《汉书》。通过考察《四库全书总目提要》，笔者发现清代乾隆三十二年编纂《钦定续通志》时，因为《史记》没有隐士传，于是编者就把伯夷、叔齐、商山四皓等人的事迹组合在一起，当作隐士传。这个做法正告诉我们，《伯夷列传》是可以看作隐士传的。《史记》《汉书》为隐士树碑立传的做法，直接影响了《后汉书》设立《逸民列传》。徐复观认为："由《史记》的《伯夷列传》到《后汉书》的《逸民传》的成立，对于守着这种生活态度的人们，给予了我国历史上应得的确定地位。"[1]前三史不但确立了隐士在我国社会政治生活中的重要地位，还对后代著述影响甚巨。后代正史、非正史多设有隐士传，还有许多大型类书都专列隐士门，并有不少私人特意撰写隐士传等。

因为《史记》《汉书》对隐士文化以及隐士们的重视，不但给予了较大篇幅的记载，而且进行了较高的评价；更因为隐士阶层特殊的历史作用，以及隐士对统治者现有统治秩序的正面影响，后代正史几乎都专门为隐者立传。最早这样做的是《后汉书》，该书卷八十三所设立的《逸民列传》就是我国历史上最早的明确的隐士传。高敏曾对此评价说："范晔所著《后汉书》，又在《史记》与《汉书》专为社会不同的群体列传的体例之外，第一次增加了《逸民传》，专为有条件为官而隐居不仕者立传。"[2]又说："范晔的《后汉书》也特为之立传，开了古代史书有隐逸传之先河。"[3]如前所述，尽管高敏的提法并不确切，但毕竟指明了《后汉书·逸民列传》的巨大影响。此后，正史为隐士树碑立传的做法形成传统。这些隐士传的名称在不同的正史中并不一致，分别是：《后汉书》卷八十三《逸民列传》，《晋书》卷九十四《隐逸列传》，《宋书》卷九十三《隐逸列传》，《南齐书》卷五十四《高逸列传》，《梁书》卷五十一《处士列传》，《魏书》卷九十《逸士列传》，《南史》卷七十五、七十六《隐逸列传》，《北史》卷八十八《隐逸列传》，《隋书》卷七十七《隐逸列传》，《旧唐书》卷一百九十二《隐逸列传》，《新唐书》卷一百九十六《隐逸列传》，《新五代史》卷三十四《一

---

[1] 徐复观：《中国艺术精神》，华东师范大学出版社2001年版，第191—192页。
[2] 高敏：《中国历代隐士·序言》，河南人民出版社1994年版，第5页。
[3] 高敏：《中国历代隐士·序言》，河南人民出版社1994年版，第12页。

行列传》,《宋史》卷四百五十七、四百五十八、四百五十九《隐逸列传》,《辽史》卷一百零六十《卓行列传》,《金史》卷一百二十七《隐逸列传》,《元史》卷一百九十九《隐逸列传》,《新元史》卷二百四十一《隐逸列传》,《明史》卷二百九十八《隐逸列传》,《清史稿》卷五百、五百零一《遗逸列传》。①

因为《史记·伯夷列传》的开创性贡献,传统正史"二十六史"中有十九种史书专门为隐士立传,记载下了历史上大量的隐士,为后人研究中国古代的隐士以及隐士文化提供了丰富可信的第一手资料。同时,正史隐士传也对隐士文化进行了初步的探讨、总结,形成了我国历史上独具特色的隐士文化,并且稳定了史学界乃至整个中华文化体系中重视隐士的传统。由于正史的影响,后代非正史也多设有"隐士传",许多大型类书都专列"隐逸门",并有不少文人学者私家撰写隐士传等。综上可知,《史记·伯夷列传》对我国古代隐士书写传统有着多么巨大的深刻影响。

(霍建波,延安大学文学院副教授、硕士生导师,文学博士。)

---

① 霍建波:《隐士家世、从政考论——以"二十六史"隐士传为例》,《铜仁学院学报》2015年1期。拙文曾对"二十六史"中的隐士传做了细致考察与统计,可参看。

伯夷、叔齐的形象流变考论

周 斌

"达则兼济天下，穷则独善其身"，隐士作为中国古代文化史上的独特人物，其淡泊明志、追求自由精神，及其与之相呼应的自然与孤独之美一直吸引着后人关注的目光。伯夷和叔齐作为隐士中的典型形象，更是一直被后人不断地重构与评说，历史上的重要人物如孔子、孟子、屈原、司马迁、刘向、韩愈、王安石、司马光、朱熹、文天祥、元好问、李贽、顾炎武以及近代人曾国藩、谭嗣同等人对伯夷、叔齐都有关注和评价，本文拟对伯夷叔齐形象的流变做一番梳理与考察。

一、先秦诸子所记录的伯夷、叔齐

早在先秦，诸子的诸多典籍如《论语》《孟子》《管子》《庄子》《列子》《韩非子》等就对伯夷、叔齐就有过记载和评述，其中，以《论语》《孟子》和《庄子》的影响最大。

（一）《论语》中的伯夷、叔齐

《论语》对伯夷、叔齐的记载主要有：

子曰："伯夷、叔齐，不念旧恶，怨是用希。"（《论语·公冶长篇第五》）

冉有曰："夫子为卫君乎？"子贡曰："诺，吾将问之。"入，曰："伯夷、叔齐何人也？"曰："古之贤人也。"曰："怨乎？"曰："求

仁而得仁，又何怨乎。"出，曰："夫子不为也。"(《论语·述而第七》)

齐景公有马千驷，死之日，民无德而称焉。伯夷、叔齐饿于首阳之下，民到于今称之。其斯谓与？(《论语·季氏第十六》)

"逸民：伯夷、叔齐、虞仲、夷逸、朱张、柳下惠、少连。子曰：不降其志，不辱其身，伯夷、叔齐与？谓："柳下惠、少连，降志辱身矣。言中伦，行中虑，其斯而已矣！"谓："虞仲、夷逸，隐居放言，身中清，废中权。""我则异于是，无可无不可。"(《论语·微子第十八》)

第一则是说伯夷和叔齐不记旧仇，所以怨恨少；第二则是说伯夷、叔齐求仁得仁，故无怨；第三则是说伯夷、叔齐"饿于首阳之下"，民称之；第四则是说伯夷、叔齐"不降其志，不辱其身"，乃逸民也。孔子把伯夷、叔齐称为"贤人"和"逸民"，郑玄《论语注》："孔子以伯夷、叔齐为贤且仁"①，可谓既"贤"且"逸"。孔子把伯夷、叔齐视为贤人的一个重要原因在于"仁"。而被称为"逸民"的原因在于具有"不降其志，不辱其身"的品德，并首次记载了他们"饿于首阳之下"的事例。通过"民到于今称之"的表达，可见孔子对伯夷、叔齐是推崇的。不过，孔子在欣赏逸民的同时，又坚持着自己的责任和道义，认为自己和逸民"异于是"，"无可无不可"，自己是可以权变的。孔子是较早对伯夷进行解读并把他们的人文精神视为理想人格典范的人，正是由于孔子的记载和赞扬，伯夷和叔齐的形象得以被树立起来，从此得到后人重视。

（二）《孟子》中的伯夷形象

《孟子》并未提到叔齐，只提到了伯夷，补充了伯夷的事迹，让伯夷的形象更加丰满。《尽心章句上》曰："伯夷辟纣，居北海之滨，闻文王作兴，曰：'何归乎来！吾闻西伯善养老者。'天下有善养老，则仁人以为己归矣。五亩之宅，树墙下以桑，匹妇蚕之，则老者足以衣帛矣。五母鸡，二母彘，无失其时，老者足以无失肉矣。百亩之田，匹夫耕之，八口之家足以无饥矣。所谓西伯善养老者，制其田里，教之树畜，导其妻子使养其老。五十非帛不暖，七十非肉不

---

① 程树德：《论语集释》，中华书局1990年版，第462页。

饱。不暖不饱，谓之冻馁。文王之民无冻馁之老者，此之谓也。"孟子提出了"辟纣"说，指出伯夷是为了躲避纣王的招纳而逃往北海。《公孙丑章句上》曾对伯夷居北海时的情形做了描绘："是故诸侯虽有善其辞命而至者，不受也。不受也者，是亦不屑就已。"可见，当时伯夷已经成为一名颇具盛名的隐者，很多诸侯派人来访，试图招纳他，然而伯夷皆不受。关于伯夷对民众的教化影响，孟子做了阐释："故闻伯夷之风者，顽夫廉，懦夫有立志；闻柳下惠之风者，薄夫敦，鄙夫宽。奋乎百世之上，百世之下，闻者莫不兴起也。非圣人而能若是乎？而况于亲炙之者乎？"(《尽心章句下》)在探讨伯夷精神的时候，孟子喜欢把他与柳下惠、孔子、伊尹放在一起评论，孟子曰："伯夷，圣之清者也；伊尹，圣之任者也；柳下惠，圣之和者也；孔子，圣之时者也。"(《万章章句下》)孟子把伯夷视为"圣之清"，伊尹为"圣之任"，柳下惠为"圣之和"，孔子为"圣之时"。孟子又曰："不同道。非其君不事，非其民不使；治则进，乱则退，伯夷也。何事非君，何使非民；治亦进，乱亦进，伊尹也。可以仕则仕，可以止则止，可以久则久，可以速则速，孔子也。皆古圣人也，吾未能有行焉；乃所愿，则学孔子也。"(《公孙丑章句上》)孟子虽然把伯夷、伊尹、孔子都视为"皆古圣人也"，然而却认为他们"不同道"，代表了三种截然不同的政治态度，其中，孟子最认可的还是孔子的态度，这是孟子基于其中庸的儒家立场使然，他认为伯夷的行为并不是完全符合中庸之道。孟子又云："居下位，不以贤事不肖者，伯夷也；五就汤、五就桀者，伊尹也；不恶污君，不辞小官者，柳下惠也。三子者不同道，其趋一也。一者何也？曰，仁也。君子亦仁而已矣，何必同？"(《孟子·告子章句下》)孟子认为伯夷、伊尹、柳下惠相同的地方在于"仁"。而对于伯夷所具有的"仁"精神的独特内涵，孟子是这样阐发的："伯夷，非其君，不事；非其友，不友。不立于恶人之朝，不与恶人言；立于恶人之朝，与恶人言，如以朝衣朝冠坐于涂炭。推恶恶之心，思与乡人立，其冠不正，望望然去之，若将浼焉。是故诸侯虽有善其辞命而至者，不受也。不受也者，是亦不屑就已。"(《公孙丑章句上》)"伯夷，目不视恶色，耳不听恶声。非其君，不事；非其民，不使。治则进，乱则退。横政之所出，横民之所止，不忍居也。思与乡人处，如以朝衣朝冠坐于涂炭也。当纣之时，居北海之滨，以待天下之清也。故闻伯夷之风者，顽夫廉，懦夫有立志。"(《万章章句下》)孟子把"忠"和"清"

视为伯夷"仁"精神的具体内涵。孟子还看到了伯夷的"清廉"之处,将"廉"视为伯夷"清"的具体表现,这是孟子对伯夷精神的新解读。孟子还指出了伯夷之"隘"的一面:"伯夷隘,柳下惠不恭,隘与不恭,君子不由也。"(《孟子·公孙丑章句上》)朱熹《孟子集注》:"隘,狭窄也。不恭,简慢也。夷、惠之行,固皆造乎至极之地,然既有所偏,则不能无弊,故不可由也。"①总体上来看,孟子将伯夷评为"天下之大老""圣之清者"和"百世之师",具有高尚的德行,但也看到了其不足的一面,认为其秉性还有缺陷,气量小,不是一个真正的君子,没有按中庸之道来行事处世。

(三)《庄子》中的伯夷、叔齐形象

庄子较前人更详细地记录了伯夷、叔齐的事迹,其《庄子·杂篇·让王》第二十八有云:

> 昔周之兴,有士二人处于孤竹,曰伯夷叔齐。二人相谓曰:"吾闻西方有人,似有道者,试往观焉。"至于岐阳,武王闻之,使叔旦往见之,与之盟曰:"加富二等,就官一列。"血牲而埋之。
>
> 二人相视而笑曰:"嘻,异哉!此非吾所谓道也。昔者神农之有天下也,时祀尽敬而不祈喜;其于人也,忠信尽治而无求焉。乐与政为政,乐与治为治,不以人之坏自成也,不以人之卑自高也,不以遭时自利也。今周见殷之乱而遽为政,上谋而行货,阻兵而保威,割牲而盟以为信,扬行以说众,杀伐以要利,是推乱以易暴也。吾闻古之士,遭治世不避其任,遇乱世不为苟存。今天下暗,周德衰,其并乎周以涂吾身也,不如避之以洁吾行。"二子北至于首阳之山,遂饿而死焉。若伯夷叔齐者,其于富贵也,苟可得已,则必不赖。高节戾行,独乐其志,不事于世,此二士之节也。②

首先,庄子记载了伯夷、叔齐二人的出身。说明二人出身于孤竹国,后来有

---

① 朱熹:《四书章句》,中华书局1983年版,第240页。
② 郭庆藩:《庄子集释》,中华书局1961年版,第987—988页。

学者认为是臣子，也有人认为是储君，庄子无明确说明，有争议。其次，记载了武王曾经派弟弟周公旦去拜见二人，与他们定盟约说"加富二等，就官一列"，然而他们拒绝了，揭示了二人不贪图富贵的可贵品质。最后，记载了伯夷、叔齐二人耻食周粟的原因和饿死首阳山的原因和经过。伯夷、叔齐耻食周粟的原因在于：认为周德衰败，与其跟周朝并存玷污自身，不如逃离以保持自身的高洁。接着描述了二人的隐逸行为：两人北行到首阳山后，终因不食周粟而饿死在那里。庄子虽然肯定了二人不贪图富贵的可贵品质，然而，对他们却是持批判态度的。

《庄子·内篇·大宗师》云："若狐不偕、务光、伯夷、叔齐、箕子、胥余、纪他、申徒狄，是役人之役，适人之适，而不自适其适者也。"《庄子·外篇·骈拇》亦云："夫不自见而见彼，不自得而得彼者，是得人之得而不自得其得者也，适人之适而不自适其适者也。夫适人之适而不自适其适，虽盗跖与伯夷，是同为淫僻也。余愧乎道德，是以上不敢为仁义之操，而下不敢为淫僻之行也。""自适"是庄子思想的一个重要概念，"适"指"适合""舒适""适意"，庄子认为"适"有"物""身""心"三个层次的语义场，即由"物之适""身之适"到"心之适"的由外向内，从肉体到精神的不同层次境界，在对"适人之适"的否定和摒弃基础上的实现对"自适其适"的认同与超越。庄子认为，人不仅要使他人舒适，更要注重自我的舒适，庄子尖锐批判"适人之适"，高举"自适其适"的旗帜。《杂篇·让王》云："世之所谓贤士，若伯夷叔齐。伯夷叔齐辞孤竹之君而饿死于首阳之山，骨肉不葬。……此六子者，无异于磔犬流豕，操瓢而乞者，皆离名轻死，不念本养寿命者也。"《外篇·骈拇第八》又云："伯夷死名于首阳之下，盗跖死利于东陵之上，二人者，所死不同，其于残生伤性均也。奚必伯夷之是而盗跖之非乎！天下尽殉也，彼其所殉仁义也，则俗谓之君子；其所殉货财也，则俗谓之小人。其殉一也，则有君子焉，有小人焉；若其残生损性，则盗跖亦伯夷已，又恶取君子小人于其间哉！"庄子认为伯夷和狐不偕、务光、叔齐、箕子、胥余、申徒狄这些历史上著名的隐士一样，为了自己的人格操守不惜以牺牲生命，无异于像盗跖一样的"小人"为"货财"而丢掉自己的生命，是"不念本养寿命"，违背了"自适其适"的道德原则，庄子不愿与之为伍。"若夫人者，非其志不之，非其心不为。虽以天下誉之，得其所谓，謷然不顾；以天下非之，失其所谓，傥然不受。天下之非誉，无益损焉，是谓全德之人哉！"（《外篇·天地》）不管他人的道德评判，唯有自适其适，任性逍遥才是全德。"淡然无极而众美从之，此天地之道、圣人之德也。"（《外篇·刻意》）真正的美乃不背离人的自然生命本性，"夫虚静恬淡寂寞无为者，万物之本也。"（《外篇·天道》）"淡而无为，动而以天行，此养神之道也。"（《外篇·刻意》）"夫虚静恬淡寂寞无为者，天地之平而道德之至也，故帝王圣人休焉。"（《外篇·天道》）只有"恬淡"自守、自适其适，才是"澹然无极而众美从之"的道德典范。

此外，还有《管子》《战国策》《列子》《韩非子》等先秦典籍对伯夷、叔齐有过记载和述评。总体而言，先秦诸子对伯夷、叔齐的记载内容较为散乱，但是通过对二人基本故事和个性的评述，人物形象及其精神基本呈现出来了。

二、《史记》对伯夷、叔齐的形象建构与精神诠释

在伯夷、叔齐的形象流变史上，《史记》的作用突出，它不仅建立了比较可信且丰满的人物形象，而且还对其精神进行了深入的诠释。

（一）建立了比较丰满、可信的人物形象

在先秦，以庄子对伯夷叔齐的形象记载最为详细。然而，《庄子》一书本身充满着离奇荒诞的情节，可信度较低，而司马迁做《史记》坚持的是"实录"精神，"然自刘向、扬雄博极群书，皆称迁有良史之材，服其善序事理，辨而不华，质而不俚，其文直，其事核，不虚美，不隐恶，故谓之实录"①。（《汉书·司马迁传》）司马迁为了做到真实可信，对典籍进行了深入的考证与研究，可信度较高。"夫学者载籍极博，犹考信于六艺"（《史记·伯夷列传》），司马迁在选择材料的时候，是比较采信于"六艺"的。《史记会注考证》引日本学者村尾元融的观点："太史公欲求节义最高者为列传首，以激叔世浇漓之风，并明己述作之旨。而由、光之伦已非经义所说，则疑无其人，未如伯夷经圣人表彰，事实确然，

---

① 班固：《汉书》，中华书局 1962 年版，第 2738 页。

此传之所以作也。"①可见，司马迁对伯夷、叔齐形象的材料选择应该是更多地采信于儒家典籍，特别是孔子和孟子。如《史记》卷四《周本纪》曰："西伯曰文王，遵后稷、公刘之业，则古公、公季之法，笃仁，敬老，慈少。礼下贤者，日中不暇食以待士，士以此多归之。伯夷、叔齐在孤竹，闻西伯善养老，何往归之。"②就取自于《孟子·离娄上》："伯夷辟纣，居北海之滨，闻文王作，兴曰：'何归乎来！吾闻西伯善养老者。'"又如《史记》卷四十七《孔子世家》："子曰：'不怨天，不尤人，下学而上达，知我者其天乎！''不降其志，不辱其身，伯夷、叔齐乎！'谓'柳下惠、少连降志辱身矣'。谓'虞仲、夷逸隐居放言，行中清，废中权'。'我则异于是，无可无不可。'"则是从《论语》演绎而来的。

《史记·伯夷列传》对伯夷、叔齐二人的记载如下：

> 伯夷、叔齐，孤竹君之二子也。父欲立叔齐。及父卒，叔齐让伯夷。伯夷曰："父命也。"遂逃去。叔齐亦不肯立而逃之。国人立其中子。于是伯夷、叔齐闻西伯昌善养老，何往归焉。及至，西伯卒，武王载木主，号为文王，东伐纣。伯夷、叔齐叩马而谏曰："父死不葬，爰及干戈，可谓孝乎？以臣弑君，可谓仁乎？"左右欲兵之。太公曰："此义人也。"扶而去之。武王已平殷乱，天下宗周，而伯夷、叔齐耻之，义不食周粟，隐于首阳山，采薇而食之。及饿且死，作歌。其辞曰："登彼西山兮，采其薇矣。以暴易暴兮，不知其非矣。神农、虞、夏忽焉没兮，我安适归矣？于嗟徂兮，命之衰矣！"遂饿死于首阳山。③

此外，《史记》还有不少地方也提到伯夷与叔齐，如：

> 娄敬说曰："陛下取天下与周室异。周之先自后稷，尧封之邰，积

---

① 韩兆琦：《史记笺证》，江西人民出版社2004年版，第3724页。
② 司马迁：《史记》，中华书局1959年版，第116页。
③ 司马迁：《史记》，中华书局1959年版，第607页。

德累善十有余世。公刘避桀居幽，太王以狄伐故，去幽，杖马箠居岐，国人争随之。及文王为西伯，断虞芮之讼，始受命，吕望、伯夷自海滨来归之。武王伐纣，不期而会孟津之上八百诸侯，皆曰纣可伐矣，遂灭殷。"（卷九十九《刘敬叔孙通列传》）

鄙人有言曰："'何知仁义，已飨其利者为有德。'故伯夷丑周，饿死首阳山，而文武不以其故贬王；拓、跻暴决，其徒诵义无穷。由此观之，'窃钩者诛，窃国者侯，侯之门仁义存'，非虚言也。"（卷一百二十四《游侠列传》）

末世争利，维彼奔义；让国饿死，天下称之。作伯夷列传第一。（卷一百三十《太史公自序》）

第一，明确了伯夷、叔齐的身份，即孤竹君的儿子。

第二，描述二人生平的一些细节，如兄弟二人的让国、欲投奔西伯姬昌，阻拦武王战马，姜尚视为"义士"而救之，不食周粟而采薇就餐，作《采薇歌》，饿死在首阳山。孤竹君死后，欲立叔齐为王，而叔齐让伯夷，伯夷则逃。二人欲投奔西伯姬昌的原因在于"闻西伯昌善养老"，他们看到武王伐纣便阻拦，并叩马而谏，理由：一是父亲刚死又大动干戈为不孝，二是臣子伐君乃不仁。而他们由于得到姜太公的赏识而免遭武王之兵的杀戮。伯夷隐居后不食周粟，有《采薇歌》留世，同时司马迁详细记载了《采薇》的内容。司马迁不仅明确了二人的身份，还详细描述了二人生平的事迹，选择的一些细节也非常典型，突出了人物的个性和精神境界，人物形象丰满、传神。

"拾遗补艺，成一家之言。"（《史记·太史公自序》）[1]司马迁以考信六艺的史料处理原则，在先秦诸家基础上，建构了较为丰满、可信的历史人物形象。

（二）《史记》对伯夷、叔齐精神的诠释

第一，伯夷、叔齐之"让"。司马迁在《太史公自序》中历数了一些具有"让"精神而著称历史的人物，如舜禹、尧、商汤、许由、卞随和务光等人，因

---

[1] 司马迁：《史记》，中华书局1959年版，第3319页。

为"唐尧逊位,虞舜不台",故"作三王世家第三十",因为"嘉伯之让",故"作吴世家第一",接着引出伯夷:"末世争利,维彼奔义;让国饿死,天下称之",故"作伯夷列传第一"(《太史公自序》)。司马迁批判了时代奔竞扰攘、争名逐利之风,充分肯定了伯夷的"让国"之义,陈直在《史记新证·自序》中说:"世家首吴太伯,列传首伯夷,推崇让德,其意至微亦至显。"[1]司马迁将《伯夷列传》置于列传之首,主要在于其"让国饿死"的事迹和"天下称之"的历史影响,可见,"让"乃司马迁最看重的精神品质。《伯夷列传》曰:"尧将逊位,让于虞舜,舜、禹之间,岳牧咸荐,乃试之于位,典职数十年,功用既兴,然后授政。示天下重器,王者大统,传天下若斯之难也。"司马迁认为,天下乃最贵重的宝器,故帝王之位的传授是一件非常慎重且困难的事,在神农、虞、夏时期,尧、舜、禹都是做出了功绩且通过推荐才获得帝位的。礼让是先秦儒家提出的重要的治国思想,"能以礼让为国乎?何有?不能以礼让为国,如礼何?"(《论语·里仁》)"为国以礼,其言不让,是故哂之。"(《论语·先进》)司马迁继承了孔子的礼让治国思想,强调以仁施众。"夫《春秋》上明三王之道""《春秋》以道义""故《春秋》者,礼义之大宗也"(《太史公自序》),只有礼让治国,才能避免人们争利奔义带来的社会动乱和生灵涂炭。推崇五帝的治国之方:"维昔黄帝,法天则地,四圣遵序,各成法度。"(《太史公自序》)君子自当效法天地自然的大公无私,谦虚礼让。然而,"末世争利,维彼奔义"(《太史公自序》),现实社会之"争",让人痛心疾首,"爰及干戈,可谓孝乎?以臣弑君,可谓仁乎"(《伯夷列传》),伯夷叔齐认为"以暴"来"争"天下的做法彻底背离了尧舜之风。"夫君欲利则大夫欲利,大夫欲利则庶人欲利。上下争利,国则危矣。"(《史记·魏世家》)司马迁批判了"争"的危害性,其"傥所谓天道,是邪非邪"(《伯夷列传》)的呐喊,正是对当下社会的鞭挞和批判,其对伯夷、叔齐的礼让行为的高度肯定,也是希望通过"述往事,思来者"(司马迁《报任少卿书》),希望后者在追思前贤的时候能学之,更是希望自己也能像孔子著《春秋》一样,所作的《史记》也能"上明三王之道,下辨人事之际,别嫌疑,明是非,定犹豫,善善恶恶,贤贤贱不肖,存亡国,继绝世,补敝起废"(《太史公自序》),成

---

[1] 陈直:《史记新证》,中华书局2006年版,第1页。

为流芳千古的治国宝典。

第二，伯夷、叔齐之"怨"。司马迁认为伯夷之"怨"乃是针对孔子的伯夷"无怨"说提出来的。杨伯峻《论语译注》："伯夷、叔齐这两兄弟不记旧仇，因此别人对他们的怨恨很少。"①朱熹《论语集注》引用了孟子的话进行阐释，"不立于恶人之朝，不与恶人言。与乡人立，其冠不正，望望然去之，若将浼焉。"②孔子认为伯夷叔齐为无怨无尤的典范，其"无怨"乃有两层意思，一是不念旧恶，二是求仁得仁。"不念旧恶"是其人际关系和族类生存之"和"的具体体现，而"求仁得仁"体现的是孝与让，是孔子克己复礼的典型表现，符合儒家所推崇的个体道德标准。对此，司马迁是持异议的，《伯夷列传》云：

> 由此观之，怨邪非邪？或曰："天道无亲，常与善人。"若伯夷、叔齐，可谓善人者非邪？积仁洁行，如此而饿死。且七十子之徒，仲尼独荐颜渊为好学。然回也屡空，糟糠不厌，而卒蚤夭。天之报施善人，其何如哉？盗跖日杀不辜，肝人之肉，暴戾恣睢，聚党数千人，横行天下，竟以寿终，是遵何德哉？此其尤大彰明较著者也。若至近世，操行不轨，专犯忌讳，而终身逸乐，富厚累世不绝。或择地而蹈之，时然后出言，行不由径，非公正不发愤，而遇祸灾者，不可胜数也。余甚惑焉，倘所谓天道，是邪非邪？③

一是司马迁认为天道不公，揭露了"天道无亲，常与善人"宿命论的欺骗性。天道本应"常与善人"，然而好人不得善终。司马迁举了历史上正反两类典型例子加以论证，一类是伯夷、叔齐积仁洁行却也是饿死收场。孔子的七十二位贤弟子，如颜回好学行仁也是被贫困困扰，过早去世，好人没有好报。而另一类，如盗跖残暴无仁，横行天下，却能寿终。再回到现实，操行不轨却终身逸乐、富厚累世不绝之人屡见不鲜，而微言慎行却遇祸灾之人也不可胜数，这还是天道吗？怎能不怨？！

---

① 杨伯峻：《论语译注》，中华书局2007年版，第71页。
② 朱熹：《论语集注》，齐鲁书社1992年版，第46页。
③ 吴楚材、吴调侯编选：《古文观止》，甘肃民族出版社1998年版，第186页。

二是伯夷叔齐怒斥君王"以暴易暴"及《采薇歌》中充满的怨恨不平之气。在《伯夷列传》中，伯夷叔齐怒斥武王伐纣，最终选择不与他们为伍，饿死首阳山，心中自然怨愤难平。司马迁云："余悲伯夷之意，睹轶诗可异焉"，(《伯夷列传》)司马迁认为这种怨更是充分地体现在临死前的绝唱词中："登彼西山兮，采矣薇矣。以暴易暴兮，不知其非矣。神农、虞夏，忽焉没兮，我安适归矣？于嗟徂兮，命之衰矣！"(《伯夷列传》)词中的哀怨愤怒喷薄而出，可见怨恨不平之气。司马迁遭受非人的"宫刑"待遇，满怀怨愤，以己度人，指出伯夷叔齐也有怨恨和不平，并非孔子所说的"无怨"之道德楷模。故李贽在《焚书》中说："'何怨'是夫子说，'是怨'是司马子长说，翻不怨以为怨，文为至精至妙也。何以怨？怨以暴之易暴，怨虞夏之不作，怨适归之无所，怨周土之薇之不可食，遂含怨而饿死。"(《焚书》卷五)钱钟书亦有云："此篇记夷齐行事甚少，感慨议论居其大半，反论赞之宾，为传记之主。司马迁牢愁孤愤，如喉鲠之快于一吐，有欲罢而不能者。"[1]相比孔子树立的无怨无尤的理想审美典范，司马迁对伯夷叔齐的评价还是比较符合人性，更具人情味。

第三，伯夷、叔齐之坚守。《伯夷列传》有云："伯夷、叔齐虽贤，得夫子而名益彰；颜渊虽笃学，附骥尾而行益显。岩穴之士，趣舍有时，若此类名湮灭而不称，悲夫。闾巷之人，欲砥行立名者，非附青云之士，恶能施于后世哉！"司马迁借用孔子、贾谊、《易经》的观点，表达了对君子之名的看法，认为君子之名难传，想建立名声只有依附于有极高的社会地位和社会名望的人才能留名后世。颜渊专心好学，追随孔子才德行宣扬，伯夷叔齐也是通过孔子的记载和传颂才得以留名于世。伯夷的可贵之处在于不为名不为利，为了坚持自己的大义与操守，甘愿牺牲自己性命的精神。伯夷与叔齐生活在社会矛盾重重、统治者穷兵黩武的商朝末期，伯夷叔齐却不同意武王伐纣，不仅叩马而谏，还不食周粟而死，虽然后人认为这是逆时代潮流的愚忠，但司马迁却视之为忠臣义子而表彰颂扬。

伯夷谏阻、不事周，并非能完全说明伯夷叔齐否认武王伐纣的合法性，而是在他们看来：

---

[1] 钱钟书：《管锥编（第一册）》，中华书局1979年版，第306页。

一方面,"君臣之义"更加重要,伯夷或许也是知道武王伐纣虽是顺天而为,但不符合"君臣之义",并不值得提倡,故伯夷叔齐批判道:"父死不葬,爱及干戈,可谓孝乎?以臣弑君,可谓仁乎?"(《伯夷列传》)认为是不孝不仁的表现。如果后世乱臣贼子以"武王伐纣"为借口而罔顾君臣大义以下犯上,势必会导致君臣纲纪与伦理道德的败坏,伯夷叔齐不食周粟而饿死的行为则是为了标榜君臣大义而主动求死的,所以司马迁赞扬伯夷叔齐则是出于昭显其大义,维护君臣之义的需要。

另外一方面,伯夷叔齐不事周,是因为武王之政不符合他们的政治理想。伯夷叔齐临终作《采薇歌》感叹:"神农、虞、夏忽焉没兮,我安适归矣?"这种和睦不争、谦让任能、礼让大同的政治理想不仅是伯夷叔齐,也是司马迁十分向往的政治理想。从"于是伯夷、叔齐闻西伯昌善养老,盍往归焉"(《伯夷列传》)可知,伯夷与叔齐并非是一味地愚忠于商纣,在他听说西伯姬昌"善养老"之后,也曾投奔他,无奈"及至,西伯卒",他们认为姬昌是符合他们的理想君主形象的。在某种程度上说他们与周武王一样是不满商纣统治的,所以在他们的迟暮之年,不远万里地去投奔西伯姬昌,但是武王暴力推翻商纣的手段却不符合伯夷、叔齐的政治理想,只有以仁易暴,以有道伐无道才是他们的政治理想,所以他们不惜选择不食周粟而死来坚守自己的政治理想,体现了高尚的"守志"精神。

《伯夷列传》亦云:"子曰:'道不同,不相为谋。'亦各从其志也。故曰:'富贵如可求,虽执鞭之士,吾亦为之。如不可求,从吾所好。''岁寒,然后知松柏之后凋。'举世混浊,清士乃见。岂以其重若彼,其轻若此哉?"司马迁借用孔子"道不同,不相为谋"的观点表达了对"各从其志"的认同和赞赏。用"岁寒,然后知松柏之后凋"表达了对伯夷叔齐道德坚守的肯定,指出在整个浑浊的世道中,伯夷和叔齐的高洁品行才越发的显现出来。《太史公自序》:"扶义俶傥,不令己失时,立功名于天下,作七十列传。"司马迁以史学家的视角和责任来教导世人要学习伯夷叔齐坚持仁义、礼让的原则,弘扬了传统的道德精神。

三、其他人对伯夷叔齐的评价

除了司马迁之外,其同时代及其后无数文人如刘向、韩愈、王安石、司马光、朱熹、文天祥、元好问、李贽、顾炎武以及近代人曾国藩、谭嗣同等人对伯夷、叔齐都有过评价,概括起来主要分为两种意见,一种是肯定的,还有一种是否定的。

对伯夷、叔齐持肯定态度的代表人物,如汉代黄宪,其《天禄阁外史卷一·宠幸》有云:

> 征君辟席而对曰:"噫,王之二姬,臣实不知其美也。臣之所美与王不类,有名曰'仁',状若庆云,容若幽兰,藕若阳春。使之辅诸侯,则百姓怀之而颂,音作九夷,八蛮皆来朝。有名曰义,状若凛霜,容若青松,厉若秋宇,使之辅诸侯,则禁淫慝,诛暴乱,使盗跖可化为伯夷。此二姬者,臣之所美也。若王之姬,朝不过丝竹之奉,夜不过枕席之安,弛庶政,弃百姓,祸是以亡国。故珠玉为尘,锦炼为灰,绮幕镂床栖于浮云,宝瑟篁篌寂于烟露,富贵之乐于王,何有哉!王不宠仁义而昵冶容,臣窃以为贤王之盅也。"韩王有惭色。征君辞酒下阶而出,韩王送于宫门,顾左右曰:"寡人今日得闻仁义之美也。"二姬怨而谗之。[1]

征君把伯夷视为"仁、义"的象征,奉劝韩王不要沉沦于美色之中,勿忘仁义。

刘向《说苑》卷四篇《立节》曰:

> 士君子之有勇而果于行者,不以立节行谊,而以妄死非名,岂不痛哉!士有杀身以成仁,触害以立义,倚于节理而不议死地;故能身死名流于来世,非有勇断,孰能行之?子路曰:"不能勤苦,不能恬贫

---

[1] 《中华孤本》第二卷《宋代孤本》,金锋主编,内蒙古人民出版社2001年版,第1348页。

穷，不能轻死亡；而曰我能行义，吾不信也。"昔者申包胥立于秦庭，七日七夜丧不绝声，遂以存楚，不能勤苦，安能行此！曾子布衣缊袍未得完，糟糠之食，藜藿之羹未得饱，义不合则辞上卿，不恬贫穷，安能行此！比干将死而谏逾忠，伯夷叔齐饿死于首阳山而志逾彰，不轻死亡，安能行此！故夫士欲立义行道，毋论难易而后能行之；立身著名，无顾利害而后能成之。①

刘向认为只有能勤苦、恬贫穷、轻死亡才能算是真正的行义，伯夷叔齐饿死于首阳山，就是"轻死亡"行义的典范。

《后汉书》卷六十七《党锢列传》载东汉末年名士范滂在党锢中被诬下狱慷慨仰天曰："古之循善，自求多福；今之循善，身陷大戮。身死之日，愿埋滂于首阳山侧，上不负皇天，下不愧夷、齐。"视伯夷叔齐为榜样，以践行伯夷气节为自豪。《贞观政要》卷三《择官第七》载魏徵上疏云："与之为廉，则可使同乎伯夷、叔齐矣。"②充分肯定了伯夷、叔齐的廉洁品质，并要求今人向他们学习。罗隐在《两同书·贵贱第一》："昔者殷纣居九五之位，孔丘则鲁国之逐臣也；齐景有千驷之饶，伯夷则首阳之饿士也。此非不尊卑道阻、飞伏理殊，然而百代人君竞慕丘夷之义，三尺童子羞闻纣景之名。是以贵贱之途，未可以穷达论也。"③指出"百代人君竞慕丘夷之义"。韩愈在《通解》中把伯夷、叔齐视为"三师"（让、忠、义）之"义"师代表，号召世人学习他们的义节："自周之前千万年，浑浑然不知义之可以换其生也。故伯夷哀天下之偷且以强，则服食其葛薇，逃山而死。故后之人竦然而言曰：'虽饿死，犹有义而不惧者，况其小者乎？'故义之教行于天下，由伯夷为之师也。是三人俱以一身立教，而为师于百千万年间；其身亡而其教存，扶持天地，功亦厚矣。"宋代的文天祥不仅是伯夷、叔齐义节的推崇者，更是践行者，沈雄《古今词话·词评上卷》引《柳塘词话》云："德佑初，诏集勤王师，文山结诸路豪俊，发溪洞酋长以应之，有

---

① 卢元骏注译：《说苑今注今译》，天津古籍出版社1977年版，第102页。
② 吴兢著，哲慧注释：《白话贞观政要：译注与诠释》，时事出版社2014年版，第102页。
③ 永瑢、纪昀等编纂：《文渊阁四库全书·子部·杂家类》第849册，上海古籍出版社2003年版，第215页。

议其猖狂者。有'山河破碎水漂絮，身世浮沉风打萍。诸葛未亡犹是汉，伯夷虽死不从周'句。死年四十七，一时庐陵诸公俱不仕。"在文天祥的影响下，更多的人践行义举。

当然，也有一些中立观点，如苏轼《关陇游民私铸钱与江淮漕卒为盗之由》云："夫见利而不动者，伯夷、叔齐之事也；穷困而不为不义者，颜渊之事也。以伯夷、叔齐、颜渊之事而求之无知之民，亦已过矣。故夫廷尉、大农之所患者，非民之罪也，非兵之罪也，上之人之过也。"①苏轼对伯夷和叔齐的义利观并没有持肯定或否定的态度，只是主张不要空谈"义利"，要看不同的社会背景，认为"义利"具有时代发展性，不能用伯夷和叔齐那个时代的"义利"观来要求当下的社会民众，具有一定的客观性和进步意义。

另外，还有一些持怀疑甚至否定态度的，如李德裕《夷齐论》："昔夷齐不食周粟，饿于首阳之下。仲尼称其仁。孟轲美其德。盖以取其节而激贪也。所谓周粟者。周王所赋之禄是也。谏而不从。不食其禄可矣。至于闻淑媛之言。辍飧薇蕨，斯可谓不智矣。夫薇蕨者，元气之所发生，四时之所顺成，日月之所烛，风雨之所育，周焉得而有之哉！若以粟者周人之播殖，则夷齐得非周人乎？反覆其道，尽未当理。然夷齐之行，实误后人。于陵仲子慕夷齐者也，乃至不义其兄之禄，洁则洁矣，仁岂然哉？厥后商洛四友，畏秦之酷，避秦之祸，岂止洁其身而已。然飧紫芝以为粮，饮清泉以为浆，终老南山，以养其寿，斯可谓仁智兼矣。"李德裕一反把夷齐视为孔孟道德代表的观点，开篇即认为孔孟称扬夷齐乃是不满于当世贪婪之人，用夷齐的义节来"激贪"而已。同时，他也认为夷齐行为非常迂腐，反而欣赏的是商洛四皓，认为他们"仁智兼矣"，最后感慨道："夷齐之行，实误后人"。王安石《伯夷》曰："事有出子千世之前，圣贤辩之甚详而明，然后世不深考之，因以偏见独识，遂以为说，既失其本，而学士大夫共守之不为变者，盖有之矣，伯夷是已。"②认为夷齐的事情发生在一千年之前，孔孟圣贤已经把事情讲得很明白、清楚了，可是后世的人却不对这件事仔细推敲、考证，只是按着自己的偏见和一知半解来诠释整件事情，已经

---

① 苏东坡：《苏东坡全集》（第四卷），北京燕山出版社2009年版，第2006页。
② 韩愈等著，夏华等编译：《唐宋八大家集（图文集）》，万卷出版公司2012年版，第188页。

改变了原来的意思了。"所谓天下之大老,行年八十余,而春秋固已高矣。白海滨而趋文王之都,计亦数千里之远,文王之兴,以至武王之世,岁亦不下十数,岂伯夷欲归西伯而志不遂,乃死于北海邪?抑来而死于道路邪?抑其至文王之都而不足以及武王之世而死邪?如是而言伯夷,其亦理有不存者也。且武王倡大义于天下,太公相而成之,而独以为非,岂伯夷乎?天下之道二,仁与不仁也。纣之为君,不仁也;武王之为君,仁也。伯夷固不事不仁之纣以待仁,而后出。武王之仁焉,又不事之,则伯夷何处乎?余故曰:圣贤辩之甚明,而后世偏见独识者之失其本也。呜呼,使伯夷之不死,以及武王之时,其烈岂减太公哉!"①对后人加在夷齐身上的故事进行了质疑和发问。晚清的谭嗣同《仁学》论夷齐:"一姓之兴亡,渺渺乎小哉,民何与焉?乃为死节者,或数万而未已也。本末倒置,宁有加于此者?伯夷、叔齐之死,非死纣也,固自言以暴易暴矣,则亦不忍复睹君主之祸,遂一暝而万世不视耳。且夫彼之为前主死也,固后主之所深恶也,而事甫定,则又祷之祠之,俎豆之,尸祝之,岂不亦欲后之人之为我死,犹古之娶妻者,取其为我詈人也。若夫山林幽贞之士,固犹在室之处女也,而必胁之出仕,不出仕则诛,是挟兵刃搂处女而乱之也。既乱之,又诟其不贞,暴其失节,至为贰臣传以辱之,是岂惟序其人哉!又阴以吓天下后世,使不敢背去。"②谭嗣同认为君主到了生死存亡的最后关头却要求人民死守夷齐的义节乃是本末倒置,认为国家危亡之时倡导夷齐义节精神乃极其卑鄙之事,批判君主钳制民众思想的本质,具有进步的民主思想色彩。此外,还有一些比较极端的观点,如《豆棚闲话》云:"夷、齐二人一母所生,原是情投意合,兄友弟敬的。只因伯夷生性孤僻,不肯通方,父亲道他不近人情,没有容人之量,立不得君位,承不得宗祧。将死之时,写有遗命,道叔齐通些世故,谙练民情,要立叔齐为君。"③把伯夷说成是一个生性孤僻、不通人情之人、心胸狭隘之人,明显有丑化夷齐的嫌疑,则有失公允。

---

① 韩愈等著,夏华等编译:《唐宋八大家集(图文集)》,万卷出版公司2012年版,第188页。
② 东北师范大学历史系中国近代史教研室编:《中国近代史学习文献及参考资料》,东北师范大学出版社1982年版,第205页。
③ 艾衲居士编:《豆棚闲话》,内蒙古人民出版社2000年版,第101页。

总而言之，伯夷叔齐身上所具备的崇礼、尚德、仁义等优秀品质不仅被树立为儒家的仁政思想，而且他们身上的守廉、让利、淡泊思想也被老庄和佛禅视为人格精神的重要给养。伯夷、叔齐作为中国古代隐士的典型代表，千百年来被载入史册、立为楷模，虽然他们自身也有些不足之处，被历代后人所诟病、质疑和丑化，然而，不可否认的是，伯夷、叔齐的人格光辉与道德精神仍然值得被称颂传扬，成为中国传统文人的重要精神操守和人格风范。

（周斌，广西师范大学文学院副教授、硕士生导师。）

汉代关中游侠刍议

刘炜评　王彦龙

一、"游侠"之由来及其特点

关于"侠"之本意，历来有不同说法。一种观点认为，"侠"在古汉语中与"傅""甹"相通。如许慎《说文解字》释义："侠，傅也，从人，夹声。""甹，侠也，三辅谓轻财者也。"段玉裁《说文解字注》进一步解释："今人谓轻生曰傅命，即此傅字。"也就是说，所谓侠就是指那些仗义疏财、舍生取义之人。另一种观点认为，"侠"字本源于"夹"，"夹"为象形字，本意指衣服、兵甲，所以，"侠"指的就是带甲之士，亦即武士。也有人认为，"'侠'在形、义两个方面都可能从'铗'字转化而来"[①]，"铗"是剑的别称，故"侠"即剑客。综合上引诸说可知，所谓侠者，一定具有三种品质：轻财、仗义、勇武。

"侠"的称谓最早见于《韩非子》中《显学》《五蠹》《八说》诸篇，但是关于侠的起源，学界看法不一，至少有七种说法：（一）起源于刺客；（二）起源于战国诸子；（三）起源于民间；（四）起源于原始氏族遗风；（五）起源于神话原型；（六）起源于特殊精神气质；（七）起源于士。[②]所持依据，各有侧重。笔者认为，侠的形成并非某种单一因素作用的结果，而由多种原因共同促生而成。以上说法中，以第七种最为流行，并被中国和日本学界广泛接受，即认为侠起源于春秋战国时期文武分化以后的武士阶层。而士群体中另一部分以文才、辞

[①] 陈山：《中国武侠史》，上海三联书店 1992 年版，第 40 页。
[②] 陈夫龙：《侠的起源诸学说批判》，《西南大学学报》2010 年第 3 期。

令擅长者则逐渐演变为学士、谋士、方士等，其中"以仁厚知能尽官职"[①]者为官僚体系中的"士大夫"，在社会上身居较高地位。

尽管"侠"很可能即由春秋战国时期的"士"分化而来，而且早期的侠与士大多没有固定的职业，但二者的主要区别，首先仍在于出身和社会地位的不同。侠多出身于平民阶层，也有的是世代游侠，所以司马迁《史记·游侠列传》多次将侠称为"布衣之侠""匹夫之侠""乡曲之侠""闾巷之侠"。他们没有显赫的社会地位和物质财富，只能依靠个人的侠义行为来名扬天下；士则大多出身贵族，凭借显赫的家世地位而名显诸侯，也可借此招揽大批侠士、门客为自己卖命，战国时期名重一时的"四君子"等莫不如此。而在群雄逐鹿、烽烟四起的乱世之中，侠士们也都乐意依附在一些开明、贤能的士周围，为他们出谋划策、竭忠尽智甚至"舍生取义"，这不仅是为了谋取一己安身之所，亦出于侠与生俱来的"知恩图报"意识。所以，才有了曹沫、专诸、豫让、聂政、荆轲等以死报主的英豪之举。

但是，秦汉以后，随着大一统国家的建立，士阶层不再需要谋臣侠客为自己出生入死，而且由于多种原因，他们在某种程度上也失去了收养"食客"的机会，所以大量的侠士便无所依附，只能走向民间，成为一股分散的社会力量，也就是由衣食无忧的贵胄门客变为居无定所的民间游侠，但他们作为侠士的本性并没有很快改变，为人行事依然秉承着"轻财、仗义、勇武"的习性。

二、汉代关中游侠群体及其活动

关中地区是中华文明发祥地之一。自周人徙居并定都关中以后，这里开始出现繁荣局面，人口增多，物产丰富，如《汉书·地理志》所言："有鄠、杜竹林，南山檀柘，号称陆海，为九州膏腴。始皇之初，郑国穿渠，引泾水溉田，沃野千里，民以富饶。"关中很快成为全国性的政治、经济中心；而且礼乐文明盛行，"其民有先王遗风，好稼穑，务本业，故《豳诗》言农桑衣食之本甚备。"但随着西汉王朝建都长安，"徙齐诸田，楚昭、屈、景及诸功臣家于长陵，后世世徙

[①] 梁启雄：《荀子简释》，中华书局1983年版，第45页。

吏二千石、高訾富人及豪杰并兼之家于诸陵",遂使关中地区"五方杂厝,风俗不纯,其世家则好礼文,富人则商贾为利,豪杰则游侠通奸"①。而"风俗不纯"最主要的表现,便是游侠风气的盛行。这些"轻死重气,结党连群"的游侠之士"驰骛于闾阎,权行州域,力折公侯","以匹夫之细,窃杀生之权"②。尤其是京都长安和五陵地区,出现了季心、郭解、萬章、楼护、陈遵、原涉、朱安世、张回、赵君都、贾子光等名震一时的游侠人物,对关中地区社会风气产生了很大影响。许慎在解释"甹"(侠)时特别以"三辅谓轻财者也"为例,亦可窥见关中地区侠气之盛。在《汉书·游侠传》所载七位传主中,有五位出生或长期活动于关中地区。而据彭卫《游侠与汉代社会》一书的统计,载入史籍的汉代侠者中,籍贯为关中者有66人(其中长安及附近诸陵36人),约占全国总数的49%③,如果再加上后来徙入关中者,则其比重高达一半以上。今略举数例:

> 布弟季心,气盖关中,遇人恭谨为任侠,方数千里,士争为之死。尝杀人,亡之吴,从爰丝匿。长事爰丝,弟畜灌夫、籍福之属。尝为中司马,中尉郅都不敢。少年多时时窃籍其名以行。④

> 郭解,河内轵人也,……为人静悍,不饮酒少时阴贼感慨,……折节为俭,以……入关,关中贤豪知与不知,闻声争与交欢。终以杀人被诛。郭解以后,关中侠者日众,著名者有长安樊中子、槐里赵王孙、长陵高公子等。⑤

> 萬章,字子夏,长安人,长安炽盛,街闾各有豪侠,章在城西柳市,号曰"城西萬章子夏"。后为京兆尹王尊所杀。⑥

> 陈遵,字孟公,杜陵人,好任侠,性放纵,列侯近臣贵戚皆贵重

---

① 班固撰,颜师古注:《汉书》,中华书局1962年版,第1642页。
② 班固撰,颜师古注:《汉书》,中华书局1962年版,第3699页。
③ 彭卫:《游侠与汉代社会》,安徽人民出版社2013年版,第171页。
④ 班固撰,颜师古注:《汉书》,中华书局1962年版,第1979页。
⑤ 班固撰,颜师古注:《汉书》,中华书局1962年版,第3701—3705页。
⑥ 班固撰,颜师古注:《汉书》,中华书局1962年版,第3705—3706页。

之。曾任河南太守等。后出使朔方，为贼所败，酒醉被杀。①

原涉，祖父于武帝时以豪桀自阳翟徙茂陵，曾为谷口令。其季父为茂陵秦氏所杀，涉为报父仇去官，谷口豪桀为杀秦氏，亡命岁余，逢赦乃出。郡国诸豪及长安、五陵诸为气节者皆归慕之。②

窦融，字周公，扶风平陵人，家长安中，出入贵戚之间，连结闾里豪桀，以任侠为名。新莽时曾任波水将军、钜鹿太守。后归光武帝，成为东汉开国名臣。③

……

一方面，这些游侠行侠仗义，轻财好施，具有许多优秀的精神品质。他们在民间往往具有"振臂一呼，响者云集"的号召力，容易形成较大的游侠群体，也因此树立了很高的个人威望和社会声誉。普通民众对于游侠的崇拜和向往也渐渐演变为一种社会风气，甚至成为一种文化现象。具体来说，游侠身上所具有的正面精神品质，主要表现在以下方面：

首先是讲信义，重然诺。秦汉之际楚人季布素以任侠信义著称，民间有谚语曰："得黄金百，不如得季布一诺。"④汉武帝时期的猛将灌夫少年时横行乡里，但却言出必行，以"已然诺"获誉天下。这种"其言必信，其行必果，已诺必诚"的精神，是汉代游侠最重要的品质之一。

其次是路见不平，扶危救难。这是游侠最普遍的表现行为，也是其区别于一般豪杰、君子的主要原因。彭卫《游侠与汉代社会》一书将这种精神归纳为三种类型⑤：第一，收容被官方通缉追拿的各种罪犯，在这方面，鲁人朱家是最典型的例子，他"所臧活豪士以百数，其余庸人不可胜言"⑥。第二，赈济救助家境贫寒或失去生活能力的孤寡老人。长安侠客原涉"专以振施贫穷、赴人之急

---

① 班固撰，颜师古注：《汉书》，中华书局1962年版，第3709—3714页。
② 班固撰，颜师古注：《汉书》，中华书局1962年版，第3714—3719页。
③ 范晔撰，李贤等注：《后汉书》，中华书局1965年版，第795—807页。
④ 班固撰，颜师古注：《汉书》，中华书局1962年版，第1978页。
⑤ 彭卫：《游侠与汉代社会》，安徽人民出版社2013年版，第82页。
⑥ 班固撰，颜师古注：《汉书》，中华书局1962年版，第3699页。

为务"①，他听说某人之母病重，便前去问候，却见其母已死，家贫无以为葬，原涉乃广泛发动亲朋好友筹集资金，为其置办丧葬物品，并亲自送至其家。诸如此类的仗义之举在游侠们的身上不胜枚举。第三，在战乱年月保卫家乡。明清之际思想家王夫之在谈到游侠兴起的原因时即指出："游侠之兴也，上不能养民，而游侠养之也。"②也就是说，乱世之中，政府无法保障百姓的安危，于是游侠只好团结起来，担负起保卫家园的责任。

再次是仗义疏财。尽管这些游侠大多家境并不富裕，却普遍具有轻视钱财、散财济贫的品质。比如朱家"振人不赡，先从贫贱始。家无余财，衣不兼采，食不重味，乘不过驹车"③；原涉"身衣服车马才具，妻子内困"，却"专以振施贫穷、赴人之急为务"④；又如京兆下邽人王丹生性豪爽，嫉恶如仇，家有千金，悉以资助乡里，救人所急。可以说，仗义疏财是游侠们获得较高社会声望的重要原因和手段。

最后值得指出的是，一些游侠能够做到恩怨分明，具有较强的社会正义感。郭解的外甥仗着其舅的势力，强行灌人喝酒，结果被人杀死。其母的反应完全是情绪化的："解姊怒曰：'以翁伯（按：郭解字）时人杀吾子，贼不得！'弃其尸道旁，欲以辱解。"郭解本打算为其报仇，但他了解情况以后，便打消了报仇的念头，并对杀人者说："公杀之当，吾儿不直。"他没有不分青红皂白便复仇杀人，而是采取了冷静、理性的做法。郭解的威信因之更高："诸公闻之，皆多（按：赞许）解之义，益附焉。"⑤

但是另一方面，由于尚武精神的驱使，这些游侠又往往表现出轻视国法、任意妄为的一面。汉代游侠群体构成已经比较复杂，高尚者路见不平，拔刀相助，一诺千金，解危救困；恶劣者或呼朋引类，招摇过市，或武断乡曲，为害一方，或酗酒滋事，为所欲为，甚至干下许多伤天害理的勾当。或者可以说，在很多

---

① 班固撰，颜师古注：《汉书》，中华书局1962年版，第3716页。
② 王夫之：《读通鉴论》，中华书局1975年版，第149页。
③ 班固撰，颜师古注：《汉书》，中华书局1962年版，第3699页。
④ 班固撰，颜师古注：《汉书》，中华书局1962年版，第3716页。
⑤ 班固撰，颜师古注：《汉书》，中华书局1962年版，第3702页。

情况下，这些游侠具有两面性，他们往往是集正义与邪恶于一身的。"他们有倚强恃若、侵凌弱小的一面，但又有着行侠仗义、重然诺重友情、敢于藐视王权、摇撼朝廷统治基础的一面，因而又时常得到下层民众的同情拥戴，而为朝廷显宦所切齿。"①《韩非子·五蠹》篇中就曾指出"儒以文乱法，侠以武犯禁"②，《汉书·游侠传》也称他们"皆藉王公之势，竞为游侠，鸡鸣狗盗，无不宾礼"③。比如郭解年轻时"阴贼感慨，不快意，所杀甚众"，也有过作奸剽攻、私造假钱、挖人坟墓一类的劣迹；至年长以后乃"折节为俭，以德报怨，厚施而薄望"④。楼护则曾经背信弃义，卖友求荣。新莽时期，他任广汉太守，友人之子吕宽因反对王莽专权被通缉，逃至楼护处避难，楼护却出卖了他，将其献给王莽，换来了"息内侯"的封赏。阳翟有"轻侠赵季、李款多畜宾客，以气力渔食闾里，至奸人妇女，持吏长短，从横郡中"⑤。原涉"外温仁谦逊，而内隐好杀。睚眦于尘中，触死者甚多"，他在茂陵附近，僭越礼制修建坟茔祀庙，被好友的弟弟王游公告发，他即"遣长子初从车二十乘劫王游公家"，并"杀游公父及子，断两头去"⑥。更有甚者，据《汉书·酷吏传》载："长安中奸猾浸多，闾里少年群辈杀吏，受赇报仇，相与探丸为弹，得赤丸者斫武吏，得黑丸者斫文吏，白者主治丧。城中薄暮尘起，剽劫行者，死伤横道，枹鼓不绝。"⑦

这些行为，对当时的社会治安带来了严重威胁，也给百姓造成了很大的恐慌。有时侠、盗已经难分彼此，而行善与作恶，也只在他们一念之间。

三、统治者对于游侠的态度与政策

汉代选举制度主要采取察举制，实际上是以地方"举"荐为主，乡闾之中有

---

① 王立：《武侠文化通论》，人民出版社 2005 年版，第 4 页。
② 王先慎撰，钟哲点校：《韩非子集解》，中华书局 1998 年版，第 449 页。
③ 班固撰，颜师古注：《汉书》，中华书局 1962 年版，第 3697 页。
④ 班固撰，颜师古注：《汉书》，中华书局 1962 年版，第 3701 页。
⑤ 班固撰，颜师古注：《汉书》，中华书局 1962 年版，第 3268 页。
⑥ 班固撰，颜师古注：《汉书》，中华书局 1962 年版，第 3718 页。
⑦ 班固撰，颜师古注：《汉书》，中华书局 1962 年版，第 3673 页。

名望、有地位的人，就可能被推举做官。而汉代游侠在地方上的声望则正好满足了这一条件。这些游侠也多与官宦士族过从甚密，比如长安游侠萬章在担任"京兆尹门下督"时，曾随京兆尹"至殿中，侍中诸侯贵人争欲揖章，莫与京兆尹言者"①；杜陵陈遵居长安时，也是"列侯近臣贵戚皆贵重之，牧守当之官，及郡国豪杰至京师者，莫不相因到遵门"②，可见这些豪侠之士，在达官贵戚中享有很高的知名度，甚至这些为官者竟然以见到他们、认识他们为荣耀。有了基层闾里的拥戴和朝中贵戚的举荐，一部分游侠自然很顺利地步入政坛，如关中游侠郑当时、楼护、陈遵、原涉等人都在官场中平步青云，取得了很高的政治地位。郑当时少年时"以任侠自喜"，"声闻梁楚之间"③，后来在景帝时为太子舍人，武帝时累官至九卿；娄护先是被平阿侯举为方正，后曾任谏议大夫、天水太守、广汉太守等；陈遵曾做过河南太守，九江、河内都尉等高官；原涉曾被大司徒史丹荐为谷口令，后又被王莽任为镇戎大尹；等等。还有一些通过为国立功而得到帝王赏识和重用，如汉昭帝时，楼兰国王常常背信弃义，汉朝派出的使者多为其所杀，北地人傅介子主动请缨去刺杀楼兰王，后果然"持王首还诣阙，公卿将军议者咸嘉其功"，被昭帝封为义阳侯，"食邑七百户"，和他一同前去刺杀的人也"皆补郎中"④。总的看来，这一部分走入官场的游侠或品行还算端正，或后来改过自新，没有造成大的社会危害。而另一部分整日为非作歹、罔顾国法、严重危害社会治安的游侠，则成为国家重点惩治的对象，也导致了他们悲惨的命运。

韩非子谓"儒以文乱法，侠以武犯禁"，在凭借武力统一天下的秦代，文臣儒士被视为眼中钉肉中刺，所以才有了"焚书坑儒"的惨剧；而在国家政局相对稳定的两汉时期，尚武任气的游侠则成了社会安宁的重要威胁。特别是"任侠"在关中地区演变为一种受人崇尚的社会风气以后，此地游侠队伍更呈现出鱼龙混杂的格局，许多霸道横行、鱼肉百姓的邪恶势力，也纷纷打着"游侠"

---

① 班固撰，颜师古注：《汉书》，中华书局1962年版，第3705页。
② 班固撰，颜师古注：《汉书》，中华书局1962年版，第3710页。
③ 司马迁撰，裴骃集解：《史记》，中华书局1959年版，第3112页。
④ 班固撰，颜师古注：《汉书》，中华书局1962年版，第3002页。

"豪侠"的旗号行事,这不仅影响了游侠的社会声誉,而且严重破坏了京都地区的社会秩序和风俗人心。所以,以维持秩序为职责的政府官员把游侠、豪侠作为重点打击对象,也是理所应当的事了。例如大侠郭解的父亲即"以任侠,孝文时诛死"[1],而郭解自己最终也以"大逆不道"之罪被诛杀全族。两汉时期,关中地区以打击、惩治游侠闻名的官员有赵广汉、王尊、尹赏、何并等。

赵广汉是西汉中期著名官吏,在惩治游侠方面可谓不遗余力。担任京兆尹时,他对于长安"郡中盗贼,闾里轻侠,其根株窟穴所在,及吏受取请求铢两之奸,皆知之",施以强硬惩治手段:"长安少年数人会穷里空舍,谋共劫人,坐语未讫,广汉使吏捕治,具服。"他得知时任京兆掾的新丰人杜建"素豪侠,宾客为奸利",先是对其进行劝说,"不改,于是收案致法"[2]。西汉成帝河平年间,王尊为京兆尹,"捕击豪侠,杀(萬)章及箭张回、酒市赵君都、贾子光,皆长安名豪,报仇怨养刺客者也"[3]。酷吏尹赏任长安令之前,长安街巷"奸猾浸多",打家劫舍、杀人越货无所不为,尹赏到任以后,"修治长安狱,穿地方深各数丈,致令辟为郭,以大石覆其口,名为虎穴。乃部户曹掾史,与乡吏、亭长、里正、父老、伍人,杂举长安中轻薄少年恶子,无市籍商贩作务,而鲜衣凶服被铠扞持刀兵者,悉籍记之,得数百人",这些人被处死以后,"瘗寺门桓东,楬著其姓名,百日后,乃令死者家各自发取其尸",以至于数月以后,"盗贼止,郡国亡命散走,各归其处,不敢窥长安"[4],可见其打击范围之广、手段之严酷。平陵人何并在西汉五陵县之一的长陵担任县令,任职期间治绩颇著。他通过种种措施,使得当地出现了"道不拾遗"的局面,以至于他后来改任颍川太守时,颍川许多为非作歹之徒"闻并且至,皆亡去"[5]。由此可见,汉代游侠尽管声势浩大,代不乏人,却也一直遭受着无情的杀戮和残酷的打击。除了上面举到的例子以外,史书中所载被杀戮的游侠还有汉景帝时的王孟、瞯氏、周

---

[1] 班固撰,颜师古注:《汉书》,中华书局1962年版,第3710页。
[2] 班固撰,颜师古注:《汉书》,中华书局1962年版,第3202页。
[3] 班固撰,颜师古注:《汉书》,中华书局1962年版,第3706页。
[4] 班固撰,颜师古注:《汉书》,中华书局1962年版,第3673—3674页。
[5] 班固撰,颜师古注:《汉书》,中华书局1962年版,第3268页。

肤，汉武帝时的"京师大侠"朱安世，汉顺帝时的孙礼等人。

总之，两汉四百年间，几乎历朝都有过处死游侠的事例，其中多次规模甚大。这些血腥的屠戮与迫害，很快使游侠群体走向衰落，幸存之人或投靠朝廷、依附权贵，或隐姓埋名，不敢再以"游侠"身份露面。所以，汉代以后，魏晋南北朝以至隋代近四百年间，著于史册的游侠寥寥无几（正史自《后汉书》以至《清史稿》，不再设游侠传）。直到唐代，随着社会的安定、国家政策的宽容和社会风气的改变，游侠这一群体才再一次走入人们的视野，成为唐代文化史上的一道风景。而作为唐朝国都的长安及其周边的关中地区，自然也如西汉时期一样，再一次聚集了数量最为庞大、声势最为浩大的游侠队伍。

四、后世文人对于关中游侠的美化

毫无疑问，两汉时期是继春秋战国时期刺客横行、策士辈出以后，关中历史上游侠最为活跃、最具社会影响力的时期，但同时也是游侠遭受迫害、打压最为残酷的时期。这是由游侠崇尚武力、轻视国法、肆意妄为的社会角色特点所导致的；而且，随着游侠群体的复杂化，许多恶霸、盗贼、奸佞之徒也借机充斥其间，为非作歹、伤天害理，不仅危害了普通百姓的利益，也挑战了统治者的权威，所以自然不会见容于当世。

如前所引，汉代著名游侠事迹，主要见载于《史记·游侠列传》和《汉书·游侠传》，两书其他纪、传中偶有旁涉，《后汉书·独行列传》及其他章节中的一些人物，侠士人格特征也比较突出。《史记》和《汉书》都以类传形式记游侠之事，但两书作者对于传主群体的精神人格的评价是不同的：司马迁褒多于贬，班固贬多于褒。司马迁认为："今游侠，其行虽不轨于正义，然其言必信，其行必果，已诺必诚，不爱其躯，赴士之厄困，既已存亡生死矣，而不矜其能，羞伐其德，盖亦有足多者焉。"并进而认为那些死守教条做事、凌空蹈虚发论的人对于人生之"义"的理解和实践，不如游侠来得真诚和实在："今拘学或抱咫尺之义，久孤于世，岂若卑论侪俗，与世沉浮而取荣名哉！而布衣之徒，设取予然诺，千里诵义，为死不顾世，此亦有所长，非苟而已也。故士穷窘而得委命，此岂非人之所谓贤豪间者邪？诚使乡曲之侠，予季次、原宪比权量力，效功于当世，不同日而论矣。要以功见言信，侠客之义又曷可少哉！"①显然，司马迁更多看到了游侠不卑琐、敢闯荡、能担当、轻生死的英风豪气，这和太史公的传人标准是一致的："扶义俶傥，不令己失时，立功名于天下，作七十列传。"②虽然上引激情昂扬的评说，固然道出了游侠精神的正面，但偏颇却也不免——对于游侠"不轨于正义"的一面轻轻带过，缺少剀切析判。所以班固虽敬重司马迁，却不同意其"序游侠则退处士而进奸雄"③的价值取向，认为游侠成分复杂，其中一些人重私义而轻公义，其行为"背公死党"，"不入于道德"，"以匹夫之细，窃生杀之权，其罪已不容于诛矣"，"苟放纵于末流，杀身亡宗，非不幸也"，故游侠品行可取者少于不可取者。同时，班固也不否认游侠人格光彩的一面："温良泛爱，振穷周急，谦退不伐，亦皆有绝异之姿。"④可以说，班固对游侠的评价，较司马迁更有公共立场，也更客观全面。

后世的文学作品尤其是诗歌出现了许多对关中游侠的赞美和向往之词，尤以"五陵少年"和"长安游侠"为最多。如南朝宋袁淑《效曹子建白马篇》："剑骑何翩翩，长安五陵间。秦地天下枢，八方凑才贤。"⑤隋代何妥《长安道》："长安狭斜路，纵横四达分。……五陵多任侠，轻骑自连群。"⑥唐王维《少年行》："新丰美酒斗十千，咸阳游侠多少年。"⑦李白《少年行》："五陵年少金市东，银鞍白马度春风。"⑧王瀚《饮马长城窟行》："长安少年无远图，一生惟羡执金吾。骐骥前殿拜天子，走马为君西击胡。"⑨钱起《送张将军征西》："长安少年唯好武，金殿承恩争破虏。沙场烽火隔天山，铁骑征西几岁还。"⑩等等不难看出，这

---

① 司马迁撰，裴骃集解：《史记》，中华书局1959年版，第3181—3183页。
② 司马迁撰，裴骃集解：《史记》，中华书局1959年版，第3319页。
③ 班固撰，颜师古注：《汉书》，中华书局1962年版，第2738页。
④ 班固撰，颜师古注：《汉书》，中华书局1962年版，第3697—3699页。
⑤ 逯钦立：《先秦汉魏晋南北朝诗》，中华书局1983年版，第1211页。
⑥ 逯钦立：《先秦汉魏晋南北朝诗》，中华书局1983年版，第2657页。
⑦ 彭定求：《全唐诗》，中华书局1980年版，第1306页。
⑧ 彭定求：《全唐诗》，中华书局1980年版，第1709页。
⑨ 彭定求：《全唐诗》，中华书局1980年版，第1603页。
⑩ 彭定求：《全唐诗》，中华书局1980年版，第2603页。

些诗作中的五陵、长安侠客形象与历史记载有所不同，诗人们更注重摹写任侠者策马驰骋、狂歌痛饮、为国立功的英雄气概，以及潇洒豪迈、不可一世的精神气象，具有强烈的感情色彩，字里行间充满了对这些游侠的夸赞和神往之情。尤其在唐朝，文学作品对于游侠精神的崇尚蔑以加矣——以"游侠""侠客""剑客"等为题材的诗歌层出不穷，传奇也塑造出了虬髯客、昆仑奴、聂隐娘、红线等侠客形象。但对于游侠的所作所为，诗人和传奇的作者们很少做道德判断，或者干脆将游侠不光彩的一面统统隐去不写，仿佛是非、对错在他们看来都不重要，重要的只是那一个虚幻出来的浪迹天涯、快意恩仇的美好形象。尽管后世的许多武侠小说，已渐渐地将侠与邪、正义与非正义区分开来，突出表现"侠之大者，为国为民"的正义精神，但总的来说，对于侠者违法乱纪、扰乱社会秩序的一面，小说家们很少提出批判。

当然，后世对于关中游侠的态度也并非一味肯定和赞美，也有一些人即指斥其为"长安恶少""恶少年""轻薄子"，如晋代张华《轻薄篇》写道："末世多轻薄，骄代好浮华。志意能放逸，赀财亦丰奢。被服极纤丽，肴膳尽柔嘉。……足下金鑮履，手中双莫邪。……朝与金张期，暮宿许史家。……美女兴齐赵，妍唱出西巴。一顾倾城国，千金不足多。"[1]认为这些人生活奢侈浮华，无所事事，整日流连于歌楼酒肆之间，实为社会的蛀虫。梁昭明太子萧统也将"洛阳轻薄子，长安游侠儿"[2]并列，唐代王建《羽林行》更是对"长安恶少出名字，楼下劫商楼上醉"[3]的行径予以强烈讽刺。

总之，无论崇尚、美化也好，斥责、讽刺也罢，都反映了不同历史时代、不同立场的人们对于游侠的认识，正如陈平原所说，"侠"的观念是"一种历史记载与文学想象的融合，社会规定与心理需求的融合，以及当代视界与文类特征的融合"[4]。各个时代的作家都会根据自己所处的历史背景和生活感受来调整"侠"的观念，塑造侠客形象，表达自己对"侠"的理解。但是，游侠既然是中

---

[1] 逯钦立：《先秦汉魏晋南北朝诗》，中华书局1983年版，第610—611页。
[2] 逯钦立：《先秦汉魏晋南北朝诗》，中华书局1983年版，第1792页。
[3] 彭定求：《全唐诗》，中华书局1980年版，第3386页。
[4] 陈平原：《千古文人侠客梦》，人民文学出版社1992年版，第2页。

国文化史上的一种重要的现象，那么今人在学术研究时，就不能主观、武断地给予肯定或否定，而是要客观地、一分为二地进行分析研究，既要认识到他们除暴安良、疏财仗义等正义的一面，也不能无视或回护其霸道横行、违法乱纪的一面。这样，才有助于得出正确的认识，有助于相关研究的推进。

（刘炜评，西北大学文学院教授，西北大学学报编辑部主任，文学评论家；王彦龙，陕西科学技术出版社编辑，文学硕士。）

《楚汉春秋》佚文中的项羽

任 刚

项羽是《史记》中最光彩夺目的形象，也是中国文学史上最成功的文学形象之一。本文通过分析《楚汉春秋》佚文中的项羽形象，旨在说明《史记》的项羽形象和《楚汉春秋》有直接关系。

《楚汉春秋》未见著录于《文献通考》，一般以为，《楚汉春秋》亡佚于南宋。清朝有了《楚汉春秋》的辑本。辑本以洪颐煊辑集者较好。洪颐煊的辑本约五十条，其中包含了项羽、刘邦、范增、韩信、张良等故事。

要分析《楚汉春秋》中的项羽形象，就只能从相关佚文中进行分析。《楚汉春秋》佚文和项羽相关的占了十三条，这也可以从一个侧面看出《楚汉春秋》中项羽所占大致的比重。本文试图以这十三条佚文材料，大致分析一下项羽的形象，同时也可以看出刘邦等的形象。

一

洪颐煊的辑本收入《经典集林》卷十。与项羽相关的十三条材料如下：

（1）关于项燕：《史记·项羽本纪·索隐》项燕："项燕为王翦所杀。"

（2）关于项梁：《太平御览》卷三百八十六：项梁阴养士，最高者多力，拔树以击地。

（3）《太平御览》卷八百三十五：项梁阴养生士九十人，参木者所与计谋者也，木伴疾于室中，铸大钱以具甲兵。（《洪遵泉志》"生士"作"死士"。）

（4）关于会稽守：《史记·项羽本纪·集解》：会稽假守殷通。《汉书·项羽传》注：姓殷。

（5）沛公西入武关：《艺文类聚》卷六：沛公西入武关，居于霸上。遣将军闭函谷关，无纳项王。项王大将亚父至关不得入，怒曰："沛公欲反耶？即令家发薪一束，欲烧关门，关门乃开。"

（6）项王在鸿门：《水经·渭水注》：项王在鸿门，亚父谋曰："吾使人望沛公，其气冲天，五采色相缪，或似龙，或似虵，或似虎，或似云，或似人非人臣之气，不若诛之。高祖会项羽，范增目羽，羽不应。樊哙杖盾撞入食豕，羽壮之。"

《御览》卷十五引亚父谋曰："吾望沛公，其气冲天，五采色相摎，或似龙，或是蛇，或是虎，或似云，或是人，此非人臣之气也。"又卷八十七引首有"项王在鸿门"。"也"下有"不若杀之"四字。

（7）亚父碎玉斗：《御览》卷三百五十二：沛公脱身鸿门，从间道至军。张良韩信乃谒项王军门曰："沛公使臣奉白璧一双，献大王足下，玉斗一双，献大将军足下。"亚父受玉斗，置地，戟撞破之。

（8）烹说者：《项羽本纪》："说者曰：'人言楚人沐猴而冠耳'果然。项王闻之，烹说者"句下《集解》："《楚汉春秋》、扬子《法言》云：'说者是蔡生。'"

（9）董公遮说：《高祖本纪》："三老董公，遮说汉王"句下《正义》："《楚汉春秋》云：董公八十二岁，遂封为成侯。"

（10）上败彭城：《汉书·季布传》："布母弟丁公"句下注：晋灼曰：《楚汉春秋》云："薛人，名固。"

《史记·季布列传·集解》引《楚汉春秋》云："薛人，名固。"

《御览》卷三百七十三、六百四十九：薛人丁固追，上被发而顾曰："丁公，何相逼之甚！"乃回马而去。上即位，欲陈功。上曰："使项羽失天下，是子也。为人臣，用两心，非忠也。"使下吏笞杀之。

（11）项王为高阁：《御览》卷一百八十四：项王为高阁，置太公于上。告汉王曰："今不急下，吾烹太公。"汉王曰："吾与项王约为兄弟，吾翁即汝翁，若烹汝翁，幸分我一杯羹。"

（12）项王使武涉说淮阴侯：《艺文类聚》卷六十九，《御览》卷七百一十：项王使武涉说淮阴侯，淮阴侯曰："臣故事项王，位不过中郎，官不过执戟。及去项归汉，汉王赐臣玉案之食，玉具之剑。臣背叛之，内愧于心。"

《文选·四愁诗》注引："淮阴侯曰：'臣故事项王，位不过中郎，官不过执戟。及去相归汉，汉王赐臣玉案之食。'"又《闲居赋》注引："韩信曰：臣内愧于心。"

（13）美人和项羽歌：《项羽本纪·正义》：歌曰"汉兵已略地，四面楚歌声。大王义气尽，贱妾何聊生。"

二

上面的材料基本上涉及项羽一生的多个方面。由此我们可以推断《楚汉春秋》里的项羽的基本内容。上述十三条以时间先后为序，可以分为如下几类：

第一类是项羽的家世及造反，（1）—（4）四条。

前三条是项羽的家世。（1）是项燕。《项羽本纪》"为秦将王翦所戮者也"句下《索隐》："此云为王翦所杀，与《楚汉春秋》同。"项燕被王翦杀，是秦统一战争中的事情。《楚汉春秋》主要记载高祖、惠帝时的事情。所以此处捉及项燕为王翦所杀，也应该是连带而及。（2）（3）是项梁阴养死士。项梁复仇或者伺机造反在《项羽本纪》中有记载。项梁养死士的这两条材料《史记》中没有。这两条材料可以扩展我们的视野，丰富我们的见闻。这对有国仇家仇的项羽而言，影响自不待言。这两条材料告诉我们，项梁手下有力士，"拔树以击地"，力量了得！气魄了得！项羽"力能扛鼎""虽吴中子弟皆已惮籍""彼可取而代也""力拔山兮气盖世"，是否与此人有关？项羽过人的胆量、见识，大概与项梁的阴养死士有关吧？

项羽出生在这样一个家世，生长在这样一个环境，成人以后是一个什么样的人，大概可以想象得出。《楚汉春秋》的这些材料对于我们了解项羽的为人，无疑是有帮助的，不知为什么司马迁没有采用。

（4）是会稽造反。《项羽本纪》"会稽守通谓梁曰"《集解》："《楚汉春秋》曰：会稽假守殷通"，《项羽本纪》有名无姓，《集解》根据《楚汉春秋》的记载把姓补上。

第二类，鸿门宴。（5）—（7）三条，分别从不同阶段叙述了相关情节。这三条与《史记》相关记载相同的是：亚父坚决主张杀掉沛公，态度十分积极，是主角；相比之下，项羽似乎是木讷消极的，非主角。其不同分述如下：

（5）与《史记》记载不同的是：《史记》是项羽使当阳君等击关而入，《楚汉春秋》则是大将亚父欲火攻而入，沛公开关。这里范增的身份是"大将"。（7）范增是"大将军"。同一故事的《项羽本纪》也是"大将军"。按一般官职常情而言，"大将军"和"大将"的地位不一样。（5）（7）一篇之中，出现了范增的两种身份，总有一误。

（6）《水经注》引当为节录。内容包括了鸿门宴前的"望气"和鸿门宴上的范增、项羽、樊哙的表现，大体与《项羽本纪》的记载相同。

（7）亚父碎玉斗，《太平御览》卷三百五十二与《项羽本纪》的记载大体相同。小不同的是献玉斗的是张良、韩信。这里的韩信不知是韩王信，还是淮阴侯韩信。据《淮阴侯列传》淮阴侯归汉王是项羽入关以后的事情，所以，此处似当为韩王信。《项羽本纪》的相关记载是张良一人向项羽和亚父献玉璧。

"鸿门宴"是《史记》的名篇，《楚汉春秋》的"鸿门宴"与《史记》的"鸿门宴"有何不同，虽其详难得而知，但从看不到学者对此二"鸿门宴"有何评论的情实（学者时有指出《楚汉春秋》《史记》不同者），可以大致推想，相差不远。

第二类可以看出，《楚汉春秋》中鸿门宴的项羽与《项羽本纪》中鸿门宴的项羽基本上没有区别。由此可见，陆贾的写作技巧就像他的游说技巧一样，也是很了不得的！

第三类材料（8）（9）两条，反映了项羽的倒行逆施。

（8）烹说者：《项羽本纪》："说者曰：'人言楚人沐猴而冠耳'果然。项王闻之，烹说者"句下《集解》："《楚汉春秋》、扬子《法言》云说者是蔡生。《汉书》云是韩生。"从注看，《史记》未说明"说者"是谁，《集解》依据《楚汉春秋》《法言·重黎》补充说明"说者"的姓氏。《集解》之所以要标出姓氏，也应出于一种对说者的同情，同时也表达了对项羽认敌为友、以友为敌、倒行逆施的极大不满。不知史公何以不著说者姓氏。

（9）董公遮说：《高祖本纪》："三老董公，遮说汉王"句下《正义》："《楚汉春秋》云：董公八十二岁，遂封为成侯。"《通鉴纲目·西楚霸王、汉王二年集览》："董公八十二岁，起名未详。秦世隐士，遮道而说，遂封。"也可印证。

董公遮说《汉书·高帝纪》上："新城三老董公遮说汉王曰：臣闻：顺德者

昌，逆德者亡。兵出无名，事故不成。故曰：明其为贼，敌乃可服。项羽为无道，放杀其主，天下之贼也。夫仁不以勇，义不以力；三军之众，为之素服，以告之诸侯，为此东伐，四海之内，莫不仰德，此三王之举也。汉王曰：善。非夫子无所闻。于是汉王为义帝发丧，袒而大哭。"《史记会注考证》以为《汉书》"别有所据"，王利器认为"当亦本之陆氏"（笔者按：指《楚汉春秋》。见《新语校注》附录 185 页。）我认为王利器的推断不无道理。

董公遮说本来是一件大事情。从《史记·高祖本纪》相关记载看，高祖或者不知道义帝被项羽杀，或者知道了也没当回事，更不懂做啥文章。正是这位八十二岁的当地三老董公，提醒了汉王。于是汉王就拿这件事情大做文章：又是大哭，又是发丧，临三日，还写出一篇很好的讨项檄文。这里汉王的演技真的很高，戏演得非常有趣：表面上"袒而大哭""发丧，临三日"，实则心里是喜极而泣！自己做贼似的悄悄地刚占关中，得了大便宜，到此华丽转身，一下子成了天下正义的代表！而项羽从此成为天下的公敌！从此人心归附了汉王！天下归了汉王！以高祖的个性，怎么能不高兴！怎么能不哭！《史记·高祖本纪》的记载虽然简略，只有"新城三老董公遮说汉王以义帝死故。袒而大哭，遂为义帝发丧，临三日"几句，但把汉王的内心全盘托出。"新城三老董公遮说汉王以义帝死故"之"故"，当指上引《汉书·高帝纪》董公讲的那一席话。

"烹说者"是项羽自断忠谏之路，杀义帝则是"籍寇兵而赍盗粮"。不都关中、杀害义帝是项羽所有倒行逆施中最重大的。这在《楚汉春秋》中表述得非常明确。

第四类刘项战场之争。（10）—（13）四条。

（10）上败彭城，丁固私纵刘邦：《汉书·季布传注》："布母弟丁公"句下注：晋灼曰：《楚汉春秋》云："薛人，名固。"

《史记·季布列传·集解》引《楚汉春秋》云："薛人，名固。"

《御览》卷三百七十三、六百四十九：薛人丁固追，上被发而顾曰："丁公，何相逼之甚！"乃回马而去。上即位，欲陈功。上曰："使项羽失天下，是子也。为人臣，用两心，非忠也。"使下吏笞杀之。

泷川谓《史记桃园钞》引《楚汉春秋》云："薛人丁固与彭城人赖麟骑而追之，上披发而顾丁公曰：吾非不知公，公何急之甚？于是回马而去之。"

泷川引与《御览》卷三百七十三、六百四十九略有不同。

泷川引与《御览》与《史记·季布列传》也不完全一样。

《史记·季布栾布列传》："季布母弟丁公，为楚将。丁公为项羽逐窘高祖彭城西，短兵接，高祖急，顾丁公曰：'两贤岂相厄哉！'于是丁公引兵而还，汉王遂解去。及项王灭，丁公谒见高祖，高祖以丁公徇军中，曰：'丁公为项王臣不忠，使项王失天下者，乃丁公也。'遂斩丁公，曰：'使后世为人臣者无效丁公！'"

泷川引、《御览》所载与《史记·季布列传》，三者意思不异，文句不同，各有胜处，可以互参。

这段材料可以看出项羽军中的军纪之松散与管理之疏忽。刘邦此时真面已现，是项羽的头号敌人。按理说丁公应当抓住刘邦向项羽领功才好，但丁公不顾国家大体，竟然私放刘邦而去。这和通敌卖主有何区别？项羽大喝一声，千人尽废，瞪人一眼，人马俱惊。丁公难道不怕项羽吗？这固然和丁公的糊涂、耳朵软、讲义气有关，但也不能不说和项羽军纪松散和管理之疏有关。就事后的结果看，丁公的通敌卖主行为没有受到制裁。项羽的军队以善战出名，善战应该和军纪整肃和管理严格有关。但是丁公的所作所为确实与项羽军队的破釜沉舟、士卒无不以一当十的作风正好相反。对比一下，比如在项羽东城快战、在乌江边上的时候，刘邦的部将在这样的关键时刻会做出这样的事情吗？绝对不会。其原因何在呢？会不会和项羽的赏罚不公有关呢？

（11）项王为高阁：《史记·项羽本纪》也有："当此时，彭越数反梁地，绝楚粮食，项王患之。为高俎，置太公其上。告汉王曰：'今不急下，吾烹太公。'汉王曰：'吾与项羽俱北面受命怀王，约为兄弟，吾翁即汝翁，必欲烹而翁，则幸分我一杯羹。'项王怒，欲杀之。项伯曰：'天下事未可知，且为天下者不顾家，虽杀之无益，只益祸耳。'项王从之。"比较一下《御览》卷一百八十四所引，可知《御览》略去故事的后半截，即项伯的劝说。其他大同小异。大致可以断定，《御览》卷一百八十四所引仅为故事的前半截，《项羽本纪》的此段故事，当取自《楚汉春秋》。从上引鸿门宴有关材料的项羽不杀刘邦的态度，到本段故事项羽对刘邦的父母妻子的态度，可以看出项羽对刘邦真是够仁慈的！也够讲君子风度的！想想刘邦诛除后患动辄夷三族的毒辣手段，刘邦的仁厚、长者的名声到底从哪里得来的？而陆贾竟然能将项羽的贵族气写出来！可见《楚

193

汉春秋》没有把项羽写成杀人魔王，而是一个十分有情义的英雄！而刘邦、项伯的形象也十分好看！

（12）项王使武涉说淮阴侯：故事也见于《淮阴侯列传》：

> 楚已亡龙且，项王恐，使盱眙人武涉往说齐王信曰："天下共苦秦久矣，相与戮力击秦。秦已破，计功割地，分土而王之，以休士卒。今汉王复兴兵而东，侵人之分，夺人之地，已破三秦，引兵出关，收诸侯之兵以东击楚，其意非尽吞天下者不休，其不知厌足如是甚也。且汉王不可必，身居项王掌握中数矣，项王怜而活之，然得脱，辄倍约，复击项王，其不可亲信如此。今足下虽自以与汉王为厚交，为之尽力用兵，终为之所禽矣。足下所以得须臾至今者，以项王尚存也。当今二王之事，权在足下。足下右投则汉王胜，左投则项王胜。项王今日亡，则次取足下。足下与项王有故，何不反汉与楚连和，参分天下王之？今释此时，而自必于汉以击楚，且为智者固若此乎！"韩信谢曰："臣事项王，官不过郎中，位不过执戟，言不听，画不用，故倍楚而归汉。汉王授我上将军印，予我数万众，解衣衣我，推食食我，言听计用，故吾得以至于此。夫人深亲信我，我倍之不祥，虽死不易。幸为信谢项王！"

对比可知，《史记》之文当为《楚汉春秋》相关情节的全文，而《艺文类聚》卷六十九、《御览》卷七百一十所节录的仅为此事的节录。《文选·四愁诗》《闲居赋》注引也是节录，仅仅是韩信回答武涉之言，而武涉游说韩信之言省略掉了。

项羽向来用刀枪说话，很少用游说的手段。此当为项羽用游说手法解决问题的最重要的一次。游说辞诚诚恳恳，不夸不虚，是游说辞中少有的实在话。武涉的说辞，把项羽满腔对刘邦的不满表现出来。但摆事实，讲道理，有理有据，不失风度。应该说，当时的世界上，认识刘邦最清楚的应该数项羽为第一。全是从教训中得出的结论。说辞主要概括了刘邦的两点：一是贪而不知足，一是背约不可亲信。刘邦就是属于那种置人于死地以后，才能觉察出他的为人的那种。项羽之后，对刘邦认识最清楚的是韩信、彭越、黥布等异姓王，也都是血的教训。欺骗手段非常高。项羽、韩信等因内愧之心，做出了错误的选择。刘邦有没有内愧之心呢？陆贾能将这些事情写出来，可见陆贾的为人！陆贾立过大功，但一直未被封侯，是不是与此有关？

（13）美人和项羽歌：项羽军壁垓下，四面楚歌时，唱了《垓下歌》，虞美人和项羽所唱歌。《项羽本纪》不载。《项羽本纪·正义》于"美人和之"句下，引《楚汉春秋》所载虞姬和歌云："汉兵已略地，四面楚歌声。大王义气尽，贱妾何聊生。"作为和歌，自然也有《垓下歌》。所以大致也可以断定"项羽军壁垓下——左右皆泣，莫能仰视"一段也出自《楚汉春秋》。《垓下歌》体现了项羽最有人情的一面，是一首真正英雄的歌。

三

从以上四类材料的简单分析可以看出，《楚汉春秋》中项羽的形象也是丰富的、生动的。《楚汉春秋》的项羽材料应当比这十三条多得多，因而也就可以断定《楚汉春秋》中项羽的形象，也比我们上述十三条要丰富生动。上面所引的材料，不见于《史记》的，如项梁阴养死士的故事，确实丰富了我们的视野，印证了《史记》的相关记载，加深了我们对项羽的认识；共见于《楚汉春秋》与《史记》的材料，虽然文字上有所出入，但是基本上和《史记》相关材料中的项羽形象，区别不大。

《秦楚之际月表》一开头就说："太史公读秦楚之际"，一般认为这里所说的"秦楚之际"就是以《楚汉春秋》为主的相关书籍。《汉书·司马迁传·赞》、《后汉书·班彪传》、《史记》三家注、《史通》等作者都是熟悉《楚汉春秋》的，也都说《史记》秦楚之际与《楚汉春秋》的密切关系。总之，《史记》记秦汉间事尤详，与《楚汉春秋》有直接关系是学者的共识。秦末、秦楚之际前后只有八年，但在中国历史上影响非常巨大。至今象棋棋盘上仍然印着"楚河""汉界"，可以看作对这段历史的民族记忆至深。陆贾是奇人，《楚汉春秋》是奇书，司马迁又好奇，于是同气相求，共同演绎了这段震撼古今的历史。

司马迁在《楚汉春秋》的基础上，结合自己的见闻和实地考察所得的材料，写成了《项羽本纪》，为我们塑造了一个中国文学史上少有的令人爱、令人恨，爱恨纠结，难以取舍的项羽形象。项羽形象最大的特点在于其真。能把人性之真鲜明地表现出来的文学形象，在世界文学史也并不是很多。在中国的文学史上，公认的要数《红楼梦》。《史记》里面具有复杂性的人物形象，除了项羽之外，就要数汉高祖刘邦。这两个人物一个具有贵族气，一个具有草莽气，在中国文化中具有典型性。《史记》中项羽、刘邦形象的成功，得力于《楚汉春秋》。他们都是《楚汉春秋》的主角，都是陆贾着力的人物。由此也可以看出《楚汉春秋》对历史人物把握的准确程度、深刻程度、写作技巧。

（任刚，西安工程大学教授，文学博士。）

被低估的治世人才
——以《史记》公孙弘为例

彭国怡　杨宁宁

公孙弘，字季，齐菑川国薛县人（今山东寿光境内）。他出身寒门，曾以海上养猪维持家计，是武帝时期以善终的丞相之一，亦是"以丞相褒侯"的第一人。然而历代名家贬评其人，如明代凌稚隆《史记评林》引康海曰："公孙弘乃以人主不广大为言，孟子所谓逢君之恶欤？"[1]直接指责公孙弘是"逢君之恶"的不入流之辈，虚伪逢迎君王喜乐；唐顺之《唐荆川精选批点史记》则评："此传暗以'曲学阿世'四字摹写平津侯，极得其髓。"[2]指公孙弘以"曲学阿世"的手段，随波逐流于官场，借此上位。但历代贬评之于公孙弘，均基于对司马迁《史记》的解读。司马迁本人亦讽公孙弘"行义虽修，然亦遇时"[3]，是位逢时审势的幸运之人。目前学界对于公孙弘的研究，多集中于其政治行事，承前贬抑观点居多。近年来，已有学人提出对公孙弘政治行事、学术贡献等进行综合考评，相关研究有所进展。但仍未有学人细究公孙弘在政治行事、学术贡献等综合领域污名化的原因。故以司马迁《史记》为线，以其笔下公孙弘形象入手，力图探究其污名化之因，尽量还原其真实形象。

---

[1] 周振甫著：《〈史记〉集评》，重庆大学出版社2010年版，第318页。
[2] 杨燕起等编：《历代名家评史记》，北京师范大学出版社1986年版，第682页。
[3] 司马迁撰，裴骃集解，司马贞索隐，张守节正义：《史记》卷一百一十二《平津侯主父列传》，中华书局2014年版，第3587页。

一、司马迁笔下"曲学阿世"的公孙弘

（一）才华略写：存偏颇之处

《史记》记载公孙弘之事，集中于《平津侯主父列传》。其余散见于《乐书》《孝武本纪》《西南夷列传》《淮南衡山列传》等，为太史公一贯使用的互见法。将《史记·平津侯主父列传》与《汉书·公孙弘卜式儿宽传》相较，可见《史记》在记述公孙弘才华上，存缺漏之处。

如元光五年，西汉诏征文学，菑川国第二次向上推荐任用公孙弘之事。《史记·平津侯主父列传》中，只以百余字简略记载公孙弘在"太常令所征儒士各对策"中"第居下"，到皇帝面前的"策奏"却"擢弘对为第一"、"拜为博士"[1]的巨大飞跃。

班固在《汉书·公孙弘卜式儿宽传》中，却以千余字详细记录此次策奏过程，君臣之间问答来往，精彩绝伦。汉武帝发问诸位儒子："天人之道，何所本始？吉凶之效，安所期焉？禹汤水旱，厥咎何由？仁义礼知四者之宜，当安设施？属统垂业，物鬼变化，天命之符，废兴何如？"[2]公孙弘以上古尧舜之时的治世和睦为基调，提出治民之本的八条任官原则，向汉武帝剖析百姓的普遍心态。同时，公孙弘提出"气同则从，声比则应"[3]的观点，统治者与百姓都要注重"和"；他还强调仁义礼智都是"治之本，道之用也，皆当设施，不可废也"[4]，也属于

---

[1] 司马迁撰，裴骃集解，司马贞索隐，张守节正义：《史记》卷一百一十二《平津侯主父列传》，中华书局2014年版，第3574页。

[2] 班固撰，颜师古注：《汉书》卷五十八《公孙弘卜式儿宽传》，中华书局2012年版，第1985页。

[3] 班固撰，颜师古注：《汉书》卷五十八《公孙弘卜式儿宽传》，中华书局2012年版，第1987页。

[4] 班固撰，颜师古注：《汉书》卷五十八《公孙弘卜式儿宽传》，中华书局2012年版，第1987页。

"统垂业之本也"①；关于汉武帝对于"禹汤水旱"的疑问，公孙弘则认为是"天德无私亲，顺之和起，逆之害生"②的缘故，并在一番高谈阔论之后，以"臣弘愚戆，不足以奉大对"③的谦虚态度收尾，令武帝觉得此子进退有度，有文才。《汉书》的这段内容无不彰显公孙弘才华高明、态度谦逊，是有为的政治人才，为公孙弘策奏"对为第一"找到坚实的证据。按说，司马迁与公孙弘同朝为官，亲历此事，其记载史料应当比班固更为接近史实。然而，司马迁偏偏弃之不用此材料，反而由后来者班固录入此事，可窥见司马迁对公孙弘的偏颇之意。

（二）未录诏书：忽略功绩表彰

《史记·卫将军骠骑列传》录入卫青功绩诏书两篇，霍去病功绩诏书五篇，可见司马迁选材时，未曾忽略诏书录入。然而《史记·平津侯主父列传》却未录入肯定公孙弘功绩的诏书，应为太史公有意为之。或可借此管窥太史公对公孙弘的贬抑之心。

在《汉书·公孙弘卜式儿宽传》中，与公孙弘相关的诏书共出现两次：一次是元朔年间，汉武帝封赏丞相公孙弘为平津侯；另一次是西汉元始年间，汉平帝褒奖公孙弘，及对其子孙赏赐。由于《汉书》成书于东汉，班固收入汉平帝诏书时间符合，却不符司马迁成书时间，故此诏书不予讨论。

只看元朔年间的封赏诏书。其中《汉书·公孙弘卜式儿宽传》全诏录入：

> 朕嘉先圣之道，开广门路，宣招四方之士，盖古者任贤而序位，量能以授官，劳大者厥禄厚，德盛者获爵尊，故武功以显重，而文德

---

① 班固撰，颜师古注：《汉书》卷五十八《公孙弘卜式儿宽传》，中华书局 2012 年版，第 1987 页。

② 班固撰，颜师古注：《汉书》卷五十八《公孙弘卜式儿宽传》，中华书局 2012 年版，第 1988 页。

③ 班固撰，颜师古注：《汉书》卷五十八《公孙弘卜式儿宽传》，中华书局 2012 年版，第 1988 页。

以行褒。其以高成之平津乡户六百五十封丞相弘为平津侯。①

　　班固在此评："其后以为故事，至丞相封，自弘始也。"②公孙弘一介布衣，出身乡鄙，在看重出身门庭的西汉王朝，按说仕途艰险，却以花甲之身，成为汉武帝"以丞相褒侯"的第一人，足见汉武帝对其重视。宋人王安石曾有诗《送何正臣主簿》化用汉武帝对公孙弘的褒赏："何但诸公能品藻，会须天子擢平津。"③平津侯即是公孙弘封号，公孙弘以前所未有的侯爵之封，青史留名。此外，汉武帝赏赐给公孙弘的封地平津乡，即在现今的山东省境内，属于西汉时齐国富庶之地。王夫人曾为其子刘闳向汉武帝求封地雒阳，武帝不允，但其时颇为宠幸王夫人，便给了齐地。汉武帝言："关东之国无大于齐者。齐东负海而城郭大，古时独临菑中十万户，天下膏腴地莫盛于齐者矣。"④汉武帝能将富庶的齐地赏赐给公孙弘，佐证其在汉武帝心中分量不轻。但司马迁《史记·平津侯主父列传》却丝毫未提及此次封赏诏书，只简单地以九个字提及汉武帝"以弘为丞相，封平津侯"⑤的事实。

二、真实的公孙弘

（一）品性孝顺，生活节俭

　　《史记·平津侯主父列传》开篇，司马迁便言公孙弘"养后母孝谨。"⑥自春

---

①　班固撰，颜师古注：《汉书》卷五十八《公孙弘卜式儿宽传》，中华书局 2012 年版，第 1990 页。

②　班固撰，颜师古注：《汉书》卷五十八《公孙弘卜式儿宽传》，中华书局 2012 年版，第 1990 页。

③　王安石撰，李壁注，李之亮补笺：《王荆公诗注补笺》，巴蜀书社 2002 年版，第 614 页。

④　司马迁撰，裴骃集解，司马贞索隐，张守节正义：《史记》卷六十《三王世家》，中华书局 2014 年版，第 2572 页。

⑤　司马迁撰，裴骃集解，司马贞索隐，张守节正义：《史记》卷一百一十二《平津侯主父列传》，中华书局 2014 年版，第 3575 页。

⑥　司马迁撰，裴骃集解，司马贞索隐，张守节正义：《史记》卷一百一十二《平津侯主父列传》，中华书局 2014 年版，第 3573 页。

秋时，孔子提出儒家学说，孝顺被视为反对"礼崩乐坏"中，关乎"礼"的重要一环，也是百姓奉为家庭和谐的圭臬，成为民族认同的传统。须知奉养老母，孝顺不易，付出心力必不可计。而公孙弘奉养的是后母，是与自身无血缘之亲，"孝谨"二字极见分量。司马迁还言公孙弘："后母死，服丧三年。"①服丧三年，被古人视为子女对父母最重要的礼节，公孙弘能在后母生前尽心奉养她，使她安享晚年；又能在后母死后，视她为生母，足孝三年，可见公孙弘品性孝顺，善良有情义。

公孙弘由于出身贫寒，将从前生活的节俭秉承至晚年任职丞相。司马迁写他"弘为布被，食不重肉"。②公孙弘平日里盖着布做的被子，不吃两种以上的肉菜。在同朝普遍奢靡的王公大臣中，公孙弘坚持生活朴素，显得十分特别。与公孙弘有过节的汲黯就曾不耻他："弘位在三公，俸禄甚多，然为布被，此诈也。"③汲黯认为，公孙弘这种生活习惯，十分虚伪。但韩兆琦就此言："人常责史公用词欠妥，今见汲黯以公孙弘之'布被'为说，似亦'恶则洗垢索瘢'之类。"④的确，公孙弘喜欢盖布做的被子，不注重饮食，是他个人的生活习惯。尽管这习惯在诸位同僚当中格格不入，但汲黯仅因公孙弘的特殊生活习惯，便出言指责其"诈"，未免有喜好上的牵强附会。

此外，在生活上，公孙弘不仅不注重饮食，"食一肉脱粟之饭"⑤，还大方供养朋友、门客，"故人所善宾客，仰衣食，弘奉禄皆以给之，家无所余"⑥，这

---

① 司马迁撰，裴骃集解，司马贞索隐，张守节正义：《史记》卷一百一十二《平津侯主父列传》，中华书局2014年版，第3574页。

② 司马迁撰，裴骃集解，司马贞索隐，张守节正义：《史记》卷一百一十二《平津侯主父列传》，中华书局2014年版，第3574页。

③ 司马迁撰，裴骃集解，司马贞索隐，张守节正义：《史记》卷一百一十二《平津侯主父列传》，中华书局2014年版，第3575页。

④ 韩兆琦编著：《史记笺证（九）列传》，江西人民出版社2004年版，第5610页。

⑤ 司马迁撰，裴骃集解，司马贞索隐，张守节正义：《史记》卷一百一十二《平津侯主父列传》，中华书局2014年版，第3575页。

⑥ 司马迁撰，裴骃集解，司马贞索隐，张守节正义：《史记》卷一百一十二《平津侯主父列传》，中华书局2014年版，第3575页。

种慷慨的行为，得到士大夫们的一致称赞，"士亦以此贤之"。①公孙弘出身贫寒，深知生活不易，用俸禄尽力帮助朋友、门客们的生活，不忘初心，可窥其品性。但《西京杂记》有言："公孙弘起家，徒步为丞相，故人高贺从之……贺告人曰：'公孙弘内服貂蝉，外衣麻枲；内服五鼎，外膳一肴，岂可以示天下？'"②高贺之语，意在指责公孙弘节俭之名不实。事实上，高贺拜谒公孙弘之心并不单纯，他未能从位居高位的公孙弘处得到好处，便污名故人以泄愤："何用故人富贵为？脱粟布被，我自有之。"③因而，高贺之语，可看出其心胸狭隘，不足为信。韩兆琦评点《西京杂记》："此事乃言'故人'之刁，与史公之讨厌公孙弘，然亦不全面否定公孙弘者异旨。"④也佐证高贺的"刁客"之名。可见公孙弘生活节俭，着实不虚。

（二）文才横溢，毅力超群

《史记·平津侯主父列传》载，公孙弘四十多岁的时候，方开始学习《春秋》和各家学说。按心理学家皮亚杰著名的认知发展理论来说，十一、十二岁左右是儿童的形式运算阶段的开始，此时的儿童逐渐掌握抽象逻辑推理水平，即是在学习记忆上的融会掌握能力较强。公孙弘却以四十多岁高龄开始读书学习。这个年龄，正处在记忆力、学习认知能力大幅度减弱的时期，公孙弘能够克服各种困难，认真学习各家学说，可见其毅力超群。

公孙弘不单学习毅力超群，领悟能力也极强，天赋颇佳。公孙弘是一个才华横溢的大器晚成者，四十多岁才学《春秋》，却在六十岁的时候，能够"征以贤良为博士"。⑤况且，公孙弘在第一次任职博士之时，因汇报工作不合圣意，自

---

① 司马迁撰，裴骃集解，司马贞索隐，张守节正义：《史记》卷一百一十二《平津侯主父列传》，中华书局 2014 年版，第 3575 页。
② 刘歆等撰：《西京杂记译注》，上海三联书店 2013 年版，第 76 页。
③ 刘歆等撰：《西京杂记译注》，上海三联书店 2013 年版，第 76 页。
④ 韩兆琦编著：《史记笺证（九）列传》，江西人民出版社 2004 年版，第 5609 页。
⑤ 司马迁撰，裴骃集解，司马贞索隐，张守节正义：《史记》卷一百一十二《平津侯主父列传》，中华书局 2014 年版，第 3573 页。

己借口辞职了。按说，公孙弘的仕途便就此戛然而止。元光五年，汉武帝再次招纳人才，公孙弘却被他的家乡菑川国再次推荐。一个已经免官归家的寒门孺子，却得家乡再次力荐，足见公孙弘才名远扬。《西京杂记》载："公孙弘为国士所推尚为贤良，国人邹长倩以其家贫，少自资致，乃解衣裳以衣之，释所著冠履以与之，又赠以刍一束，素丝一匹，扑满一枚，书题遗之。"① 公孙弘若非才华满腹，哪里值得乡人邹长倩可怜其贫苦，尽心尽力地帮他呢？公孙弘亦未曾辜负乡人所望，在策奏中考取头名。公孙弘之文才，毋庸置疑。

（三）政治上聪明进退，忠君为国

《史记·儒林列传》记公孙弘为学官之时，曾因"悼道之郁滞"② 而痛心，故而向汉武帝上谏，使得"自此以来，则公卿大夫士吏斌斌多文学之士矣"③，官场风气，为之一变。可窥见其胸怀抱负不凡。然而命运令他所辅佐的君王是自信果断、颇好大喜功的汉武帝。面对这样一位君主，作为辅佐之臣的公孙弘，经历了从直谏到委婉谏议的聪明转变。

建元元年，公孙弘第一次免官，"使匈奴，还报，不合上意，上怒，以为不能，弘乃病免归"④。正是其以直谏惹怒汉武帝之果。而元光五年，第二次由家乡菑川国推荐进入官场的公孙弘，仍未领悟谏议之道，故其在当时是否设置西南夷道的谏议之上，重蹈直谏之错。其时，西汉欲开西南夷，设置郡县，巴蜀百姓对此苦不堪言。公孙弘受汉武帝派遣，前往巴蜀地区视察，归来后向汉武帝汇报工作"盛毁西南夷无所用"⑤，尽言当地百姓不满，并劝诫汉武帝放弃设

---

① 刘歆等撰：《西京杂记译注》，上海三联书店 2013 年版，第 257 页。
② 司马迁撰，裴骃集解，司马贞索隐，张守节正义：《史记》卷一百二十一《儒林列传》，中华书局 2014 年版，第 3789 页。
③ 司马迁撰，裴骃集解，司马贞索隐，张守节正义：《史记》卷一百二十一《儒林列传》，中华书局 2014 年版，第 3790 页。
④ 司马迁撰，裴骃集解，司马贞索隐，张守节正义：《史记》卷一百一十二《平津侯主父列传》，中华书局 2014 年版，第 3573 页。
⑤ 司马迁撰，裴骃集解，司马贞索隐，张守节正义：《史记》卷一百一十二《平津侯主父列传》，中华书局 2014 年版，第 3574 页。

置西南夷道的想法。司马迁所用"盛毁"二字,可见公孙弘报告时言辞之激烈,情感之亢奋。但此事之果,是汉武帝并未听从其意见,公孙弘直谏再次碰壁。此事足见公孙弘由直谏变为"婉谏",再到曲意逢迎,存在一个转变过程。

公孙弘毕竟天资聪慧,两次碰壁便逐步变通,探寻出自身谏议之道。如元朔三年,朝廷欲设朔方郡之事。其时,朝廷已忙于经营西南夷,又想在东边设置沧海郡,更欲在北边新置朔方郡。公孙弘由于曾到巴蜀地区考察,深知百姓对西南夷设置多有怨言,也认为西南夷、沧海郡、朔方郡的设置,浪费国家人力物力,得不偿失。他多次向汉武帝谏议,取消这些地方的设置。以汉武帝性格,自然不喜臣下三番五次忤逆其意见,"于是天子乃使朱买臣等难弘置朔方之便。发十策,弘不得一"[1]。以公孙弘之文才,必不可能十策均不能对。此正是其既考虑不忤逆皇帝,又坚持自己意见的变通之法。《史记·平津侯主父列传》记:"弘乃谢曰:'山东鄙人,不知其便若是,愿罢西南夷、沧海而专奉朔方。'上乃许之。"[2]公孙弘此言十分聪明,既未完全忤逆汉武帝之意,却让汉武帝考虑专心经营朔方郡,从而取消当下对西南夷、沧海郡的设置。虽结果不能十全十美,但公孙弘原本政治上的诉求,即"以为罢敝中国以奉无用之地,愿罢之"[3],实现了部分。高情商的公孙弘自此逐渐找到谏议之道,故能位居高位。中井言:"弘不敢置对,似阿世者,然因此罢西南夷、沧海,则大有裨益,立朝统治者不能无是臭味,宜算其损益多少而褒贬之。"[4]中井此语,便是肯定公孙弘的妥协部分,达到变通解决的官道智慧。

公孙弘作为文臣之首,在"伴君如伴虎"的政治环境下,将妥协的生存法则发挥到极致。在朝堂之上,他给热衷独断的汉武帝提供多种解决方案,不与同

---

[1] 司马迁撰,裴骃集解,司马贞索隐,张守节正义:《史记》卷一百一十二《平津侯主父列传》,中华书局2014年版,第3574页。

[2] 司马迁撰,裴骃集解,司马贞索隐,张守节正义:《史记》卷一百一十二《平津侯主父列传》,中华书局2014年版,第3574页。

[3] 司马迁撰,裴骃集解,司马贞索隐,张守节正义:《史记》卷一百一十二《平津侯主父列传》,中华书局2014年版,第3574页。

[4] 韩兆琦编著:《史记笺证列传》,江西人民出版社2004年版,第5609页。

僚起冲突："每朝会议，开陈其端，令人主自择，不肯面折庭争"①；同僚汲黯在汉武帝面前骂他奸诈不忠，"始与臣建此议，今皆倍之"②。他只能无奈承受同僚唾骂，一句："夫知臣者以臣为忠，不知臣者以臣为不忠"③不似辩驳，倒似臣子为皇帝做替罪之羊的无奈；在淮南衡山谋反案上，公孙弘态度端正，坚决拥护中央朝廷，展现他忠君爱国的底线。虽其未曾大有政治作为，但公孙弘在政治上如鱼得水，展现其智商、情商皆备。

（四）与同僚关系

公孙弘因《史记·平津侯主父列传》而被史家唾骂，可归因于此："诸尝与弘有郤者，虽详与善，阴报其祸。杀主父偃，徙董仲舒于胶西，皆弘之力也。"④司马迁将主父偃、董仲舒、汲黯等人在政治上的遭遇，完全归咎于公孙弘之祸，是在主观上高估了公孙弘之力。

先说汲黯，汲黯直率好谏，与公孙弘曲学谏议的行事不同，故二人于朝堂上常有分歧。但《史记·汲郑列传》记载，汲黯由于常在朝堂上诋毁儒学，无所顾忌地讽刺公孙弘等与他政见不同之人，触怒武帝，导致武帝对汲黯起杀心，"欲诛之以事"。⑤按说，公孙弘与汲黯有郤，面对如此难得打压政敌的机会，公孙弘应当一心要置汲黯于死地。但公孙弘却非如此，他上言武帝："右内史界部中贵人多宗室，难治，非素重臣不能任，请徙黯为右内史。"⑥公孙弘仅仅建言

---

① 司马迁撰，裴骃集解，司马贞索隐，张守节正义：《史记》卷一百一十二《平津侯主父列传》，中华书局2014年版，第3574页。

② 司马迁撰，裴骃集解，司马贞索隐，张守节正义：《史记》卷一百一十二《平津侯主父列传》，中华书局2014年版，第3574页。

③ 司马迁撰，裴骃集解，司马贞索隐，张守节正义：《史记》卷一百一十二《平津侯主父列传》，中华书局2014年版，第3574页。

④ 司马迁撰，裴骃集解，司马贞索隐，张守节正义：《史记》卷一百一十二《平津侯主父列传》，中华书局2014年版，第3575页。

⑤ 司马迁撰，裴骃集解，司马贞索隐，张守节正义：《史记》卷一百二十《汲郑列传》，中华书局2014年版，第3776页。

⑥ 司马迁撰，裴骃集解，司马贞索隐，张守节正义：《史记》卷一百二十《汲郑列传》，中华书局2014年版，第3776页。

武帝降职汲黯,并未主张处死汲黯。这一是他看出汉武帝对汲黯的惜才之心,因汉武帝曾说:"古有社稷之臣,至如黯,近之矣"①,并非是真心想杀汲黯;二是公孙弘与汲黯虽为政敌,却对汲黯之才惺惺相惜,他担心汉武帝冲动之下杀害汲黯,日后后悔,此为设法保全汲黯之法。汲黯最终得以善终,并未落得夭亡之果。公孙弘主张贬谪,有一定的功劳。此外,《史记·乐书》有言武帝曾于大宛得千里马而作《西极天马歌》一事。《史记·乐书》主体部分历来被学人认为取自《礼记·乐记》,篇前篇尾部分的"太史公曰"多被视为后人补续史公遗笔。正如今人张大可《史记残缺与补窜考辨》所言:"《礼书》、《乐书》篇前之序有'太史公曰',当是补亡者搜求的史公遗文,可以说这两篇是书亡序存。"②而武帝《西极天马歌》一事正存于《史记·乐书》篇前,故亦视为太史公遗文。且观此事:武帝得千里马兴而歌诗,汲黯见此进言劝诫武帝,令武帝暗生不悦,公孙弘此时言"黯诽谤圣制,当族"。③此事亦被史家视为公孙弘暗害汲黯之证。然据今人王淑梅、于盛庭根据《史记·汲郑列传》与《汉书·百官公卿表》对比考证,武帝作《西极天马歌》时,公孙弘、汲黯均已亡,《史记·乐书》中的公孙弘应当是齐国方士公孙卿的误记之笔④,此亦可能为后人补史公遗序时的错置之处。故若将汲黯之事,尽归于公孙弘之手,不甚妥当。

  其次,董仲舒与公孙弘之纠葛。《史记·儒林列传》:"公孙弘治春秋不如董仲舒……董仲舒以弘为从谀。弘疾之,乃言上曰:'独董仲舒可使相胶西王。'"⑤世人皆因此笔,认为公孙弘嫉妒董仲舒之才,从而提议武帝贬徙董仲舒至胶西

---

① 司马迁撰,裴骃集解,司马贞索隐,张守节正义:《史记》卷一百二十《汲郑列传》,中华书局2014年版,第3775页。

② 张大可,丁德科主编:《史记论著集成》卷十四《史记疑案研究》,商务印书馆2015年版,第495页。

③ 司马迁撰,裴骃集解,司马贞索隐,张守节正义:《史记》卷二十四《乐书》,中华书局2014年版,第1401页。

④ 王淑梅,于盛庭:《〈天马歌〉考辨与〈史记·乐书〉的真伪》,《乐府学》,2015年第2期,第54页。

⑤ 司马迁撰,裴骃集解,司马贞索隐,张守节正义:《史记》卷一百二十一《儒林列传》,中华书局2014年版,第3799页。

国。观胶西王刘端在《史记·五宗世家》中的形象,"端为人贼戾"①、"为郎者顷之与后宫乱,端禽灭之,及杀其子母"②、"相、二千石往者,奉汉法以治,端辄求其罪告之,无罪者诈药杀之"③。刘端本人是极其荒唐任性、狠厉无情的。因而公孙弘如此提议,世人皆以为其"陷害"董仲舒,尽为其过。然而胶西王虽然极其顽劣,但面对董仲舒此等大儒却是"善待之",是"董仲舒恐久获罪,疾免居家"④。董仲舒本人心中惴惴,担心无法应对胶西王,其所做出的个人选择与公孙弘无关。况且,胶西王顽劣不堪,引起民愤,最为头疼的人是武帝刘彻。毕竟"汉公卿数请诛端,天子为兄弟之故不忍"⑤,刘彻不忍诛杀手足的纠结,借此可窥。而公孙弘擅长察言观色,适时提出让董仲舒此等大儒前去胶西国任王相,从而教化刘端,对于武帝来说无异于雪中送炭。既留存刘端一命,又教化其人,使其少惹事端。此正是武帝内心谋算,只是借公孙弘之口而付诸实行。此外,董仲舒在前往胶西国任职王相之前,是在江都国任职王相。江都国地处今江苏省扬州一带,胶西国地处今山东省胶县、高密一带,水运发达,农耕经济发展较好,都是自古以来的富庶之地,公孙弘推荐董仲舒到胶西国任职,陷害之说实在荒谬。毕竟董仲舒任职江都王相时⑥,曾给公孙弘写过一篇《诣丞相公孙弘记室书》,里面言辞恳切,情深意重。董仲舒赞颂公孙弘"仲舒窃见宰

---

① 司马迁撰,裴骃集解,司马贞索隐,张守节正义:《史记》卷五十九《五宗世家》,中华书局2014年版,第2551页。

② 司马迁撰,裴骃集解,司马贞索隐,张守节正义:《史记》卷五十九《五宗世家》,中华书局2014年版,第2551页。

③ 司马迁撰,裴骃集解,司马贞索隐,张守节正义:《史记》卷五十九《五宗世家》,中华书局2014年版,第2552页。

④ 司马迁撰,裴骃集解,司马贞索隐,张守节正义:《史记》卷一百二十一《儒林列传》,中华书局2014年版,第3799页。

⑤ 司马迁撰,裴骃集解,司马贞索隐,张守节正义:《史记》卷五十九《五宗世家》,中华书局2014年版,第2551页。

⑥ 参见刘银清论文《董仲舒〈诣丞相公孙弘记室书〉考辨》观点。刘先生认为董仲舒作此书时间为元朔五年(前124),是其赴任胶西相前,因而董仲舒在此书中自述官职为江都相。此论文发表于《兰台世界》,2016年第6期,第145页。

职仕天下之重，群心所归，推须贤佐，以成圣化"①，还向公孙弘提议"愿君侯大开萧相国求贤之路，广选举之门"②。董仲舒既然如此敬重公孙弘，二人关系自然并非不堪，那陷害之说就更为不可信。

而主父偃与公孙弘过节，《史记·平津侯主父列传》载主父偃收受诸侯的贿赂，公孙弘向汉武帝提议："齐王自杀无后，国除为郡，入汉，主父偃本首恶，陛下不诛主父偃，无以谢天下"③，使主父偃被灭族。事实上，若主父偃并未收受贿赂，旁人无法拿捏其把柄，便亦无灭族之危。归结到底，还是主父偃自身行事不守慎。再者，公孙弘谏言武帝是以"齐王自杀无后"角度入手，他强调君王示范天下的大局；也提醒君王若不诛杀主父偃。主父偃告发齐国乱伦之事，已导致各诸侯国内部惶惶（因其时姊弟乱伦之事并非孤例），应当效仿文帝朝袁盎"杀丞相以谢天下"的做法④，诛杀主父偃作为平息此事的替罪羊。公孙弘是真正为武帝平衡各方势力，治理天下而着想，本职尽责。且武帝作为统治者，必然不可亲自说出诛杀自己臣子，此举会令其他臣子寒心，而若借以"曲学阿世"性格而行事于官场的公孙弘之口说出心中之事，更为合情理，武帝顺水推舟，不伤帝王颜面。公孙弘相对于主父偃，亦只是武帝的另一个替罪羊罢了。司马迁说公孙弘"阴报其祸"，实有偏颇。

三、司马迁对公孙弘贬大于褒的缘由

王允曾言《史记》是一本"谤书"："昔武帝不杀司马迁，使作谤书流于后

---

① 章樵注：《古文苑》，中华书局1985年版，第240页。
② 章樵注：《古文苑》，中华书局1985年版，第240页。
③ 司马迁撰，裴骃集解，司马贞索隐，张守节正义：《史记》卷一百一十二《平津侯主父列传》，中华书局2014年版，第3586页。
④ 韩兆琦编著：《史记笺证（九）列传》，江西人民出版社2004年版，第5645页。韩兆琦先生认为主父偃被迫以死谢罪，此事可同理于文帝时流放刘长使其自杀，举朝哗然，袁盎所提出的息事之法，即"杀丞相以谢天下"。

世。"①其指司马迁在记载史事时，在记叙史实之基上，对不喜之人，放大其缺点，简化其优点。司马迁虽肯定公孙弘"恢奇多闻"②，但更多评价其"为人意忌，外宽内深"③。借王允"谤书论"入手，或可一探司马迁"贬大于褒"的写作缘由。

（一）受李陵之祸影响

李长之《司马迁之人格与风格》言："我们更必须注意《史记》在是一部历史书之外，又是一部文艺创作，从来的史书没有像它这样具有作者个人的色彩的。"④《史记》即使是纪传体史书，却处处皆见作者主观烙印。

武帝天汉二年，太史公本该风平浪静的一生，遇上李陵之祸。李陵是李广之孙，当时率军深入匈奴作战，战败被匈奴俘虏。司马迁为李陵而上言武帝，被武帝认为其为李陵开脱，且讽刺劳军归来的李广利。武帝怒火中烧，罚司马迁以腐刑。此刑于司马迁，戕害其体，影响阳寿；在精神上，则导致太史公价值观念发生转变，对手中史书记录的工作产生怀疑。他曾一度悲观自语，认为自身无用："是余之罪也夫？是余之罪也夫！身毁不用矣！"⑤然司马迁非凡夫俗子，心理强大，他安慰自己："夫诗书隐约者，欲遂其志之思也。昔西伯拘羑里，演周易……此人皆意有所郁结，不得通其道也，故述往事，思来者。"⑥司马迁在自我调节后拾笔叙史，将心中郁结都寄托在后来的《史记》中，实现另一种

---

① 张大可、丁德科主编：《史记论著集成》卷十三《史记研究史及史记研究家》，商务印书馆 2015 年版，第 407 页。

② 司马迁撰，裴骃集解，司马贞索隐，张守节正义：《史记》卷一百一十二《平津侯主父列传》，中华书局 2014 年版，第 3574 页。

③ 司马迁撰，裴骃集解，司马贞索隐，张守节正义：《史记》卷一百一十二《平津侯主父列传》，中华书局 2014 年版，第 3575 页。

④ 杨燕起等编：《历代名家评史记》，北京师范大学出版社 1986 年版，第 45 页。

⑤ 司马迁撰，裴骃集解，司马贞索隐，张守节正义：《史记》卷一百三十《太史公自序》，中华书局 2014 年版，第 4006 页。

⑥ 司马迁撰，裴骃集解，司马贞索隐，张守节正义：《史记》卷一百三十《太史公自序》，中华书局 2014 年版，第 4006 页。

精神自由。如《史记·平津侯主父列传》中的公孙弘"不肯面折庭争"[1]，政治上擅长使用变通手法，避免正面与君王、同僚起冲突。公孙弘这种政治行事，与司马迁敢于面对群臣落井下石，为李陵挺身而出的勇气迥异。隋代王通曰："推之以诚，则不言而信。"[2]人总是愿意相信价值观念与之相近，能与其推心置腹之人。司马迁对行事观念迥异于己的公孙弘，自然内心不喜，下笔多有排挤。再者，公孙弘是受汉武帝重视的权臣，"丞相弘燕见，上或时不冠"[3]，汉武帝对公孙弘十分亲近，方能不在意自身礼节形态；相比之下，司马迁只是位受过腐刑的太史令，并不受汉武帝宠幸。两相对比，司马迁对《史记》中的公孙弘形象，便有所偏见了。

（二）材料取舍受社会舆论影响

王国维《人间词话》言："诗人对宇宙人生，须入乎其内，又须出乎其外。入乎其内，故能写之；出乎其外，故能观之。"[4]此揭示作家的创作方式，便是借助体验，观察现实，收集写作素材。司马迁《史记》记叙，定是遍集其时舆论材料，选取典型事件，从而塑造人物。

而其笔下公孙弘，是一个舆论不佳之人。司马迁在《史记·汲郑列传》中曾记载淮南王刘安评价公孙弘的轶事，司马光《资治通鉴》将此事载得更为具体。彼时，淮南王刘安意欲谋反，将皇帝及朝堂各位要臣的玉玺、印章等物什，还有汉使的信节，都已然偷偷伪刻，正寻机发兵谋反。刘安的计划，是派人假装在淮南国犯罪，然后向西边的长安逃亡，继而转投至大将军卫青门下潜伏。一旦发兵，便伺机刺杀大将军卫青。刘安对自己手下说："汉廷大臣，独汲黯好直

---

[1] 司马迁撰，裴骃集解，司马贞索隐，张守节正义：《史记》卷一百一十二《平津侯主父列传》，中华书局2014年版，第3574页。

[2] 王通著，阮逸注释，陈益标点：《文中子》，扫叶山房1926年版，第43页。

[3] 司马迁撰，裴骃集解，司马贞索隐，张守节正义：《史记》卷一百二十《汲郑列传》，中华书局2014年版，第3775页。

[4] 王国维著，彭玉平译注：《人间词话》第六〇则，中华书局2016年版，第180页。

谏，守节死义，难感以非；至如说丞相弘等，如发蒙振落耳！"①刘安这种对公孙弘的不屑态度，一定程度上代表当时各国诸侯王、当朝同僚们的共同看法。特别是刘安所评"发蒙振落"四字，形成成语流传千古，深入人心。发蒙振落，指揭掉蒙在物体上的东西，摘掉将要落下的树叶，比喻做事极其容易。此正暗指淮南王刘安谋反时，认为对付公孙弘此类"曲学阿世"的臣子，比对付汲黯、卫青等人容易。太史公在作十二本纪时已然"罔罗天下放失旧闻"②，作七十列传更是遍集舆论。公孙弘其时风评不佳，也就难免太史公下笔《平津侯主父列传》时有所偏私了。

（三）司马迁推崇直臣

前面曾提及，淮南王刘安在意图谋反中，最忌惮的朝臣之一是汲黯。《史记·汲郑列传》中言其"内行修洁，好直谏，数犯主之颜色"③，是位性情直率、敢于谏议的臣子。但也因其性情耿介，"亦以数直谏，不得久居位"④，不为武帝所甚喜。但武帝惜其才干，对汲黯非常尊敬，每次见他都要整理好衣冠，"上不冠不见"⑤。有一回汉武帝坐在武帐当中，并未戴好头冠，恰逢汲黯前来奏事，武帝立刻进帐中躲避，派近侍代为批准他的奏议，以示对其敬重。在封建王朝中，统治者虽不喜直臣却仍能以尊礼相待，正昭示着武帝的帝王风范。

汉武帝所处的西汉王朝，自尧舜禹的上古社会算起，至彼时，中华大地已经历经了奴隶社会、封建社会的几千年冲刷变幻。人们从受到先秦诸子百家学说

---

① 司马光著，胡三省音注：《资治通鉴》卷十九《汉纪十一》，中华书局1956年版，第625页。

② 司马迁撰，裴骃集解，司马贞索隐，张守节正义：《史记》卷一百三十《太史公自序》，中华书局2014年版，第4027页。

③ 司马迁撰，裴骃集解，司马贞索隐，张守节正义：《史记》卷一百二十《汲郑列传》，中华书局2014年版，第3774页。

④ 司马迁撰，裴骃集解，司马贞索隐，张守节正义：《史记》卷一百二十《汲郑列传》，中华书局2014年版，第3774页。

⑤ 司马迁撰，裴骃集解，司马贞索隐，张守节正义：《史记》卷一百二十《汲郑列传》，中华书局2014年版，第3775页。

的思想洗礼，到秦朝注重法家思想，再到西汉初年崇尚老庄之道，又到汉武帝大力推崇的儒学之道，人民的思想经主流学派的传播灌输，不断地变化、完善，萌发出新时代的思想。正是此循序渐进的思想基础，奠定人民所普遍认同的主流价值，即敬重褒扬那些为民做实事、敢于指出君王言行不当的股肱之臣，认为他们符合"仁义礼智信"的儒学传统。如生于战国时期、留下《楚辞》的屈原，在百姓眼中，他是一心为国为民，直言劝诫君王、却不为君王所听的正义化身，投身汨罗江的悲情，更是写实屈原忧国忧民的情结。唐代文秀称屈原"直臣"，写作《端午》肯定这位爱国主义诗人："节分端午自谁言，万古传闻为屈原。堪笑楚江空渺渺，不能洗得直臣冤。"[1]屈原品性，得到百姓悲怆共鸣。每年端午节时分，百姓以赛龙舟等各类习俗来纪念屈原，正反映彼时民众们对于"直臣"的敬重与赞赏。司马迁生于西汉，经历了前代学识教育、社会环境思想的熏陶，形成对"直臣"思想的接受。他在李陵之祸中身体力行，亦作《史记·佞幸列传》贬斥佞臣邓通、赵同和李延年三人，还在最能体现其真实想法的论赞中感慨佞臣们的荣宠无常："甚哉爱憎之时！弥子瑕之行，足以观后人佞幸矣。虽百世可知也。"[2]其化用弥子瑕与卫灵公之典，指出佞臣的可悲，亦可侧面观出，司马迁对直臣的始终推崇。司马迁如此坚持直臣之论，面对虽然忠君爱国，但行事委婉并非"标准直臣"的公孙弘，理解自然有限，无法理解他这种不被时代认同的政治行事。这亦是史公如此写作《史记·平津侯主父列传》的原因之一。

（四）公孙弘缺乏突出政绩

由于公孙弘在政事之上过于审慎，这导致其并未有突出政绩流传。

如淮南衡山谋反案，时任淮南王刘安为报父仇，联合刘赐共同谋反。此事举朝哗然，公孙弘位居丞相，却因病重未能及时处理。于是公孙弘觉得自己未有大功，却得以封赏至丞相，故向武帝上书自己失职。一方面，公孙弘作为文官

---

[1] 彭定求等编：《全唐诗》卷八百二十三，中华书局1999年版，第9368页。
[2] 司马迁撰，裴骃集解，司马贞索隐，张守节正义：《史记》卷一百二十五《佞幸·列传》，中华书局2014年版，第3882页。

之首的丞相，此时必须站出，因为这是其丞相一职之责，存在未察遏止之过，使得诸侯国谋反惊动天子。另一方面，公孙弘此举并未试图遮掩、拖延，而是主动向武帝承认其错，凭此掌握先机，既得武帝怜悯，又保住自己丞相之位，不至于被治罪免职。司马迁记叙公孙弘当时的心情："恐窃病死，无以塞责"①，此正客观反映公孙弘自身政绩不突出，应对君王大忌之谋反时，惶惶不安。而这不安之源，正是公孙弘的"自以为无功而封"②。武帝随后回言安慰公孙弘，给予其假期静养，赏赐他牛酒绢帛，以示皇恩浩荡、君臣相谐。但司马迁《平津侯主父列传》占其列传三分之一篇幅，具记公孙弘此次政治事件经过，并全录公孙弘上书武帝之策，除展现其承担责任、保全自我的智慧以外，这政绩实在算不上有说服力。

淮南衡山案有个插曲。"治党与方急"③一句，写照其时淮南衡山叛乱刚起，朝廷大肆逮捕刘安的党羽。杨树达说："《淮南王传》'弘以审卿之言，深探淮南之狱'，则治党与之急亦弘为之。"④这指的是《史记·淮南衡山列传》中所载：淮南衡山叛乱之前，辟阳侯孙审卿曾因前任淮南王刘厉（刘安之父）与他有祖父被杀之仇，私下见公孙弘，极力向公孙弘构陷刘安的罪状，使得公孙弘早先有所怀疑刘安的谋反之意，打算调查。这是惊扰了淮南王刘安，成为他直接举兵反叛的导火索之一。客观来看，公孙弘在叛乱苗头之时有所察觉，却在未调查清楚之前，就大张旗鼓地表明调查，"打草"惊了刘安这条"蛇"，可谓有过。这也是他政绩上缺乏说服力的佐证之一。

---

① 司马迁撰，裴骃集解，司马贞索隐，张守节正义：《史记》卷一百一十二《平津侯主父列传》，中华书局 2014 年版，第 3576 页。

② 司马迁撰，裴骃集解，司马贞索隐，张守节正义：《史记》卷一百一十二《平津侯主父列传》，中华书局 2014 年版，第 3576 页。

③ 司马迁撰，裴骃集解，司马贞索隐，张守节正义：《史记》卷一百一十二《平津侯主父列传》，中华书局 2014 年版，第 3576 页。

④ 韩兆琦编著：《史记笺证（九）列传》，江西人民出版社 2004 年版，第 5612 页。

结　语

太史公由于个人经历、材料取舍、时代观念及对公孙弘行事方式不满等原因，使得《史记》对公孙弘的记载，淡化其优点，放大其劣处，令公孙弘"曲学阿世"的形象深入人心。事实上，公孙弘以微寒之身，一身文才，大器晚成，是西汉皆具情商、智商的治世人才。虽性格行事有所缺陷，拘泥于封建君臣的传统观念，未能最大限度发挥其政治才干，但其能克服艰难，忠君为国，已然较大程度上实现了自身的政治抱负，并极其罕见地在武帝任上得以善终，是《史记》中被低估的人物形象之一。

（彭国怡，广西民族大学文学院硕士研究生；杨宁宁，广西民族大学文学院教授，硕士生导师。）

司马迁眼中的司马相如
——解读《司马相如列传》

刘向斌

"西汉文章两司马",指的是"史圣"司马迁和"赋圣"司马相如。两人文采卓著,但人生道路不同。子长因创作《史记》而名垂千古,长卿则因《史记》有传而千古留名。那么,司马迁眼中的司马相如究竟是怎样的人?这确实需要澄清!

一、问题的提出

司马迁是最早为大赋家司马相如作传的史学家。可以说,《史记·司马相如列传》既是司马相如的个人"历史",也是司马迁给他写的"评传"。可是,我们该如何解读他的"历史"?如何理解司马迁对他的评价?

王立群认为,"历史"分为真实的历史、记录的历史、传播的历史和接受的历史四个层次。"真实的历史"是曾经发生过的历史事件和已经逝去的历史人物,并具有唯一性和不可重复性的特点。"记录的历史"是历史学家根据当事人与旁观者的口述、回忆,用文字记录下来的历史,必然受到政治倾向、价值判断、逻辑鉴别、文艺修养、心理倾向、个人好恶等因素的制约。"这些因素都会影响到史学家对历史事件和历史人物记载的详略和褒贬。"而"传播的历史"存在神化和丑化两个极端。其中,"神化是对历史事件和历史人物的偶像化……而丑化和神化一样是对'记录的历史'的另类解读。出于某种现实诉求,传播的历史也会出现神化的反面——丑化。"相对而言,"接受的历史"才是"历史"一词的终极意义。但是,"人们'接受的历史'不一定是'记录的历史',更不一定是'真实的历史',其中,一个重要的环节是'传播'。"所以,王立群指出：

> "真实的历史""记录的历史"不一定会为人信服，"传播的历史"反倒大受追捧，某些曲意"传播的历史"甚至可以成为"接受的历史"的唯一模式！……"接受的历史"有很强的排他性。一种思维成为定式，一个故事成为模式，人们就会拒绝接受这个故事的其他阐释。"记录的历史"与"接受的历史"的尖锐对立，恰恰说明"记录的历史"与"接受的历史"都有它存在的必然性。①

可是，解读《司马相如列传》时，我们该从"历史"的哪个层次入手？显然，《司马相如列传》绝不是"真实的历史"，应是太史公通过旁观者的口述、回忆而用文字记录下来的"记录的历史"。但是，"旁观者"所提供的信息真实有效吗？记录者是否进行了过滤、加工？这自然涉及司马迁对司马相如的评价角度、评价标准等问题。

二、解读《司马相如列传》

在《史记·司马相如列传》中，司马迁从家境、婚姻、仕途和创作等四个视角，比较详细地介绍了司马相如平凡而又不平凡的一生。

（一）家境富而不贵

据《史记》介绍，相如早年阶段的家境不算差。《司马相如列传》至少列出了两条证据：一是相如有条件读书学剑，二是他在景帝时"以赀为郎"。其实，在西汉早期，蜀郡成都尚学者寥寥无几。据《汉书·循吏传》载，文翁在景帝末年为蜀郡太守，他"仁爱好教化"，看到"蜀地辟陋有蛮夷风"，便选"郡县小吏开敏有材者张叔等十余人亲自饬厉，遣诣京师，受业博士，或学律令"。学成之后，又通过察举方式任用，有人官至郡守、刺史。他还在成都市中修起学

---

① 王立群：《历史建构与文学阐释——以〈史记·司马相如列传〉为中心》，《文学评论》2011年6期。

官，"招下县子弟以为学官弟子"。几年后，当地人争着想成为学官弟子，"富人至出钱以求之。由是大化，蜀地学于京师者比齐鲁焉"①。可见，蜀郡成都兴学、尚学之风始于景帝末年。或许有了文翁兴学，然后才有相如读书、学剑之事。《汉书·地理志》或可证明这一点②：

> 景、武间，文翁为蜀守，教民读书法令，未能笃信道德，反以好文刺讥，贵慕权势。及司马相如游宦京师诸侯，以文辞显于世，乡党慕循其迹。后有王褒、严遵、扬雄之徒，文章冠天下。由文翁倡其教，相如为之师，故孔子曰："有教亡类。"

司马长卿在少年时期有读书、学剑的机会，说明其家境应不错。其父祖重视子弟教育，也说明他们应有一定的经济实力或社会地位。

不过，为何相如初名"犬子"？司马贞《史记索隐》引东汉郑玄的观点，认为是"爱而字之也"。日本学者泷川资言在《史记会注考证》中引述中井积德的观点，认为"因击剑之便利而名耳"，何况"剑犬音相近"。③可见，相如之父即情即景给儿子起名，仅因方便记忆，或说明其父并无文化。司马迁介绍说："相如既学，慕蔺相如之为人，更名相如。以赀为郎，事孝景帝，为武骑常侍，非其好也。"④这段话涉及三个问题：一是司马相如更名原因，二是他的入仕方式，三是他对"武骑常侍"的看法。我们先谈前两个问题，第三个问题留待后述。

关于更名之因，或在他完成学业之后。由于倾慕蔺相如，便自行更名为"相如"。那么，司马相如究竟倾慕蔺相如的为人、才学还是地位？司马迁并未告诉我们。同时，他随便更名，恐怕也不能简单看待。根据儒家的"孝"观念，他弃父命而自行更名，应属"不孝"。尽管司马迁未做评价，但不等于他没有看法。从《史记·太史公自序》中可以看出，太史公对包括父亲在内的"先人"非常

---

① 班固：《汉书》卷八十九《循吏传第五十九》，中华书局1962年版，第3625—3626页。
② 《汉书》卷二十八下《地理志第八下》，中华书局1962年版，第1654页。
③ ［日］泷川资言：《史记会注考证》，北岳文艺出版社1999年版，第4704页。
④ 司马迁：《史记》，中华书局1982年版，第2999页。

恭敬，认为应遵从父志，否则即为"不孝"。当然，司马迁也认为，"孝始于事亲，中于事君，终于立身。扬名于后世，以显父母，此孝之大者"①。既然如此，更名虽为不孝，但成名方为大孝。

关于入仕方式，"赀选"其实就是文帝、景帝时期选官制度的一种。关于司马相如"以赀为郎"，一般有两种说法：一是花钱买官，二是凭经济实力入仕。陈蔚松认为，"纳赀"入仕始于文帝、景帝时。他说，"汉代任用官吏，有经济条件的规定。起初规定家资十万以上乃得为吏，后减至四万"。至文帝、景帝时，"有以富赀为郎的记载。"在作者所举事例中，司马相如赫然在列。②这说明，相如是靠花钱入仕的。唐张守节《史记正义》认为，"以赀财多，得拜为郎"。对此，泷川资言表示赞同。③总之，司马相如是凭借"赀"而非才学入仕的，这说明他的家境应该较好。

综上，在《史记·司马相如列传》中，有关相如早年家境的问题，主要可归纳为三点：一、家境较厚富。在汉景帝时期，能拿出四万到十万钱（四算到十算）解决子女的仕途问题，恐怕算是有钱人了。二、社会地位可能不高。《史记》没有直接告诉我们相如之父的社会地位。从可供养子女读书、学剑来看，只能说明他有远见、社会化程度较高。同时，从纳赀入仕这个问题看，司马相如家族的社会地位可能不高。三、文化水平较低。长卿之父的文化水平不高，否则不会随口给儿子起名"犬子"。相如更名，竟不经父亲同意，似乎也可说明这一点。

（二）婚姻富于传奇

《司马相如列传》对司马相如的婚姻生活所述不多，但可大体勾勒。在相如病免、"客游梁"之前的婚姻状况如何？司马迁在《史记》中无只字记录。游梁时有无婚姻关系，也未做交代。梁孝王刘武死了之后，相如只能回到故乡。回到故乡之后，这才有了与卓文君私奔的婚姻故事，而且颇具传奇性色彩。

---

① 司马迁：《史记》，中华书局 1982 年版，第 3295 页。
② 陈蔚松：《汉代考选制度》，湖北辞书出版社 2002 年版，第 107 页。
③ 据泷川资言：《史记会注考证》第 4704 页："以赀为郎，正义是，非纳赀得官也。"

相如与卓文君的结合，究竟是"阴谋"还是"阳谋"？多人有评点，且往往将临邛令王吉作为促成好事的主谋。人们认为，相如故作高深的行为，也是一种引人瞩目的策略。如此，卓文君就是单纯而多情的上当者，或者说是受骗者。果真如此，司马相如便成为骗财骗色的典范了。

司马相如从梁国回到故乡后，却因"家贫"而"无以自业"。因"素与临邛令王吉相善"，获邀来到临邛，暂住于都亭。从此，王吉"缪为恭敬，日往朝相如"①。"缪"的解释大抵有两种："缪"同"穆"，恭敬之意；"缪"通"谬"，"假装"之意。那么，究竟哪个解释更符合实际呢？可以想见，王吉以县令身份，每天恭恭敬敬地拜访相如，肯定能在临邛引起轰动！可是，相如却厌倦了这种日日造访："初尚见之，后称病，使从者谢吉。"②从常人角度衡量，不管访问者的身份是什么，如此天天频繁拜访，也确实令人生厌。因此，他"称病"拒见也在情理中。可是，有人认为，王吉是临邛令，更是相如的恩人兼朋友。相如的"拒见"行为，显然有不顾及恩人、官员和朋友脸面的色彩，应属于忘恩负义的行为。可是，令人奇怪的是，王吉并未因此而心生怨恨，而是"愈益谨肃"。至此为止，司马迁让人再度关注司马相如，让人更加好奇。相如当初离开景帝、投奔梁孝王已是传奇故事。相如拒见王吉，王吉更为谨肃，自然为其传奇经历再添新奇。总之，王吉的行为应让相如蜚声于临邛内外。对于不知情者而言，这说明司马相如有过人之处，绝非等闲之辈。

这段记载，司马迁未评价一字，信息量却极为丰富：第一，王吉出于友情帮助相如，相如因无以为生而投奔王吉。那么，王吉如此恭敬地对待相如，究竟因为什么？第二，从勉强接见到选择"拒见"，相如是厌恶王吉的每天造访，还是有意自显清高？第三，王吉遭"拒"而不怒，反而"愈益谨肃"。这是王吉的自觉行为吗？第四，相如"称病"拒见的筹码是什么？第五，"拒见"和"谨肃"的故事如何流出？何人传播？何人听到？第六，这个故事的传播范围怎样，传播效果如何？第七，对于这个故事，临邛富人怎么看？第八，卓王孙之女卓文君是否听到过这个故事？第九，司马相如知道卓文君吗？第十，这是王吉与司

---

① 司马迁：《史记》，中华书局1982年版，第3000页。
② 司马迁：《史记》，中华书局1982年版，第3000页。

马相如的合谋吗？如果是合谋，为什么要合谋？究竟想达到什么目的？在随后的叙述中，司马迁慢慢解开了上述谜团：

> 临邛中多富人，而卓王孙家僮八百人，程郑亦数百人。二人乃相谓曰："今有贵客，为具召之。"并召令。令既至，卓氏客以百数。至日中，谒司马长卿。长卿谢病不能往，临邛令不敢尝食，自往迎相如。相如不得已，强往，一坐尽倾。酒酣，临邛令前奏琴曰："窃闻长卿好之，愿以自娱。"相如辞谢，为鼓一再行。是时卓王孙有女文君新寡，好音，故相如缪与令相重，而以琴心挑之。相如之临邛，从车骑，雍容闲雅甚都。及饮卓氏，弄琴，文君窃从户窥之，心悦而好之，恐不得当也。既罢，相如乃使人重赐文君侍者通殷勤，文君夜亡奔相如，相如乃驰归成都。①

显然，王吉与相如间的故事很快传播开来，传播者很可能就是王吉、司马相如及其随从，并具有轰动效应。临邛富豪卓王孙、程郑不仅称相如为"贵客"，而且心生敬意，正说明了这一点。所以，邀请、日朝、拒见和谨肃等系列表演，完全应是王吉与相如的合谋。蒙在鼓里的卓王孙大宴宾客，客人纷纭而至，在多达百人的宴会场中，就有临邛令王吉。客人到了后，卓王孙专门去请司马相如，他却以"病不能往"而推掉，并没给富豪卓王孙面子。在此关键时刻，临邛令王吉继续表演，不仅"不敢尝食"，而且"自往迎相如"。在"不得已"的情况下，相如才勉强前来。太史公用"一坐尽倾"四字，道尽了他到场后的轰动效应！这种欲擒故纵、欲扬先抑的手段很高明：众宾客终于目睹了"贵客"风采，也让卓王孙感觉颇有面子。

为了隆重推出司马相如，王吉在"酒酣"之际，适时献琴，向众宾客告知了相如好琴的事实，并恳请他随意弹两曲。相如又是推辞不过，但似乎也知道场外有一位妙龄女子偷听，便"以琴心挑之"。此时，太史公才告诉读者，卓王孙之女文君"新寡"而好音乐，于是相如便"缪与令相重"。如何理解这句话？泷

---

① 司马迁：《史记》，中华书局1982年版，第3000页。

川资言认为,"中井积德曰:缪与令相重,谓琴歌寓悦慕之意。阳若指令者,而阴挑文君也"①。韩兆琦这样解释:"表面上看抚琴是为了县令王吉,其实是为了户外窃听的卓文君。"②其实,他们都受"以琴心挑之"的影响,所以解释是偏误的。准确解释是:假装与县令相推重。司马迁明确告诉大家,相如从王吉那里了解到,卓王孙有一位爱好音乐的"新寡"之女文君。他与王吉假装相互推重,终于引起了包括文君在内的众人围观与仰慕。如此,前面所说的"缪",就是"假装"之意。所以,王吉"缪为恭敬,日往朝相如"的行为,显然在演戏、作假!两人的合谋,吊足了众人的胃口!

当然,司马相如也是英俊潇洒、风流倜傥之人。司马迁为此专门插叙道:"相如之临邛,从车骑,雍容闲雅甚都。"可见,他给临邛人留下的第一印象是:从容大方、举止文雅而外貌英俊。这或许也传到了文君耳朵中,故而听到悠扬的琴声,便去窃听、偷窥。果然,这引起文君春心波动,甚至担心自己配不上相如,所谓"心悦而好之,恐不得当也"。关于两人是如何见面的,《史记》没有明确告知。不过,从后文可知,相如派人重赏文君身边的侍者,通过重金收买方式,实现了与文君"通殷勤"的愿望。而文君不顾身份、地位夜奔相如,两人连夜"驰归"成都。

司马迁似乎告诉我们,司马相如与王吉的合谋,目的很明确,就是要与首富卓王孙建立关系。要达到目的,相如与卓文君结合是最便捷的途径。随后的记载证明了这一点。刚回到成都时,新婚激情让文君暂且忘记了"家居徒四壁立"的生活窘态。时间长了,吃饭穿衣、柴米油盐便是不得不面对的问题。她受不了贫穷而"久之不乐",便建议相如回临邛。于是,相如卖掉车骑,在临邛买了酒舍,以酤酒为业,让文君当垆卖酒,自己则"著犊鼻裈",与"保庸杂作,涤器市中"。这件事的轰动效应不亚于文君私奔。很明显,这是专门给卓王孙看的。文君私奔让卓王孙大怒,发誓"不分一钱"。文君与相如在临邛市中卖酒,更让其颜面尽失,深以为耻,"杜门不出"。经人劝说,卓王孙才"不得已""分予文君僮百人,钱百万,及其嫁时衣被财物"。从此,相如便与文君回到成都,"买

---

① 《史记会注考证》,第4706页。

② 韩兆琦撰:《史记(评注本)》,岳麓书社2004年版,第1571页。

田宅，为富人"。

那么，在由贫而富的过程中，谁是主谋？其功在谁？据《史记》介绍①：

> 文君久之不乐，曰："长卿第俱如临邛，从昆弟假贷犹足为生，何至自苦如此！"相如与俱之临邛，尽卖其车骑，买一酒舍酤酒，而令文君当鑪（垆）。相如身自著犊鼻裤，与保庸杂作，涤器于市中。卓王孙闻而耻之，为杜门不出。

可见，卓文君的意思是到临邛去，可以向兄弟姊妹借钱为生。她说是"借贷"，其实就是"讨要"。相如修正了方案，改为卖酒为生，自食其力。而且，不光他自食其力，还让新婚妻子、临邛第一富豪卓王孙之女卓文君当垆卖酒。这或许是有意羞辱卓王孙的最佳方式了。消息传播出后，果然效果特别好。卓王孙听从建议，被迫屈服，不仅承认了两人结婚的合法性，还给了不少钱。在整个事件过程中，文君出点子，相如改方案，两人联合实施。所以，两人生活条件的改善，主要功绩当在司马相如。

（三）仕途起落不大

司马相如以赀选入仕，任景帝身边的武骑常侍。此职位并非自主选择，而应是他人安排。《史记》称"非其好也"，恰说明了这一点。据考证，武骑常侍的俸禄约在六百石到八百石。②对于年轻的相如而言，这个待遇不算低，但他并不满意。当然，还有一个原因，就是景帝"不好辞赋"。所以，看到梁孝王身边尽是邹阳、枚乘、严忌等文辞之士，他非常羡慕，便决定辞职，"因病免，客游梁"。

相如辞职游梁不算入仕。而他选择"客游梁"的原因至少有三个：一是喜欢与梁王身边的文士们相处，二是梁王好辞赋，三是梁王可能是未来接班人。所以，相如选择梁王，爱好相同是基础，期望能有所作为当是动力。他在游梁期间是快乐的，并激发了他的创作激情，写成《子虚赋》。不过，梁王病逝后，他

---

① 司马迁：《史记》，中华书局1982年版，第3000页。
② 司马贞认为是六百石，泷川资言认为是八百石。参见《史记会注考证》，第4704页。

不能再以游士身份居于梁，只好孤身回到故乡成都。此时，他面临的最大问题，就是"家贫无以自业"。这或许是他着意选择卓文君的重要原因。

与卓文君结合，让相如成了富人。但这仅仅解决了生计问题，对仕途毫无促进。不过，武帝喜读辞赋，让其仕途出现了新转机：

> 居久之，蜀人杨得意为狗监，侍上。上读《子虚赋》而善之，曰："朕独不得与此人同时哉！"得意曰："臣邑人司马相如自言为此赋。"上惊，乃召问相如。相如曰："有是。然此乃诸侯之事，未足观也。请为天子游猎赋，赋成奏之。"上许，令尚书给笔札……赋奏，天子以为郎。[1]

想当年在景帝身边为武骑常侍，虽非所好，但收入较高。而今在武帝身边为郎，虽外表光鲜，但也不过是侍从文人而已。所以，尽管与游梁时的身份很相近，但毕竟入仕为官了。二者还是有本质的区别。

不过，武帝的有为，也让相如的仕途渐渐顺达起来。为郎数年后，武帝派遣唐蒙打通夜郎西的僰中之道，曾引起巴蜀百姓惊恐。于是，武帝派相如至巴蜀，作《喻巴蜀檄》以明皇帝之意，由此稳定了民心。这也给他带来了新机遇。为了将西南夷纳入管辖范围，武帝听从相如的建议，并任命他为中郎将，建节出使西南夷。这次出使，让相如风光无限："蜀太守以下郊迎，县令负弩矢先驱，蜀人以为宠。于是卓王孙、临邛诸公皆因门下献牛酒以交欢。"卓王孙后悔没早点儿将女儿嫁给长卿，决定"厚分与其女财，与男等同"。同时，"西夷，邛、筰、冄、駹、斯榆之君皆请为内臣"[2]。可以说，这次出使，让司马相如名利双收！

出使归来，相如"还报天子，天子大悦"。有人告发他"使时受金"，接受了贿赂，因被免官，一年后又被召为郎。从此，他似乎不再看重仕途，如太史公所言："相如口吃而善著书。常有消渴疾。与卓氏婚，饶于财。其进仕宦，未

---

[1] 司马迁：《史记》，中华书局1982年版，第3002页。
[2] 司马迁：《史记》，中华书局1982年版，第3047页。

尝肯与公卿国家之事，称病闲居，不慕官爵。"①其实，相如称病闲居、不慕官爵的原因有三：一是身体不好，患有"消渴疾"；二是"与卓氏婚，饶于财"；三是无法参与"公卿国家之事"。所以，他并非无意于仕途，而是无奈于仕途。事实上，司马迁说他不慕官爵，又说他总找机会进谏。这说明，相如对仕途、官爵的态度仍然非常积极。

司马相如在仕途上的第三次变化，是在完成了《上书谏猎》《哀二世赋》之后。他作《上书谏猎》，认为武帝不应"轻万乘之重不以为安，而乐出于万有一危之途以为娱"。上奏，武帝"善之"。②返回途中路过宜春宫，又"奏赋以哀二世行"，此即《哀二世赋》。他在赋中认为，二世"持身不谨兮，亡国失势。信谗不寤兮，宗庙灭绝"。可见，一文一赋都指向帝王行为的评价。这是否引起武帝反感，不得而知。不过，从相如官拜孝文园令来看，武帝似乎有些烦，故将他调离身边，让他专门去给孝文帝守陵，俸禄也是六百石。③

在任孝文园令期间，司马长卿又见武帝"好神仙"，便作《大人赋》。赋中写西王母白首戴胜而穴处的孤寂，表示"必长生若此而不死兮，虽济万世不足以喜"。此赋上奏后效果很好："天子大说（悦），飘飘有凌云之气，似游天地之间意。"④任孝文园令大概是他的最后一次任职。后来，相如因病去职，家居茂陵，过着普通人的生活。不过，武帝很看重相如所写的文稿，甚至说："司马相如病甚，可往后悉取其书；若不然，后失之矣。"于是派所忠前往寻找，只得到他的《封禅文》。⑤可以说，《封禅文》引起武帝的重视，并采纳了相如的建议："司马相如既卒五岁，天子始祭后土。八年而遂先礼中岳，封于太山，至梁父禅肃然。"⑥

---

① 司马迁：《史记》，中华书局1982年版，第3053页。
② 司马迁：《史记》，中华书局1982年版，第3054页。
③《史记》第3056页注引《史记索隐》云："《百官志》云：'陵园令，六百石，掌案行扫除'也。"
④ 司马迁：《史记》，中华书局1982年版，第3057—3062页。
⑤ 司马迁：《史记》，中华书局1982年版，第3063页。
⑥ 司马迁：《史记》，中华书局1982年版，第3972页。

（四）作品颇多讽谏

在《史记》人物传记中，贾谊和司马相如的作品收录最多。贾谊的作品散见于《秦始皇本纪》《屈原贾生列传》《食货志》中，而司马相如的作品共十一篇收录于本传。其中，《天子游猎赋》《喻巴蜀檄》《难蜀父老》《上书谏猎》《哀二世赋》《大人赋》和《封禅文》七篇有内容，《子虚赋》《遗平陵侯书》《与五公子相难》《草木书》四篇只存目。这是很值得关注的问题。

在《史记·司马相如列传》的开头部分，司马迁介绍了司马相如因喜好辞赋而称病去职，投奔梁孝王刘武，"客游梁"。梁王让他"与诸生同舍，相如得与诸生游士居数岁，乃著《子虚》之赋"[①]。可见，除了《子虚赋》是在游梁期间所作外，其他作品当作于汉武帝时。那么，他所创作的大量散文、辞赋作品，究竟是基于爱好还是有实用目的？其实，司马相如不仅热衷于政治，而且积极参与政治，并期待在政治上有所作为。因此，《史记》收录的作品几乎都与政治相关，具有明显的讽谏意识。

如果说《子虚赋》是相如再次入仕的敲门砖，则《天子游猎赋》是他陪伴武帝的通行证。据《史记》载，他的同乡杨得意任狗监，某天曾陪伴在武帝左右。武帝正好读了《子虚赋》，便大为欣赏，感慨道："朕不得与此人同时哉！"杨得意接口却说："臣邑人司马相如自言为此赋。"武帝很惊讶，很快召见了相如。在武帝面前，他承认《子虚赋》是自己所写，并谦虚地说该赋"乃诸侯之事，未足观"。他主动请缨："请为《天子游猎赋》，赋成奏之。"司马迁这样介绍《天子游猎赋》的特点：

> 相如以"子虚"，虚言也，为楚称；"乌有先生"者，乌有此事也，为齐难；"亡是公"者，亡是人也，明天子之义。故空藉此三人为辞，以推天子诸侯之苑囿。其卒章归之于节俭，因以风（讽）谏。[②]

可见，《天子游猎赋》具有虚拟人物论辩对话的特点，结尾处归于"节俭"

[①] 司马迁：《史记》，中华书局1982年版，第2999页。

[②] 司马迁：《史记》，中华书局1982年版，第3002页。

话题，具有政治讽谏用意。此赋完成后，"奏之天子，天子大说（悦）"。

《史记》全文收录了《天子游猎赋》。但是，该赋究竟是一篇还是两篇？萧统《文选》将此赋分《子虚赋》与《上林赋》，可能并不恰当①。《史记》如此介绍，说明《天子游猎赋》当是一个整体。不过，司马迁的补充说明，意味着在收录时有所删节："无是公言天子上林广大，山谷水泉万物，及子虚言楚云梦所有甚众，侈靡过其实，且非义理所尚，故删取其要，归正道而论之。"②该赋的完成与上奏，使得司马相如得以再次入仕，成为陪伴汉武帝左右的郎官。

为郎数年，汉武帝派遣相如入巴蜀，因作《喻巴蜀檄》。《喻巴蜀檄》意在解释唐蒙开通道路的用意，也指出其处置措施不当。既安抚了百姓，也责备了唐蒙，可谓一箭双雕。此后，唐蒙接着去开通西南夷道，但两年未成，"费以巨万计"，"蜀民及汉用事者多言其不便"。为此，武帝征询意见，相如认为不仅应开通，而且应置郡县管理。于是，武帝任命他为中郎将，让他率团出使巴蜀，并取得了成功。西南诸夷"皆请为内臣"，服从汉朝管辖，并创作《难蜀父老》。关于创作缘起，据《史记》载③：

> 相如使时，蜀长老多言通西南夷不为用，唯大臣亦以为然。相如欲谏，业已建之，不敢，乃著书，藉以蜀父老为辞，而己诘难之，以风天子，且因宣其使指，令百姓知天子之意。

可见，蜀中长老和一些朝臣认为让西南夷归附是无用的。但相如已完成了任务，又不敢强辩，因作此文，"令百姓知天子之意"。作者假借耆老大夫、缙绅先生之口提出异议，认为通夜郎、西夷是"割齐民以附夷狄，弊所恃以事无用"。

---

① 泷川资言说，"柯维骐曰：'相如游梁时著子虚赋，为武帝所善。此著天子游猎赋，复借子虚三人之词，以明天子之义，故亦名《子虚赋》。赋中叙上林，故又名《上林赋》，其实一也。《文选》截为二篇，以前叙齐楚事为《子虚赋》，自无是公听然而笑以下叙上林者为《上林赋》，失其旨矣。'……《子虚》《上林》原是一时作，合则一，分则二。而齐使子虚使于齐，独不闻天子之上林乎？赋名之所由设也。相如使乡人奏其上篇，以求召见耳，正是才子狡狯手段。柯氏疑是篇之外别有《上林赋》，亦为相如所欺也。"《史记会注考证》，第 4709 页。

② 司马迁：《史记》，中华书局 1982 年版，第 3043 页。

③ 司马迁：《史记》，中华书局 1982 年版，第 3048 页。

然后再借使者之口，强调非常人行非常事、得非常功："盖世必有非常之人，然后有非常之事；有非常之事，然后有非常之功。非常者，故常人之所异也。"他认为，"贤君"不能"委琐龌龊，拘文牵俗，循诵习传，当世取说（悦）"，而应"崇论闳议，创业垂统，为万世规"。很明显，他盛赞武帝的远见卓识，意在反驳那些无用论者。

相如被免官达一年有余后，再次被召命为郎。他曾陪武帝去长杨宫打猎，认为天子"自击熊彘，驰逐野兽"很不安全，因作《上书谏猎》。他告诫说，"虽万全无患，然本非天子所宜近也"，何况不顾安危去打猎，其危险更难控制。所以，"轻万乘之重不以为安，而乐出于万有一危之途以为娱"，这是不适当的行为。

在打猎回来的路上，经过宜春宫，"相如奏赋以哀二世行失也"。这就是《哀二世赋》。从《史记》所收录的内容来看，显然是借凭吊二世以讽谏武帝。赋中满腹遗憾，认为二世持身不谨、信谗不寤，导致亡国失势、宗庙灭绝。按说，司马相如也够大胆。此赋暗含另一层意思：若二世持身谨慎、不信谗言，则秦王朝是否灭亡也将难说。因此，武帝是否反感，不得而知。此后，相如官拜孝文园令，离开了武帝。

在孝文园令上，他创作完成了《大人赋》。据《史记》载，"天子既美《子虚》之事，相如见上好仙道，因曰：'上林之事未足美也，尚有靡者。臣尝为《大人赋》，未就，请具而奏之。'相如以为列仙之传居山泽间，形容甚癯，此非帝王之仙意也，乃遂就《大人赋》。"[1]赋中所描写的这位"大人"生活于中州，尽管"宅弥万里"，却自感"不足以少留"。于是，便"悲世俗之迫隘兮，揭轻举而远游。垂绛幡之素蜺兮，载云气而上浮"。该赋将"大人"升腾游仙描写得细腻而威风，令人神驰意往。也难怪，武帝读后"大说（悦）"，竟"飘飘有凌云之气，似游天地之间意"。不过，赋中认为像西王母那样长寿而孤独的生活不可取。那种"下峥嵘而无地""上寥廓而无天""视眩眠而无见""听惝恍而无闻""乘虚无而上假""超无友而独存"的孤寂生活，也非常人所能忍受。泷川资言认为，"末六句与《远游》语同。然屈子意在远去世之沉浊，故云'至清而与太初为邻'。长卿则谓，帝若果能为仙人，即居此无闻、无见、无友之地，亦胡乐

---

[1] 司马迁：《史记》，中华书局1982年版，第3056页。

乎此邪？与屈子语同而意别矣"①。相如意在谏武帝不要沉迷仙道、追求长寿，委婉地否定了仙道、长生观念。

据《史记》载，《封禅文》是司马相如的绝笔之作。如果说上列诸文皆有讽谏意味，意在强化司马相如的政治存在感，而《封禅文》则大为不同。从内容看，相如以旁观者的立场，深刻思考了国家祭祀制度的建设问题。很显然，在即将告别人世之际，他仍然期待"帮忙"。其实，太史公收录相如作品时有自己的选择标准，并非一概收入："相如他所著，若《遗平陵侯书》《与五公子相难》《草木书》篇不采，采其尤著公卿者云。"②这是一个很有趣的现象。司马迁一面说相如"其进仕宦，未尝肯与公卿国家之事，称病闲居，不慕官爵"，另一面却大量收录有关"尤著公卿"的作品。这种自相矛盾，很难说不是一种评价！

三、司马迁眼中的司马相如

通过前面的论述可以看出，《史记·司马相如列传》蕴含着司马迁对司马相如的评价。按照王立群对"历史"含义的理解，《司马相如列传》属于"记录的历史"，如此则司马迁"必然受到政治倾向、价值判断、逻辑鉴别、文艺修养、心理倾向、个人好恶等因素的制约"。那么，司马迁究竟是如何评价司马相如的？从结尾的"太史公曰"来看，司马迁是从文人的角度评价司马相如的：

> 《春秋》推见至隐，《易》本隐之以显。《大雅》言王公大人而德逮黎庶；《小雅》讥小己之得失，其流及上。所以言虽外殊，其合德一也。相如虽多虚辞滥说，然其要归引之节俭，此与《诗》之风（讽）谏何异？③

这样来看，司马迁似乎给予司马相如很高的地位。他将具有"虚辞滥说"特点的相如作品，竟然与《春秋》《易》《诗》等儒家经典进行了比较，得出"此

---

① 《史记会注考证》，第4792页。
② 司马迁：《史记》，中华书局1982年版，第3073页。
③ 司马迁：《史记》，中华书局1982年版，第3073页。

与《诗》之风（讽）谏何异"的结论。就是说，司马迁认为，从本质上讲，司马相如赋的讽喻精神与《诗经》的讽喻精神是一致的。然而，果真如此吗？在《史记·太史公自序》中，太史公介绍了各个传记的创作缘起。当讲到司马相如时，他说：

《子虚》之事，《大人》赋说，靡丽多夸，然其指风谏，归于无为。作《司马相如列传》第五十七。

可见，司马迁对司马相如的评价尺度似乎不止一个，而具有多尺度特点。实际上，从《司马相如列传》来看，司马迁的评价可归纳为以下几点：

首先，他是一个不守规矩、不循常道的率性文人。司马相如是文人，这是司马迁自始至终灌输给我们的观念。但是，他是一个不守规矩、不循常道的文人。例如，在其少年时代，因倾慕蔺相如，便自作主张，违背父命，将其名由"犬子"擅自改为"相如"。这显然是违背"孝道"的行为，从中或可见司马迁的讥讽之意。担任武骑常侍后，又因"景帝不好辞赋"，便不管"以赀为郎"的代价和与皇帝接近的便利，称病辞职，不惜以"客"的身份游梁。由此可见，司马相如根据喜好做决断，而且不计后果。从梁国回到成都，因家贫无法维持生计，便与王吉合谋，使用阴谋，蛊惑卓文君私奔，最终成为富人。这似乎说明，相如为达到目的而不择手段，瞒天过海、蒙骗大众，简直就是一个骗婚之徒。在出使巴蜀期间，他不仅亲自收礼，也不循常道，采用送礼、贿赂的方式达到目的。[1]总之，一系列的事例说明，司马相如就是一个不守规矩、不循常道的率性文人。

其次，他是一个善于权谋、善于表演的无行文人。司马相如之善权谋、会表演，最集中地体现在婚姻生活与仕途经历上。从婚姻生活来看，司马相如从梁国返回成都时孑然一身，成为家贫无以为生的落魄文人。于是，他便与临邛令王吉合谋，故弄玄虚、虚张声势、相互抬高，终于引起临邛富豪卓王孙及"新寡"少妇卓文君的注目。两人结合后，在临邛开酒馆，有意让文君当垆卖酒，专

---

[1] 据《史记·司马相如列传》："天子以为然，乃拜相如为中郎将，建节往使。副使王然于、壶充国、吕越人驰四乘之传，因巴蜀吏币物以赂西夷。"《史记》，第3046页。

门出卓王孙的丑，迫使其屈服、退让，可谓用尽心机，也达到了成为富人的目的。在仕途上，他善于审时度势，能够把握时机。比如，他敢于离开景帝，不单纯因为"景帝不好辞赋"，还有梁孝王的未来前景乐观。从梁国回到成都，同乡杨得意为狗监，又是他可资利用的条件。果然，杨得意的不经意举荐，让司马相如获得了在武帝面前表现的机会，甚至一度成为武帝身边的红人，曾由郎官跃升为中郎将[1]，奉命率团出使巴蜀。这让卓王孙兴叹，也使蜀人感到荣光无限。[2]尽管辉煌是短暂的，但他得到了实惠，从卓王孙那里分得不少钱财。相如因受贿免官。当他再次为郎时，仍写文作赋，不失时机地进谏，皆关乎帝王安危的大事。而且，司马相如最善把握时机。例如，随从武帝在长杨宫打猎时，他便写《上书谏猎》，让武帝感受到关心而"善之"。返回途中，经宜春宫，便写《哀二世赋》总结二世亡国的经验教训，关乎着统治稳定与否的大事。司马相如也善于吊人胃口。从其婚姻经历看，他就是一个善于吊人胃口的高手。再比如，知道武帝迷信神仙长生，便说："上林之事未足美也，尚有靡者。臣尝为《大人赋》，未就，请具而奏之。"结果，武帝读了后"大说（悦）"，竟"飘飘有凌云之气，似游天地之间意"。所以，司马相如是一个善于权谋、善于表演的无行文人。

再次，他是一个期待有所为而不得的无为文人。从《司马相如列传》中可以看出，司马相如期待有所为，却总是失望。比如，他第一次称病离职，就是不愿意无所作为，故而投奔梁孝王。结果在梁数年，除了写成《子虚赋》外，仕

---

[1] 司马相如究竟是"中郎将"还是"郎中将"？《史记·司马相如列传》与《史记·西南夷列传》中的记载有出入。前者为"中郎将"，而后者为"郎中将"。对此，泷川资言《史记会注考证》云："王先谦曰：'此及上文中郎将，与《汉书》同。《西南夷传》并作郎中将，《汉书》亦同，未知孰是。'《汉百官志》，中郎将有五官、左、右三将，秩比二千石。郎中有车、户、骑三将，秩比皆千石，非四百石也。沈家本曰：'是时相如至蜀，蜀太守以下郊迎，县令负弩矢先驱'，其非五岁补县令之郎可知矣。"不过，根据蜀太守不迎来推断，相如可能是郎中将。《史记会注考证》，4767页。

[2] 据《史记》卷一百一十七《司马相如列传》，司马相如"至蜀，蜀太守以下郊迎，县令负弩矢先驱，蜀人以为宠。于是卓王孙、临邛诸公皆因门下献牛酒以交欢。卓王孙喟然而叹，自以得使女尚司马长卿晚，而厚分与其女财，与男等同"。《史记》第3047页。

途上毫无所获。在成都闲居期间，他知道武帝用人，便通过同乡杨得意的帮助，得以在武帝身边为郎。为郎数年，他建议武帝趁机尽快开通西南夷道，并置郡县管理。结果，武帝命他出使巴蜀，并获得成功。由于出使"受金"，让长卿从风光无限的峰顶跌入低谷。从此，或为郎，或为孝文园令，或称病闲居，再无大变化。尽管如前所述，他也竭力抓住一切表现的机会，但武帝再没有重用他。就这样，在落寞与等待中，他完成了绝笔之文《封禅文》。在《封禅文》中，他详细地论证了建立封禅大典制度的必要性和可行性，并明确地告诉武帝，他也可以"帮忙"，而并非只会写消遣性文字。而事实上，他在默默的无为等待中，走完了人生之路！从这个意义上讲，他也是一个悲剧性的历史人物。

总之，《史记·司马相如列传》可能更接近于历史真实。司马迁在字里行间所蕴含得或褒或贬评价，也说明他对司马相如并非一味溢美。其实，唐代司马贞在《史记索隐·述赞》中，早已道明了真相①：

> 相如纵诞，窃赀卓氏。其学无方，其才足倚。《子虚》过吒，《上林》非侈。四马还邛，百金献伎。惜哉《封禅》，遗文卓尔。

在司马贞看来，相如虽有才华，但品行确实一般。实际上，司马迁在《史记·司马相如列传》中的评价本来就很一般。只是，人们单凭"以文代传"和"太史公曰"等，认为司马迁高度赞扬了司马相如。这显然是一厢情愿的错误认知。而这也恰恰说明，司马迁才真正是"不虚美，不隐恶"的伟大史学家！

（刘向斌，延安大学文学院教授、硕士研究生导师，陕西省司马迁研究会常务理事。）

---

① 参见泷川资言：《史记会注考证》第 4807 页。

略论《史记》里之长公主①

潘铭基

一、长公主与公主

司马迁《史记》历纪三千年史事，上始黄帝，下讫汉武。此中所记汉代史事，自楚汉相争，刘成项败，中历吕后、文帝、景帝、武帝时事。考《史记》载事时间，下及汉武帝太初年间，据《汉书·叙传》所言，《史记》乃"太初以后，阙而不录"，②有关《史记》载事之下限，众说纷纭，最少有七种说法，包括 1. 讫于麟止说；2. 讫于太初说；3. 讫于天汉说；4. 讫于武帝之末说；5. 讫于太初、天汉折中说；6. 讫于征和三年说；7. 断于太初四年而大事尽武帝之末说等。大抵《史记》里汉武以后史事，不属史迁手笔，当无异议。

至于能在《史记》里觅得踪影的汉代公主，计有如表一所示 12 人。

以上诸位又有"长公主"与"公主"之分。此外，汉代又有不少和亲公主，皆为刘姓宗亲，本非汉帝所生，故不在本文讨论之列。先论公主，裴骃《史记集解》引如淳曰："《公羊传》曰'天子嫁女于诸侯，必使诸侯同姓者主之'，故谓之公主。〈百官表〉列侯所食曰国，皇后、公主所食曰邑，诸侯王女曰公主。"③如淳指出周天子嫁女，使同姓诸侯主婚，故谓之公主，所言公主是天子之女；又据〈百官表〉，谓公主是诸侯王女。秦统一天下以后，即以帝女称公主。《史记·李斯列传》云："斯长男由为三川守，诸男皆尚秦公主，女悉嫁

---

① 本文原题作《略论〈史记〉里之长公主》，刊于《渭南师范学院学报》2019 年第 4 期。
① 班固：《汉书》，中华书局 1962 年版，卷一百下，第 4235 页。
② 《史记》，卷九，第 398 页。

表一 《史记》所载汉高祖至汉武帝的长公主情况

	汉帝	生母	封号
1	汉高祖刘邦	吕雉	鲁元公主①
2	汉文帝刘恒	窦皇后	馆陶长公主
3	汉文帝刘恒	不详	公主②
4	汉景帝刘启	王皇后	平阳长公主
5	汉景帝刘启	王皇后	南宫公主
6	汉景帝刘启	王皇后	隆虑公主
7	汉武帝刘彻	卫皇后	卫长公主
8	汉武帝刘彻	卫皇后	诸邑公主
9	汉武帝刘彻	卫皇后	石邑公主
10	汉武帝刘彻	李姬	鄂邑盖长公主
11	汉武帝刘彻	不详	夷安公主
12	汉武帝刘彻	不详	阳石公主③

---

① 案：或曰鲁元公主亦为长公主，《汉书·高帝纪上》服虔曰："元，长也。食邑于鲁。"韦昭曰："元，谥也。"师古曰："公主，惠帝之姊也，以其最长，故号曰元。吕后谓高帝及张王以鲁元故不宜有谋，齐悼惠王尊鲁元公主为太后，当时并已谓之元，不得为谥也。韦说失之。"服虔、颜师古以为"元"即长也，故鲁元公主即长公主；韦昭则以为"元"为谥号。何若瑶《前后汉书注考证》云："高祖母谥昭灵，姊谥宣，又谥昭哀。元当是谥；元训长，'鲁长'不成文。当时已谓之元者，追书之词。且《百官公卿表》帝姊妹曰长公主，时惠帝未即位，不得称长公主。高祖少弟楚王交亦谥元，亦可谓最长乎？"（何若瑶《前后汉书注考证》清广雅书局丛书本，第1a-b页。）何氏所言有理，"元"当非长之称，则鲁元公主并非"鲁长公主"。王先谦《汉书补注》亦以为服虔、颜师古所言为误，故本文不以鲁元公主为讨论对象。

② 案：《史记·绛侯周勃世家》仅称"公主"（司马迁《史记》，中华书局1982年版，卷五七，第2072页），元代马端临《文献通考》卷二百五十八《帝系第九》称为昌平公主。钱大昭《汉书辨疑》谓"公主"云："文帝女，封地未详，适绛侯周胜之。见《周勃传》。"（钱大昭《汉书辨疑》，商务印书馆1936年版，卷二十一，第363页。）谨慎起见，姑仍称之为"公主"。

③ 案：阳石公主，又称德邑公主。《史记》《汉书》俱载卫皇后有三女一子，并无明言三女之封号。颜师古《汉书注》以为诸邑公主与阳石公主俱卫皇后之女儿。司马贞《史记索隐》则注明卫皇后之三女分别为诸邑公主、石邑公主、卫长公主。

秦诸公子。"①又载秦二世"杀大臣蒙毅等，公子十二人僇死咸阳市，十公主矺死于杜，财物入于县官，相连坐者不可胜数"②。可见秦始皇之女即曰公主。

汉承秦制，亦用公主之称，更有公主与长公主之分。蔡邕曰："帝女曰公主，仪比诸侯。姊妹曰长公主，仪比诸侯王。"③据蔡邕之说，皇帝之女曰公主，皇帝之姊妹则曰长公主。《汉书·外戚传》颜师古注："年最长，故谓长公主。"④结合颜注，可知皇帝姊妹之中最年长者即长公主。自东汉以后，皇帝之女称公主，姊妹称长公主，姑母为大长公主。得宠之长公主，地位高于一般妃嫔。在《史记》里所见之汉代长公主共有四人，分别是馆陶长公主、平阳长公主、卫长公主、鄂邑盖长公主。以下即以四人事迹为据，以《史记》为主，参以《汉书》，以论西汉长公主之生平行谊。

二、长公主之食邑

汉代公主乃汉帝之女，地位高尚，收入可观，长公主更是当中之佼佼者。前引蔡邕之说，谓长公主"仪比诸侯"。⑤据《汉书》所载，鄂邑公主（汉武帝与李姬之女）封在鄂县，昭帝即位后（前87）封为长公主，"帝姊鄂邑公主益汤沐邑，为长公主，共养省中"⑥。鄂邑长公主原本食封户数未有明言，但此言其汤沐邑有所增加。昭帝始元元年（前86），"益封燕王、广陵王及鄂邑长公主各

---

① 《史记》，卷八十七，第2547页。
② 《史记》，卷八十七，第2552页。案：有关秦始皇子女之数目，世有争论。据上载《史记·李斯列传》所云，秦始皇至少有子者十二人，有女者十人。又，《史记·陈涉世家》司马贞《索隐》引姚氏云："隐士《遗章邯书》云'李斯为二世废十七兄而立今王'，则二世是始皇第十八子也。"（《史记》，卷四十八，第1950页。）如此则秦始皇子女数目可能超过二十二人。
③ 《史记》，卷十二，第463页。案：蔡邕所言出自其《独断》，唐代杜佑《通典》卷三十一引此文即题曰"《独断》"。见蔡邕《独断》，抱经堂校定本，卷上，第9a页。
④ 班固：《汉书》，中华书局1962年版，卷九十七上，第3943页。
⑤ 《史记》，卷十二，第463页。
⑥ 班固：《汉书》，中华书局1962年版，卷七，第217页。

万三千户"①。三人皆昭帝异母兄姊,可知鄂邑长公主又益封 1.3 万户。元凤六年(前 75),"长公主共养劳苦,复以蓝田益长公主汤沐邑"②。此虽未明言益封长公主多少户,唯钟一鸣以始封、益封各一万户计,则鄂邑长公主此时可能已得封邑 3.3 万户。③较昭帝时其他封侯食邑,据《汉书·景武昭宣元成功臣表》及〈外戚恩泽侯表〉所载,可得表二。

表二 《景武昭宣元成功臣表》及《外戚恩泽侯表》食邑户数

	号谥姓名	户数	出处
1	秺敬侯金日䃅	2218	景武昭宣元成功臣表
2	建平敬侯杜延年	2360	景武昭宣元成功臣表
3	宜城戴侯燕仓	700	景武昭宣元成功臣表
4	弋阳节侯任宫	915	景武昭宣元成功臣表
5	商利侯王山寿	915	景武昭宣元成功臣表
6	成安严侯敦忠	724	景武昭宣元成功臣表
7	平陵侯范明友	2920	景武昭宣元成功臣表
8	义阳侯傅介子	759	景武昭宣元成功臣表
9	博陆宣成侯霍光	17200	外戚恩泽侯表
10	安阳侯上官桀	2300	外戚恩泽侯表
11	宜春敬侯王䜣	608	外戚恩泽侯表
12	安平敬侯杨敞	5547	外戚恩泽侯表
13	富平敬侯张安世	13640	外戚恩泽侯表
14	阳平节侯蔡义	700	外戚恩泽侯表
15	桑乐侯上官安	1500	外戚恩泽侯表

---

① 班固:《汉书》,中华书局 1962 年版,卷七,第 219 页。
② 班固:《汉书》,中华书局 1962 年版,卷七,第 225 页。
③ 详参钟一鸣:《汉代公主之食邑及其他》,《益阳师专学报》(哲社版),1988 年第 3 期,第 32 页。

如上所见，汉昭帝时封侯平均封邑户数为3534户，而鄂邑长公主之封邑估计超过3万户，其贵盛可以考见。此外，昭帝即位之初，亦尝"赐长公主及宗室昆弟各有差"，①至始元四年（前83），复"赐长公主、丞相、将军、列侯、中二千石以下及郎吏、宗室钱、帛各有差"②。此等封赐，皆可见鄂邑长公主所得比起其他宗室昆弟为多，其尊贵复可知矣。

其他如景帝姊馆陶长公主刘嫖，《史记·外戚世家》载窦太后崩后，"遗诏尽以东宫金钱财物赐长公主嫖"③。馆陶长公主乃景帝之同母姊，皆出窦太后，故窦太后崩，其遗诏乃以太后所居之东宫钱财尽归长公主，如此则馆陶长公主亦是富甲一方。司马迁所以具载长公主之经济地位，显而易见，乃用以表明其尊贵无比，为以下不合制度之行为张本。

三、馆陶长公主的弄权逾制

馆陶长公主乃汉文帝与窦皇后之女，汉景帝之同母姊，姓刘名嫖。在《史记》里，仅见其获封馆陶公主，但于《汉书·外戚传》则见称之为"长主"，即长公主也。汉代公主大多不详其名，能够名见经传者只有几人，馆陶长公主即其一。馆陶长公主及后下嫁堂邑侯陈午（其祖父为堂邑侯陈婴），二人至少育有两子一女。馆陶长公主于武帝得以立为太子，至及后登基为帝，极为关键。

景帝即位以后，初立薄妃为后，因无子而无宠，故薄太后崩后，即废薄皇后。景帝有十三男，长子为刘荣，其母为栗姬。景帝前元四年（前153）立荣为太子。母凭子贵，栗姬虽未为皇后，但似乎指日可待。此时，馆陶长公主欲将女儿许配刘荣，然而"景帝诸美人皆因长公主见景帝，得贵幸，皆过栗姬"。④栗姬因为景帝的许多妃嫔皆通过长公主的介绍而得以受到景帝的宠幸，且其受宠程度更超越自己，因此拒绝了长公主的求亲。

---

① 班固：《汉书》，中华书局1962年版，卷七，第218页。
② 班固：《汉书》，中华书局1962年版，卷七，第221页。
③《史记》，卷四十九，第1975页。
④《史记》，卷四十九，第1976页。

汉代流行重亲，①馆陶长公主希望将女儿嫁予侄儿，则他日若侄儿登基，尚可为皇帝之岳母，总比成为先帝之姊有影响力。因栗姬之婉拒，馆陶长公主遂向王夫人埋首，《史记》载之极为简洁："长公主欲予王夫人，王夫人许之。"②馆陶长公主于是将女儿嫁予王夫人男（即汉武帝），栗姬之决定可谓改写了西汉历史。馆陶长公主于是日夜在景帝面前说栗姬坏话，而栗姬本人又急于成为皇后，因此中了长公主圈套。《史记·外戚世家》云：

> 长公主日誉王夫人男之美，景帝亦贤之，又有曩者所梦日符，计未有所定。王夫人知帝望栗姬，因怒未解，阴使人趣大臣立栗姬为皇后。大行奏事毕，曰："'子以母贵，母以子贵'，今太子母无号，宜立为皇后。"景帝怒曰："是而所宜言邪！"遂案诛大行，而废太子为临江王。栗姬愈恚恨，不得见，以忧死。卒立王夫人为皇后，其男为太子，封皇后兄信为盖侯。③

馆陶长公主日夜在景帝面前称赞王夫人男，且景帝亦以其有胜于其他皇子，因而起了更换太子之念。另一方面，王夫人暗地里使人趋促大臣议立栗姬为皇后，而太子之母当立为后。景帝以为此乃栗姬希望自己早日驾崩，好让刘荣登位，遂大怒。结果，景帝废掉刘荣太子之位，而栗姬亦因而忧伤致死。大敌得除，王夫人得以立为皇后，其子刘彻立为太子，王夫人兄王信立为盖侯。假设没有馆陶长公主，王夫人不可能为后，刘彻自不会成为太子。此可见馆陶长公主之重要性。又，《史记评林》云："长公主、栗姬皆因见此传。"④《外戚世家》以载录妃嫔事迹为主，馆陶长公主之行谊反而据此附载下来。

因得馆陶长公主之助，太子刘彻在景帝崩后立为帝，是为汉武帝。馆陶长公

---

① 案：如吕后希望重亲，因此将女儿鲁元公主与赵王张敖所生女张氏，嫁予儿子惠帝刘盈，亲上加亲。
②《史记》，卷四十九，第 1977 页。
③《史记》，卷四十九，第 1977 页。
④ 凌稚隆：《史记评林》，历吴兴凌氏自刊本，卷四十九，第 8a 页眉批。

主与堂邑侯陈午所生女儿阿娇,①亦顺理成章成为皇后。可是,陈皇后无子,且武帝及后更钟爱卫子夫,陈皇后因骄贵之故而显得格格不入。馆陶长公主为巩固个人地位,更曾经直接道出以下一段:

> 陈皇后母大长公主,景帝姊也,数让武帝姊平阳公主曰:"帝非我不得立,已而弃捐吾女,壹何不自喜而倍本乎!"平阳公主曰:"用无子故废耳。"陈皇后求子,与医钱凡九千万,然竟无子。②

武帝姊平阳长公主亦尊贵无比,具见下文讨论。此处馆陶长公主直接指出汉武帝如非得己之助不得立,至立为帝后,反而抛弃其女陈皇后。平阳公主以为陈皇后无子,故见废;于是陈皇后赴医求子,终不得之。其实,在《外戚世家》开篇之际,司马迁已指出后宫生子之重要性:

> 甚哉,妃匹之爱,君不能得之于臣,父不能得之于子,况卑下乎!既驩合矣,或不能成子姓;能成子姓矣,或不能要其终:岂非命也哉?③

夫妇配偶之爱情,以君王之尊亦不能夺去臣子所爱,以父亲之尊亦不能夺去儿子所爱。夫妇欢合之后,或者不能生育子女;即能生育子女,却不能得以善终:此皆天命使然。陈皇后无子,亦天命矣。姚祖恩云:"《外戚传序》拈出'命'字作全传眼目,故各篇中凡写遭逢失意处,俱隐隐有命字在内。"④陈皇后之命运亦然。后卫子夫怀孕,陈皇后更求助于巫术,为武帝所知,终在元光五年(前130)被废。

除《外戚世家》外,馆陶长公主事迹尚见《汉书·东方朔传》。据《汉书·

---

① 案:《史记·外戚世家》、《汉书·外戚传》俱不载孝武陈皇后之名,《汉武故事》则以为陈皇后名阿娇。《汉武故事》云:"数岁,长公主嫖抱置膝上,问曰:'儿欲得妇不?'胶东王曰:'欲得妇。'长主指左右长御百余人,皆云不用。末指其女问曰:'阿娇好不?'于是乃笑对曰:'好!若得阿娇作妇,当作金屋贮之也。'"(佚名《汉武故事》,古今逸史本,卷四,第 3a 页。)此即金屋藏娇故事之典出。

② 《史记》,卷四十九,第 1980 页。

③ 《史记》,卷四十九,第 1967 页。

④ 姚祖恩:《史记菁华录》,联经出版事业公司 1977 年版,卷二,第 63 页眉批。

《东方朔传》所载，堂邑侯陈午死后，馆陶长公主（当时已由汉武帝加封为窦太主，跟从窦姓之故）寡居，迷恋美少男董偃。及后董偃更得武帝尊宠，出入宫中。东方朔力数董偃三罪，其中包括"以人臣私侍公主，其罪一也。败男女之化，而乱婚姻之礼，伤王制，其罪二也"①。武帝自此疏远董偃，年三十而卒。数年以后，馆陶长公主亦卒。馆陶长公主死后，并未有与堂邑侯陈午合葬；反之，乃与董偃会葬于霸陵。《汉书》评之曰："是后，公主贵人多逾礼制，自董偃始。"②霸陵是汉文帝与窦皇后合葬之墓冢，而馆陶长公主与董偃亦合葬于此。

司马迁极言馆陶长公主对武帝得以立为太子以至登位之作用，彰显长公主在西汉时期的重要性。长公主不单是皇帝的姐姐，更加发挥极具影响力的政治用途。以栗妃之先衬托王皇后之得，正是司马迁之妙笔所在。

四、平阳长公主与汉武帝之妃嫔

平阳公主乃汉景帝与王皇后之女，汉武帝之同母姊。初封阳信公主，③后因嫁予曹参曾孙平阳侯曹寿，故称平阳公主。《史记·外戚世家》云："景帝十三男，一男为帝，十二男皆为王。而儿姁早卒，其四子皆为王。王太后长女号曰平阳公主，次为南宫公主，次为林虑公主。"④可知平阳公主乃景帝王皇后之长女。至于平阳公主何时得到长公主之封号，则史无明文。《史记·卫青霍去病列传》有"平阳长公主"⑤云云，则其时已得长公主之号也。

---

① 班固：《汉书》，中华书局1962年版，卷六十五，第2856页。
② 班固：《汉书》，中华书局1962年版，卷六十五，第2857页。
③ 案：《史记·高祖功臣侯者年表》"平阳侯"下载有"四年，夷侯时"云云，司马贞《索隐》云："夷侯畤。音止，又音市。案：《曹参系家》作'时'，今表或作'畤'。"案《汉书·卫青传》"平阳侯曹寿尚阳信公主，即此人，当是字讹。"（《史记》，卷十八，第881—882页。）据司马贞之说，曹时或曹畤与曹寿乃同一人。又案：案：《史记·卫将军骠骑列传》司马贞《索隐》引"如淳云'本阳信长公主，为平阳所尚，故称平阳公主'。按徐广云'夷侯，曹参曾孙，名襄'。又按系家及功臣表"时"或作"畤"，《汉书》作'寿'，并文字残缺，故不同也。"（《史记》，卷一百一十一，第2911页。）可知平阳公主即阳信公主。
④ 《史记》，卷四十九，第1977—1978页。
⑤ 《史记》，卷一百一十一，第2940页。

平阳长公主是汉武帝之亲姊，二人感情特佳，孝武卫皇后、孝武李夫人皆由平阳长公主推荐；平阳长公主与大将军卫青之婚姻，亦由武帝而成。据《史记·外戚世家》所载，卫皇后字子夫，出生低微，其因郑季在平阳侯家工作，与侯家之妾卫媪私通，所生子女均冒卫氏。卫子夫初为平阳公主之歌妓。此时，武帝即位数年而无子。平阳公主于是搜求良家女子十余人，梳妆打扮留在平阳公主家。有一次，武帝从霸上被禊完后顺道探望平阳公主。平阳公主即以所畜养美人呈上，可是武帝并不喜欢。及后歌女献唱，武帝独爱卫子夫，由是得幸。武帝非常高兴，赏赐平阳公主金千斤。平阳公主因而送卫子夫进宫，并曰："行矣，强饭，勉之！即贵，无相忘。"①多吃饭保重身体当然重要，但对平阳公主而言，假设卫子夫他日显贵而不忘昔日恩情才更重要。卫子夫进宫以后，几乎被废，后重得武帝恩宠，并诞下长子刘据，诸卫氏亦因而得到重用。元朔元年（前128），武帝立卫子夫为皇后，刘据并于元狩元年（前122）立为太子。平阳长公主为弟弟奉献皇后，并得继汉嗣，功德无量。

除了卫皇后以外，平阳长公主还为武帝献上李夫人。《史记》虽然有载李夫人，不过事迹较为简略，《汉书》所载较为详细。元鼎六年（前111），汉灭南越，李延年因性善好音而得武帝见之。②至于武帝与李夫人首次见面，全仗平阳长公主之牵引。《汉书·外戚传》云：

> 初，夫人兄延年性知音，善歌舞，武帝爱之。每为新声变曲，闻者莫不感动。延年侍上起舞，歌曰："北方有佳人，绝世而独立，一顾倾人城，再顾倾人国。宁不知倾城与倾国，佳人难再得！"上叹息曰："善！世岂有此人乎？"平阳主因言延年有女弟，上乃召见之，实妙丽善舞。由是得幸，生一男，是为昌邑哀王。③

李延年是知音善舞之人，武帝十分喜爱。李延年的表演，听者莫不感动。有

---

① 《史记》，卷四十九，第1978页。
② 参《史记》，卷十二，第472页。案：《汉书·武帝纪》元鼎六年下有"行东，将幸缑氏，至左邑桐乡，闻南越破，以为闻喜县"。（《汉书》，卷六，第188页。）李延年之见当在此时。
③ 班固：《汉书》，中华书局1962年版，卷九十七上，第3951页。

一次，李延年在武帝面前载歌载舞，歌词之中提及北方有一倾城倾国之美人，武帝叹息，未知世上有否此人。此时，在武帝身旁之平阳长公主便说李延年有个妹妹，武帝召见之，确实妙丽善舞。李夫人自此得到武帝宠爱，更诞下昌邑哀王刘髆。大抵平阳长公主与李延年早有预谋，为汉武帝献上美女。平阳长公主此举亦确保自己可在武帝朝拥有一定的权力。李夫人为武帝一生最爱，后李夫人早夭，武帝悲伤不已。《汉书·外戚传》云：

> 李夫人少而早卒，上怜闵焉，图画其形于甘泉宫。及卫思后废后四年，武帝崩，大将军霍光缘上雅意，以李夫人配食，追上尊号曰孝武皇后。①

武帝因思念李夫人，于是图画其形于甘泉宫，使可日夜见之。武帝崩后，霍光更"缘上雅意"，以李夫人配食，并追尊李夫人为"孝武皇后"。昭帝崩后，武帝与李夫人之孙昌邑王刘贺更尝继天子之位。李夫人之出现，其实皆缘起于平阳长公主之推荐。

平阳长公主之两段婚姻亦可堪注意。如前文所言，平阳长公主本称阳信公主，后因嫁予平阳侯曹寿，因称平阳长公主。二人有一子曹襄。《史记·曹相国世家》云："时尚平阳公主，生子襄。时病疠，归国。立二十三年卒，谥夷侯。子襄代侯。襄尚卫长公主，生子宗。立十六年卒，谥为共侯。子宗代侯。"②平阳侯曹寿有病疠，③于元光四年（前131）逝世。子曹襄继平阳侯位。曹襄娶卫长公主为妻，此详下文讨论。元鼎三年（前114），曹襄逝世。《史记·樊郦滕灌列传》谓平阳长公主在曹寿逝世以后，便尝改嫁予汝阴侯夏侯颇。其云："子侯颇尚平阳公主。立十九岁，元鼎二年，坐与父御婢奸罪，自杀，国除。"④此说未必可信。元朔五年（前124），卫青为大将军。⑤《汉书·外戚传》云："青为

---

① 班固：《汉书》，中华书局1962年版，卷九十七上，第3951页。
②《史记》，卷五十四，第2031页。
③ 疠之为病，向有二解，一为恶疮之疾，二为瘟疫。观其于患病后返回封国，则似为恶疮之疾。此因瘟疫易于传染，如不幸患之，自不可能容易离开所居地，以免瘟疫扩散。
④《史记》，卷九十五，第2667页。
⑤《史记》，卷二十二，第1136页。

大司马大将军。卫氏支属侯者五人。青还，尚平阳主。"①然则平阳长公主嫁予卫青当在元朔五年，即卫青获封为大将军不久之后。当时平阳长公主似乎不太清楚卫青已尊贵无比，如卫青已当上大将军一段时间后便显得不太合理。因此，平阳长公主不可能有嫁予汝阴侯夏侯颇之事。王先谦云：

> 据《卫青传》，平阳侯曹寿尚武帝姊阳信长公主，后寿有恶疾，就国。上诏青尚平阳主。参之《功臣表》，曹寿即曹时也。其子襄以元光五年嗣侯。是曹时卒于元光四年，后七年当元朔五年，青为大将军而尚平阳主，卒后与主合葬，不容更有夏侯颇尚平阳主之事，且表云"元光三年，颇嗣侯，十八年，元鼎二年，坐尚公主与父御奸，自杀"。是元鼎初，公主尚为颇所尚，其时平阳主适卫青久矣，足证颇所尚者，必非平阳主也。况平阳主外家非孙姓，尤明此"平阳"二字有误。②

据王先谦所言，曹寿卒于元光四年，平阳长公主于元朔五年嫁予卫青。如此，则元鼎二年实不可能复嫁夏侯颇，因此，《史记·樊郦滕灌列传》所谓"平阳"公主者，"平阳"二字实误。王说是也。

平阳侯曹寿卒后，平阳长公主嫁予卫青。彭卫、杨振红指出"丈夫亡故后女子改嫁他人在秦汉时期十分常见，涉及社会诸阶层"③。平阳长公主便是一例。承前文所说，平阳长公主寡居，《史记·外戚世家》褚少孙补：

> 是时平阳主寡居，当用列侯尚主。主与左右议长安中列侯可为夫者，皆言大将军可。主笑曰："此出吾家，常使令骑从我出入耳，奈何用为夫乎？"左右侍御者曰："今大将军姊为皇后，三子为侯，富贵振动天下，主何以易之乎？"于是主乃许之。言之皇后，令白之武帝，乃诏卫将军尚平阳公主焉。④

---

① 班固：《汉书》，中华书局1962年版，卷九十七上，第3950页。
② 王先谦：《汉书补注》，上海古籍出版社2008年版，卷四十一，第3449页。
③ 彭卫、杨振红：《中国风俗通史·秦汉卷》，上海文艺出版社2002年版，第347页。
④《史记》，卷四十九，第1983页。案：《史记》此文出自褚少孙补，及后班固撰《汉书》，亦有采录此文，见诸《汉书·卫将军骠骑列传》。

此见卫青尚配平阳长公主之过程。当时大抵因主寡居，故欲以列侯尚主。在此事之中，平阳长公主拥有绝对权力，观其能"与左右议长安中列侯可为夫者"便可知。选择谁为夫婿，全仗平阳长公主个人之决定。大将军卫青虽然尊贵无比，可是原出平阳侯曹寿家，实属下人。左右的人向平阳长公主力陈，指出如今卫青之富贵振动天下，无庸作他选。准此，平阳长公主便向卫皇后述说己意，皇后又据此转告武帝，姐弟情深，武帝大抵亦不忘其姊推荐卫子夫与李夫人之功，因此下诏让卫青迎娶平阳长公主。

　　平阳长公主死后，与卫青合葬。《汉书·卫青霍去病传》云："与主合葬，起冢象卢山云。"[①]平阳长公主卒年不详，而卫青于武帝元封五年（前106）去世，二人合葬，卫青冢卢山。茂陵是汉武帝之陵墓，在今西安市西北四十公里兴平市东北五陵原上。卫青墓则是汉武帝之陪葬墓，在茂陵东侧一公里处。冢像卢山，乃表彰卫青驰骋阴山脚下、收复河套地区之功。今卫青墓前石碑为清乾隆年间毕沅重立，上书"汉大将军大司马长平侯卫公青墓"。至于平阳侯曹寿，葬在何处，史无明文。曹寿为第四代平阳侯，其曾祖曹参为高祖开国功臣，陪葬长陵。长陵之陪葬墓区，绵延七公里。此等开国元勋、朝廷重臣，以及后妃等人之陪葬墓，尚存六十三座，其中包括萧何、曹参、周勃、周亚夫、王陵、张耳、纪信等。平阳长公主作为武帝亲姊，死后陪葬，本无可疑；卫青乃武帝开疆功臣，亦理当陪葬，以显武帝一朝之武功。平阳长公主权倾一时，卫青与之合葬实在合情合理，只留下平阳侯曹寿独守之一丝唏嘘矣。司马迁只写卫青与平阳长公主合葬而不及平阳侯曹寿，实乃侧笔，反映长公主权力之大、地位之高。

五、汉武帝之两个女儿：卫长公主与鄂邑盖长公主

　　汉武帝在位五十四年，《史记·外戚世家》《汉书·外戚传》记载了四位重要妃嫔，其中包括陈皇后、卫皇后、李夫人、钩弋婕妤。四人之中，卫皇后为后三十八年，后因巫蛊之祸见废。卫长公主乃武帝与卫皇后之女，其本名、生卒年俱不详。武帝与卫皇后有三女一子，三女即卫长公主（又称当利公主）、诸

---

① 班固：《汉书》，中华书局1962年版，卷五十五，第2490页。

邑公主、石邑公主，一男即戾太子刘据。至于四人之排行，《汉书·郊祀志上》"又以卫长公主妻之"句，孟康曰："卫太子妹。"如淳曰："卫太子姊也。"师古曰："《外戚传》云子夫生三女，元朔三年生男据。是则太子之姊也。孟说非也。"①据此是卫长公主最为年长，诸邑公主、石邑公主次之，而戾太子刘据最为幼。《史记·封禅书》"又以卫长公主妻之"句，司马贞《索隐》云："卫子夫之子曰卫太子，女曰卫长公主。是卫后长女，故曰长公主，非如帝姊曰长公主之例。"②可见卫长公主因乃卫皇后长女之故而称长公主。梁玉绳《史记志疑》云："孟康云'卫太子妹'。如淳云'卫太子姊'。师古据《外戚传》是'姊'，以孟说为非。但帝女称公主，姊妹称长公主，此帝女而云长公主，故裴骃曰'未详'也。《索隐》谓'是卫后长女，非如长公主之例'，此解甚通，若《刘敬传》称鲁元公主为长公主，《外戚世家》称文帝女嫖为长公主矣。"③梁说是也。

《史记》《汉书》关于卫长公主之记载并不多，主要在于其两次婚事。第一次为卫长公嫁予第五代平阳侯曹襄。《史记·曹相国世家》云：

> 平阳侯窋，高后时为御史大夫。孝文帝立，免为侯。立二十九年卒，谥为静侯。子奇代侯，立七年卒，谥为简侯。子时代侯。时尚平阳公主，生子襄。时病疠，归国。立二十三年卒，谥夷侯。子襄代侯。襄尚卫长公主，生子宗。立十六年卒，谥为共侯。子宗代侯。征和二年中，宗坐太子死，国除。④

此可见自曹参以后，曹氏后人之简历。曹参之子为曹窋，其子为曹奇，其子为曹时，其子为曹襄。曹襄尚卫长公主，生子曹宗。曹襄卒于元鼎二年（前115），可知卫长公主于此时即告寡居。

三年之后，即元鼎五年（前112），汉武帝将卫长公主嫁予方士栾大。事见《史记·孝武本纪》及《封禅书》。汉武帝晚年笃信方士，宠信李少翁、栾大等

---

① 班固：《汉书》，中华书局1962年版，卷二十五上，第1224页。
②《史记》，卷二十八，第1391页。
③ 梁玉绳：《史记志疑》，中华书局1981年版，卷十六，第813页。
④《史记》，卷五十四，第2031页。

人。乐成侯丁义将栾大推荐予汉武帝，栾大其人"长美，言多方略，而敢为大言处之不疑"①。此言栾大身材高大俊美，言谈中多有机巧，而又敢于撒谎，如同真有其事。栾大极言可以寻仙访道，长生不老，武帝信之，数月之间，授之以"五利将军""佩五利将军""天士将军""地士将军""大通将军""乐通侯"及"天道将军"等七印，权倾一时。《史记·封禅书》记栾大尽得封赏：

> 赐列侯甲第，僮千人。乘舆斥车马帷幄器物以充其家。又以卫长公主妻之，赍金万斤，更命其邑曰当利公主。天子亲如五利之第。使者存问供给，相属于道。②

武帝赏赐大宅予以栾大，并有僮仆千人，甚至将从皇帝之乘骑用物中分出车马帷帐器物以布置栾大之新居。进言之，武帝更将卫长公主嫁予栾大，送黄金万斤，将卫长公主原有之封邑改名为当利公主邑。天子尝亲到五利家做客，慰问、赏赐络绎不绝。栾大妄言能见神人，又有不死之药，然而武帝验之，证之皆属虚言，最后乃将栾大处死。考栾大于元鼎四年封侯，翌年而得武帝嫁予卫长公主，却于一年之内被处死。起伏之大，让人咋舌。卫长公主虽为武帝长女，却不免再受寡居之痛，可见长公主即使再高，其命运仍不能自己掌握。

卫长公主卒年无考。自栾大死后，《史记》《汉书》已无卫长公主之行踪。如前文所言，卫皇后因巫蛊之祸而见废。征和元年（前92），丞相公孙贺之子敬声因贪污系狱，公孙贺为抵其子之罪，遂缉捕游侠朱安世。因报复之故，朱安世在狱中上书力指公孙敬声与阳石公主私通，并谓公孙家于甘泉宫埋下木人诅咒武帝。结果，公孙贺父子下狱死，全家斩杀殆尽，而阳石公主、诸邑公主以及卫青长子卫伉等全数被杀。另一方面，武帝宠臣江充尝得罪太子刘据，此时武帝年老体衰，江充担心刘据继位以后，将对自己不利，因生以巫蛊除掉太子之念。《汉书·蒯伍江息夫传》云：

> 是时，上春秋高，疑左右皆为蛊祝诅，有与亡，莫敢讼其冤者。

---

① 《史记》，卷二十八，第1390页。
② 《史记》，卷二十八，第1391页。

> 充既知上意，因言宫中有蛊气，先治后宫希幸夫人，以次及皇后，遂掘蛊于太子宫，得桐木人。太子惧，不能自明，收充，自临斩之。骂曰："赵虏！乱乃国王父子不足邪！乃复乱吾父子也！"太子繇是遂败。语在《戾园传》。后武帝知充有诈，夷充三族。①

武帝经常怀疑有人以巫蛊诅咒之，有罪与否，无人讼冤。江充知上意，借故言宫中有巫蛊之气，先对付宫中不受武帝宠爱之夫人，并及于卫皇后，于是在太子宫中掘得桐木人。太子惧，未能向武帝自辩，于是乎捕捉江充，亲自监斩。太子最后在迫于无奈之情况下起兵抵抗，终亦败亡。后来武帝知道自己错杀太子一家，后悔不已，明白一切皆江充所为，遂夷灭其三族。至于卫氏，卫皇后因其在巫蛊之祸时将皇宫侍卫予以太子，支持太子起兵诛杀江充，与武帝军队对战，武帝于是收其皇后印玺，然卫皇后在收印玺前即告自杀。准此，卫皇后、太子刘据、诸邑公主等皆死，即使卫长公主当时仍然在世的话，大抵亦难以于巫蛊之祸幸免。

《史记》载事下限里理应觅得踪影之最后长公主当为鄂邑盖长公主，然而《史记》并无相关记载，只能以《汉书》所载充之。鄂邑盖长公主，乃汉武帝与李姬之女。《史记·外戚世家》"他姬子二人为燕王、广陵王"句，司马贞《索隐》云："《汉书》云李姬生广陵王胥、燕王旦也。其母无宠，以忧死。"②此言李姬乃广陵王胥、燕王旦生母。司马贞所言乃据《汉书·武五子传》。③又《武五子传》有云"旦姊鄂邑盖长公主"④，既言鄂邑盖长公主乃燕王旦之姊，则其亦出李姬矣。

武帝崩后，昭帝继位。《汉书·昭帝纪》云："帝姊鄂邑公主益汤沐邑，为长公主，共养省中。"⑤大抵鄂邑公主与昭帝年纪颇有差异，又因昭帝生母钩弋

---

① 班固：《汉书》，中华书局1962年版，卷四十五，第2179页。
② 《史记》，卷四十九，第1981页。
③ 案：《汉书·武五子传》云："孝武皇帝六男。卫皇后生戾太子，赵婕妤生孝昭帝，王夫人生齐怀王闳，李姬生燕剌王旦、广陵厉王胥，李夫人生昌邑哀王髆。"（《汉书》，卷六十三，第2741页。）此即司马贞《索隐》所据。
④ 班固：《汉书》，中华书局1962年版，卷六十三，第2754页。
⑤ 班固：《汉书》，中华书局1962年版，卷七，第217页。

婕妤已殁，不得照顾昭帝，故鄂邑公主便肩负起此重任。因此，昭帝封其为长公主。后又"赐长公主及宗室昆弟各有差"。①始元元年（前86），"益封燕王、广陵王及鄂邑长公主各万三千户"。②始元四年（前83），"赐长公主、丞相、将军、列侯、中二千石以下及郎吏、宗室钱、帛各有差"。③元凤元年（前80），"长公主共养劳苦，复以蓝田益长公主汤沐邑"④。据上文，可知昭帝自即位以后对鄂邑盖长公主赏赐有加，不单止嘉以"长公主"封号，更屡益其汤沐邑，金银财帛之赏自亦不在话下。鄂邑盖长公主在武帝朝身份只是公主，在昭帝朝因抚养昭帝有功而得以加封长公主。然而，鄂邑盖长公主并不知足，与上官桀父子、燕王刘旦、桑弘羊等人谋反事败而自杀。

昭帝即位之初，年仅八岁，霍光、金日磾、上官桀、桑弘羊等四位重臣辅政，四人大权在握。鄂邑盖长公主大抵乃当时在世仅有之武帝女儿、昭帝姊，故亦有一定影响力。公主有私夫名丁外人，与上官桀父子相善，《汉书·霍光金日磾传》载云：

>桀父子既尊盛，而德长公主。公主内行不修，近幸河间丁外人。桀、安欲为外人求封，幸依国家故事以列侯尚公主者，光不许。又为外人求光禄大夫，欲令得召见，又不许。长主大以是怨光。而桀、安数为外人求官爵弗能得，亦惭。自先帝时，桀已为九卿，位在光右。及父子并为将军，有椒房中宫之重，皇后亲安女，光乃其外祖，而顾专制朝事，繇是与光争权。⑤

上官桀、上官安父子二人尝为丁外人求封，以配鄂邑盖长公主。当时大将军霍光专权，把持朝政，不许封侯。因此，长公主乃联同上官父子、燕王刘旦、桑弘羊等意欲刺杀霍光。可惜事情败露，长公主因而自尽。

---

① 班固：《汉书》，中华书局1962年版，卷七，第218页。
② 班固：《汉书》，中华书局1962年版，卷七，第219页。
③ 班固：《汉书》，中华书局1962年版，卷七，第221页。
④ 班固：《汉书》，中华书局1962年版，卷七，第225页。
⑤ 班固：《汉书》，中华书局1962年版，卷六十八，第2934页。

六、结语

《史记》载录西汉史事，始自高祖，终于汉武。本文略论《史记》所载武帝及其以前之西汉长公主，冀能补充分析此等长公主之权倾一时及其命运，并总结如下：

1. 《史记》所见公主约有十二人，其中四人可得长公主之称号。其中有谓吕后所生之鲁元公主亦为长公主，然而何若瑶、王先谦等以为"元"乃谥号，非"长"之意，故鲁元公主并非长公主。准此，《史记》所载四位长公主分别是馆陶长公主、平阳长公主、卫长公主、鄂邑盖长公主。

2. 有关长公主之定义，历来稍有异说。蔡邕指出皇帝之"姊妹曰长公主"，颜师古则谓皇帝姊妹中最年长者即长公主。得宠之长公主，地位高于一般妃嫔。今观武帝及其以前之四位长公主，皆权倾一时，地位颇高。就鄂邑盖长公主之食邑而言，已超越不少当时封侯。

3. 汉代婚姻风气与今日不尽相同，丈夫亡故后女子改嫁他人在秦汉时期十分常见。就诸位汉代长公主事迹所见，如平阳长公主先嫁予平阳侯曹寿，寿故后而改嫁大将军卫青；卫长公主在平阳侯曹襄死后改嫁栾大皆其例。此外，长公主即不改嫁，感情生活仍然多姿多彩，如馆陶长公主迷恋美少男董偃、鄂邑盖长公主与丁外人有私情皆其例。

4. 长公主与皇帝关系密切，甚至影响帝位继承权。如前文所言，馆陶长公主将女儿嫁予武帝刘彻，使其得为太子，及后承继帝位。至于武帝登位以后，其姊平阳长公主分别呈献卫皇后与李夫人，为武帝继嗣立下功劳。鄂邑盖长公主则在昭帝年幼时加以抚养，此皆可见长公主与皇帝之关系密不可分。

（潘铭基，香港中文大学中国语言及文学系。）

《史记》文献研究

方说者,《史记·封禅书》记李少君以祀灶、穀道、却老方见上,亳人谬忌奏祠太一方,齐人少翁见言以鬼神方见上,胶东宫人栾大求见言方之类是也。

从《史记·封禅书》小说家类看《汉书·艺文志》《封禅方说》之性质与内容

孙振田

《汉书·艺文志》(下称《汉志》)小说家类著录的《封禅方说》十八篇(班固注:"武帝时。"),关于其性质及内容,有所讨论者,如今人余嘉锡论云:"疑此十八篇者,皆方士之言,所谓封禅致怪物与神通,故其书名曰《方说》。方者,方术也,犹之李少君之祠灶、谷道、却老方,齐人少翁之鬼神方云尔。"[①]以十八篇为"方士所言","方"指方术,与《史记·封禅书》(下称《封禅书》)中提到的李少君"祠灶、谷道、却老方"等相类同。杨树达论云:"方说者,《史记·封禅书》记李少君以祀灶、谷道、却老方见上,亳人谬忌奏祠太一方,齐人少翁以鬼神方见上,胶东宫人栾大求见言方之类是也。"[②]持论与余先生基本相同。张舜徽论云:"此乃汉武帝时用事鬼神之迷信记录与论说也。方士所重,儒家所摈,故其书不传。"[③]陈自力论云:"所谓'方说'者,方士之说也。毫无疑问,《封禅方说》正是当时方士有关封禅言说的汇编。"具体内容,则"显然含有'说'的成分,亦即讲故事的成分,而不是单纯记载方术之作","也还应该汇集了不少神仙鬼怪故事……属仙话式的早期志怪作品"[④]。再如王齐洲亦论云:"方说者,方士之说也,亦称方。"《封禅方说》者,则方士所言封禅之说,

---

[①] 余嘉锡:《小说家出于稗官说》,载《余嘉锡论学杂著》,中华书局1963年版,第276页。
[②] 杨树达:《汉书管窥》,商务印书馆2015年版,第211页。
[③] 张舜徽:《汉书艺文志通释》,华中师范大学出版社2004年版,第343页。
[④] 陈自力:《一部仙话式的早期志怪作品——〈封禅方说〉考辨》,载《广西大学学报》(哲学社会科学版)2002年第1期。

包括封禅之故事、传说、意旨、仪礼、器物、方法等等。""武帝封禅的仪礼和器物多采用方士的意见，亦即所谓封禅方说。"①王先生并进一步认为，《封禅书》关于武帝封禅的记述，诸如封禅及修封之时间、地点、仪礼、器物、方法等内容，"可能即《封禅方说》之重要内容，司马迁作《史记·封禅书》已有采入"②。

比较可知，从余嘉锡至王齐洲，所论尚有不小的差异。然则，《封禅方说》的性质及内容究竟如何？

探讨这一问题，首先必须弄清楚《封禅方说》题名之"方"的含义，具体也就是此"方"究竟是指方术还是方士。答案首先还在《史记·封禅书》（下称《封禅书》）中。据《封禅书》，此"方"当指方术而非方士。核之《封禅书》之用例，非常清楚，其称"方"时往往是指"方术"而非"方士"，称方士时则径以"方士"称。兹将《封禅书》称"方"及"方士"之材料详列于下，以为参考。称"方"之材料：

---

① 王齐洲：《〈汉志〉著录之小说家〈封禅方说〉等四家考辨》，载《兰州大学学报》（社会科学版）2007年第5期。

② 王齐洲：《〈汉志〉著录之小说家〈封禅方说〉等四家考辨》，载《兰州大学学报》（社会科学版）2007年第5期。关于《封禅方说》的性质或内容等，他如罗宗强认为"似属方术之书"（罗宗强《隋唐五代文学思想史》，中华书局2003年版，第214页），潘建国认为"盖即公孙卿等方士所言封禅的礼仪"（潘建国《中国古代小说书目研究》，上海古籍出版社2005年版，第17页），龙文玲认为是"为汉武帝封禅泰山提供谋略而撰写的"（龙文玲《汉武帝与西汉文学》，社会科学文献出版社2007年版，第360页），胡孚琛怀疑为"当时方仙道为封禅造的道书"（胡孚琛《道学通论》[修订版]，社会科学文献出版社2009年版，第185页），侯忠义认为是"祭祀天地时的方士之言"（侯忠义《汉魏六朝小说简史》，辽宁教育出版社2000年版，第8页），陈槃以为"以'方'为名，即方书也"[陈槃《战国秦汉间方士考论》，载《古谶纬研讨及其书录解题（上）》，上海古籍出版社2010年版]，李零认为是"汉武故事"（李零《兰台万卷——读〈汉书·艺文志〉》，生活·读书·新知三联书店2011年版，第117页。所谓"故事"，据李先生之前"诸子百家言，很多都是讲故事"云云，知其含义正同于今日所谓之"故事"），李军认为应是"医巫厌祝之说"（李军《明前"小说"语义源流考》，载《中国文学研究》第22辑，复旦大学出版社2013年版，第43页），李剑锋以为"当为神仙方士关于封禅的言论"（李剑锋《唐前小说史料研究》，山东教育出版社2016年版，第47页）。

表一

序号	材料
1	是时苌弘以方事周灵王……周人之言方怪者自苌弘。
2	而宋毋忌、正伯侨、充尚、羡门高最后皆燕人，为方仙道，形解销化，依于鬼神之事。
3	是时李少君亦以祠灶、谷道、却老方见上，上尊之。
4	少君者，故深泽侯舍人，主方。①
5	其（少君）游以方遍诸侯。
6	少君资好方，善为巧发奇中。
7	李少君病死，天子以为化去不死，而使黄锤史宽舒受其方。
8	亳人谬忌奏祠太一方。
9	于是天子令太祝立其祠长安东南郊，常奉祠如忌方。
10	天子许之，令太祝领祠之于忌太一坛上，如其方。
11	令祠官领之如其方。
12	其明年，齐人少翁以鬼神方见上。
13	居岁余，其方益衰，神不至。
14	乃遣栾大因乐成侯求见言方。
15	惜其方不尽，及见栾大，大悦。
16	又以为康王诸侯耳，不足与方。
17	则方士皆奄口，莫敢言方哉。
18	子诚能修其方，我何爱乎。
19	于是上使验小方，斗棋，棋自相触。
20	而海上燕齐之间，莫不扼腕而自言有禁方，能神仙矣。
21	五帝坛环居其下，各如其方，黄帝西南，除八通鬼道。

---

① 颜师古注引如淳曰："侯家人也，主方药也。"则以此"方"为方药。班固《汉书》，中华书局1962年版，第1217页。

续表

序号	材料
22	五利妄言见其师,其方尽,多不雠。
23	齐人之上疏言神怪奇方者以万数,然无验者。
24	上许作之如方,命曰明年。

称"方士"之材料:

序号	材料
1	而燕齐海上之方士传其术不能通,然则怪迂阿谀苟合之徒自此兴,不可胜数也。
2	及至秦始皇并天下,至海上,则方士言之不可胜数。
3	后三年,游碣石,考入海方士,从上郡归。
4	于是天子始亲祠灶,遣方士入海求蓬莱安期生之属,而事化丹沙诸药齐为黄金矣。
5	天子既闻公孙卿及方士之言,黄帝以上封禅,皆致怪物与神通,欲放黄帝以上接神仙人蓬莱士,高世比德于九皇,而颇采儒术以文之。
6	宿留海上,予方士传车及间使求仙人以千数。
7	上念诸儒及方士言封禅人人殊,不经,难施行。
8	天子既已封泰山,无风雨灾,而方士更言蓬莱诸神若将可得。
9	复遣方士求神怪采芝药以千数。
10	东至海上,考入海及方士求神者,莫验。
11	方士多言古帝王有都甘泉者。
12	方士有言"黄帝时为五城十二楼,以候神人于执期,命曰迎年"。
13	石闾者,在泰山下址南方,方士多言此仙人之闾也,故上亲禅焉。

不惟《史记》之《封禅书》,即便到了《汉书》之《郊祀志》,其称"方"仍然是指"方术",称方士也仍然是以"方士"称。《郊祀志》武帝部分虽然是从《封禅书》而来,但毕竟也有一些改动。这表明,《郊祀志》以"方"指称"方术"也并非机械照搬而已,一定程度上也是班固当时的习惯。再看《汉志》,其《方技略》经方类著录的书籍,《五藏六府痹十二病方》《五藏六府疝十六病方》

《五藏六府痹十二病方》《风寒热十六病方》《秦始黄帝扁鹊俞拊方》《五藏伤中十一病方》《客疾五藏狂颠病方》《金创疭瘛方》《妇人婴儿方》等九家，亦均只称"方"——尽管这里的"方"是指经方，但其仅以"方"称，亦足证以"方"称方术在《史记》与《汉书》的时代是较为普遍的做法。"五藏六府痹十二病方""五藏六府疝十六病方""五藏六府痹十二病方"等的构词或命名方式与"封禅方"完全相同（《汉志·兵书略》之兵阴阳家载有《辟兵威胜方》七十篇一种，其"辟兵威胜方"之构词或命名方式亦与"封禅方"同）。"方"，归根结底也就是方法，只不过因其具有神秘、专门的色彩而被用来特指方术或经方。是故，前述余嘉锡将"方说"之"方"解为"方术"，无疑是合乎实际的，而以"方说"之"方"即指"方士"，则就与《史》《汉》之用例不符了。余先生未能对"方说"之"方"为何指"方术"予以具体考察，终为缺憾。又，所谓"方士所言……故其书名曰《方说》"云云，亦不知是否又将"方说"之"方"解为了"方士"。[①]

其次，弄清了《封禅方说》题名之"方"所指为方术，其性质也就不难判断了——所载为针对"封禅方"也就是封禅的方术的论说。"封禅方说"，也就是"说封禅方"，对封禅的方术进行论说，"说"为"论说"义。[②]进一步考之，《封禅方说》十八篇实当为武帝时方士们讨论"封禅方"的记录的结集。核之《封禅书》"天子既闻公孙卿及方士之言，黄帝以上封禅，皆致怪物与神通，欲放黄帝以上接神仙人蓬莱士，高世比德于九皇，而颇采儒术以文之"及"上念诸儒及方士言封禅人人殊，不经，难施行"云云，可知方士们当时必然就封禅的方术展开了讨论，其记录及结集即《封禅方说》十八篇。"颇采儒术以文之"需要

[①] 关于"方"，另可参陈槃《战国秦汉间方士考论》"方士释名"一节，载《古谶纬研讨及其书录解题（上）》，上海古籍出版社2010年版，第180—181页。

[②] 李零以《封禅方说》之"说"与《黄帝说》等之"说"相同："《伊尹说》《鬻子说》《黄帝说》《封禅方说》《虞初周说》，皆以'说'字为题，即小说之意。"李零《兰台万卷——读〈汉书·艺文志〉》，第119页。

讨论,"言封禅人人殊"则更反映出讨论的具体情形及其观点的多种多样。①考虑到武帝求仙、封禅的实际需要,这些论说只能是紧紧围绕封禅的方术而展开,而非流于抽象的理论或者空洞的论说。《封禅书》所载方士所云祭祀、求仙多以方法为主及其所谓"上念诸儒及方士言封禅人人殊,不经,难施行"云云,说明武帝所需要的正是封禅的方术而非其他。"难施行"者,更多的只能是方法而非抽象的理论或空洞的论说。对封禅的方术进行论说,与纯粹意义上的"方",诸如李少君"祠灶、谷道、却老方"、谬忌"祠太一方"、少翁"鬼神方"当然是不同的,除技术的层面外,更带有明显的"说"的色彩。至于所论说的"封禅方"(封禅的方术)之来源则当有二:其一,武帝身边的方士,诸如李少君、少翁、栾大、公孙卿之流所奏进;其二,民间所奏进或者武帝从民间收集而来。关于其二,我们看《封禅书》相关材料:(1)求蓬莱安期生莫能得,而海上燕齐怪迂之士多更来言神事矣;(2)大见数月,佩六印,贵振天下,而海上燕齐之间,莫不扼腕而自言有禁方,能神仙矣;(3)上遂东巡海上,行礼祠八神。齐

---

① 考之《史记·封禅书》"上与公卿诸生议封禅。封禅用希旷绝,莫知其仪礼,而群儒采封禅《尚书》《周官》《王制》之望祀射牛事……上于是乃令诸儒习射牛事"及"群儒既已不能辨明封禅事,又牵拘于《诗》《书》古文而不能骋……而尽罢诸儒不用"云云,知武帝时诸儒曾就封禅展开过讨论。与诸儒相同,方士也必然于封禅的方术有所讨论——唯有如此才能符合当时的实际,面对得见仙人、"与神通"这一棘手而又迫切的问题,方士们也只能如此,尽管只是做做样子糊弄武帝而已。"诸儒及方士言封禅人人殊,不经,难施行",其"诸儒"指向的是诸儒议对封禅的历史事实,"方士"指向的则是方士们讨论封禅的历史事实,"人人殊""难施行"则是经过了议对、讨论之后所得出的结论。《汉志·六艺略》之《礼》类著录有《封禅议对》十九篇(班固注武帝"时也"),当为对诸儒讨论封禅的记录与结集。《封禅方说》十八篇与《封禅议对》十九篇的情形完全相同——诸儒讨论封禅而有《封禅议对》十八篇,方士讨论封禅则有《封禅方说》十八篇。所不同者,惟前者著录于《六艺略》之《礼》类,后者著录于《诸子略》之小说家。陈槃以为"'方说'省称则曰'方'",亦即《封禅方说》之"方说"可以理解为"方"(方术)的全称,然即便不考虑《史记》《汉书》以"方"称"方术"的做法(参前),核之《封禅议对》之命名方式及其产生之情形,包括《封禅方说》自身产生之情形——同样的产生情形,《封禅议对》称"议对",《封禅方说》称"说",正相对应,亦可判断《封禅方说》之"方说"当非"方"(方术)之全称。陈槃《战国秦汉间方士考论》,载《古谶纬研讨及其书录解题(上)》,上海古籍出版社2010年版,第180页。

人之上疏言神怪奇方者以万数，然无验者。既然能"言神事""有禁方""能神仙"，能"上疏言神怪奇方者以万数"，当然也就有且会奏进专用的封禅之"方"了。武帝求仙、封禅本即为一场声势浩大、影响广泛的运动，在这种情况下，民间而有封禅的方术上奏给武帝，并不令人意外。①受封禅成仙愿望的强烈驱动，武帝自然也会主动从民间收集一些封禅的方术。

以上余嘉锡以《封禅方说》所载"犹之李少君之祠灶、谷道、却老方，齐人少翁之鬼神方"，显然忽略了"封禅方说"之"说"所传递的含义，"方"与"方说"自是不同，否则，刘向、刘歆及班固以"方"称之可也（如"祠灶、谷道、却老方"），又何须以"方说"称？杨树达之失与余先生同。陈自力、王齐洲二位先生以《封禅方说》"属仙话式的早期志怪作品"、"包括封禅之故事、传说"等，则没有充分考虑到"封禅方说"之"方"所传递的含义及其对"说"的限定。不排除《封禅方说》会有一些故事性的成分，然以之"属仙话式的早期志怪作品"则嫌过之。至于王齐洲所说《封禅方说》中当包含有关于武帝封禅的记述，恐亦有失稳妥，作为国之大事的武帝封禅，当收载于《六艺略》之《礼》类所著录的《汉封禅群祀》三十六篇之中，而非收载于"不经"的《封禅方说》十八篇，并最终著录于《诸子略》小说家之中，与"街谈巷语、道听途说"者之所造为伍。

最后，《封禅方说》所讨论的封禅的方术又有哪些呢？或者说，所涉及之方术又有些什么特点呢？思考这一问题，首先需要弄清楚"封禅方"在所要解决的问题是什么。我们看《封禅书》相关材料：（1）少君言上曰："祠灶则致物，致物而丹沙可化为黄金，黄金成以为饮食器则益寿，益寿而海中蓬莱仙者乃可见，见之以封禅则不死，黄帝是也。臣尝游海上，见安期生，安期生食巨枣，大如瓜。安期生仙者，通蓬莱中，合则见人，不合则隐。"于是天子始亲祠灶，遣方士入海求蓬莱安期生之属，而事化丹沙诸药齐为黄金矣；（2）天子既闻公孙卿及方士之言，黄帝以上封禅，皆致怪物与神通，欲放黄帝以上接仙人蓬莱士，

---

① 王平认为《封禅方说》"或即齐地方士献上之书"，载所撰《中国古代小说文化研究》，济南，山东教育出版社1996年版，第39页；袁行霈认为"很何能是武帝时齐地方士献上的书"（袁行霈《当代学者自选文库·袁行霈卷》，安徽教育出版社1999年版，第47页）。

高世比德于九皇,而颇采儒术以文之。显然,武帝所以越来越执着于求仙,根本原因在于如能得见仙人,再行封禅,便能成仙不死("见之以封禅则不死"),因而,对于武帝来说,封禅首先要做的便是能够见到仙人,"致怪物与神通"。换言之,《封禅方说》十八篇所及封禅之方术,所要解决的主要也就是怎么见到仙人、怎么"与神通"的问题,亦即提供见到仙人及"与神通"的方法。那么,具体又有哪些能够见到仙人及"与神通"的方法呢?于此,虽因文献缺失,已无可详考,然《封禅书》中所载其他求见仙人及"与神通"的方法,恰可为我们提供一些参考,相关材料如表二所示:

表二

序号	材料
1	少君言上曰:"祠灶则致物,致物而丹沙可化为黄金,黄金成以为饮食器则益寿,益寿而海中蓬莱仙者可见,见之以封禅则不死,黄帝是也……"于是天子始亲祠灶,遣方士入海求蓬莱安期生之属,而事化丹沙诸药齐为黄金矣。
2	黄帝采首山铜,铸鼎于荆山下。鼎既成,有龙垂胡髯下迎黄帝。
3	大曰:"臣师非有求人,人者求之。陛下必欲致之,则贵其使者,令有亲属,以客礼待之,勿卑,使各佩其信印,乃可使通言于神人。神人尚肯邪不邪。致尊其使,然后可致也。"
4	于是五利常夜祠其家,欲以下神。神未至而百鬼集矣,然颇能使之。
5	卿曰:"(鼎书)曰:'……宝鼎出而与神通,封禅。'"
6	卿曰:"申公曰:'……天下名山八,而三在蛮夷,五在中国,中国华山、首山、太室、泰山、东莱,此五山黄帝之所常游,与神会。黄帝且战且学仙。患百姓非其道者,乃断斩非鬼神者。百余岁然后得与神通。黄帝郊雍上帝,宿三月……其后黄帝接万灵明廷。明廷者,甘泉也。'"……乃拜卿为郎,东使侯神于太室。上遂郊雍,至陇西,西登崆峒,幸甘泉。
7	五帝坛环居其下,各如其方,黄帝西南,除八通鬼道。太一,其所用如雍一畤物,而加醴枣脯之属,杀一狸牛以为俎豆牢具。而五帝独有俎豆醴进。其下四方地,为醊食群神从者及北斗云。已祠,胙余皆燎之。其牛色白,鹿居其中,彘在鹿中,水而泊之。祭日以牛,祭月以羊彘特。太一祝宰则衣紫及绣。五帝各如其色,日赤,月白。
8	天子始郊拜太一。朝朝日,夕夕月,则揖;而见太一如雍郊礼……而衣上黄。其祠列火满坛,坛旁烹炊具……公卿言"皇帝始郊见太一云阳,有司奉瑄玉嘉牲荐飨"。

续表

序号	材料
9	卿曰："仙者非有求人主，人主者求之。其道非少宽假，神不来。言神事，事如迂诞，积以岁乃可致也。"于是郡国各除道，缮治宫观名山神祠所，以望幸。
10	江淮间一茅三脊为神藉。五色土益杂封。纵远方奇兽蜚禽及白雉诸物，颇以加礼。兕牛犀象之属弗用。
11	公孙卿曰："……今陛下可为观，如缑氏城，置脯枣，神人宜可致也。且仙人好楼居。"于是上令长安则作蜚廉桂观，甘泉作益延寿观，使卿持节设具而候神人。乃作通天茎台，置祠具其下，将招来仙神人之属。于是甘泉更置前殿，始广诸宫室。
12	乃令祠官进畤犊牢具，色食所胜，而以木禺马代驹焉。独五月尝驹，行亲郊用驹。及诸名山川用驹者，悉以木禺马代。行过，乃用驹。他礼如故。
13	方士有言"黄帝时为五城十二楼，以候神人于执期，命曰迎年"。上许作之如方，名曰明年。上亲礼祠上帝焉。
14	公玉带曰："黄帝时虽封泰山，然风后、封巨、岐伯令黄帝封东泰山，禅凡山，合符，然后不死焉。"天子既令设祠具，至东泰山，泰山卑小，不称其声，乃令祠官礼之，而不封禅焉。其后令带奉祠候神物。
15	夏，遂还泰山，修五年之礼如前，而加以禅祠石闾。石闾者，在泰山下址南方，方士多言此仙人之闾也，故上亲禅焉。

通过以上材料可以看出，能够见到仙人或"与神通"的方术所涉及的无非这样几个方面：（1）器物，如以黄金饮食器、天子铸造宝鼎等；（2）时间，如夜间求神、宝鼎出时而行封禅、"朝朝日，夕夕月，作揖"等；（3）地点，如"郊雍"、"幸甘泉"、封东泰山（因山小而终未封）、"加禅祠石闾"等；（4）建筑，如五帝坛、宫观、蜚廉桂观、延寿观、通天台、五城十二楼等；（5）礼仪形式，如"至尊其使"、祭祀时"衣紫及绣"及"衣上黄"等；（6）祭祀时使用的物品及祭品等，如一茅三脊、奇兽蜚禽及白雉诸物、木禺马及驹等；（7）追随黄帝及仙人的足迹与做法，如见神仙而行封禅、东使候神于太室、封东泰山（因山小而终未封）、"加禅祠石闾"等。归根结底，扒去其神秘的外衣，方士们所谓求见神仙、"与神通"的方法，也就是投神仙之所好，以冀其出现或者光临。这其实也不过是基于凡间社会人情物理的模拟与再造。具体到《封禅方说》，其所

及求见仙人、"与神通"的方法，也当与上相类，或者更加稀奇古怪、多种多样而已。可以想象，为了博得武帝的垂青，从而获取经济及政治上的利益，方士们究竟该胡编乱造了多少求见仙人、"与神通"的封禅的方术！①

（孙振田，西安工业大学人文学院教授、硕士生导师。）

---

① 鲁迅说："天才们无论怎样说大话，归根结底，还是不能凭空创造。描神画鬼，毫无对证，本可以专靠了神思，所谓天马行空似的挥写了，然而他们写出来的，也不过是三只眼，长颈子，就是在常见的人体上，增加了眼睛一只，增长了颈子二三尺而已。"以之类比方士们编造求仙通神之方术，当为恰当。鲁迅《叶紫作〈丰收〉序》，载《且介亭杂文二集》（载《鲁迅全集》第 6 卷），人民文学出版社 2005 年版，第 227 页。

《史记》选本文献研究的意义

凌朝栋

学术研究角度能够反映出不同的研究思路，得出不同的研究结论与成果。对《史记》研究可谓人才济济，学术成果若山。但我们相信每一位研究者在接触《史记》时，多数是先读了该部著作的选本，通过选取部分的精彩篇章，才最终进行《史记》全部内容的阅读与研究。同时，普通读者阅读《史记》选本的情况较多，而专门的研究者对《史记》的阅读，立足通读的情况较多，并且作为普通读者阅读的《史记》选本也是诸多学者经过反复阅读《史记》全本，根据自己的理解，然后进一步披沙拣金，反复提炼，形成自己心目中《史记》的精华部分。因此，自从司马迁撰写完成《史记》以后，"藏之名山传之其人""副在京师"，在《史记》全本流传的同时，也形成了大量的《史记》选本文献。据笔者初步搜集，已经有二百多种中外《史记》选本文献，我们认为研究《史记》选本文献是非常有意义的。

一、《史记》选本文献研究，可以通过被选取部分揭示整体内容

对于普通读者而言，人们往往由于自然的客观条件和自身的主观条件，对某一事物进行认识的时候，将容易接触到或者较感兴趣的部分加以探究，从而达到对某一事物整体的认识。例如大海，我们只有将自己近距离接触的海水成分、海洋气候、海洋生物等加以研究，对整体海洋先有一个初步的判断。随后再进行若干个不同部分的研究，就进一步形成了对大海的整体认识。我们从事学术研究，探究《史记》文化，通过分别选取《史记》本纪、世家、列传以及书表及其序等的部分篇章，从而达到对《史记》整体的认识与鉴赏。以清人蒋善《史

记汇纂》①为例，该《史记》选本将《史记》内容重新按照治原、正学、将略、气侠、强秦等十个主题选取篇章。其中在强秦的主题里选取了秦本纪、商君列传、苏秦列传、张仪列传、穰侯列传、范雎蔡泽列传、吕不韦列传、秦始皇本纪、李斯列传等，这样就将《史记》所有秦兴盛过程的篇章集中选取在了一起，能够整体反映出《史记》对秦崛起与强大过程的记述。

二、《史记》选本文献反映的是人们阅读《史记》全本的历史，反映出《史记》篇章被关注的过程

对于专门研究《史记》学者而言，他们不仅仅要借鉴前人或者时贤对《史记》的认识，而且要自己通读《史记》。在通读的过程中，依据自己的学术积累、学术兴趣、判断能力、鉴赏水平，对《史记》不同篇章人物形象、叙事技巧、历史事实等做出自己的评判与结论。这个评判与结果自然有高下优劣之分，将依据自己评审标准认为较好篇章选择出来，编辑在一起，形成了新的《史记》文献，即《史记》选本文献。例如梁启超对《史记》经过长期阅读、体悟、分析形成自己对《史记》中文学名篇的认识，即"以研究文章技术为目的而读之"认为"吾生平所最爱读者则以下各篇"②：《项羽本纪》《信陵君列传》《廉颇蔺相如列传》《鲁仲连邹阳列传》《淮阴侯列传》《魏其武安侯列传》《李将军列传》《匈奴列传》《货殖列传》《太史公自序》。同样日本学者芳本铁三郎根据著名日本汉学家森田节斋观点编选《史记十传纂评》③中列出的十大名篇：《项羽》《外戚》《管晏》《廉颇蔺相如》《荆轲》《淮阴侯》《魏其武安侯》《李将军》《游侠》《滑稽》。虽然其中有《项羽》《廉颇蔺相如》《淮阴侯》《魏其武安侯》《李将军》五篇相同，但分歧还是较大的。对此，我们可以按照不同的学者对《史记》杰作名篇的选择，归纳出历代不同学者对某一篇作品的关注程度与历史。

---

① 蒋善：党艺峰整理，《史记汇纂》，商务印书馆 2017 年版。
② 梁启超：《要籍解题及其读法》，岳麓书社 2010 年版。
③ [日] 芳本铁三郎：丁德科编校，《史记十传纂评》，商务印书馆 2016 年版。

三、《史记》选本文献研究反映出一种文学批评方式

文学批评与评论有多种多样的方式。有的学者是从文学理论方面，揭示某位作家作品对社会生活的反映、与现实的关联程度、人物形象代表性等方面来评价作品的价值。例如历代学者对杜诗的评价等多是从这方面考虑，认为杜诗是"诗史"。而有的学者则是从具体选取作品，或者摘句的角度去批评文学作品，从而达到对某一作家某一作品的认可与接受。最早的孔子"删诗"说，就是这样一种批评方式。再到南朝梁昭明太子编撰《文选》，本身就是一种重要的文学批评方式。在《文选》中，昭明太子最早选取了陶渊明的诗文，这是对陶渊明文学成就的赞许与接受，反映的是自己文学主张。《文选》虽然也选取了司马迁的《报任安书》，却没有从《史记》中直接选取文章，这主要是昭明太子已在序言里对史学文字被排除在选取之外的缘故。选取与舍弃某一作品，就能反映出学者的文学理念。编选本的批评方式，随着人们对《史记》研究的深入，不同的《史记》选本文献到了唐宋时期就出现了，较早的如从治理国家方面考虑，魏征主持编著《群书治要》，就选取了《史记》文章，成为目前能够看到的直接选取《史记》的选本。到了宋代之后，陆续出现的文学总集如《古文关键》《文章正宗》等，作为文学总集选取《史记》文章。

四、《史记》选本文献研究，可以汇集多方观点，形成公认的《史记》精彩篇章

不同身份的学者在对《史记》阅读的过程中，都会形成自己心目中的《史记》精彩篇章。例如著名语文教育家张中行，曾应中央人民广播电台之约，撰写了《〈史记〉妙笔三例》[1]一文。如他所言：

"近年选讲《史记》的文章，以及书，不少，其中常收的是多篇列传，如廉

---

[1] 张中行：《〈史记〉妙笔三例》，《读书》1992年第11期。

颇蔺相如，**魏公子**，李将军，**魏其武安侯**，刺客，滑稽之类。这是因为，这类传中有生动的人物活动，读者会感到有兴趣。人物活动写得精彩，是文笔高妙之一证。我这里想谈的，是人物活动以外，文笔还可以主要表现自己，至少我看，那就更高更妙。想举两篇加一组为例：两篇是《伯夷列传》和《货殖列传》；一组是多篇后的'太史公曰'，其后史书称为'论赞'的，篇数多，只举少数为例。"也就是说从文学写作角度来看，张中行心目中《史记》妙笔精品在这三处。其中他认为《伯夷列传》的精彩之处在于："也可以借题发挥，如《伯夷列传》就是这样成篇的。这样，至少我看，这打破常规的写法就不只是也可，而是更好。"①可以达到两种效果："一是执笔为文，要有分量重的内容。何谓重？不过是发自内心的悲天之怀和悯人之泪而已。二是文无定法，应该随着思路驰骋，有时合了常规，起承转合，可以；有时不合常规，如用兵之背水一战，也未尝不可，甚至未尝不好。"②

并且他还针对好多选本不选《货殖列传》提出了批评："《史记》选本，我看过一些，几乎都不选《货殖列传》。""我的看法不同，甚至可以夸大说，《史记》列传七十篇，如果不能都读，挑挑拣拣，不管选取多少，《货殖列传》一定要入选。理由有求知方面的，是往古的经济情况，与社会和人生关系密切，应该知道。这里只说写法方面的，一是内容复杂，最难写，我们应该见识见识，在太史公的笔下，如何举重若轻；二是本篇想着重说的，是写柴米油盐之类的事，竟也能够融入作者自己的情怀，富有诗意。"③

至于"太史公曰"的精妙之处，他以《留侯世家》《李将军列传》《汲郑列传》中的"太史公曰"为例，认为："这类论赞有共同的特点是一、简短；二、变化多；三、意深。"④

再如我国台湾学者杨家骆在《史记今释序例》中就统计了三十多种《史记》选本，并得出了那些《史记》较为的精彩篇章。"骆所藏今存选本，亦达十六种，

---

① 张中行：《〈史记〉妙笔三例》，《读书》1992年第11期。
② 张中行：《〈史记〉妙笔三例》，《读书》1992年第11期。
③ 张中行：《〈史记〉妙笔三例》，《读书》1992年第11期。
④ 张中行：《〈史记〉妙笔三例》，《读书》1992年第11期。

至总集之选录史记文字者尤多，今就史记选本及总集三十五种统计去取，诸本共选史记七十二篇，其中互选达十八次以上者三十五篇，此三十五篇中互选达二十四次以上者十九篇，录之为本书甲编，其余十六篇录为本书乙编。"①从其甲编目录可以看出入选率最高的十九篇分别为项羽本纪、十二诸侯年表序、六国年表序、秦楚之际月表序、汉兴以来诸侯年表序、高祖功臣年表序、建元以来侯者年表序、留侯世家、平原君虞卿列传、魏公子列传、廉颇蔺相如列传、屈原贾生列传、刺客列传、李斯列传、淮阴侯列传、万石张叔列传、魏其武安侯列传、李将军列传、游侠列传。这就是一种通过《史记》选本文献研究，汇集多方观点，形成公认的《史记》精华内容。

五、《史记》选本文献研究，可以进一步关注《史记》学科的多元化研究

《史记》选本文献研究，由于《史记》本身的百科全书性质，人们不仅可以从不同的学科角度去研究《史记》，也可以从不同的学科标准选取《史记》文章，形成了体现自己思想和观点的选本。这些选本反过来也体现出《史记》的学科多样性。例如毛泽东评点《史记》人物，是用一个政治家的眼光来评判的。这一点正如学者王旸所言："毛泽东读《二十四史》的评点，绝不是一般意义上的评点，它带有鲜明的毛泽东特色，那就是以政治家的目光去评点历史。"②所以，毛泽东关注《史记》篇目较多的有《秦始皇本纪》《项羽本纪》《高祖本纪》。

综上所述，我们可以看出，《史记》选本文献的研究，不仅有助于《史记》学术研究，而且是一种《史记》阅读文化的研究，具有相当广泛的学术研究意义。一是《史记》选本文献研究，可以反映出人们通过选取部分加以研究，从而揭示整体的一种思维方式。二是《史记》选本文献反映的是人们阅读《史记》全本的历史，反映出《史记》篇章被关注的过程。三是《史记》选本文献反映

---

① 杨家骆：《史记今释》，正中书局1969年版，第3页。
② 王旸等：《毛泽东评点二十四史精华解析上册》，内蒙古人民出版社1998年版。

的是《史记》每一位编选者按照自己的取舍标准所形成的《史记》精华部分，《史记》选本文献反映出一种文学批评方式。四是《史记》选本文献研究可以进一步推选出《史记》中历史上不同学者汇集多方观点，形成公认的《史记》精彩篇章。五是《史记》选本文献研究，可以进一步关注《史记》学科的多元化研究。当然，其缺点也是明显的，有时形成以偏概全的结果，恰是盲人摸象，将局部当作整体，好像旅游一样，将某一个景点的旅游会当作对某个城市或地域的整体印象。

（凌朝栋，渭南师范学院人文学院三级教授，文学博士。）

《史记》三家注引《诗》及相关问题[①]

李小成

《史记》三家注为南朝宋裴骃的《史记集解》、唐司马贞的《史记索隐》和唐张守节的《史记正义》，是后世影响最为深远的《史记》研究成果，其注释征引了大量与《诗经》的有关内容，这样引《诗》入史，不仅为《史记》增加了论据和史料的丰富性，还使其文章生动活泼。当初，司马迁撰《史记》时，对《诗经》内容多有征引。今人在探讨《史记》与《诗经》关系方面涉猎很多，如陈桐生的《史记与诗经》一书，[②]较为全面地叙述了二者的关联以及司马迁的《诗》学观点。孙亮的《〈史记〉引〈诗〉考》一文[③]，叙述了《诗经》的史料价值，即司马迁在编写《史记》时汲取了《诗经》不少的史料和素材，对《诗经》进行了很大比例的征引。陈虎的《试论〈诗经〉对〈史记〉的影响》一文[④]，主要从《诗经》与《史记》的天人观、《诗经》与《史记》的原始察终和见盛观衰以及引《诗》入史等五个方面叙述了《诗经》对《史记》的重要影响。

当今学者对《史记》三家注与《诗经》的研究，主要集中在以下几方面。如吕冠南所写《〈史记〉三家注的〈诗经〉文献学价值》一文[⑤]，主要叙述了三家注在保存前代经籍方面的价值，而其在《韩诗》文献方面的价值不容忽视。冯洁在《〈史记〉三家注的校勘内容及特点》一文中[⑥]，主要研究了《史记》三家

[①] 本文刊于《诗经研究丛刊》第 32 辑，学苑出版社 2021 年版。
[②] 陈桐生：《史记与诗经》，人民文学出版社 2000 年版。
[③] 孙亮：《黑龙江教育学院学报》，2008 年第 5 期。
[④] 陈虎：《晋阳学刊》，2002 年第 3 期。
[⑤] 吕冠南：《渭南师范学院学报》，2017 年第 1 期。
[⑥] 冯洁：《渭南师范学院学报》，2016 年第 9 期。

注的校勘内容，其中有人名、地名等专有名词居多。三家注的校勘，不仅对《史记》版本的流变有重要影响，而且总结发展了校勘学理论。郑梅的《〈史记〉三家注的文学价值》一文①，另辟蹊径，从一个独特的视角对三家注的文学价值进行研究，文章主要叙述了三家注征引内容的文学价值、文章气势以及感情色彩等。应三玉所著《〈史记〉三家注研究》②，此书对《史记》三家注研究比较深入，主要集中在版本和注释方面，并对这些问题进行了必要的考证，该书是自《史记》产生之后独有的一部系统、全面地研究《史记》三家注的著作。总之，随着《史记》研究的深入和范围的扩展，三家注受到学界重视是理所当然的。

一、《史记》三家注引《诗》分类

《史记》三家注三种书都征引了比例很大的《诗经》内容，所引内容除涉及《诗经》中风、雅、颂各个部分外，还涉及《传》著的征引，如《诗注》《诗谱》《诗小序》《诗传》《毛诗》等内容，共计20项，130余例，引用广泛而且内容丰富。据不完全统计，涉及内容较多的为"风"23例；"雅"42例（大雅16例、小雅26例）；"颂"13例；毛诗15例，其他项则涉及较少。

（一）风

《仲尼弟子列传》："卜商，字子夏。少孔子四十四岁。子夏问：'巧笑倩兮，美目盼兮，素以为绚兮，何谓也？'子曰：'绘事后素。'曰：'礼后乎？'孔子曰：'商始可与言《诗》已矣。'"

《集解》："马融曰：'倩，笑貌。盼，动目貌。绚，文貌。此上二句在《卫风·硕人》之二章，其下一句逸诗。'"③卜商，卫国人，他对儒家经典的整理和传播起着重要作用。此处所引《诗经·卫风·硕人》篇"巧笑倩兮，美目盼兮"，

---

① 《文教资料》，2016年第24期。
② 应三玉：《〈史记〉三家注研究》，凤凰出版社2008年版。
③ 司马迁：《史记》，中华书局1959年版，第2202页。

原意是赞叹齐庄公的女儿、卫庄公的夫人庄姜姿容姣美。卜商引《诗》发问，孔子则以素绢和绘画的先后顺序来启发学生，意在使其领悟到仁的重要性，即仁在前而礼在仁后。孔子有云："人而不仁，如礼何？"他认为仁是礼的根本，如果不施行仁义那么礼制就没有用处，这也如孔子云"克己复礼为仁"。

《秦始皇本纪》："缪公享国三十九年，天子致霸，葬雍。缪公学著人。"

《索隐》："著音宁，又音贮，著即宁也。门屏之间曰宁，谓学于宁门之人。故《诗》云：'俟我于著乎而'是也。"①此处《索隐》引《诗经·齐风·著》为爱情诗，主言周代的结婚仪式，诗写新娘到男方家看到丈夫的情形。此处的"著"通"宁"，在周代家世显赫的人家中正门内有屏风，而正门和屏风之间则称为著，"缪公学著人"则指缪公曾向宫殿的侍卫学习，用法相同。

《孔子世家》："孔子学鼓琴师襄子，十日不进。师襄子曰：'可以益矣。'孔子曰：'丘已习其曲矣，未得其数也。'有间，曰：'已习其数，可以益矣。'孔子曰：'丘未得其志也。'有间，曰：'已习其志，可以益矣。'孔子曰：'丘未得其为人也。'有间，有所穆然深思焉，有所怡然高望而远志焉。曰：'丘得其为人，黯然而黑，几然而长，眼如望羊，如王四国，非文王其谁能为此也！'师襄子辟席再拜，曰：'师盖云《文王操》也'。"

《集解》："徐广曰：'《诗》云：颀而长兮。'"②孔子习琴坚持不懈，学习一首曲子，不仅仅要会弹，还要有更深层面的领悟。即使师襄子说可以继续学习新内容了，而对于孔子而言，还不算真正的掌握。对于他来说，学琴不仅仅要会弹还要有一定的技巧，从而进一步了解它的意蕴，最后还要理解曲中展现的人物。孔子领会到了曲中所颂之人为身材修长、皮肤黝黑的周文王。此处《集解》引《诗经·齐风·猗嗟》，意在说明文中"几然而长"与《诗》句"颀而长

---

① 司马迁：《史记》，中华书局1959年版，第286页。
② 司马迁：《史记》，中华书局1959年版，第1925页。

兮"意思相同即形容人身材强壮高大。

（二）雅

《五帝本纪》："尧曰：'共工善言，其用僻，似恭漫天，不可。'尧又曰：'嗟，四岳，汤汤洪水滔天，浩浩怀山襄陵，下民其忧，有能使治者？'皆曰鲧可。尧曰：'鲧负命毁族，不可'。"

《正义》："负音佩，依《字通》。负，违也。族，类也。鲧性很戾，违负教命，毁败善类，不可用也。诗云'贪人败类'也。"[1]尧认为共工空有一张巧嘴，心术不正，看似毕恭毕敬，实则欺瞒上天，不能任用；又认为鲧违反天命，毁败本族，亦不能任用。而《史记正义》则将共工和鲧的行为用《诗经·大雅·桑柔》中"贪人败类"一句概括。意为贪婪之人当政，危及国家。可见，尧和鲧并未有所作为，因此不能得到任用。

《夏本纪》："黑水西河惟雍州，弱水既西，泾属渭汭。漆、沮既从。"

《正义》："《括地志》云：'漆水源出岐州普润县东南岐山漆溪，东入渭。沮水一名石川水，源出雍州富平县，东入栎阳县南。汉高帝于栎阳置万年县。'十三州志云'万年县南有泾、渭，北有小河，即沮水也'。《诗》云'古公去邠度漆、沮'，即此二水。"[2]雍州位于黑水与黄河西岸间，弱水经过治理后流向西方，泾水注入了渭水，漆水、沮水跟着也汇入渭水。《绵》是周人记述其祖先的诗，"民之初生，自土沮漆"，意为周人地处杜水、沮水和漆水之间。此处《夏本纪》中提到的漆、沮二水和《诗经·大雅·绵》中所述漆、沮二水本意相同。

《天官书》："尾为九子，曰君臣；斥绝，不和。箕为敖客，曰口舌。"

《索隐》："《诗》云：'维南有箕，载翕其舌。'又《诗纬》云：'箕为天口，

---

[1] 司马迁：《史记》，中华书局1959年版，第21页。
[2] 司马迁：《史记》，中华书局1959年版，第66页。

主出气。'是箕有舌，象谗言。《诗》曰：'哆兮侈兮，成是南箕'，谓有谮客行谒请之也。"①"南箕"最早在《诗经·小雅·巷伯》里指簸箕星，而《天官书》所写"谮客"基本意思是箕星，箕星一词最早出现于《诗经》。《诗经·小雅·谷风之什·大东》中言："维南有箕，不可以簸扬。维北有斗，不可以挹酒浆。维南有箕，载翕其舌。维北有斗，西柄之揭。"

《夏本纪》："其草惟夭，其木惟乔，其土涂泥。田下下，赋下上上杂。贡金三品，瑶、琨、竹箭、齿、革、羽、旄。"

《正义》："《周礼·考工记》云：'犀甲七属，兕甲六属。'郭云：'犀似水牛，猪头，大腹，庳脚，楠角，好食棘也。亦有一角者。'按：西南夷常贡旄牛尾，为旌旗之饰，《书》《诗》通谓之旄。故《尚书》云'右秉白旄'，《诗》云'建旐设旄'，皆此牛也。"②《诗经·小雅·车攻》言周宣王于东都与诸侯狩猎之事。"旄"的原意是用牦牛尾装饰旗杆顶的旗子。而"建旐设旄"则与其意思相同，表现出了狩猎场面的壮观。

（三）颂

《殷本纪》："契兴于唐、虞、大禹之际，功业著于百姓，百姓以平。契卒，子昭明立。昭明卒，子相土立。相土卒，子昌若立。昌若卒，子曹圉立，曹圉卒，子冥立。"

《索隐》："相土佐夏，功著于商，《诗·颂》曰：'相土烈烈，海外有截'是也。《左传》曰：'昔陶唐氏火正阏伯居商丘，相土因之'，是始封商也。"③相土是殷商始祖契之孙，昭明之子，一作乘杜。《竹书纪年》记载："帝相十五年，商侯相土作乘马，遂迁于商丘。"《史记索隐》引用《诗经·商颂·长发》原句则是用来歌颂相土的丰功伟绩，意在说明相土的国土辽阔，疆域一直延伸到了东

---

① 司马迁：《史记》，中华书局 1959 年版，第 1298 页。
② 司马迁：《史记》，中华书局 1959 年版，第 60 页。
③ 司马迁：《史记》，中华书局 1959 年版，第 92 页。

海一带，这也正说明了他对殷商的重要贡献即"功著于商"。

《殷本纪》："夏德若兹，今朕必往。尔尚及予一人致天之罚，予其大理女。女毋不信，朕不食言。女不从誓言，予则帑僇女，无有攸赦。以告令师，作《汤誓》。于是汤曰'吾甚武'，号曰武王。"

《集解》："《诗》云：'武王载斾，有虔秉钺。'《毛传》曰：'武王，汤也。'"①这里的武王非周武王，而为商汤。因商汤勇敢，而封号武王。《诗》言夏王暴虐，不可容忍，故而决心讨伐。《史记集解》所引诗句出自《诗经·商颂·长发》篇，诗中有"武王载斾，有虔秉钺"指一句，则刻写武王伐夏之战的激烈场面。

（四）对研究《诗》的传著之征引

《三王世家》："匈奴、西域，举国奉师。舆械之费，不赋于民。虚御府之藏以赏元戎。"

《集解》："《诗》云：'元戎十乘，以先启行。'韩婴《章句》曰：'元戎，大戎，谓兵车也。车有大戎十乘，谓车缦轮，马被甲，衡轭之上尽有剑戟，名曰陷军之车，所以冒突先启敌家之行伍也。'《毛传》曰：'夏后氏曰钩车，先正也。殷曰寅车，先疾也。周曰元戎，先良也。'"②"元戎十乘，以先启行"一句写了大军出发。"元戎"一词出处在《诗经·小雅·六月》篇，意为将士、士兵。《史记集解》引用的《诗韩婴章句》则对该词进行了进一步的解释说明。

《高祖本纪》："高祖，沛丰邑中阳里人，姓刘氏，字季。父曰太公，母曰刘媪。其先刘媪尝息大泽之陂，梦与神遇。是时雷电晦冥，太公往视，则见蛟龙于其上。已而有身，遂产高祖。"

《索隐》按："《诗含神雾》云'赤龙感女媪，刘季兴'。又《广雅》云：'有

---

① 司马迁：《史记》，中华书局1959年版，第96页。
② 司马迁：《史记》，中华书局1959年版，第2109页。

鳞曰蛟龙。'"①司马迁要把刘邦的降生神秘化，赋予他"感天而生说"，《史记索隐》则引入《诗含神雾》中"赤龙感女媪，刘季兴"一说，进一步神而化之。汉自董仲舒始，儒学有神秘色彩，而后有纬书盛行，六经各有纬书，敷衍更甚。于《诗》则有《诗纬》，具体篇目为《诗推度灾》《诗氾历枢》《诗含神雾》《诗纬图》。唐李贤《后汉书·樊英传》注罗列了汉代纬书35篇。

《孟尝君列传》："齐襄王立，而孟尝君中立于诸侯，无所属。齐襄王新立，畏孟尝君，与连和，复亲薛公。文卒，谥为孟尝君。诸子争立，而齐魏共灭薛。孟尝绝嗣无后也。"

《索隐》按："孟尝袭父封薛，而号曰孟尝君，此云谥，非也。孟，字也；尝，邑名。《诗》云：'居常与许'，《郑笺》云：'常或作尝，尝邑在薛之旁'是也。"②"居常与许"出自《诗经·鲁颂·閟宫》："天锡公纯嘏，眉寿保鲁。居常与许，复周公之宇。鲁侯燕喜，令妻寿母。宜大夫庶士，邦国是有。既多受祉，黄发儿齿。"《史记索隐》引《郑笺》以说明"尝"为邑名，而《诗经》中的"居常与许"，常是地名。可见，"尝"也通"常"，《郑笺》明之。

《魏世家》："献公之十六年，赵夙为御，毕万为右，以伐霍、耿、魏，灭之。以耿封赵夙，以魏封毕万，为大夫。"

《正义》："魏城在陕州芮城县北五里。郑玄《诗谱》云：'魏，姬姓之国，武王伐纣而封焉。'"③《史记正义》引《诗谱》，是对"魏"做进一步说明，并无他意。《诗谱》今已亡佚，唐孔颖达撰《毛诗正义》，将《诗谱》文字分列于书中各部分之首，之后，单行本逐渐失传，但宋至清，学人多有补辑。此处言晋献公十六年，赵夙负责驱车，毕万为守卫，去征伐霍、耿、魏，并消灭了它们。献公将耿作为奖赏分给了赵夙，而毕万则得到了魏，他们两个人也因此成了大夫。

---

① 司马迁：《史记》，中华书局1959年版，第342页。
② 司马迁：《史记》，中华书局1959年版，第2358页。
③ 司马迁：《史记》，中华书局1959年版，第1835页。

《天官书》:"前列直斗口三星,随北端兑,若见若不,曰阴德,或曰天一。紫宫左三星曰天枪,右五星曰天棓,后六星绝汉抵营室,曰阁道。"

《索隐》:"棓音皮,韦昭音剖。又《诗纬》曰:'枪三星,棓五星,在斗杓左右,主枪人棓人。'《石氏星赞》云:'枪棓八星,备非常'也。"①紫宫的前边与斗口相对,这里有三颗星,是椭圆形,尖朝向北边,星光忽明忽暗,名叫阴德,或叫天一。在紫宫的左边有三颗星名叫天枪,右边的五颗星称曰天棓,后面有六颗星跨天汉直至营室,可名为阁道。《史记索隐》引用《诗纬》对枪、棓进一步解释说明。关于《石氏星经》,战国时石申所著《天文》八卷,西汉后被尊为《石氏星经》。《隋书·经籍志》载:"《石氏星占》一卷,吴袭撰。"②《新唐书·艺文志·天文类》:"《石氏星经簿赞》一卷,石申、《甘氏四七法》一卷,甘德。"隋前出现的《石氏星簿经赞》,唐代其名为《石氏星经簿赞》。

《司马相如列传》:"历吉日以齐戒,袭朝衣,乘法驾,建华旗,鸣玉鸾,游乎《六艺》之囿,骛乎仁义之涂,览观《春秋》之林,射《狸首》,兼《驺虞》,弋玄鹤,建干戚,载《云䍐》,揜群雅,悲《伐檀》,乐乐胥,修容乎《礼园》,翱翔乎《书》圃。"

《索隐》:"《诗》云:'君子乐胥,受天之祜。'言王者乐得贤材之人,使之在位,故天与之福禄也。胥音先吕反。"③此言乐胥,出自《诗经·小雅·桑扈》:"交交桑扈,有莺其羽。君子乐胥,受天之祜。交交桑扈,有莺其领。君子乐胥,万邦之屏。"《诗》原句意为君子多快乐,因此应受到善待,此处引《毛诗》进一步对其解释说明。

《史记》引《诗》,与三家注引《诗》存在一定的联系,但有时情况还未尽相同,从表象看,三家注引用风、雅、颂、毛诗传中内容较为频繁,有的甚至

---

① 司马迁:《史记》,中华书局1959年版,第1291页。
② 司马迁:《史记》,中华书局1959年版,第1020页。
③ 司马迁:《史记》,中华书局1959年版,第3042页。

多次重复引用。

二、《史记》三家注引《诗》方法分析

三家注征引《诗经》相关内容累计 131 次，注中多以称《诗》，这其中不仅包括直接引用《诗》中诗句，也包括对一些《诗经》研究传著的征引，还有关于《诗》的理论学说，如"孔子删诗"等。不难看出，三家注对《诗》之重视以及两部著作关系之密切。《史记》三家注对《诗》的采择、征引主要有以下两种方式：

（一）直接引用

《诗经》为《史记》的编纂提供了重要的历史依据，而为其作注依然也离不开《诗经》的理论支撑。这一方法直接在文章中引用了《诗经》的诗句，一般是注者陈述自己的观点或他人观点在前，引用诗句在后，从而用诗句印证观点，在三家注中很常见，以下举几例加以说明：

> 《夏本纪》："其草惟夭，其木惟乔，其土涂泥。田下下，赋下上杂。贡金三品，瑶、琨、竹箭、齿、革、羽、旄。岛夷卉服，其篚织贝，其包橘、柚锡贡。均江海，通淮、泗。"

> 《集解》："孔安国曰：'织，细缯也。贝，水物也。'郑玄曰：'贝，锦名也。'《诗》云'成是贝锦。'凡织者，先染其丝，织之属即成［文］矣。[①]此处所引内容为《诗经·小雅·巷伯》中的诗句，原句意是用"贝锦"来说明谣言总是披着一层华丽的衣裳，不易被识破。而此处则用来阐述"织""贝"的物质属性和社会功用。

> 《匈奴列传》太史公曰："世俗之言匈奴者，患其徼一时之权，而务谄纳其说，以便偏指，不参彼己，将率席中国广大，气奋，人主因

[①] 司马迁：《史记》，中华书局 1959 年版，第 60 页。

以决策，是以建功不深。"

《集解》："《诗》云：'彼已之子。'"《索隐》："彼已者，犹诗人讥词云'彼己之子'是也。"①此处虽是引其一句，但比较特殊，因为《诗经》中"彼己之子"共出现了14次，分别是在《王风·扬之水》《郑风·羔裘》《魏风·汾沮洳》《唐风·椒聊》《曹风·候人》这五首诗中，意为"那个人啊"。"彼己"，亦作"彼记"。今本作"彼其"。《左传·僖公二十四年》引作"彼己"。《礼记·表记》引为"彼记"。后以"彼其""彼己"讥功德不称其位者，司马迁文中即用此意。

《周本纪》："周后稷，名弃。其母有邰氏女，曰姜嫄。姜嫄为帝喾元妃。姜嫄出野，见巨人迹，心忻然说，欲践之，践之而身动如孕者。居期而生子，以为不祥，弃之隘巷，马牛过者皆辟不践；徙置之林中，适会山林多人，迁之；而弃渠中冰上，飞鸟以其翼覆荐之。姜嫄以为神，遂收养长之。初欲弃之，因名曰弃。"

《索隐》："已下皆《诗·大雅·生民》篇所云'诞寘之隘巷，牛羊腓字之；诞寘之平林，会伐平林；诞寘之寒冰，鸟覆翼之'是其事也。"②司马迁《周本纪》开始就写了这一段周民族的历史，他不过是把《生民》篇用西汉的话重说了一遍而已，此处《索隐》则是直接征引姜嫄弃子的过程，意在说明周氏始祖后稷——弃这个名字的来历。

（二）虽未引用而间接言《诗》

司马迁撰《史记》，从《诗经》中汲取了大量历史材料来丰富其著作，在文章并未直接出现《诗经》原句。三家注引《诗》也无非承袭了这一方法。如：

《伯夷列传》之《索隐》："按：'孔子系家称古诗三千余篇，孔子删三百五篇为诗，今亡五篇。又《书纬》称孔子求得黄帝玄孙帝魁之书，迄秦穆公，凡三千三百三十篇，乃删以一百篇为《尚书》，

---

① 司马迁：《史记》，中华书局1959年版，第2920页。
② 司马迁：《史记》，中华书局1959年版，第112页。

十八篇为《中侯》。今百篇之内见亡四十二篇，是《诗》《书》又有缺亡者也。"①

此处并未提及《诗经》中的具体诗句，只提到了"孔子删诗"这一行为，司马迁在《史记》中提出了"诗书虽缺"，而此处三家注索隐对其进行进一步解释，作为我国先秦文化代表的"孔圣人"其"删诗说"对后世影响深远，给人们研究《诗经》以及孔子提供了价值。

《伯夷列传》之《正义》："《太史公序传》云：'先人有言，自周公卒五百岁而有孔子，孔子卒后至于今五百岁，有能绍名世，正易传，继春秋，本诗书礼乐之际，意在斯乎，小子何敢让焉。'作述六经云：'《易》著天地阴阳四时五行，故长于变。《礼》经纪人伦，故长于行。《书》记先王之事，故长于政。《诗》记山川豀谷禽兽草木牝牡雌雄，故长于风。《乐》书所以立，故长于和。《春秋》辨是非，故长于治人。是故《礼》以节人，《乐》以发和，《书》以道事，《诗》以达意，《易》以道化，《春秋》以道义。拨乱世反之正，莫近于《春秋》。'"②此处征引内容并未直接引用《诗经》中的诗句，而是论述"六经"各有所长，而《诗》的最显著特点则为表情达意。

三、《史记》引《诗》与三家注引《诗》本身的研究价值

《史记》三家注中引《诗》很多，不仅说明了文史不分家，也在一定程度上体现了司马迁的诗学观点。三家注引《诗》说明在后世人们研究《史记》中，涉及相关问题时采取文献取证研究的方法，同时也说明《诗经》在当时传承接受的情况以及广泛影响。

首先，《诗经》文本本身的经典作用和它的彰显力。

其一，《诗经》内容丰富，用途广泛，既有修辞之美，又兼修身养德的功能，且具备韵律美和音乐美，其中的一些千古名句更是被人为广为传唱。征引《诗》

---

① 司马迁：《史记》，中华书局1959年版，第2121页。
② 司马迁：《史记》，中华书局1959年版，第2128页。

句可以丰富史学著作的文采，使著作更具有文学色彩。三家注征引《诗》，首先是为了释文，对《史记》中涉及《诗》的地方做进一步的阐释，明了其关系。其次，也是为了补充必要的材料，为《史记》研究提供某些历史依据。《史记》的诸多观点都需要经学的内容做理论依据和材料支撑，这也在一定程度上彰显了《史记》三家注的史学价值和研究价值。除引用《诗经》之外，三家注中也引用了其他先秦文献材料，例如《夏本纪》中的"东至砥柱"，裴骃对"砥柱"的注解引了孔安国的话："砥柱，山名。河水分流，包山而过，山见水中，若柱然也。"①

其二，《诗经》的"天人感应观"对司马迁《史记》的编写有着不可忽视的影响。《诗经》的名篇例如《生民》《玄鸟》等，在歌颂了殷、周氏族始祖的丰功伟绩时，也记叙了他们各自的先人降生的传说，就是"应天而生"的传说。例如，《商颂·长发》"浚哲维商，长发其祥。洪水芒芒，禹敷下土方。外大国是疆，幅陨既长。有娀方将，帝立子生商"。再有《大雅·生民》"厥初生民，时维姜嫄。生民如何？克禋克祀，以弗无子。履帝武敏歆，攸介攸止，载震载夙，载生载育，时维后稷"。这都直接反映了天人感应说，"感生"说对司马迁的天人宇宙观也产生了十分重要的影响，并直接表现在他的作品中。例如司马迁在《殷本纪》《周本纪》和《三代世表》中追述了殷、周氏族的起源，就直接采用了《诗经》中有关殷、周的记载，不仅记叙了殷周氏族早年的父系血统，又反映了圣人"应天而生"之说。司马迁当时为太史令，其职亦有浓厚的宗教色彩，而这正与他的观点相符合。另外当时汉武帝神圣武功，帝国繁荣，国家的意识形态领域开始向宗教神学回归，董仲舒力倡天人感应说，他又曾为司马迁之师，受其影响，理所当然。而早期的儒家经典《诗经》包含的天人感应，君权神授思想，对司马迁世界观的形成有着十分重要的影响，这一思想在《史记》的撰写中无不体现，在《秦本纪》和《高祖本纪》中也与《诗经》中的思想相一致。如对秦人始祖诞生的传说，亦与《诗经》追述周人先祖一样，司马迁道："秦之先，帝颛顼之苗裔，孙曰女修，女修织，玄鸟陨卵，女修吞之，生子大业……舜赐姓嬴氏。"②秦人先祖大业的降生与《诗经》中讲上周祖先的降生同样的神

---

① 司马迁：《史记》，中华书局1959年版，第71页。
② 司马迁：《史记》，中华书局1959年版，第173页。

异。关于嬴姓之源，《左传》也是这样的写法。司马迁又模仿《诗经》曾经提到过的感生传说，又神化了高祖刘邦，他的降生是其母与神龙相交而生。以此来说，汉之开国者就为龙子，这一思想是受到自《周易》以来龙文化的影响，《周易》第一卦《乾》之六爻，皆以龙为喻，从"潜龙""见龙""飞龙"到最后的"亢龙"，所以人们以第五爻为皇帝的位子，以"九五之尊"而言。因此，圣人的降生，均与神、龙有关，是上天所赐，是无父感应而生的，汉高祖刘邦的降生与契、后稷、大业的降生均为一理。

其次，《史记》三家注引《诗》，对《史记》和《诗经》有着双重贡献。

其一，三家注各自代表着那一段历史时期《史记》研究的最高水平。南朝宋裴骃《史记集解》是在班固以后，杂采诸家之说汇集而成，故言"集解"。主要以东晋徐广的十三卷《史记音义》为基础，列其异同，兼述训解，散入百三十篇，还采集了《汉书音义》，正如裴骃所言："以徐为本，号曰《集解》。"[①]它是《史记》研究的第一部著作。唐司马贞《史记索隐》，是在《史记集解》的基础上深化研究。裴骃之后，贞观年间刘伯庄撰《史记音义》二十卷，司马贞认为其书是"虽知独善，不见旁通"[②]。司马贞为开元中官朝散大夫、弘文馆学士。司马贞之所以要撰注《史记》，如《四库提要》本所载司马贞："病褚少孙补司马迁书多伤踳驳。又裴骃《集解》旧有《音义》，年远散佚。诸家《音义》延笃音隐、邹诞生、柳顾言等书亦失传，而刘伯庄、许子儒等又多疏漏。乃因裴骃《集解》，撰为此书。"其目的在于："探求异闻，采摭典故，解其所未解，申其所未申者，释文演注，又重为述赞，凡三十卷，号曰《史记索隐》。"[③]《索隐》三十卷，在《史记》研究上最大的贡献，是保存了丰富的历史文献，同时在文献考证方面也取得了丰硕成果，考证《史记》中的人名、史实、司马迁生平等等。唐代张守节《史记正义》，也是《史记》研究的重要著作，它的贡献主要在对历史地名的考订。张守节在《史记正义序》中说："守节涉学三十余年，六籍九流地里苍雅锐心观采，评《史》《汉》，诠众训释而作正义，郡国城邑，委曲

[①]《史记》三家注（第十册）本后所附裴骃《史记集解序》。
[②]《史记》三家注（第十册）本后所附司马贞《史记索隐序》。
[③] 司马贞《史记索隐序》。

申明，古典幽微，窃探其美，索理允惬，次旧书之旨，兼音解注，引致旁通，凡成三十卷，名曰《史记正义》。"①张守节与司马贞是同时代人，均为唐玄宗时期的学者，但在其书中均未提及对方，但各有所长，均有贡献。

其二，三家注引《诗》多是与《史记》引《诗》相关联的。司马迁引《诗》或为历史材料，或为一种论据，体现了对先秦典籍史料的继承和发展。三家在注解《史记》的过程中，其引《诗》较多，其中有些著作也亡佚已久，幸亏有三家注的记载才得以保存。三家注继融历史为训诂的史籍注释传统，征引了许多具有文学价值的史料，如《孟子》《尚书》《汉书》等其中内容，亦体现了一定的文学性。三家注还引用了一些如徐广、应劭、郑玄、马融、孔安国等人的注释，这些旧注有的已佚，其文字与今本有异，但有些因被三家注征引而得以保存，为后人的研究提供了珍贵的史料参考。对照《十三经注疏》本的《毛诗正义》和顾颉刚校点的《史记》注本，三家注所引与《毛诗正义》本，文本基本相同，就是顾颉刚点校本有些缺字，如缺文后的"也"字等，但基本不差。

四、《诗经》在南北朝至唐的接受研究

两汉经学时代，立经学博士官，传授今文《诗》学的齐、鲁、韩得以繁荣。这应得益于董仲舒"罢黜百家，独尊儒术"的建议，客观上使得这一时期的儒学达到了史无前例的崇高地位。《诗》由此而始尊为"经"。而赵国毛公传授的《诗》，因文字版本不同，为战国文字书写，与时行的隶书本不同，是为《诗》古文学，一直在民间流传。西汉末，古文经学逐渐受到重视，东汉就盛誉于今文，直至汉末郑玄注《毛诗》而成《毛诗传笺》，之后今文《诗》学逐渐没落不传。如皮锡瑞所言："经学盛于汉，汉亡而经学衰。"②从汉朝末年开始，道家思想逐渐兴起，儒学的主导地位渐渐消失，儒家思想的地位也不断下降，经学也自此慢慢衰落。

魏晋玄学虽为主流，《诗经》等经学仍然是学问核心。王肃是郑玄之后三国

---

① 《史记正义序》。

② 皮锡瑞：《经学历史》，中华书局1959年版，第141页。

时期的《诗》学大家,《魏志》本传说他"善贾、马之学而不好郑学",其实王肃兼通今古文。王肃的诗学著作见之于《隋书·经籍志》的有《毛诗注》二十卷,《毛诗义驳》八卷,《毛诗奏事》一卷,《毛诗问难》二卷。这些书在宋代已佚,马国翰辑有《毛诗王氏注》四卷,这就是今人研究王肃之学的依据,这些多出自《正义》。南北朝时期,经学发展为义疏之学,《毛诗》之学,于江左则主毛公,北朝则《毛传》《郑笺》兼用。在其治学风格上,如《隋书·儒林传》所说:"南人约简,得其英华。北学深芜,穷其枝叶。"就其《诗经》研究来说,南北朝就无一本著作流传下来。南朝当时研究《诗》的人有雷次宗、周续之、崔灵恩、何胤、伏曼容等。北朝治《诗》有名的学者有徐遵明、刘献之、刘芳、李铉、沈重等。[①]南北朝时期社会发生巨大的变化,思想意识主流由玄学而转入佛学,人们改变了对文学旧的认识,开始从文学的角度来研究《诗经》了。张启成在《〈诗经〉研究史论稿》中说:"据《世说新语·文学篇》载,谢公因亲属子弟聚集,就提问《毛诗》中哪些诗句最佳,谢玄回答说:'昔我往矣,杨柳依依;今我来思,雨雪霏霏。'"[②]由此可见,东晋人已认同《诗经·小雅·采薇》里的这四句诗是《诗经》中的佳句。

魏晋时期,伴随着道家思想的提升,儒家经学的崇高地位和权威性随之削弱,它的社会地位不断被贬低,其政治功能也被人们忘却。汉代以经学为基础立博士和任免官职,而此时经学的服务功能也被弱化。两汉《诗经》成为士人生活的一部分,被频繁地引用学习,而此时魏晋则不见其盛况了。熟通经学不再是魏晋人入仕的必要条件和途径,而代之以门阀制度。因此,经学的功利性被淡化,人们不再把经学与政治看作密不可分的一部分。论经可以作为兴趣爱好在闲暇时消遣取乐,也可以成为有才华的标志。这一时期的经学家如王肃、郭璞等人,继承和发展了两汉经学,成果颇丰,且形成了自己的特色。由此《诗经》在文学方面的价值也得到了关注,这一时期研究《诗经》著作很多,如王肃所著《毛诗义驳》《毛诗奏事》等,陈统的《难孙氏毛诗评》,王基的《毛诗驳》,沈重的《毛诗沈氏义》,等等,数目之多足以超过两汉。唐代著名经学家

---

① 洪湛侯:《诗经学史》,中华书局2002年版,第222—223页。

② 张启成:《诗经研究史论稿》,贵州人民出版社2003年版,第230页。

陆德明在其所著的《释文序录》中，总括了两汉以及魏晋时期的经学研究成果。书中写到流传于后世的《诗经》著作中，除马融的《诗注》和郑玄的《诗笺》是汉人所为外，其余皆魏晋人所作，足见魏晋时期经学家们的巨大贡献。但令人惋惜的是，这些作品并没有完整地保留下来，大多数都在流传中消失殆尽，只有少数保留了下来，但在那些少量保存下来的书目中，我们仍然可以看见，即使是在玄学兴盛的时期，人们对《诗经》的研究也并没有止步不前。

隋唐代国家统一，政治稳定，经济繁荣，还有统治者开明的政策，这些都成为文化根植的丰富沃土。与汉代统治者不同，唐太宗好文而朝廷内也有很多文人雅士，所以唐王朝一开始就十分重视"文治"。魏徵常用《诗》启发唐太宗，教他如何做一代明君，更好地治国安民。据《贞观政要》卷一君道所载："贞观二年，太宗问魏徵曰：'何谓为明君暗君？'徵曰：'君之所以明者，兼听也；其所以暗者，偏信也。'《诗》云：'先人有言，询于刍荛。昔唐、虞之理，辟四门，明四目，达四聪。是以圣无不照，故共、鲧之徒，不能塞也；靖言庸回，不能惑也。秦二世则隐藏其身，捐隔疏贱而偏信赵高，及天下溃叛，不得闻也。梁武帝偏信朱异，而侯景举兵向阙，竟不得知也。隋炀帝偏信虞世基，而诸贼攻城剽邑，亦不得知也。是故人君兼听纳下，则贵臣不得壅蔽，而下情必得上通也。'太宗甚善其言。"[①]卷二纳谏，贞观三年，李大亮为凉州都督，发现了一只名鹰，李大亮密献太宗，太宗下书，赞其忠诚："有臣若此，朕复何忧！宜守此诚，终始若一。《诗》云：'靖恭尔位，好是正直。神之听之，介尔景福。'古人称一言之重，侔于千金，卿之所言，深足贵矣。"连太宗皇帝也能谙熟经典，恰切地引用《诗经》。卷三择官："贞观元年，太宗谓房玄龄等曰：'致治之本，惟在于审。量才授职，务省官员。……《诗》曰：'谋夫孔多，是用不就。'又孔子曰：'官事不摄，焉得俭？'且'千羊之皮，不如一狐之腋。'此皆载在经典，不能具道。"卷六杜谗邪引言"《诗》云：'恺悌君子，无信谗言。谗人罔极，交乱四国。"卷六贪鄙，太宗又引《诗》，"《诗》云：'大风有隧，贪人败类。'固

[①] 吴兢：《贞观政要》，其书十卷，分论君道、政体、任贤、求谏、纳谏、直谏、君臣鉴诫、择官、封建、仁义、公平、文史、礼乐、务农、安边、畋猎、灾祥、慎终等40个方面的问题，其书引《诗》之处很多。

非谬言也。"卷七礼乐"太宗初即位,谓侍臣曰:准《礼》,名,终将讳之,前古帝王,亦不生讳其名,故周文王名昌,《周诗》云:'克昌厥后。'……况《诗》云:'哀哀父母,生我劬劳。'奈何以劬劳之辰,遂为宴乐之事!"作为帝王,明《诗》如此,一方面说明李世民的学行修养不凡,非平常人所能比肩;另一方面也说明作为儒家经典《诗经》的继承与传扬的普及。亦可见出《诗经》对巩固统治有着重要作用,统治者亦认同《诗经》的社会价值和教化作用。

唐代儒学的正统地位得到进一步巩固。在唐太宗时期,孔颖达等人奉敕编纂《五经正义》,以正经学之源,使以前南北经学的歧义归于一途。至唐高宗时期,官方钦定的《五经正义》版本发行,这一举措使得儒学的正统地位再一次达到了高峰,此时儒学蓬勃发展,《诗经》作为其中重要的一部分,其地位毫无疑问也得到了巩固和提高。《毛诗正义》是这一历史时期《诗经》研究的压卷之作,是《诗》学研究的集大成者,它汇集了汉魏以来学者们对《诗经》研究的各种成果,保存了诗学研究的各个流派的学说,疏解部分也对于一些问题提出了独到的见解,如对"孔子删诗说"的怀疑等。其内容取材广泛,影响深远,体现了唐代《诗经》研究的最高成就,也是《诗经》研究史上的一个里程碑式的著作。开元时期司马贞和张守节注《史记》《五经正义》无不受其影响。

除此之外,初唐研究《诗经》的本子还有著名经学家陆德明所著的《经典释文》。陈子昂在其《与东方左史虬修竹篇·序》中,"高举'风雅比兴'的现实主义旗帜,要求端正诗歌正确的发展方向"[1],这对后世有很重要的影响。还有后来元稹和白居易领导的新乐府运动,提出了"文章合为时而著,歌诗合为事而作"的著名理论。由于唐代学校制度的完善发展和科举制度的繁荣兴盛,一些赋家也开始接受了《诗经》,他们不仅倡导《诗经》精神,而且也将其风格和精神运用到文学创作中。此时唐代赋家们对其引《诗》的形式则非常多样化,有直接引用《诗经》篇名、语句作为赋名,也有引用《诗经》篇名、语句作为赋中的语句。如唐代陈仲师所作的《鹊始巢赋》其名就来源于《诗经·召南·鹊巢》篇。《诗经》经过了在先秦和两汉的迅速发展,虽然其在魏晋南北朝时期地位有所动摇,但却并没有停止发展,南北朝时期仍有经学家对《诗经》进行接

---

[1] 张启成:《诗经研究史论稿》,贵州人民出版社2003年版,第8页。

受和研究。因为唐代南北统一，经济、政治、文化的空前发展，为《诗经》研究的发展打下了基础。此时期《诗经》的被接受程度进一步增强，统治者不仅可以用《诗经》来教化民众，而且用《诗经》来反思自身行为。唐代文学家也将《诗经》和自身文学创作相结合。《史记》三家注，有两家就出现在唐的开元时期，虽然他们释解的角度不同，其中都不同程度地吸收了汉唐《诗经》的研究成果。

总之，三家注是研究《史记》不同历史阶段的重要成果，其中征引了大量的文献，它和《诗经》的联系十分紧密。虽然《诗经》和《三家注》所隔年代久远，但庆幸的是它们都能得以传承至今。《诗经》对司马迁撰写《史记》产生着直接而重要的影响，也能看出司马迁的《诗》学观以及天人感应观。后继者为《史记》作注时，仍然征引了很大比例的《诗经》内容，不仅在无形中保存了那个时代的《诗经》文本，也为后人研究《史记》与《诗经》开辟了一条新的路子。

（李小成，西安文理学院文学院教授，陕西师范大学兼职硕士生导师，中国史记研究会会员，陕西省司马迁研究会常务理事。）

论近现代《史记》文章学评论之特点

王长顺

《史记》从传世之时起，就有文人开始评论。"到了宋代，真正开《史记》评论的风气，此后不断发展，明清时期出现兴盛局面，对于促进《史记》的广泛传播与研究起到了积极作用。"[①]"清代是《史记》研究的高峰期。"[②]在《史记》文学经典进一步加强的近现代时期，关于《史记》的评论内容非常丰富，其中一些评论有着一定的文章学价值，并表现出显著的特点。

一、对《史记》文章叙事详略评论的具体性

详略是把握文章叙事的重要方面，行文对详略的把握影响文章的表达效果。刘勰《文心雕龙》："略语则阙，详说则繁。"[③]"谓繁与略，适分所好"[④]，说明文章应当详略适当。因此，从文章学角度来说，作文要"繁约得当""简而不漏，简而有法，简而意远"[⑤]。

汉代以来，对《史记》文章叙事详略多有评论。班彪《略论》评价《史记》"甚多疏略"（《后汉书·班彪传》）；唐代刘知几《史通》也曾评论《史记》繁简；

[①] 张新科：《论清代的〈史记〉文学评论》，陕西师范大学学报（哲学社会科学版）2016年第1期。

[②] 张新科：《论清代的〈史记〉文学评论》，陕西师范大学学报（哲学社会科学版）2016年第1期。

[③] 刘勰著，黄霖导读整理集评：《文心雕龙·物色》，上海世纪出版集团2008年版，第95页。

[④] 刘勰著，黄霖导读整理集评：《文心雕龙·熔裁》，上海世纪出版集团2008年版，第65页。

[⑤] 任遂虎：《文章学通论》，清华大学出版社2011年版，第367页。

宋代王充《论衡》、张辅《班马优劣论》、金代王若虚《滹南遗老集》等立足班马异同，评论《史记》《汉书》繁简；明人胡应麟《少室山房笔丛》（卷十三）论《史记》"叙有详略"；清代吴见思《史记论文》论《史记》"序法有分合，有繁简，有排有宕，变化有错综"。这些评论基本上都是总体评论《史记》繁简之宜，详略之当。近现代学者也有对《史记》叙事详略从总体上评论，如陈元械认为，"史公之书，自黄帝讫麟趾，备载历代，而卷帙不及《汉书》，似乎简矣，然简人所不能简，亦详人所不能详。事无论大小，但不铺叙则竟不铺叙，一铺叙则必使其音容笑貌，与夫性情心术，跃跃纸上，至其摹写精神，如东坡所言传神法，但观其意思所在，或在目或在颧颊而已。若此则一二言不为少，千万言不为多也。"①评论《史记》详与简恰到好处，合理运用繁简之法，达到了"一二言不为少，千万言不为多"的效果。然相对于前代评论，近现代关于《史记》叙事详略的评论体现出具体性。

一是具体分析《史记》篇章中的详略之事。如梁启超认为，《廉颇蔺相如列传》"记蔺相如完璧归赵及渑池之会两事，从始至末一言一动都记得不漏，这是详写大事之法。因为这两件大事最足表现相如的个性，所以专用重笔写他，其余小事不叙。廉颇的大事，三回伐齐，两回代魏，一回伐燕，传中前后只用三四十字便算写过，绝不写他如何作战、如何战胜，因为这些战术战功是良将所通有，不足以特表廉颇的人格。倒是廉颇怎样的妒忌蔺相如，经过相如退让之后怎样的肉袒谢罪，失势得势时候怎样的对待宾客，晚年亡命在外思念故国怎样的'一饭斗米肉十斤，披甲上马示尚可用'，这些小事写得十分详细，读之便可以知道廉颇为人短处在偏狭，长处在重义气识大体"②。意谓司马迁为了表现人物性格，在行文时将蔺相如大事详写、小事略写；把廉颇大事略写、小事详写，以突出蔺相如、廉颇个性之不同。梁氏对司马迁所详之事、所略之事具体罗列，蔺相如的大事有完璧归赵、渑池会，廉颇的大事有三回伐齐、两回伐魏、一回伐燕等，廉颇的小事有嫉妒蔺相如、肉袒谢罪、对待宾客、念故国、尚可用等，详细具体，分析透彻。

---

① 陈元械：《蛟川先正文存（卷一十八）·史记选序》（光绪八年刻本）。
② 梁启超：《梁启超全集卷十七》，北京出版社1999年版，第4753页。

二是具体评论详略之法的运用。如曾国藩从《吴王濞列传》中"悟为文详略之法"。其《求阙斋读书录》（卷三）云："《吴王濞列传》先叙太子争博，晁错削地，详致反之由。次序吴诱胶西，胶西约五国，详约初之状。次序下令国中，遗书诸侯，详声势之大。次叙晁错绐诛，袁盎出使，详息兵之策。次序条侯出师，邓都尉献谋，详破吴之计。次叙田禄伯奇道，桓将军疾西，详专智之失。六者皆详矣，独于吴军之败不详叙，但于周丘战胜之时，闻吴王败走而已，此亦可悟为文详略之法。"①在曾氏看来，司马迁在《吴王濞列传》中，详叙吴王刘濞反叛的起因：皇太子与吴王太子争博致吴太子死，晁错削减吴王封地；再详叙反叛之谋：吴王刘濞私约胶西王，胶西王约五国；再详叙叛乱声势之浩大：吴王下令全国，并给诸侯写信；再详叙平息叛乱之策：晁错被诛，袁盎出使吴国；再详叙平叛的计谋：周亚夫进军，邓都尉献计；再详叙叛军智谋之失：吴臣田禄伯出奇道、桓将军西进之策未被采纳。一篇之中，对"致反之由""约初之状""声势之大""息兵之策""破吴之计""专智之失"等都进行详写，但对"吴军之败"一笔带过，只是略写。具体分析司马迁在《吴王濞列传》中"详因略果"之法的运用，认为可以成为文章详略之法的借鉴，分析深刻。

三是具体分析详略之法的效果。如李景星在评《留侯世家》时说："子房乃汉初第一谋臣，又为谋臣中第一高人，其策谋甚多，若从详铺叙，非繁而失节，即板而不灵。且其事大半已见于《项》《高》二纪中，世家再见，又嫌于复，故止举其大计数条著之于篇。而中间又虚括其辞曰：'常为画策臣，时时从汉王。'篇末又总结之曰：'所与上从容言天下事甚众，非天下所以存亡，故不著。'用笔如此，乃觉详略兼到，通体皆是。"②李氏假设司马迁若从详铺叙张良一生的策略计谋，不仅会"繁而失节""板而不灵"，而且又会与《项羽本纪》《高祖本纪》相重复。因此，只略举"其大计数条"，且篇中篇末仅用简短之辞虚括和总结，这样就会达到"详略兼到"的效果。

总之，近现代关于《史记》叙事详略的评论，分析详略之事、详略之法的运用、详略之法的效果，都具体详尽，能给为文以指导。

---

① 曾国藩：《求阙斋读书录》，传忠书局光绪二年刊。
② 李景星著，韩兆琦、俞樟华校点：《四史评议·史记评议》，岳麓书社1986年版，第54页。

二、对《史记》为文之法评论的丰富性

古人重视"文法"。刘勰在《文心雕龙》中提出"位体""置辞""通变""奇正""事义""宫商"等文章写作法则。在传统文章学中,"文法"指"属文的方式、方法,其中包括具体写作中的技法,结构安排上的章法,表现过程中的手法,修辞造句中的词法等等。"①然为文之法,当为"活法","法寓于无法之中"②。关于《史记》文章方法之论,起于汉魏六朝。班固《汉书·公孙弘卜式倪宽传》中说:"文章则司马迁、相如。"概括论《史记》文章之优。唐司马贞《史记索隐》、唐张守节《史记正义》、南朝宋裴骃《史记集解》"三家注"揭示司马迁《史记》作文之法,唐独孤及论史迁文章"有以取正",唐宋八大家韩愈、柳宗元、苏轼、苏辙等皆学《史记》之文,自苏洵发现"互见法",后世对此则多有评论。明茅坤评《史记》:"于中欲损益一句一字处,便如于匹练中抽一缕,自难下手。"说明司马迁文章功夫。明唐顺之评《项羽本纪》领会"大纲领",清李晚芳评《项羽本纪》中"以义帝为关弨"(《读史管见》)。这些对《史记》作文之法的评论,多概括评价风格和效果。而近现代文人学者认为《史记》有丰富而广泛的为文之法。

一是评论《史记》为文方法灵活。如李景星认为《酷吏列传》文法灵活。他在《史记评议》中评论道:"《酷吏列传》开首曰酷吏独有侯封,罪侯封之作俑也。晁错非酷也,而亦先列之者,以其文法深刻,为用刑者之倡,故推本及之也。《张汤传》独详,以其为酷吏之魁也。叙杨仆,以其严酷,不详本末,意不在为仆传也。《杜周传》不终,以周为当时人,未有结束也。或前或后,或分或合,或单说,或互见,极行文之乐事,开无限之法门,那能不令人佩服。赞语与传,意义各别,传言酷吏之短,赞取酷吏之长,褒贬互见,最为公允。"③说

---

① 任遂虎:《文章学通论》,清华大学出版社2011年版,第373页。
② 唐顺之:《荆川文集》(卷十),《董中峰侍郎文集序》,四部丛刊初编。
③ 李景星著,韩兆琦、俞樟华校点:《四史评议·史记评议》,岳麓书社1986年版,第113页。

明文法多样以"极行文之乐事"。

二是评论《史记》为文技法之名丰富多样。近现代学者评论《史记》，概括出的行文方法名称多种多样。有"独力搏众兽"之法。李景星评《魏其武安侯列传》："太史公用独力搏众兽手段构成一篇极热闹文字，真是神力。传以武安魏其为经，以灌夫为纬，以窦王两太后为眼目，以宾客为线索，以梁王、淮南王、条侯、高遂、桃侯、田胜、丞相绾、籍福、赵绾、王臧、许昌、庄青翟、韩安国、盖侯、颖阴侯、窦甫、临汝侯、程不识、汲黯、郑当时、石建许多人为点染，以鬼报为收束，分合联络，错综周密，使恩怨相结、权势相倾、杯酒相争情形宛然在目。而武安侯田蚡恃其宠骄，以琐屑嫌隙，倾杀窦、灌，此尤千古不平之事，故传又特意写出。曰蚡为诸郎未贵，往来侍酒魏其，跪起如子姪；曰武安侯新欲用事为相，欲以倾魏其诸将相；曰武安由此滋骄；曰武安由此大怨灌夫魏其；曰使武安在者族矣。赞语又重责武安，曰'迁怒及人，命亦不延，众庶不载，竟被恶言'。奇文信史，兼擅其长，宜乎于古今史家中首占一席也。"①说明"独力搏众兽"之法能够对纷繁复杂的事件叙事精到，而且详细分析了《魏其武安侯列传》一篇之"经""纬""眼目""线索""点染""收束""线索""特意之笔"等。

有"阶级法""钩连法"。李景星评论《刺客列传》"行文用阶级法，一步高步步，刺君、刺相，至于刺不可一世之王者，刺客之能事尽矣。是以篇中叙次，于最后荆轲一传独加详焉。其操纵得手处，尤在每传之末用钩连之笔，曰：'其后百六十有七年，而吴有专诸之事'；'其后七十余年，而晋有豫让之事'；'其后四十余年，而韩有聂政之事'；'其后二百二十余年，秦有荆轲之事'。上下钩绾，气势贯注，遂使一篇数千言大文，直如一笔写出。此例自史公创之，虽后来迭经袭用，几成熟调，而兰亭原本，终不为损，盖其精气有不可磨灭者在也。"②以《刺客列传》为例，详细分析文章写作之阶梯法、钩连法。

有转折之法。刘师培在《论文章之转折与贯穿》中说："《史记》《汉书》之所以高于后代史官者，亦在善于转折。……虽述两事而文笔可相钩连，不分段

---

① 李景星著，韩兆琦、俞樟华校点：《四史评议·史记评议》，岳麓书社1986年版，第98页。
② 李景星著，韩兆琦、俞樟华校点：《四史评议·史记评议》，岳麓书社1986年版，第79页。

落而界划不至漫灭；此其所以可贵也。"①可见转折与钩连之重要。

有驰骤及顿挫之法。刘师培《史汉之句读》云："文章本有驰骤及顿挫两种，《史》《汉》中二者皆不废。文章有顿挫而无驰骤则失之弱，有驰骤而无顿挫则失之滑。"②文章当顿挫、驰骤并具不废。

有"收笔"之法。林纾《春觉斋论文·用收笔》篇云："大家之文，于文之去路，不惟能发异光，而且长留余味，其最擅长者无若《史记》。《史记》于收束之笔不名一格。如本文饱叙妄诞之事，及到结束必有悔悟之言；偏复掉转，还他到底妄诞，却用一冷隽之笔闲闲点醒，如《封禅书》之收笔是也。又痛叙奸谗误国，令读者愤懑填胸，述到收局，人人必欲观其伏诛，此似行文之定例；乃不叙进谗者之应伏其罪，偏叙听谗者之悔用其言，不叙用谗者之以间成功，偏叙诛谗者之不忠垂诫，如《吴太伯世家》之收笔是也。有叙开国之勋臣，定霸巨子，功高不赏，幸免弓狗之祸，却把其退隐之轶事尽情一述……寓其微旨，如《越王勾践世家》之收笔是也。有同等之隐事，同恶之阴谋，同时之败露，是天然陪客；文中且不说明，直到结穴之处，大书特书彼人之罪状，与本文两不关涉，然句中用一'亦'字，见得同恶之人亦同抵于族，不加议论，其义见焉，如《春申君列传》之收笔是也。……此等收笔，直入神化。"③论《史记》收笔之法多种多样。

有"关锁""筋节"法。李景星评《李斯传》："《李斯传》以'竟并天下'、'遂以亡天下'二句为前后关锁。'竟并天下'是写其之所以盛；'遂以亡天下'是写其后之所以衰。盛衰在秦，所以盛衰之故，则皆由于斯。行文以五叹为筋节，以六说当实叙。'于是李斯乃叹曰：人之贤不肖'云云，是其未遇时而叹不得富贵也；'李斯喟然而叹曰，嗟乎'云云，是其志满时而叹物极将衰也；'斯乃仰天而叹，垂泪太息'云云，是已附赵高计中不能自主而叹也；'仰天而叹曰：'嗟乎悲夫'云云，是已居囹圄之中不胜急悔而叹也；'顾谓其中子曰'云云，是临死时无奈何以不叹为叹也。以上所谓'五叹'也。记说秦王，著斯

---

① 刘师培：《汉魏六朝专家文研究》，商务印书馆2010年版，第127页。
② 刘师培：《汉魏六朝专家文研究》，商务印书馆2010年版，第136页。
③ 林纾著，范先渊点校：《春觉斋论文》，人民文学出版社1959年版，第127页。

入秦之始也；记谏逐客，著斯留秦之故也；记议焚书，著斯佐始皇行恶也；记劝督责，著斯导二世行恶也；记短赵高语，著斯之所以受病，藉其自相攻击，以示痛快人意也；记上狱中书，著斯之所以结局，令其自定功罪，以作通篇收拾也。以上所谓'六说'也。洋洋洒洒，几及万言，似秦外纪，又似斯、高合传，而其实全为李斯作用。文至此，酣畅之至，亦刻毒之至，则谓太史公为古今文人中第一辣手可也。"①分析文章"关锁""筋节"，见解独到。

有"筋脉"之法。如林纾在《春觉斋论文》中论及《史记》文章之"筋脉"："太史公文，筋脉最灵动，亦最绵远。"《大宛传》"以张骞为总脉，则奉使诸国，遂可以连贯而下。""然张骞中道陨谢……则直舍去张骞，又以宛马为脉。其下则处处言马，仍可将文势蝉联而下。"而《魏其武安侯列传》中"筋脉之妙，别有神解"②。

论《史记》文章有"关键""眼目""根"之法。李景星评论《游侠列传》"通篇以'缓急人所时有'句为关键，以'儒侠'二字为眼目，开首即曰'儒以文乱法，而侠以武犯禁'，以侠之犯禁与儒之乱法者比，便非一味推许。以下遂以儒侠对发，见儒固有以文乱法，而季次、原宪等非其伦也；侠固有以武犯禁，而朱家、郭解等非其伦也。后文又以卿相之侠形出布衣之侠，而更言游侠之士与豪暴之士不同，以终一篇之旨，意思最为深厚，评量极为公允。"③李氏又评《司马相如列传》道："而又以'好读书'三字，作通篇之根，以前后'三为郎'作眼目，以下而见知女子，上而见知天子作照应，驱相如之文以为己文，而不露其痕迹，借相如之事为己写照，并为天下后世怀才不遇者写照，而不胜其悲叹。洋洋万余言，一气团结，在《史记》中，为一篇最长文字，亦为一篇最奇文字。"④例证精准。

---

① 李景星著，韩兆琦、俞樟华校点：《四史评议·史记评议》，岳麓书社1986年版，第80页。
② 林纾著，范先渊点校：《春觉斋论文》，人民文学出版社1959年版，第81页。
③ 李景星著，韩兆琦、俞樟华校点：《四史评议·史记评议》，岳麓书社1986年版，第116页。
④ 李景星著，韩兆琦、俞樟华校点：《四史评议·史记评议》，岳麓书社1986年版，第109页。

三是评论《史记》为文表现手法丰富多样。评论《史记》合传中以虚实之法表现人物。如李景星评论《屈原贾生列传》："以古今人合传，一部《史记》，只得数篇。鲁仲连邹阳外，此篇最著。盖鲁仲连、邹阳，以性情合，此篇以遭际合也。通篇多用虚笔，以抑郁难遏之气，写怀才不遇之感，岂独屈、贾两人合传，直作屈、贾、司马三人合传读可也。中有'自屈原沉汨罗后百有余年，汉有贾生，为长沙王太傅，过湘水，投书以吊屈原。'此数句，是一篇关键，亦是两人合传本旨，得此，而通篇局势，如生铁铸成矣。至于全部《离骚》，篇篇金玉，而屈原只载《渔父》及《怀沙》二篇。《渔父》若屈子沉江之志，《怀沙》乃屈子绝命之辞也。全部贾谊书，字字珠玑，而《贾传》独载《吊屈》《鹏鸟》二篇。《吊屈》见贾生怀古之贤，《鹏鸟》乃贾生超世之思也。他篇虽佳，在此传中，都用不著，故不得不从割爱，若无此明眼辣手，又乌得成其为太史公乎？赞语凡四转，全以骚赋联合屈贾，沉挫中有流逸之致。"[1]认为司马迁安排屈原、贾谊合传，乃属"遭际之合"，文多用虚笔。

评论《史记》有"奇笔""正锋"之法，增强表现效果。如李景星评《孟子荀卿列传》也论及虚笔与实笔之法。他说："战国之时，诸子争鸣，而学术最纯者惟孟子，其次则荀子，故太史公此传，即以孟荀为题。文法以拉杂胜，与《伯夷列传》略同，但彼以虚写，此以实衬；又与《仲尼弟子传》略同，但彼用正锋，此用奇笔。合观通篇，其于诸子之中，独推孟荀，则如百川并流，而江河最显，其于孟荀之中，又归重于孟子，则如晨登泰山日观峰，遥望万叠云霞，捧出一轮红日，末后单出墨翟，更是奇中之奇，……至他传赞语，俱列于后，此传置赞语于篇首，后不再出，亦是别格。"[2]评论《史记》运用"正锋"与"奇笔"之法，其文别具一格。

评论《史记》有烘托法。如郭嵩焘评论《项羽本纪》："案项王自叙七十余战，史公所记独巨鹿、垓下两战为详。巨鹿之战全用烘托法，不及一战事，而

---

[1] 李景星著，韩兆琦、俞樟华校点：《四史评议·史记评议》，岳麓书社1986年版，第77—78页。

[2] 李景星著，韩兆琦、俞樟华校点：《四史评议·史记评议》，岳麓书社1986年版，第69—70页。

于垓下显出项羽兵法及其斩将搴旗之功。项羽英雄,史公自是心折,亦由其好奇,于势穷力尽处自显神通。巨鹿、鸿门、垓下三段,自是史公《项羽本纪》中聚精会神、极得意文字。"①《项羽本纪》用烘托法,成为司马迁极得意文字。

评论《史记》有旁敲侧击法。梁启超《中国历史研究法补编》:"信陵君这样一个人,胸襟很大,声名很远。从正面写,未尝不可,总觉得费力而不易出色。太史公就用旁敲侧击的方法,用力写侯生、朱亥,写毛公、薛公,都在这小人物身上着笔,本人反为很少。因为如此,信陵君的为人格外显得伟大,格外显得奇特。这种写法不录文章,不写功业,专从小处落笔,把大处烘托出来,除却太史公外,别的人能做到的很少。"②旁敲侧击法的运用,把信陵君写得生动传神。

四是评论《史记》句法、词法丰富多样。李景星评《酷吏传》"立格遣辞,以短悍为主,以穿插见长,……叙酷吏之所以见用,曰'上以为能',曰'天子以为能',曰'天子以为尽力无私'。叙酷吏之转相效法,曰'治效郅都',曰'治效于禹',曰'声甚于宁成',曰'治放尹齐',曰'治与宣相放',曰'治大放张汤',曰'酷甚于温舒'。"③评《史记》词法"以短悍为主,以穿插见长",评论精妙。

论《史记》句法"劲炼"。陈衍以《吴王濞传》为例评论《史记》句法:"《史记》叙事以简洁见工者,如《吴王濞传》云:'吴兵欲西……士卒多饥死,乃畔散'。条理井然。上云'欲西',下即云'不敢西';上云'欲战',下即云'不肯战',又云'数挑战';上云'走条侯军',下云'夺条侯壁';中必先云'条侯壁',乃便于易军言壁也。下文言'条侯使备西北',上两言西,下两言西北,中一言东南;上言'卒饥',下言'多饥死',皆条理也。而句法特劲炼,如短兵相接然。多二字、三字,以至四字、五字,最长者惟一句,亦仅六字。"④认

---

① 郭嵩焘:《史记札记》(卷五上)。
② 梁启超:《中国历史研究法补编·人的专史》,商务印书馆1933年版,第81页。
③ 李景星著,韩兆琦、俞樟华校点:《四史评议·史记评议》,岳麓书社1986年版,第113—114页。
④ 陈衍:《史汉文学研究法》,无锡民生印书馆1934年版,第32页。

为《史记》叙事有条理,句法"劲炼",简短有力。

评论《史记》词法"每得言外之神"。刘师培评论《史记》用词"每得言外之神","尝有词在于此而意见在于彼之处。以其文中抑扬顿挫甚多,故可涵泳而得其意味"①。

评论《史记》语句有"累叠"之法。钱钟书评论《项羽本纪》《袁盎晁错列传》:"《项羽本纪》写'诸将皆从壁上观,楚战士无不一以当十,楚兵呼声动天,诸侯军无不人人惴恐。于是已破秦军。项羽召见诸侯将,入辕门,无不膝行而前'……马迁行文,深得累叠之妙,如本篇末写项羽'自度不能脱',一则曰:'此天之亡我,非战之罪也',再则曰:'令诸君知天亡我,非战之罪也;'三则曰:'天之亡我,我何渡为!'心已死而意犹未平,认输而不服气,故言之不足,再三言之也。又如《袁盎晁错列传》记错父曰:'刘氏安矣!晁氏危矣!吾去公归矣!'叠三'矣'字,纸上如闻太息,断为三句,削去衔接之词,顿挫而兼急迅错落之致。"②句子、词语累叠,文意得到强化。

总之,近现代学者或总体评论《史记》文法,或以单篇传记论属文技法,或选取典型篇目论述表现手法,或举例论说句法、词法,内容广泛,涉及面广,名称繁富,多种多样,丰富了文章之学。

三、对《史记》"文有主旨"评论的集中性

文章学认为,主旨是文章通过内容表达出的基本观点,是文章写作的目的和意图,是文章的核心。《易·系辞下》谓"其旨远,其辞文"。指文章用意深远。《周书·王褒庾信传论》论及文章应当:"其调也尚远,其旨也在深,其理也贵当,其辞也欲巧。"文章应当:"调远""旨深""理当""辞巧"。

关于《史记》"为文主旨",历代评论较多,然大多都是评论整部《史记》撰作之主旨和目的,较少从文章学角度评篇章主旨。清王又朴《史记七篇读法》曾评《项羽本纪》的主旨在于阐明"夫得天下有道,得其民,斯得天下矣;得其

---

① 刘师培:《汉魏六朝专家文研究》,商务印书馆 2010 年版,第 130 页。
② 钱钟书:《管锥编:第一册》,中华书局 1979 年版,第 272—273 页。

民有道，得其心，斯得民矣"之理，是以明"道"为矢的。评论《淮阴侯列传》，称"以报德不报怨为微旨"，且言"赞内'学道谦让'四字是一篇纲领"。近现代文人学者评论《史记》，则主要集中在评论表达主旨之方法。

一是论《史记》文章以一线贯穿表达主旨。如陈衍认为：《史记》有通篇命意一线到底者。《淮南王列传》始言时欲畔逆未有因，继言拊循百姓为畔逆事，继言谋反滋甚，继言计犹豫十余日未定，继言王自度无何不发，继言王从故不发，又继言淮南王患之欲发，又继言恐国险事且觉欲发，又继言王欲发国中兵，又继言计未决，断言未发，继言欲杀而发兵，又言王犹豫计未决，又言王以非时发恐无功，又言王欲偷欲休，是始终未发而反也。乃忽总承以一笔云：'伍被自诣吏，因告与淮南王谋反，反踪迹具如此。'"①《淮南王列传》通篇以淮南王谋反为主旨，统领全篇。陈衍还评论《萧相国世家》"叙何功特简，叙何所以委曲获全者甚详"，写萧何因功受封"三大段，命意一线"。②

再如李景星评论《平准书》："盖平准之法，乃当时理财尽头之想，最后之著。自此法兴，而闾阎之搜括无遗，亦自此法兴，而朝廷之体统全失。太史公深恶痛绝，故不惮原原本本，缕悉言之。开端曰接秦之弊，已有无穷之感。继曰物盛而衰，固其变也。只一变字，所有后来层层坏政，一齐摄入其中。末以卜式事作收，非尊式也，正以其甚务财用诸人，谓此乃善于谋利之卜式所不忍为也。烹弘羊，天乃雨，六字结束，有声有色。赞语从历代说到秦，更不提汉事，正与篇首接秦之弊遥应。其意若曰，务财用至于此极，是乃亡秦之续耳。"③认为《平准书》以"平准法"一线贯穿、逐层深入、首尾呼应，表达主旨。

再如陈柱评论《孟子荀卿列传》："此文以孟荀为主，仁义为线索。孟子荀卿主仁义者也，邹衍则始滥而终仁义，其余如淳于髡之徒，则或专志乎利矣。吴汝纶云：'姚郎中言作文如小儿放纸鸢，愈放愈高，此在手中线牢耳。此文叙邹衍著书，即姚氏纸鸢之说。'此说是也。"④文中线索明显。陈柱还评《李斯传》

---

① 陈衍：《史汉文学研究法》，无锡民生印书馆1934年版，第16页。
② 陈衍：《史汉文学研究法》，无锡民生印书馆1934年版，第16页。
③ 李景星著，韩兆琦、俞樟华校点：《四史评议·史记评议》，岳麓书社1986年版，第35页。
④ 陈柱：《史记孟子荀卿列传讲记》，《学术世界》1935年第6期。

以叹字为线索。"此篇以叹字为线索。由李斯之一生,以叹字为生活也。盖李斯一生以喜富贵,悲贫贱为主。其未得之也患不及之,则不得不叹矣。乃其既得之也,又患失之,则又不得不叹矣。苟患得之,无所不至,则尤不得不叹矣。"①这些评论都认为《史记》为文用"一线贯穿"表达主旨。

二是论《史记》文章以人物体现主旨。梁启超认为《史记》以传主人物体现主旨。他在《中国历史研究法补编·人的专史》中说:"一个人的性格兴趣及其作事的步骤,皆与全部历史有关。太史公作《史记》,最看重这点,后来的正史,立传猥杂而繁多,几成为家谱墓志铭的丛编,所以受人诟病。其实《史记》并不如此,《史记》每一篇列传,必代表某一方面的代表人物。如《孔子世家》《孟荀列传》《仲尼弟子列传》代表学术思想界最重要的人物,《苏秦》《张仪》列传代表造成战国局面的游说之士,《田单》《东毅》列传代表有名将帅,四公子《平原》《孟尝》《信陵》《春申》列传代表那时新贵族的势力,《货殖列传》代表当时经济变化,《游侠列传》《刺客列传》代表当时社会上一种特殊风尚。每篇都有深意。大都从全社会着眼,用人物来做一种现象的反影,并不是专替一个人作起居注。"②说明《史记》一些篇章主旨乃是通过人物体现的。

三是论《史记》文章以某字词联络主旨。如吴汝纶在《点勘史记》中说,《越王勾践世家》"以'忍'字为主。勾践能忍亡国之耻而霸,陶朱长男不能忍开千金而杀其弟"③。李景星评论《越王勾践世家》时说,"越之上世世系事迹,皆荒略无稽,惟勾践之事最详,故太史公于此篇不曰《越世家》,而曰《越王勾践世家》。通篇极写勾践之霸越,而佐勾践以成霸业后,厥惟范蠡,故以范蠡传附之。其君臣得力处,只是一个'忍'字,故一路叙事,即以此作骨"④。认为《越王勾践世家》以"忍"字为其主旨。再如吴汝纶评《吕不韦列传》以"贾"字为主:"此篇以'贾'字为主。立楚子、进美姬,所以贾利;作《吕氏春秋》,所以贾名;进嫪毐、所以贾祸。而贾祸之由,则自进美姬始。作《吕览》事颇

---

① 陈柱:《李斯列传讲记》,《学术世界》1936年第10期。
② 梁启超:《中国历史研究法补编·人的专史》,商务印书馆1933年版,第41页。
③ 吴汝纶:《点勘史记》,文海出版社印行。
④ 李景星著,韩兆琦、俞樟华校点:《四史评议·史记评议》,岳麓书社1986年版,第44页。

难入此篇中。文以家僮万人,引起食客三千人,因入宾客著所闻为书,又以悬金市门终之,仍寓贾人伎俩,与前居奇钓奇为一类,此可识文字联络之法。不韦相业甚伟,兼能文章,而史公以贾人待之,是其识力闳远处。"[1]以"贾"为主旨联络全篇。再如陈衍论"《留侯世家》始终以计策二字作主"[2]。以字词联络主旨,线索明晰。

因此,关于《史记》文章主旨,近现代学者大都评论表现主旨之法,体现出一定的集中性。

(王长顺,咸阳师范学院文学与传播学院教授、硕士生导师,文学博士。)

---

[1] 吴汝纶:《点勘史记》,文海出版社印行。
[2] 陈衍:《史汉文学研究法》,无锡民生印书馆1934年版,第17页。

项羽"乌江自刎"与"身死东城"考辨

薛引生

一代枭雄、西楚霸王项羽与沛公刘邦楚汉相争四年有余，最后兵败垓下、自刎身亡。司马迁在《史记·项羽本纪》的正文中表述，项羽"自刎乌江"，在篇末赞语中又说项羽"身死东城"，这是怎么一回事呢？最近有学者妄议司马迁的这段文字文意"前后明显不接"，有"矛盾纰漏"，而且还断言"项羽是身死东城（今安徽省定远县）而不是死于乌江（今安徽省和县乌江镇）"。作为司马迁故里的学者，对于这样对司马迁毫无根据的指摘，觉得有必要予以澄清。

一、"东城快战"发生在东城县域的四隤山，而不是东城城邑

《史记·项羽本纪》记述项羽在楚汉战争中兵败垓下，乌江自刎的过程中有一段"东城快战"的描述：

> 于是项王乃上马骑，麾下壮士骑从者八百余人，直夜溃围南出，驰走。平明，汉军乃觉之，令骑将灌婴以五千骑追之。项王渡淮，骑能属者百余人耳。项王至阴陵，迷失道，问一田父，田父绐曰"左"，左，乃陷大泽中。以故汉追及之。项王乃复引兵而东，至东城，乃有二十八骑。汉骑追者数千人。项王自度不得脱。谓其骑曰："吾起兵至今八岁矣，身七十余战，所当者破，所击者服，未尝败北，遂霸有天下。然今卒困于此，此天之亡我，非战之罪也。今日固决死，愿为诸君快战，必三胜之，为诸君溃围，斩将，刈旗，令诸君知天亡我，非战之罪也。"乃分其骑以为四队，四向。汉军围之数重。项王谓其骑

曰："吾为公取彼一将。"令四面骑驰下，期山东为三处。于是项王大呼驰下，汉军皆披靡，遂斩汉一将。是时赤泉侯为骑将，追项王，项王瞋目而叱之，赤泉侯人马俱惊，辟易数里，与其骑会为三处。汉军不知项王所在，乃分军为三，复围之。项王乃驰，复斩汉一都尉，杀数十百人。复聚其骑，亡其两骑耳。乃谓其骑曰："何如？"骑皆伏曰："如大王言。"（《史记》册一《项羽本纪》）

司马迁这段文字告诉我们：项羽夜半从垓下溃围南驰，他骑着"日行千里、夜走八百"的乌骓，渡淮河、沿古道，一路奔逃，天明时汉军才发觉。这时，他们已经到达一百多公里之外的阴陵了。这时，阴陵、东城、历阳都还在楚军手里，若有这些守城的将士为项王助战，以项王的英武、楚军的善战，灌婴的数千骑何克。然而历史的真实是，项王为了争取南驰渡江的时间，沿途并未进他统治下的任何一座县城，也未调动守城将士助战。"项王至阴陵"，并不是到阴陵县城邑，而是到了阴陵县境内的阴陵山。为什么呢？我们分析，如果是阴陵县城，就不会出现"迷失道，问一田父，田父绐曰：'左'。更不会出现"左，乃陷大泽中"。因为，在阴陵县项羽与守城将士会合，怎么会迷路呢？田父的"左"即项羽的"右"，即西。且城邑西也无大泽。阴陵县境内的阴陵山旁却有阴陵大泽。《历阳典录》云："阴陵山，（和）州北八十里，旁有泽，名红草湖。春夏之交，潦水涨发，弥漫无际，所谓阴陵大泽者也。"《读史方舆纪要》亦云："阴陵山在全椒（秦代归东城县管辖）东南二十五里，项羽东渡乌江道经此山……项羽迷道陷大泽处。"唐诗人张祜有《过阴陵》诗一首："壮士凄惶到山下，行人惆怅上山头，生前此路已迷失，寂寞孤魂何处游。"现在，大泽附近还留有刺枪坑、拴马桩等遗址。

待大雾消散，项羽发现汉兵追来，"复引兵而东，至东城"。这里的"东城"，绝不是东城城邑，而是指东城县境内的四隤（tuí）山（现南京市浦口区与安徽省和县连接的四溃山或者叫驷马山）。此山海拔高度81.7米，相对高度约50米，山顶宽平无峰，有六七千亩山原。山脚略呈四面梯形缓坡，平均坡度约5—10度。为东北—西南走向，长约2公里，宽约1公里，到乌江浦的距离约13公里。《和州志·地舆志》载："四隤山，州北七十里，项羽既败垓下，东走至东城，所从二十八骑，汉骑追者数千人，于是，引其骑因四隤山而为圜陈外向，溃围、斩将于此。”到东城的四隤山时，项羽只有二十八骑，而汉军追骑却有数千之多，力量悬殊太大，项羽只有以快战突围。便对部下说：“今日固决死，愿为诸君快战，必三胜之，为诸君溃围、斩将，刈旗。”项羽分其骑为四队，从四个方向驰下。随即自己也大呼驰下，汉军闻声丧胆，四下溃逃，项王遂斩汉一将。赤泉侯追来，项王瞋目叱之，其人马俱惊，倒退数里。项王复斩汉一都尉，杀数十百人。这样大的战争场面绝不会发生在东城县城邑内，况且东城县城邑内并无山，赤泉侯倒退数里，也无处可退。

四隤山的这场战斗汉军伤亡很重，项羽仅失两骑。他斩将、刈旗又溃围后，直向乌江浦飞驰而去。

二、《项羽本纪》中关于项羽“自刎乌江”的实录是真实可信的

史圣司马迁在《史记·项羽本纪》中，用299个字全景式地描述了项羽在乌江边与乌江亭长的对话、与汉军持短兵接战、与吕马童的留言及最后伏剑自刎的全过程：

> 于是项王乃欲东渡乌江。乌江亭长檥船待，谓项王曰：“江东虽小，地方千里，众数十万人，亦足王也。愿大王急渡。今独臣有船，汉军至，无以渡。”项王笑曰“天之亡我，我何渡为！且籍与江东子弟八千人渡江而西，今无一人还，纵江东父兄怜而王我，我何面目见之？纵彼不言，籍独不愧于心乎？”乃谓亭长曰：“吾知公长者。吾骑此马五岁，所当无敌，尝一日行千里，不忍杀之，以赐公。”乃令骑皆下马步行，持短兵接战，独籍所杀汉军数百人。项王身亦被十余创，顾见汉骑司马吕马童，曰：“若非吾故人乎？”马童面之，指王翳曰：“此项王也”。项王乃曰：“吾闻汉购我头千金，邑万户，吾为若德。”乃自刎而死。（《史记》册一《项羽本纪》）

我分析，此段一开始的“欲东渡乌江”，“东渡”就是向东渡江，正是“东

渡"一词把项羽定格在乌江边上。"乌江亭长檥船待","檥船",停船泊岸。接着与乌江亭长的一长段对话与"乃自刎而死",是承上启下的关键语,文从字顺,意义显白。从项羽"欲东渡乌江",到后来又临江拒渡,这段细节的描述是项羽人格魅力发展的必然。假设乌江亭长的船,可将二十六骑人马一起渡过,结局又会怎么样呢?而只能让项羽一人渡江,他觉得无颜见江东父老,乃自刎而亡是合情合理的。这段实录,不仅没有矛盾,而且真实又生动地告诉人们:项羽自刎于乌江是真实而可信的。

班固、司马光、袁枢等史学大家在各自的史学名著中都以明确的文字记录了项羽乌江自刎的悲壮结局。班固的《汉书》云:"项羽败至乌江,汉兵追羽至此","乃自刭"。司马光的《资治通鉴》全文照录了司马迁的实录,亦云:"乃自刎而死。"袁枢的《通鉴纪事本末》也有项羽自刎乌江的记述,曰:"乃刎而死。"这些难道还不足以证明项羽是死在乌江吗?难道他们都是在误听了数百年甚至几千年之后的元曲才记录的吗?这显然是不可能的。

三、秦代的乌江亭属东城县管辖

项羽"乌江自刎"与"身死东城"都是司马迁在《史记·项羽本纪》中的实录。"乌江自刎"出现在《项羽本纪》的正文中,系详述实录,这里的"乌江",秦代时称"乌江亭"(即现在的村或镇)属东城县管辖。"身死东城"则出现在《项羽本纪》篇终的赞语里,系评述论断,这里的"东城"是指东城县县域。这样互见足义,是一致的。

我们先看看东城县的历史演变和县域变迁。乌江古属棠邑,秦代时归东城,古邑在今定远县东南的三官集。秦代的行政建制一般比较大,当时东城县属九江郡,九江郡所辖地域相当今安徽省、河南省的淮河以南、湖北省黄冈以东和江西省全境。东城县域内地广人稀,按秦制"稀则旷"置县是合理的;相邻的历阳县广袤达100平方公里,亦属"稀则旷"的县。当时的乌江距历阳县城相对于东城县城较近,但其间有大泽湖泊相隔,归东城乃是人居地域的自然划分和交通与战争的需要,亦是乌江渡口战略地位的体现。北宋初年史官乐史(930—1007)在其所撰北宋地理总志《太平寰宇记》卷一百二十四《淮南道二·和州》

对所领三县之一的乌江县有下述著录：乌江县（本注：【州治历阳】东北四十里，旧十五乡，今四乡）本秦乌江亭。汉东城县地。项羽败于垓下，东走至乌江，亭长檥船待羽处也。

自两汉到三国以后，沿江平原逐步显露，人烟渐多。汉时裂东城地置全椒县。西晋太康六年，裂东城地置乌江县。此时的乌江县和历阳县同属淮南郡，二者无从属关系。晋惠帝永兴元年，设历阳郡领历阳、乌江两县。乌江县与历阳县也无隶属关系。南北朝时期，立和州，领三县，乌江才属和州管辖，但与历阳仍为并列的辖县，无隶属关系。直到明洪武年间置江浦县，撤乌江县为乌江镇，乌江县地分别归属和州与江浦县。乌江县的部分地域（含乌江县治所乌江镇）才正式归属历阳。

上述材料充分证明；乌江亭在秦代时属东城县管辖。所以，《史记·项羽本纪》所言：项羽"乌江自刎"与"身死东城"是一致的。

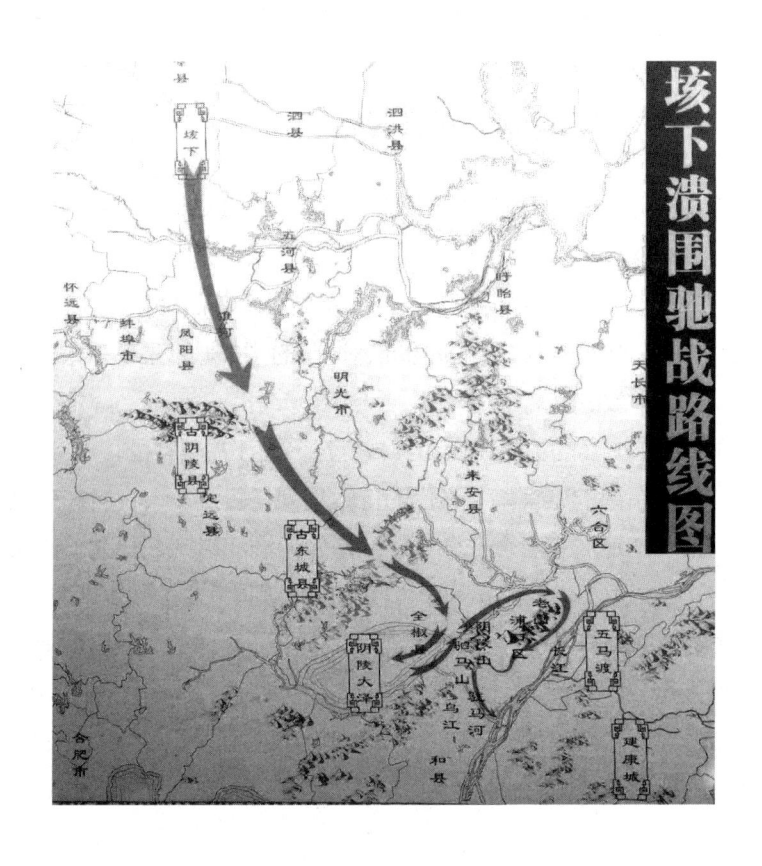

垓下溃围驰战路线图

结论：秦代的行政建制，"亭"是个低层小单位，十里为亭，十亭为乡，乡上是县，县上是郡。乌江亭属东城县管辖，犹如说司马迁是韩城人，又说司马迁生于芝川镇高门村一样，项羽"乌江自刎"与"身死东城"是一致的，二者是包含关系。东城快战发生在东城县境内的四隤山，四隤山距乌江浦仅13公里，项羽的千里乌骓片刻可至。项羽自刎乌江确信无疑。

（薛引生，中国史记研究会常务理事，陕西省司马迁研究会顾问，陕西省传记文学学会会长。）

《史记》接受研究

历代古文作家和研究者,无论经学家、文学家、理学家、经济家等,在对古文文统进行关注的时候,均是以"文道关系"为理论基础和核心,并由此形成文章正宗观。

《史记》与古文文统*

张申平 李荣菊

每一种文学样式都有其审美风尚和标准,古文自然不能例外。对古文艺术的研究属于古文之学的任务,也属于文章学的范畴。历代古文作家和研究者,无论经学家、文学家、理学家、经济家等,在对古文文统进行关注的时候,均是以"文道关系"为理论基础和核心,并由此形成文章正宗观。历代古文文统理论大抵是以儒家的重道思想为主旨,关注文与道的互动。这就有意无意地忽略了一个非常重要的研究领域,那就是作为文学艺术重要样式之一的古文,它自身的艺术魅力和审美文化特征。从唐代古文运动开始,古文作为文学文体才真正和历史、哲学文本分开,审美意义上的艺术古文从此摆脱了"泛文学"的性质真正成为文学本质意义上的审美艺术品。古文创作的基本法则,在司马迁《史记》时代已经创制,而古文的各种文体样式,尤其是擅长表情达意、说理议论的各种序记、议论、杂说之类,则是在唐宋时期完善起来的。

一、《史记》文统地位的建构

(一)《史记》对史统与文统的融合

司马迁的《史记》继承并发扬了自《春秋》以来便存在着的褒贬善恶、微言大义等史法传统,并形成了史学正统即史统。到了宋代,学者们的正统观念更为突出,历代累积起来的道统、政统、学统、文统和史统思想都得到张扬。受

---

*本文为国家社科项目:南宋文话的话语体系及其批评理论建构研究(Z1BZW193),重庆社科:中国古代图书编辑思想研究(2020YBTQ127)阶段性成果。

到传统正统论的影响，欧阳修《新五代史》以《春秋》《史记》史法为榜样，以"微言大义"为原则，以儒家正统理念为准绳，梳理历史兴亡规律，实现了史统与文统的有机结合。欧阳修以一己之力所撰的《新五代史》常在开篇或者篇末以"呜呼"领起议论，表达他对历史的评论和看法，颇有太史公笔法特色；其自云："予于《五代书》，窃有善善恶恶之志。"①其子欧阳发《先公事迹》指出"其于《五代史》，尤所留心，褒贬善恶，为法精密，发论必以'呜呼'，曰：'此乱世之书也。'其论曰：'昔孔子作《春秋》，因乱世而立治法。余述《本纪》，以治法而正乱君。'此其志也。书成，减旧史之半，而事迹添数倍，文省而事备，其所辨正前史之失甚多。"②《新五代史》在做到"文省而事备"同时又"所辨正前史之失甚多"，其对《春秋》"微言大义"笔法有着良好的借鉴和传承。

《史记》所具有的抒情言志笔法被视为史传文学的一大特色而受到肯定。欧阳修作为史学家著述《新五代史》，其对于历史正变、世道兴衰的评论，颇有史迁之抒情笔法。欧阳修常常感叹五代时期人伦大坏、天理绝灭，"搢绅之士安其禄而立其朝，充然无复廉耻之色"。③《新五代史》以《春秋》为圭臬的做法受到了广泛的肯定。王辟之《渑水燕谈录》言："文忠卒重修《五代》，文约而事详，褒贬去取，得《春秋》之法，迁、固之流。"④四库馆臣所撰《新五代史记》提要赞扬其"大致褒贬祖《春秋》，故义例谨严。叙述祖《史记》，故文章高简"⑤。欧阳修和宋祁合著的《新唐书》和《新五代史》的面目颇为不同，其原因在于欧阳修以一己之意而为《新五代史》，故而义例、书法不同于《新唐书》，"议者谓《唐书》盖不尽出公意"⑥。《新五代史》招来了一些历史学家的批评，认为欧阳修有着和韩愈一样的错误，其历史观和文学观混同，以文学笔法为史学。如清代章学诚言："昌黎之于史学，实无所解，即其叙事之文，亦出辞章之善，而

---

① 欧阳修：《王彦章画像记》，《欧阳修全集》卷三十九，中华书局2001年版，第571页。
② 欧阳发：《先公事迹》，《欧阳修全集》附录卷二，中华书局2001年版，第2628页。
③ 欧阳修：《新五代史》卷三十四，中华书局1974年版，第369页。
④ 王辟之：《渑水燕谈录》，中华书局1981年版，第70页。
⑤ 纪昀：《钦定四库全书总目》，中华书局1997年版，第635页。
⑥ 赵与时：《宾退录》卷五，中华书局1985年版，第56页。

非有'比事属辞'、'心知其意'之遗法也。其列叙古人，若屈、孟、马、扬之流，直以太史百三十篇与相如、扬雄辞赋同观，以至规矩方圆如孟坚，卓识别裁如承祚，而不屑一顾盼焉，安在可以言史学哉！欧阳步趋昌黎，故《唐书》与《五代史》，虽有佳篇，不越文士学究之见，其于史学，未可言也。"①章学诚视《新五代史》为"文士学究之见"，认为其缺乏史学的严谨。《新五代史》在义例、笔法上，着实和被称为"无韵之《离骚》"的《史记》有些相似，章学诚认为欧阳修这是受到了韩愈的影响，对二人的史学才能加以否定。陈寅恪也认为欧阳修以韩愈古文文法著史，他指出："欧阳永叔学韩昌黎文，晚撰《五代史记》，作《义儿》、《冯道》诸传，贬斥势利，尊崇气节，遂一匡五代之浇漓，返之淳正。"②这些看法揭示了欧阳修有着史统与文统相为融合的学术观点。

（二）《史记》在文统谱系中的位置

汉代"古文"主要指秦以前的文献典籍，如《史记·太史公自序》称"年十岁，则诵古文"。王国维《观堂集林·史记所谓古文说》言："故太史公修《史记》时所据古书若《五帝德》，若《帝系姓》……凡先秦六国遗书非当时写本者皆谓之古文。"相对于"今文经"，汉代古文基本上是指当时的"古文经"，即孔壁经书。自唐代始，"古文"渐渐演化变为文体的指称，《旧唐书》等著作中"古文"一词出现频率增多。唐代"古文"是相对于骈文而言，并和实用于公务、应酬等方面的所谓"俗下文字"相区别。

《史记》被历代学者列入古文文统之中。学界认为韩愈有"道统"与"文统"两说，而韩愈被视为"文统"的首创者。"道统是指尧、舜、禹、汤、文、武、周公、孔子、孟轲相传之道，说见其《原道》；文统是指《尚书》、《春秋》、《左传》、《易》、《诗》等艺术特征，再加《离骚》、《庄子》、《史记》、司马相如、扬雄之文，说见其《进学解》。"③明代叶盛（1420—1474）论历代古文文统曰："夫六经而下，左丘明传《春秋》，而千万世文章实祖于此。继丘明者司马子长，子

---

① 章学诚著，仓修良编注：《文史通义新编新注》，浙江古籍出版社2005年版，第766页。
② 陈寅恪：《赠蒋秉南序》，《寒柳堂集》，上海古籍出版社1980年版，第162页。
③ 顾易生等：《宋金元文学批评史（上册）》，上海古籍出版社1996年版，第26页。

长为《史记》，而力量过之，在汉为文中之雄。继子长者韩子，深醇正大，在唐为文中之王。继韩子者欧阳公，渊永和平，在宋为文中之宗。"①在古今学者所罗列的文统谱系中，《史记》均占有突出地位。

《史记》作为古文典范的其审美艺术方面的特长也被后代古文继承，如欧阳修文风就颇受司马迁影响，《史记》所有的纡徐有致、从容不迫风格被《新五代史》所沿袭。三苏的古文风格亦有仿效《史记》之处也被学界公认。陈柱认为"宋六家之文，虽不能出韩柳之范围，然亦略有变态。自来以散文而最善言情者，于战代有庄周，言哲理而长于情韵；于汉有司马迁，述史事而擅于风神。自此以外，多莫能逮。至六朝有文笔之分，则言情者属文，说理者属笔；文即诗赋骈文，笔即今之散文也。至唐韩退之倡为古文，虽名为起八代之衰，而文笔分涂，实亦尚沿六朝之习。故昌黎散文，言情者不多，而多于韵文出之。至宋之欧阳六一，而后上追司马，虽气象大小不侔，而风情独绝。于是六朝所认为笔者，亦变而为文，故欧阳散文，无一不善言情，无一不工神韵。曾王三苏，亦受其影响。世徒怪昌黎散文不工言情者，殆未知此中关键者也"②。陈柱此段论述对于古文的艺术特征和艺术古文的发展轨迹都有涉及，尤其强调"言情""风情"作为艺术古文独特特征的重要性。向来古文在言事析理的过程中，哲理与情韵、史实与风神、言情和说理都是不可分的。陈柱把庄子、司马迁，以及韩、柳、欧、苏的艺术古文的"言情"特征突出出来，是为了显示作为艺术古文的它们与规范的应用文体的差异。就古文的审美艺术范畴来看，这种"文"与"笔"的结合，声色、情韵、哲理、风神的融会贯通，造就了这种艺术美文。当它达于极致，便是天下至文。

二、"风神"：艺术文统的精神内核

艺术文统的文辞、文风、文法层面，究其实质还是属于文章的外部形式，而真正的"至文"应该是具有丰富而充沛的精神气质且内外兼美的佳作。文章的

---

① 叶盛：《水东日记》卷二十三，中华书局1980年版，第230页。
② 陈柱：《中国散文史》，东方出版社1996年版，第258页。

血肉之躯说到底还是需要精气神来驱动，而这个"精气神"的传承才是艺术文统最为深厚的根底和精髓。

（一）由"史迁风神"到"六一风神"

生活在宋代的欧阳修，虽然其思想情感、学术修养、性情禀赋等自有不同于司马迁之处，且宋人学识深厚、感情蕴藉、个性内敛，文人整体气质偏重于阴柔含蓄，但这并不妨碍他继承《史记》的抒情言志传统，并最终促成"六一风神"温柔敦厚、中和平正的美学特质。欧阳修散文被苏洵称之为"断然自为一家之文"，其独特之处离不开"六一风神"。古代文论有很多和"风神"相近的概念，如风骨、神韵、气韵等，但这些概念多为诗词评论领域，而"风神"主要是着眼古文的审美特征，且具有丰富的思想和艺术内涵。吕思勉指出："今观欧公全集，其议论之文，如《朋党论》《为君难论》《本论》，考证之文，如《辨易系辞》，皆委婉曲折，意无不达，而尤长于言情。序跋如《苏文氏集序》《释秘演诗集序》，碑志如《泷冈阡表》《石曼卿墓表》《徂徕先生墓志铭》，杂记如《丰乐亭记》《岘山亭记》等，皆感慨系之，所谓'六一风神'也。欧公文亦有以雄奇为尚者，如《五代史》中诸表志序是，然仍不失其徐纡委备之态。人之才性，固各有所宜也。"[①]吕思勉认为欧阳修古文委婉曲折，意无不达，且长于抒情，这是前人无有而后人也难以企及的，此即为"六一风神"。高步瀛也指出"永叔之文，多以风神姿媚胜"[②]。

欧阳修古文的"六一风神"和司马迁的"史迁风神"有着先后继承关系。明代茅坤较早以"风神"一词论司马迁和欧阳修文章，其言曰："西京以来，独称太史公迁，以其驰骤跌宕、悲慨呜咽，而风神所注，往往于点缀指次，独得妙解。……（欧阳修）序、记、书、论，虽多得之昌黎，而其姿态横生，别为韵折，令人读之，一唱三叹，余音不绝。予所以独爱其文，妄谓世之文人学士得太史公之逸者，独欧阳子一人而已。"[③]《史记》是鲁迅所誉"史家之绝唱，无

[①] 吕思勉：《宋代文学》（第2章）《论学集林》，上海教育出版社1987年版，第408页。
[②] 高步瀛撰注：《唐宋文举要》，上海古籍出版社1982年版，第789页。
[③] 茅坤：《唐宋八大家文钞》卷二十九《庐陵文钞引》，文渊阁四库全书本。

韵之《离骚》，司马迁在其中投入了自己太多的情怀，其自言读屈原诗就"悲其志"，适长沙辄"垂涕，想见其为人"，"读《鵩鸟赋》，同死生，轻去就，又爽然自失矣！"①鲁迅肯定司马迁"不拘史法，不囿于字句，发于情，肆于心而为文"②的著述方法，这也是《史记》风神所自。茅坤还说道："世之论韩文者，共首称碑志。予独以韩公碑志多奇崛险谲，不得《史》《汉》序事法，故于风神处或少遒逸，予间亦镌记其旁。至于欧阳公碑志之文，可谓独得史迁之髓矣。"③茅坤认为欧阳修的碑志等"序事之文"独得司马迁之髓。"风神"之外，茅坤还用到类似的"风调"，他认为司马迁文章"风调之遒逸，慕写之玲珑，神髓之融液，情事之悲愤，则又千年以来所绝无者。即如班掾，便多崖堑矣。魏晋唐宋以下，独欧阳永叔得其十之一二"。④明末艾南英认为"古文一道，其传于今者，贵传古人之神耳。即以史迁论之，昌黎碑志，非不子长也，而史迁之蹊径皮肉，尚未浑然。至欧公碑志，则传史迁之神矣。然天下皆慕韩之奇，而不知欧之化"。⑤他还认为"千古文章，独一史迁。史迁而后千有余年，能存史迁之神者，独一欧公"。⑥韩愈学习古人文章常主张"师其意，不师其辞"（《答刘岩夫书》），陈言务去，故而在继承司马迁、扬雄的古文成果时候，常能融会贯通达到学之而不似之的化境。故而后人在论"风神"的时候，司马迁和欧阳修之间，好像是少了韩愈一环。柳宗元也大抵如此，不愿仿效前人文法。

（二）"史迁风神"对文统的长远影响

司马迁和欧阳修古文的"风神"有着丰富的内涵，就文体方面而言主要涉及司马迁文章和欧阳修的序记、墓表、题跋、策论等叙事性比较突出的作品；

---

① 司马迁：《史记》卷八十四《屈原贾生列传》，中华书局 2006 年版，第 505 页。
② 鲁迅：《汉文学史纲要》，岳麓书社 2013 年版，第 73 页。
③ 茅坤：《唐宋八大家文钞》卷首，文渊阁四库全书第 1383 册，台湾商务印书馆 1986 年版，第 15 页。
④ 茅坤：《史记钞》卷首《读史记法》，《茅鹿门先生文集》。
⑤ 艾南英：《天傭子集》卷五《与沈昆铜书》。
⑥ 艾南英：《天傭子集》卷五《再与周介生论文书》。

就思想情感而言，主要是指那些或深挚，或浓烈，或委婉，或激越的人生况味和社会叹惋；就表达方式而言，语言简洁自然而富有深情，在主要叙事的基础上糅合描写、抒情、议论等成分，从而形成一种独特的情韵之美。当前，刘宁认为，"茅坤论'风神'，与叙事有密切的联系。'风神'是叙事之'神'，包含了叙事之道、抒情之法等多重内涵，其中独特的叙事之道，尤其是构成'风神'的基础和关键。倘若脱离叙事艺术而单纯追求唱叹之致，'风神'之美便会落入肤泛"①。刘宁细致地观察到"欧文在叙事上较之《史记》更多倾向于虚笔和变调的运用，因此文章的情韵之美更为突出，这也是后人更容易从情韵角度认识'六一风神'的原因"②。明代茅坤等唐宋派古文家，不仅以"风神"为主线发掘先秦两汉古文尤其是《史记》与唐宋古文之间由内到外的精神和气质关联，而且以此为理论圭臬指导自己的创作实践。明代茅坤因追随"六一风神"而受到挖苦，如林纾《春觉斋论文》论曰："世之论文者恒以风神推六一，殆即服其情韵之美。顾不治性情，但执笔求六一仿佛，茅鹿门（茅坤）即坐此病。"③

此后，清代桐城派作家上溯欧、苏，遵循"古文正轨"并推崇"六一风神"，这种行为源自对先秦以来古文文统的体认，也是强化自己古文正统地位的意识表现。方苞以"风神"论欧阳修，他认为"序事之文，义法备于《左》、《史》；退之变《左》、《史》之格调，而阴用其义法。永叔摹《史记》之格调，而曲得其风神；介甫变退之壁垒，而阴用其步伐"④。清人张文虎言："所谓桐城派者，非桐城独辟一法，盖韩、柳以来，大家、名家相传如此，实自古以来皆如此，特韩、柳诸家则有辙迹可寻，然韩、柳功深，苏氏才高气盛，介甫瘦硬奥衍，皆不易学。惟欧、曾平正，易于入手，故中材以下喜效之。桐城由震川上溯欧、曾，固古文正轨，然专以风神唱叹为宗，此则望溪犹不如是，而惜抱启之。盖

---

① 刘宁：《叙事与"六一风神"——由茅坤"风神"观切入》，《文学遗产》2011年第2期。
② 刘宁：《叙事与"六一风神"——由茅坤"风神"观切入》，《文学遗产》，2011年第2期。
③ 林纾：《春觉斋论文》，《春觉斋论画 外一种》，浙江人民美术出版社2016年版，第154页。
④ 方苞：《方苞集·集外文》卷四，上海古籍出版社2008年版，第215页。

永叔之效子长者，未尝无神似处，特后人功力不及，近于空疏。"①桐城派文法虽然难以神似欧阳修、司马迁，但其对"风神"的体认显示了对古文正统的认可，也体现出桐城派传承古文文统的自觉性。

三、《史记》文法在艺术文统中的价值

早在宋代，吕祖谦的《古文关键》勾画了唐宋古文的发展脉络以及文统传承线索。吕祖谦在《看古文要法》中描述苏轼等人的文统继承脉络，指出其与《史记》的渊源关系。其言曰："看苏文法：波澜。出于《战国策》《史记》，亦得关键法，当学他好处，当戒他不纯处。"②明代童养正著作《史汉文统》仿效茅坤评点《史记》和《汉书》，分为删节《史记》的《史记统》以及《西汉文统》和《东汉文统》，编选目的为彰显文章有益于政治和文学的功用，而将"文统"之于"经国之大业，不朽之盛事"的显赫地位，俨然有整饬汉代文统之意。明代张以忠辑、陈仁锡评《古今文统》十六卷，选录《左传》《史记》以及汉、唐、宋至明代大家文章，其目的是为了明确"斯文在是"，"统系存焉"。

明代古文家流派唐宋派也不是完全否定秦汉古文，他们希望通过宗法唐宋进而上接秦汉，也注重研究《史记》《汉书》之文法，认为"学马迁莫如欧，学班固莫如曾"，"唐之韩，犹汉之马迁；宋之欧、曾、二苏，犹唐之韩子"③。他们关注到唐宋八大家对于《史记》的继承关系，尤其是欧阳修对《史记》"风神"的继承。茅坤认为，"欧阳公于叙事处往往得太史迁髓，而其所为《新唐书》及《五代史》短论亦并有太史公风度"④。唐宋派在创作方面也深得太史公奥秘，如《明史》指出"（归）有光为古文，原本经术，好《太史公书》，得其

---

① 张文虎：《答刘恭甫》，见洪本健编《欧阳修资料汇编》，中华书局1995年版，第1234页。
② 吕祖谦：《古文关键》卷首《看古文要法》，《吕祖谦全集》第11册，浙江古籍出版社2008年版。
③ 蔡景康：《明代文论选》，人民文学出版社1999年版，第178页。
④ 茅坤：《唐宋八大家文钞》卷四十三，文渊阁四库全书第1383册，台湾商务印书馆1986年版，第482页。

神理"①。归有光在古文创作中时常呈现时文境界,实质上是尝试把古文的神韵理趣和时文的文法节律结合起来。如其《项脊轩志》的文章结构暗合八股文法的起、承、转、合,同时也继承了《史记》的叙事艺术和实录精神,表达感情深切感人。同时,归有光为平常人所著的传记和记人纪实类文章也都是叙事散文的典范,在欧阳修之后,进一步发展了艺术散文的风神之美,赋予了古文富有情韵神理的审美风范。

清代的桐城派致力于将程朱道统和欧苏文统绾合,经由归有光而上接唐宋八大家,并由此溯源先秦两汉的《左传》《史记》古文文统。方苞首先关注到秦汉至唐宋古文的"义法"传统问题,他"宗法昌黎"②,认为《易》、《诗》、《春秋》及四书,一字不可增减,文之极则也。降而《左传》、《史记》、韩文,虽长篇,句字可芟者甚少"③。方苞编选《古文约选》作为范本,在其序例中对古文文统流变进行了梳理,也表达了他对古文"义法"的基本看法。方苞的《史记评语·绛侯周勃世家》认为司马迁《史记》文法"雅洁",明于体要,故而"(柳)子厚以洁称太史,非独辟无芜累也。明于义法而载之事不杂,故其气体为最洁也,此意惟退之得之,欧、王以下不能与于斯矣"④。

综上所述,见得出《史记》在古文文统尤其是艺术文统中占据了极其重要的地位。《史记》史学正统观影响了其文统地位,史统与文统的融合促成了它在文学上的突出地位。无论是内在的"史迁风神"艺术精神,还是外在"雅洁"等义法特征,都被后代古文家继承和光大。故而研究古文文统绕不开《史记》这个醒目的路标。

(张申平,重庆科技学院人文艺术学院教授;李荣菊,重庆科技学院图书馆研究馆员。)

---

① 张廷玉等:《明史》卷二百八十七,中华书局1974年版,第7383页。
② 吴文治:《柳宗元资料汇编》,中华书局2004年版,第480页。
③ 方苞:《古文约选序例》,《方苞集(下)》,上海古籍出版社2008年版,第615—616页。
④ 吴文治:《韩愈资料汇编》,中华书局1983年版,第1122页。

中国历代小说序跋对《史记》运用研究[①]

何悦玲

史传与小说"不尽同而可相通",引用史传作品来评价小说也是中国古代小说批评的常有现象。在所引史传作品中,司马迁《史记》无疑是被高频引用的作品之一。《史记》何时开始被运用于小说批评?其在小说批评中被运用主要集中于哪些文体、哪些"点"?这些批评对小说发展有何影响?对诸如此类问题进行解答,既有利于认识《史记》于后世的传播,也有助于了解史传与小说"同而不同"的艺术特征。基于此,本文以丁锡根编著《中国历代小说序跋集》为据,对其中运用《史记》的情况进行统计分析和研究。在丁锡根编著的《中国历代小说序跋集》中,提到《史记》的序跋共有74篇84条文字。下面,我们就从不同角度来展现,分析其对《史记》的运用。

一、时间向度的考察

《中国历代小说序跋集》所录作品历史跨度很长,几乎包括了所有时代对小说的序跋之文。这些序跋,从评论者所处时代来看,分布并不平衡,有的时代居多,有的时代居少。其时代分布状况如表一所示:

[①] 基金项目:1. 国家社会科学基金重大项目"中外《史记》文学研究资料整理与研究"(13&ZD111)阶段性成果。2. 陕西省社会科学基金项目"中国古代小说'史补'观念发展变迁研究"(2017J045)阶段性成果。

表一

时代	作者	序跋名	共计序跋数、条数
汉代	伶玄	《赵后外传自叙》	1篇序跋1条文字
晋代	荀勖	《穆天子传序》	2篇序跋 2条文字
	郭璞	《山海经序》	
唐代	刘肃	《大唐世说新语序》	2篇序跋 2条文字
	李德裕	《次柳氏旧闻序》	
宋代	丁黼	《越绝书序》	4篇序跋 4条文字
	洪迈	《夷坚丁志序》	
	佚名	《酉阳杂俎序》	
	邵博	《闻见后录自序》	
明代	张佳胤	《刻越绝书序》	22篇序跋 22条文字
	黄省曾	《西京杂记序》	
	王稺登	《虞初志序》	
	可观道人	《新列国志叙》	
	钱福	《重刊吴越春秋序》	
	柯茂竹	《西京杂记记》	
	李云鹄	《刻酉阳杂俎序》	
	郭子章	《谐语序》	
	陈元之	《刊西游记序》	
	天都外臣	《水浒传叙》	
	李卓吾	《忠义水浒传叙》	
	王思任	《世说新语序》	
	王世贞	《剑侠传小序》	
	甄伟	《西汉通俗演义序》	
	袁宏道	《东西汉通俗演义序》	

续表

时代	作者	序跋名	共计序跋数、条数
明代	佚名	《新刻续编三国志序》	22 篇序跋 22 条文字
	怀林	《批评水浒传述语》	
	张塘	《廿一史识馀发凡》	
	郑仲夔	《耳新自序》	
	简庵居士	《钟情丽集序》	
	汤显祖	《点校虞初志序》	
	欧大任	《虞初志序》	
清代	孙星衍	《燕丹子叙》	39 篇序跋 49 条文字
	洪颐煊	《校正穆天子传序》	
	孙星衍	《山海经新校正后序》	
	阮元	《山海经笺疏序》	
	汪士汉	《吴越春秋序》	
	王谟	《拾遗记序》	
	钮琇	《觚賸自序》	
	黄晟	《重刻太平广记序》	
	何彤文	《注聊斋志异序》	
	黄桂芳	《谐铎跋》	
	潇湘馆侍者	《浇愁集自叙》	
	朱翊清	《埋忧集自序》	
	种柳主人	《玉蟾记序》	
	徐琛	《坚瓠七集序》	
	孙致弥	《坚瓠续集序》	
	孙致弥	《坚瓠总集序》	
	观鉴我斋	《儿女英雄传序》	
	翁桂	《明月台序》	

续表

时代	作者	序跋名	共计序跋数、条数
清代	刘鹗	《老残游记自叙》	39篇序跋49条文字
	杨澹游	《鬼谷四友志序》	
	金人瑞	《第五才子书水浒传序一》	
	金人瑞	《读第五才子书法》	
	金人瑞	《第五才子书水浒传序三》	
	金人瑞	《读第五才子书法》	
	金人瑞	《读第五才子书法》	
	金人瑞	《读第五才子书法》	
	金人瑞	《读第五才子书法》	
	金人瑞	《读第五才子书法》	
	蔡奡	《评刻水浒后传叙》	
	毛宗岗	《读三国志法》	
	李渔	《三国志演义序》	
	高蹇侯	《三国英雄略传序文》	
	张竹坡	《批评第一奇书金瓶梅读法》三十四条	
	张竹坡	《批评第一奇书金瓶梅读法》三十五条	
	张竹坡	《批评第一奇书金瓶梅读法》三十七条	
	张竹坡	《批评第一奇书金瓶梅读法》四十八条	
	张竹坡	《批评第一奇书金瓶梅读法》六十九条	
	张竹坡	《批评第一奇书金瓶梅读法》八十一条	
	陈祈永	《台湾外记序》	
	彭一楷	《台湾外志叙》	
	郑应发	《台湾外志叙》	
	蠡庵	《女开科传跋》	

续表

时代	作者	序跋名	共计序跋数、条数
清代	五色石主人	《八洞天序》	39篇序跋49条文字
	黄小配	《洪秀全演义自序》	
	绿园老人	《歧路灯序》	
	碧圃老人	《歧路灯自序》	
	绿园老人	《歧路灯序》	
	碧圃老人	《歧路灯自序》	
	娜嬛山樵	《增补红楼梦自序》	
近代	钱玄同	《儒林外史新叙》	4篇序跋4条文字
	王国维	《唐写本季布歌孝子董永传跋》	
	莫伯骥	《三国志通俗演义跋》	
	郋园	《金虏海陵王荒淫又跋》	

从上表统计可看出，序跋中运用到《史记》的，汉代是1篇序跋1条文字，晋代是2篇序跋2条文字，唐代是2篇序跋2条文字，宋代是4篇序跋4条文字，元代是0篇，明代是22篇序跋22条文字，清代是39篇序跋49条文字，近代是4篇序跋4条文字。由此统计结果来看，由汉至清代，运用《史记》对小说进行批评，在小说序跋中总体呈增长态势。这一增长，与小说创作与批评日益发达有关，也与《史记》的知名度、认同度不断加强有紧密关联。元代以《史记》来评价小说的序跋则没有。这可能与元代统治时间短、小说创作成就不高、小说批评热情不高有关系，毕竟，在丁锡根收集的所有小说序跋中，由元代人所写的序跋仅有19篇。近代以来，以序跋来评价小说的形式大量减少，其中对《史记》的运用也相对来说少得多。这与西学东渐而来的研究形式转变有紧密关系。

二、文体角度的考察

在《中国历代小说序跋集》中，丁锡根把小说序跋从大的层面分为笔记、话本、章回、总集四编。总集而外，其他三编之下又将小说分为不同文体，并分别将隶属的小说序跋编于各类之下。那么，运用《史记》来评价小说在各小说文体中又呈现什么样的异同差别呢？基于此，下表予以分类统计：

表二

大类	小类	作者	序跋名称	总计篇数、条数
笔记小说	志怪类	〔晋〕郭璞	《山海经序》	9篇序跋 9条文字
		〔宋〕洪迈	《夷坚丁志序》	
		〔清〕孙星衍	《山海经新校正后序》	
		〔清〕阮元	《山海经笺疏序》	
		〔清〕王谟	《拾遗记序》	
		〔清〕何彤文	《注聊斋志异序》	
		〔清〕钮琇	《觚剩自序》	
		〔清〕黄桂芳	《谐铎跋》	
		〔清〕潇湘馆侍者	《浇愁集自叙》	
	杂录类	〔唐〕刘肃	《大唐世说新语序》	18篇序跋 18条文字
		〔唐〕李德裕	《次柳氏旧闻序》	
		〔宋〕佚名	《酉阳杂俎序》	
		〔宋〕邵博	《闻见后录自序》	
		〔宋〕丁黼	《越绝书序》	
		〔明〕钱福	《重刊吴越春秋序》	
		〔明〕张佳胤	《刻越绝书序》	
		〔明〕黄省曾	《西京杂记序》	
		〔明〕柯茂竹	《西京杂记序》	
		〔明〕李云鹄	《刻酉阳杂俎序》	
		〔明〕王思任	《世说新语序》	
		〔明〕张墉	《廿一史识馀发凡》	

续表

大类	小类	作者	序跋名称	总计篇数、条数
笔记小说	杂录类	〔明〕郑仲夔	《耳新自序》	18 篇序跋 18 条文字
		〔清〕汪士汉	《吴越春秋序》	
		〔清〕孙致弥	《坚瓠总集序》	
		〔清〕徐琛	《坚瓠七集序》	
		〔清〕孙致弥	《坚瓠续集序》	
		〔清〕朱翊清	《埋忧集自序》	
	传奇类	〔汉〕伶玄	《赵后外传自叙》	7 篇序跋 7 条文字
		〔晋〕荀勖	《穆天子传序》	
		〔明〕简庵居士	《钟情丽集序》	
		〔明〕王世贞	《剑侠传小序》	
		〔清〕洪颐煊	《校正穆天子传序》	
		〔清〕孙星衍	《燕丹子叙》	
		〔近代〕刘师培	《穆天子传补释序》	
	谐谑类	〔明〕郭子章	《谐语序》	1 篇序跋 1 条文字
话本小说	话本类	〔清〕五色石主人	《八洞天序》	3 篇序跋 3 条文字
		王国维	《唐写本季布歌孝子董永传跋》	
		邰园	《金虏海陵王荒淫又跋》	
章回小说	讲史类	〔明〕可观道人	《新列国志叙》	13 篇序跋 13 条文字
		〔明〕甄伟	《西汉通俗演义序》	
		〔明〕袁宏道	《东西汉通俗演义序》	
		〔明〕佚名	《新刻续编三国志序》	
		〔清〕杨澹游	《鬼谷四友志序》	
		〔清〕李渔	《三国志演义序》	
		〔清〕高骞侯	《三国英雄略传序文》	

续表

大类	小类	作者	序跋名称	总计篇数、条数
章回小说	讲史类	〔清〕毛宗岗	《读三国志法》	13篇序跋 13条文字
		〔清〕陈祈永	《台湾外记序》	
		〔清〕彭一楷	《台湾外志叙》	
		〔清〕郑应发	《台湾外志叙》	
		〔清〕黄小配	《洪秀全演义自序》	
		〔近代〕莫伯骥	《三国志通俗演义跋》	
	烟粉类	〔清〕张竹坡	《批评第一奇书金瓶梅读法》三十四条	3篇序跋 8条文字
		〔清〕张竹坡	《批评第一奇书金瓶梅读法》三十五条	
		〔清〕张竹坡	《批评第一奇书金瓶梅读法》三十七条	
		〔清〕张竹坡	《批评第一奇书金瓶梅读法》四十八条	
		〔清〕张竹坡	《批评第一奇书金瓶梅读法》六十九条	
		〔清〕张竹坡	《批评第一奇书金瓶梅读法》八十一条	
		〔清〕娜嬛山樵	《增补红楼梦自序》	
		〔清〕蠡庵	《女开科传跋》	
	神魔类	〔明〕陈元之	《刊西游记序》	1篇序跋1条文字
	侠义类	〔明〕天都外臣	《水浒传叙》	8篇序跋 13条文字
		〔明〕李卓吾	《忠义水浒传叙》	
		〔明〕怀林	《批评水浒传述语》	
		〔清〕金人瑞	《第五才子书水浒传序一》	
		〔清〕金人瑞	《第五才子书水浒传序三》	
		〔清〕金人瑞	《读第五才子书法》	
		〔清〕金人瑞	《读第五才子书法》	
		〔清〕金人瑞	《读第五才子书法》	
		〔清〕金人瑞	《读第五才子书法》	

续表

大类	小类	作者	序跋名称	总计篇数、条数
章回小说	侠义类	〔清〕金人瑞	《读第五才子书法》	8篇序跋 13条文字
		〔清〕金人瑞	《读第五才子书法》	
		〔清〕蔡奡	《评刻水浒后传叙》	
		〔清〕观鉴我斋	《儿女英雄传序》	
	讽喻类	〔清〕绿园老人	《歧路灯序》	8篇序跋 8条文字
		〔清〕绿园老人	《歧路灯序》	
		〔清〕碧圃老人	《歧路灯自序》	
		〔清〕碧圃老人	《歧路灯自序》	
		〔清〕种柳主人	《玉蟾记序》	
		〔清〕翁桂	《明月台序》	
		〔清〕刘鹗	《老残游记自叙》	
		钱玄同	《儒林外史新叙》	
总集类	总集类	〔明〕王穉登	《虞初志序》	4篇序跋 4条文字
		〔明〕汤显祖	《点校虞初志序》	
		〔明〕欧大任	《虞初志序》	
		〔清〕黄晟	《重刻太平广记序》	

通过上表可看出，运用《史记》对小说进行批评在小说各文体中的分布为志怪类9篇序跋9条文字；杂录类18篇序跋18条文字；传奇类7篇序跋7条文字；谐谑类1篇序跋1条文字，合计在笔记小说中有35篇序跋35条文字运用到《史记》。话本小说中，仅有3篇序跋3条文字运用到《史记》。对章回小说，丁锡根将其分为讲史类、烟粉类、神魔类、侠义类、讽喻类。在这些类别中，运用到《史记》的，讲史类是13篇序跋13条文字；烟粉类是3篇序跋8条文字；神魔类是1篇序跋1条文字；侠义类是8篇序跋13条文字；讽喻类是8篇序跋8条文字，总计是33篇序跋43条文字。总集有4篇序跋4条文字运用到《史记》。

以上述统计为依据，如果按照引用条数多少来排序的话，则呈现为这样的排列顺序：杂录类——讲史类、侠义类——志怪类——烟粉类、讽喻类——传奇类——话本类——谐谑类——神魔类。在这样的排列顺序中，对《史记》运用较高的小说文体主要是杂录、讲史、侠义类、烟粉类、讽喻类、传奇类。话本、谐谑、神魔之类相对来说运用得较少。这样的排列，足以说明《史记》在文化内涵与表现特征上与前几类小说联系较多，而与后几类小说则联系不多。

三、运用"点"与目的的考察

在74篇序跋84条文字中，中国古代小说序跋运用《史记》提到的"点"比较多，运用的目的也各种各样。如给予大致的分类，可概括出以下几个方面：

（一）以《史记》为据，表达对小说作家有才而不能从事史书编纂的遗憾

如《赵后外传》题为汉伶玄编撰。据伶玄《赵后外传自叙》讲，自己"学无不通，知音善属文，简率尚真朴"，"由司空小吏历三署刺守州郡，为淮南相"，他所买妾名叫樊通德，"有才色知书，慕司马迁《史记》，颇能言赵飞燕姊弟故事"。他之所以编撰《赵后外传》一书，是源于他与樊通德因听赵飞燕故事而引起的谈话：

> 子于语通德曰："斯人俱灰灭矣。当时疲精力驰骛嗜欲盅惑之事，宁知终归荒田野草乎？"通德占袖顾视烛影，以手拥髻，凄然泣下，不胜其悲。子于亦然。通德奏子于曰："夫淫于色，非慧男女不至也。慧则通，通则流，流而不得其防，则百物变态，为沟为壑，无所不往焉。礼义成败之说，不能止其流，惟感之以盛衰奄忽之变，可以防其坏。今婢子所道赵后姊弟事，盛之至也；主君怅然有荒田野草之悲，哀之至也。婢子附形属影，识夫盛之不可留，哀之不可推，俄然相缘奄忽，虽婕妤闻此，不少遣乎？幸主君著其传，使婢子执研，削道所记。"于是撰《赵后别传》。

撰成之后，伶玄继续交代："子于为河东都尉，班躅为决曹，得幸太守，多所取受。子于召躅，数其罪而捽辱之。躅从兄彪，续司马《史记》，绌子于，无所收录。"①由伶玄这一自叙，可看出，其与妾对司马迁《史记》都颇为仰慕，撰述的目的也是企图攀附《史记》的劝诫功能。对班彪续司马《史记》而不取材于《赵后外传》的情况，伶玄也表现出相当的遗憾。这一遗憾，流露的是对史书编纂的仰慕。

《次柳氏旧闻》为唐代李德裕编撰，主要记述高力士所述玄宗宫中事。《次柳氏旧闻序》中，李德裕交代其创作动机说："臣德裕，非黄琼之达练，能习故事；愧史迁之该博，唯次旧闻。惧失其传，不足以对大君之问，谨录如左，以备史官之阙云。"②

《耳新》为明郑仲夔编撰，分为令德、正气、集雅、神应等三十四类，杂及琐事，多及仙鬼因果。在该书《耳新序》中，郑仲夔先称赞国朝王元美说："国朝王元美，良史才也，而恨不居史职。以今读《史料》一书，既赡且核，一代之文献在焉。垺于司马子长、班孟坚，居然季孟之间哉！范蔚宗远不逮已。"既而悲悯其说："已而顾以身非史职，退然自逊于稗官之列。"在此基础上，交代自己的创作缘起与目的说：

> 夫元美之史而云料也，谁为正史者哉！乃说者谓孟坚《汉书》，多取之刘子骏《杂记》。盖子骏博综西汉典故，退收精撷，储其宝以有待，则子骏作之劳，而孟坚享之逸也。余少贱耽奇，南北东西之所经，同人法侣之所述，与夫星轺使者，商贩老成之错陈，非一耳涉之而成新，殊不忍其流遁而埋没也，随闻而随笔之。书成行世且久，而兹取详加订焉，以是为可以质今而准后也。庶几窃比于子骏之义，以待他日之为孟坚、元美者，岂曰小说云乎哉！③

《钟情丽集》为"玉峰生人"编辑，主要叙述少年遇合事。明简庵居士为其

---

① 丁锡根：《中国历代小说序跋集》，人民文学出版社1996年版，第530—531页。
② 丁锡根：《中国历代小说序跋集》，人民文学出版社1996年版，第287页。
③ 丁锡根：《中国历代小说序跋集》，人民文学出版社1996年版，第429—430页。

作序，序中云：

> 大丈夫生于世也，达则抽金匮石室之书，大书特书，以备一代之实录；未达则泄思风月湖海之气，长咏短咏，以写一时之情状。是虽有大小之殊，其所以垂后之深意则一而已。余友玉峰生抱颖敏之姿，初锐志词章之学，博而求之，诸子百家，莫不究极；及潜心科举之业，约而会之，六经四书莫不贯通。伟哉卓越之通才，诚有异乎泛而无节，拘而无相者。暇日所作《钟情丽集》以示余。余因反覆观之，不能释手。穷之而益不穷，味之而益有味，殊不觉乎手之舞之足之蹈之也。噫！髦俊之中，弱冠之士，有如是之才华，有如是之笔力，其可量乎？视彼甘心与草木同腐，达则无以建名于时，穷则无以垂示于后者，岂有不有间哉！虽然，子特游戏翰墨云尔；他日操制作之任，探笔法之权，必有黼黻皇猷，经纬邦国，而与班、马之并称之矣。岂止于是而已耶？①

《坚瓠集》为清褚人获所编，主要记述人物事迹及社会琐闻，间杂诙谐戏谑小故事，尤以载明清人物轶事为多。该书得多位名人作序。清徐琛作序时，称赞作者"才富而学博如此，幸而见用，方将折中历代之史，勤为一书，以与司马、班、范之徒，齐驱并驾，亦无可愧"，进而悲叹其"仅闲居涉猎，随采随录，以消磨岁月，是可悲也"。②

《埋忧集》为清朱翊清编撰，所记皆历史故事之奇异者，多从他书编录，亦载其见闻。在《埋忧集自序》中，朱翊清对其创作心态也有揭示，他说：

> 余自辛卯迄癸巳，二老亲相继见背，始绝意进取。鸟已倦飞，骥甘终伏，生平知交，大半零落，而又畏见一切得意之人，俯仰四壁，惟日与幼女形影相依，盖人生之趣尽矣。乃喟然叹曰："穷矣！"然身可穷，心不可穷也。余诚弃材，不足与海内诸豪俊比数矣。夫蝉蜩不

---

① 丁锡根：《中国历代小说序跋集》，人民文学出版社1996年版，第595—596页。
② 丁锡根：《中国历代小说序跋集》，人民文学出版社1996年版，第461页。

知雨雪，蟪蛄不知春秋，犹能以其窍自鸣，岂樗散之余，遂并蛄蚓之不若乎？于是或酒边灯下，虫语偎栏；或冷雨幽窗，故人不至，意有所得，辄书数行，以销其块垒，而写髀肉之痛。当其思径断绝，异境忽开，宵然如孤凤之翔于千仞，俯视尘世，又何如有蝇头蜗角事哉！于是辄又自浮一白曰："惜乎！具有此笔，乃不得置身史馆与马、班为奴隶也，是亦足聊以自娱矣。"①

在上述作家自陈或他人作序中，不管作家创作目的是为了劝诫、补史之所阙，或是为了娱乐，其中都流露出对于作者有"才"而不能从事史书编纂的遗憾。这一遗憾显示出，在作者或评论者心目中，以司马迁《史记》为代表的史书地位是高于小说的，小说与其相较，是卑微的、微不足道的。小说创作流露出对于"史"的功能的攀附、对于"史之阙"的补备等，从其源头来说，都是源于小说作家与评论家面对"史"所具有的卑微心理。

（二）以《史记》为据，对小说成书时间、内容是否真实、价值意义等进行考证

如《山海经》所记："闳诞迂夸，多奇怪俶傥之言。"给《山海经》作序时，郭璞先批评人们"玩所习见，而奇所希闻"之"常蔽"，叙述汲郡《竹书》与《穆天子传》对穆王、西王母故事记述。在此基础上，运用《史记》说："案《史记》说穆王得盗骊、骅耳、骅骝之骥，使造父御之，以西巡狩，见西王母，乐而忘归，亦与《竹书》同。"这一运用，是从正面证明《山海经》所记"真实不虚"。此后，郭璞继续批评人们对《山海经》所记"真实"的怀疑，指出："谯周之徒，足为通识瑰儒，而雅不平此，验之《史考》，以著其妄。司马迁叙《大苑传》亦云：'自张骞使大夏之后，穷河源，恶睹所谓昆仑者乎？至《禹本纪》、《山海经》所有怪物，余不敢言也。'不亦悲乎！若《竹书》不潜出于千载，以作征于今日者，则《山海》之言其几乎废矣。"②这一说明，在对《史记》所论

---

① 丁锡根：《中国历代小说序跋集》，人民文学出版社1996年版，第508—509页。
② 丁锡根：《中国历代小说序跋集》，人民文学出版社1996年版，第5—6页。

否定的基础上，同样流露出对《山海经》所记"真实"的说明。

《穆天子传》，一题《周王游行记》，主要叙述西周穆王故事。《隋志》以下各史志均列入史部起居注类。《四库全书总目》改隶子部，列入小说家异闻之属，并评价其书说："体近乎起居注耳，实则恍惚无征，又非《逸周书》之比，以为古书而存之可也，以为信史而录之，则史体杂，史例破矣。"①对这部小说所叙之事，后人序跋在说明时也运用到了《史记》。如《穆天子传序》中，晋荀勖云：

> 汲者，战国时魏地也。案所得《纪年》，盖魏惠成王子，今王之冢也。于《世本》，盖襄王也。案《史记·六国年表》，自今王二十一年，至秦始皇三十四年燔书之岁，八十六年。及至太康二年，初得此书，凡五百七十九年。……王好巡守，得盗骊、䮄耳之乘，造父为御，以观四荒。北绝流沙，西登昆仑，见西王母。与太史公记同。②

此段话语对《史记》的运用，一是说明《穆天子传》的传播情况，即沉寂于汲冢中，直到579年后才被发现；一是说明此书所记为真实。

清洪颐煊在《校正穆天子传序》中，这样论述说：

> 书记周穆王游行四海，见帝台、西王母，暨美人盛姬死事。《隋书·经籍志》云："体制与今起居正同，盖周时内史所记王命之副。"案《史记》穆王在位五十五年，此书所载，寻其甲子，不过四五年间事耳。虽残编断简，其文字古雅，信非周秦以下人所能作。……《史记·周本纪》云："穆王崩，子共王繄扈立。"司马贞《索隐》引《世本》作"伊扈"。此书云："丧主伊扈。"伊扈即共王也，尤足与经史相证。……暨《史》、《汉》诸注、唐宋类书所引，互相参校，表其异同，正其舛谬，为补正文及注若干字。③

---

① 永瑢等：《四库全书总目》（全二册），中华书局1965年6月版，第1205页。
② 丁锡根：《中国历代小说序跋集》，人民文学出版社1996年版，第518页。
③ 丁锡根：《中国历代小说序跋集》，人民文学出版社1996年版，第520页。

刘师培的《穆天子传补释序》说："考穆王宾于西王母，其事具载《列子》。马迁修史，亦著其文。"①这两篇序言对《史记》的运用，一是为了说明小说成书的时间，一是为了考证故事中的人物。

《刻越绝书序》中，明张佳胤认为该书所记"名实群籍，辨者非一，咸无核焉。……其文辨而奇，博而机，藏知周信，重仇明勇，与《国策》谲权倾捭者异。独《陈成子篇》，愚间列国，操纵成败，固游士谭也。据《春秋》，哀公使赐正吴寻盟，以尊鲁。嗣后人袭事骋辞，且将嫁于善言子贡，徵信焉；博才如子长，《史记》云然也。"②这一序言中，以《史记》为比，旨在说明《越绝书》旨在"徵信"的创作特征。

《西京杂记序》中，明黄省曾论述说："汉之西京，惟固书为该练，非固之能尔，亦其所资者缮也。仲尼约之宝书，马迁鸠之国史，因本而成，在古皆然也。"这段话语运用包括《史记》在内的诸史，是为了揭示出史书编纂必有待于它书提供丰富史料的事实。在此事实说明基础上，作者对班固编《汉书》时对刘子骏记中"猥琐可略，闲漫无归，与夫杳昧而难凭，触忌而须讳者也"材料放弃表示完全认同，但对其"至于乘舆大驾，仪在典章，鲍、董问对，言关理奥，亦即摈落而无采，宜书而不书者，何也？"表示了不满，并庆幸这些被放弃的材料"幸存于《杂记》欤！"③综合来看，这一序言对《史记》的运用，是为了说明《西京杂记》一书编纂的积极价值，即可为后来史书编纂提供资料。这样的方式与目的阐释在宋丁黼的《越绝书序》中也得到了体现，其中云："注司马迁《史记》者，屡引以为据。"④

清孙星衍在《燕丹子叙》中也提到了《史记》，其中云：

> 然裴骃注《史记》，引刘向《别录》云："督亢，膏腴之地。"司马贞《索隐》引刘向云："丹，燕王喜之太子。"……其书长于序事，娴于词令，审是先秦古书，亦略与《左氏》、《国策》相似，学在纵横、

---

① 丁锡根：《中国历代小说序跋集》，人民文学出版社 1996 年版，第 525 页。
② 丁锡根：《中国历代小说序跋集》，人民文学出版社 1996 年版，第 245 页。
③ 丁锡根：《中国历代小说序跋集》，人民文学出版社 1996 年版，第 251 页。
④ 丁锡根：《中国历代小说序跋集》，人民文学出版社 1996 年版，第 242 页。

小说两家之间。……"右手椹其胸",盖借"椹"为"戡"。《说文》:
戡,刺也。《史记索隐》引徐广云:"一作抗。""抗",又"扰"字之
误,《说文》:深击也。《史记》及《玉篇》"椹"从手,误矣。"拔匕
首擿之",《说文》以擿为投,《玉篇》掷同擿,又作㨄,古假借字也。
《国策》《史记》取此为文,削其"乌白头、马生角"及乞听琴声之
事,而增徐夫人匕首、夏无且药囊,足证此书作在史迁、刘向之前。①

在此评论中,孙星衍以包括《史记》在内的许多著述为据,推证出《燕丹
子》一书"作在史迁、刘向之前"。

在上述序跋中,可看出它们对《史记》的运用,基本是在《史记》与小说所
记"相互参校"中,对小说成书时间进行考订,对小说所载内容是否"真实"进
行推证,并对小说可以存史料的价值意义予以说明。这些说明,对推动小说被
接受、被传播、被认知等具有积极意义。

(三)以《史记》"梦"、"怪"、滑稽书写为据,为小说这些书写提供合理支撑

中国古代小说叙事有大量记述鬼神怪异梦幻笔墨。这些内容的叙述,显然不
符合"子不语怪"的一般观念,因而会招来正统人士的批评。在此状况下,以
经、史所载为据,为小说描写提供合理论证,便成为小说评论中经常会做的事
情之一。在做此事中,《史记》是一部会被经常运用到的作品。

如《夷坚丁志序》中,"有观而笑者"批评洪迈说:"《诗》《书》《易》《春
秋》,通不赢十万言,司马氏《史记》,上下数千载,多才八十万言。子不能玩
心圣经,启瞶门户。顾以三十年之久,劳勤心口耳目,琐琐从事于神奇荒怪,
索墨费纸,殆半太史公书。漫澶支离,连犿丛酿,圣人所不语,扬子云所不读。
有是书,不能有益毫毛;无是书,于世何所欠?既已大可笑,而又稽以为验,
非必出于当世贤卿大夫。盖寒人、野僧、山客、道士、瞽巫、俚妇、下隶、走
卒,凡以异闻至,亦欣欣然受之,不致诘。人何用考信,兹非益可笑与?"面

---

① 丁锡根:《中国历代小说序跋集》,人民文学出版社1996年版,第529页。

对"有观而笑者"的强烈批评,洪迈以《史记》所书为据,给予针锋相对的回击,说:

> 若太史公之说,吾请即子之言而印焉。彼记秦穆公、赵简子,不神奇乎?长陵神君、圯下黄石,不荒怪乎?书荆轲事,证侍医夏无且;书留侯容貌,证画工。侍医、画工,与前所谓塞人、巫隶何以异?善学太史公,宜未有如吾者。子持此舌归,姑阕其笑。①

这一回击,就为《夷坚志》鬼神怪异题材书写提供了合理依据。

另如《觚剩》为清钮琇所撰,"喜谈神怪以徵其诡幻"。在该书《自序》中,钮琇交代其创作说:"鬼盈睽载,《易》留语怪之文;神降莘言,《史》发兴妖之论。杏坛书垂笔削,辨六鹢之昼飞;龙门事著兴亡,志一蛇之夜哭。是知《虞初》小说,非尽出于荒唐,郭氏遗经,固无伤于典则也。……姑存此曰琐言,岂曰珠能记事,倘附他年野史,亦云稗以备官焉尔。"②这一交代,也是为其书"鬼神怪异"书写提供合理依据。

事实上,这样的阐述不止上述两篇序跋,在明王穉登的《虞初志序》、清嫏嬛山樵的《增补红楼梦自序》、清黄晟的《重刻太平广记序》中也同样如此。这样的阐述,立足于小说发展来讲,无疑对小说鬼神怪异书写提供了合理依据,促使了这一题材书写在小说创作中的持续发展。

《史记》有《滑稽列传》,小说中也不乏滑稽笔墨。在此滑稽笔墨展现中,《史记》同样为小说书写提供了支撑证明。关于此,从小说序跋对《史记》的运用可看出。

《酉阳杂俎》为唐段成式所撰,记述南北朝以来秘闻轶事、风土习俗,错杂诡怪不经之谈、荒妙无稽之物。在给该书作序时,明佚名氏指出:"昔太史公好奇,周游天下,取友四海,归而为书。然则是书也,其亦所史寓其好奇之意欤?"并希望经自己"再刊而新"的《酉阳杂俎》"后岂无太史公者,嘉其所好而备采

---

① 丁锡根:《中国历代小说序跋集》,人民文学出版社1996年版,第95—96页。
② 丁锡根:《中国历代小说序跋集》,人民文学出版社1996年版,第157—158页。

录哉？"①明李云鹄为《酉阳杂俎》作序时，也引论说：

> 宇宙大矣，少所见多以异耳。食者以为奇，知味者以为寻常，珍俎所仅，岂藿肉家思议能到耶？昔斫轮说剑，谑浪于蒙庄；《佞幸》《滑稽》，诙谐于司马。苟小道之可观，亦大方之不弃。况柯古擅武库于临淄，识时铁于太常，固唐代博古多闻之士，而所传仅此三十篇，忍使方平之麟脯，劈而不尝；茂先之龙炙，辨而弗咀哉！呜呼，老子藏室，王氏青箱，斯亦御史之掌放也夫！不佞亦犹行古之道也。②

两人所论，均把作品对滑稽怪异笔墨的书写，看成是对包括《史记》在内的"古之道"的继承。

《谐语》为明郭子章编撰，杂采诸书所为，记录"谐语"故事三百一十一则。在为该书作序时，郭子章自称："夫谐之于六语，无谓矣，顾《诗》有善谑之章，《语》有莞尔之戏，《史记》传列《滑稽》，《雕龙》目著《谐谑》，邯郸《笑林》、松玢《解颐》，则亦有不可废者。顾谐有二：有无益于理乱，无关于名教，而御人口给者，班生所谓口谐倡辩是也；有批龙鳞于谈笑，息蜗争于顷刻，而悟主解纷者，太史公所谓谈言微中是也。然淳于髡、东方朔以前，犹有足称，晋魏以后，至于盗削卵，握春杵，风斯下矣。甚之一语讥笑，因而贾罪，如刘贡父、苏子瞻，可以殷鉴。善观谐者，取古今而并观之，令自择焉：上之如武公之不为虐，下之如髡、朔之能回主；如刘如苏，身之不能卫，而惶恤其他，则无戏言可也。"③在此序言中，作者把《谐语》一书从叙事内容到创作目的上，都看成是对包括《史记》在内的滑稽创作书写传统的继承。明陈元之的《刊西游记序》、清黄桂芳的《谐铎跋》、明欧大任的《虞初志序》中，对《史记》也做了同样的运用。

鬼神、怪异、梦幻、滑稽等，都是在小说中被经常表现的题材内容。面对这一题材内容被正统观念的批评，用《史记》描写作为依据进行批驳，一方面说

---

① 丁锡根：《中国历代小说序跋集》，人民文学出版社1996年版，第303页。
② 丁锡根：《中国历代小说序跋集》，人民文学出版社1996年版，第304页。
③ 丁锡根：《中国历代小说序跋集》，人民文学出版社1996年版，第643—644页。

明这一描写在《史记》中显得较为突出，另一方面也说明它为小说这种书写提供了理论支撑，使小说在这些方面的书写获得了发展空间与动力。

（四）以《史记》为据，对小说创作精神、内涵予以发掘

小说本质在于虚构、娱乐。但在经、史文化高度发达背景下，其创作精神也受到经、史文化的滋养。这一滋养，从小说序跋对《史记》精神的传承说明可清楚看出。具体来讲，在小说序跋中，经常提及的精神主要体现在以下几个方面：

一是警诫的精神。

如《大唐世说新语》为唐刘肃编撰，书分匡赞、规谏、极谏、刚正等三十门，记唐人故事。在给该书作序时，刘肃云：

> 自庖牺画卦，文字聿兴，立记注之司，以存警诫之法。《传》称左史记言，《尚书》是也；右史记事，《春秋》是也。洎唐虞氏作，木火递兴，虽载干戈，质文或异。而九丘、八索，祖述莫殊。宣父删落其繁芜，丘明捃拾其疑阙，马迁创变古体，班氏遂业前书。……肃不揆庸浅，辄为纂述，备书微婉，恐贻床屋之尤；全采风谣，惧招流俗之说。今起自国初，迄于大历，事关政教，言涉文词，道可师模，志将存古，勒成十三卷，题曰《大唐世说新语》。

在说明中，刘肃直接把《大唐世说新语》创作看成是对包括《史记》在内的史书编撰"警诫"精神的继承。

《水浒传》为英雄传奇，主要叙述梁山一百零八位英雄好汉故事。在为该书作序时，明天都外臣云："雅士之赏此书者，甚以为太史公演义。夫《史记》上国武库，甲仗森然，安可枚举。而其所最称犀利者，则无如巨鹿破秦，鸿门张楚，高祖还沛，长卿入邛，范蔡之倾，仪秦之辩，张陈之隙，田窦之争，卫霍之勋，朱郭之侠，与夫四豪之交，三杰之算，十吏之酷，诸吕七国之乱亡，《货殖》《滑稽》之琐屑，真千秋绝调矣！传中警策，往往似之。"[①]

《儿女英雄传》四十一回，为清文康所著，主要演述正黄旗汉军人安骥与张

[①] 丁锡根：《中国历代小说序跋集》，人民文学出版社1996年版，第1463—1464页。

金凤、何玉凤姻缘始末。对于该书创作宗旨，清观鉴我斋在《儿女英雄传序》中云：

> 上古结绳而治，后世圣人易之以书契。书契之兴，经尚矣。作经，非圣人初意也，皆有所为而作，不得已于言也。故《易》之作，为阐天心之微也；《书》之作，为观天道之变也；《诗》之作，为通人心之和也；《礼》之作，为大人道之防也；《春秋》之作，为合天心人事以诛心维道，使天下后世之乱臣贼子惧，上绍历圣作经之心，下开百世作史之例者也。嗣是经变为史，龙门子长、司马温公、晦翁诸人皆因之。……以是为游谈，游谈何害？且如太史公，良史也，不讳挥金杀人；孟子亚圣也，其罕譬焉，引人入胜者，立言尤多诙诡。①

并在此基础上，把《儿女英雄传》的创作说成具有"格致"之功。

二是发愤著书的精神。

《忠义水浒传叙》为明李卓吾所作。在此叙中，李卓吾先引司马迁话语："《说难》《孤愤》，贤圣发愤之所作也。"然后提出自己关于《水浒传》的见解说："由此观之，古之圣贤，不愤则不作矣。不愤而作，譬如不寒而颤，不病而呻吟也。虽作，何观乎！《水浒传》者，发愤之所作也。"②

《明月台》为清翁桂所撰，全书十二回，主要宣传孝道思想。据说作者之所以创作这样一部作品，主要缘于儿子不孝，作者内心郁闷不畅。对此，翁桂在自序中不仅有明确交代，并直接将其与司马迁等的创作精神相提并论，他指出：

> 但凡人之大困大苦，气愤不平，郁结不舒者，或一诗一歌，一吟一咏，借端发泄，以消胸中块垒，以畅其志者乎？是以左丘明失目而著书，司马迁腐刑而作史，屈平之《离骚》，庄周之荒唐，皆由此而设也。余本布衣寒士，草野村夫，安知翰墨中之滋味耶？安敢与前贤先哲为匹哉？不无胡诌乱道，嚼饭喷蛆，闲暇无事，乱说因果，移花接

---

① 丁锡根：《中国历代小说序跋集》，人民文学出版社1996年版，第1588—1590页。
② 丁锡根：《中国历代小说序跋集》，人民文学出版社1996年版，第1465—1466页。

木，指鹿为马，借形描影，将无作有，庸言鄙俚，不知云何，若东施之效颦，用狗尾而续貂，敢为世人嗤笑云尔。①

在此指出中，作者虽云不敢与圣贤为匹，但其对圣贤发愤著书精神的自觉继承却是明白无疑显现出来。

《老残游记》为清刘鹗所写，主要演述江湖郎中老残旅程中的见闻及活动，以批评吏治黑暗为主，对名为清官实为酷吏者批评尤甚。在《老残游记自叙》中，刘鹗交代说：

> 《离骚》为屈大夫之哭泣，《庄子》为蒙叟之哭泣，《史记》为太史公之哭泣，《草堂诗集》为杜工部之哭泣；李后主以词哭，八大山人以画哭，王实甫寄哭泣于《西厢》，曹雪芹寄哭泣于《红楼梦》。王之言曰："别恨离愁，满肺腑难淘泄。除纸笔代喉舌，我千种相思向谁说？"曹之言曰："满纸荒唐言，一把辛酸泪；都云作者痴，谁解其中意！"名其茶曰："千芳一窟"，名其酒曰"万艳同杯"者：千芳一哭，万艳同悲也。
>
> 吾人生今之时，有身世之感情，有家国之感情，有社会之感情，有种教之感情。其感情愈深者，其哭泣愈痛；此鸿都百炼生所以有《老残游记》之作也。
>
> 棋局已残，吾人将老，欲不哭泣也得乎？吾知海内千芳，人间万艳，必有与吾同哭同悲者焉！②

刘鹗对其创作目的的揭示，也同样追源到了包括《史记》在内的"发愤著述"传统。这样的揭示，除上述几篇序跋外，清潇湘馆侍者的《浇愁集自叙》、杨澹游的《鬼谷四友志序》有同样表现，此不赘述。

三是续先辈之书作续书的精神。

如《闻见后录》为宋邵博编撰，全书三十卷，是对其父伯温所著之书的续

---

① 丁锡根：《中国历代小说序跋集》，人民文学出版社1996年版，第1663页。
② 丁锡根：《中国历代小说序跋集》，人民文学出版社1996年版，第1741页。

写。《四库全书总目》评其曰："伯温所记多朝廷大政,可裨史传。是书兼及经义、史论、诗话,又参以神怪俳谐,较《前录》为琐杂。"①为何对父书进行续写,邵博在《闻见后录自序》中有明确交代,他说:

> 先人蚤接昔之君子,著其《闻见》于篇,甚严。博不肖,外继有得,在前例为合,间后出他记不避也。或以司马迁之书曰,太史公犹其父谈云:"尔曷绪之篇下,亦不失为迁也。"嗟夫!笔四十年,获麟已绝矣,续明年又明年,孔丘卒,非是但云《闻见后录》云。②

这一交代,可看出,邵博之所以对父书进行续写,正是受司马迁继承父志作史启发而来,是对司马迁精神的直接继承。

褚人获字稼轩,一字学稼,清长洲(今江苏吴县)人,著有小说《坚瓠集》。清孙致弥两次为该书作序,在序中,也把作者创作看成对先辈作书的续写。如《坚瓠集总序》中,孙致弥云:

> 昔龙门氏博综载籍,又穷极河岳之观,发挥制作,成诸史之冠。刘宋临川王义庆,采辑典午一代微言,旁及汉魏谈论隽永可味者,集为《世说》。今稼轩所著,其信古传述之功,则龙门也。而词旨雅驯,成一家言,则兼有临川之长矣。③

《坚瓠续集序》中,孙致弥又指出:

> 盖书之有续,不自稼轩始也。《史记·三皇本纪》、《龟策传》皆续也。班氏《前汉书》亦以续而成,仲长统之《昌言》,桓君山之《新论》,又皆有为之续之者,谁曰不可哉!且夫续子长之书者,出于君家小孙;续孟坚之书者,为其女兄曹大家;续长统之《昌言》与君山《新论》者,一为董袭,其一即为孟坚:皆由他人踵而成之。即当子长、

---

① 永瑢等:《四库全书总目》(全二册),中华书局1965年版,第1199页。
② 丁锡根:《中国历代小说序跋集》,人民文学出版社1996年版,第384页。
③ 丁锡根:《中国历代小说序跋集》,人民文学出版社1996年版,第455页。

孟坚诸人。……所深羡而未之有逮者也。因侍从过吴，稼轩出以相示，为续题其端如此。①

在两篇序言中，孙致弥都把《坚瓠集》编纂看成是对先辈著述的续写。

对《史记》警诫、发愤著书、继承先辈著述作续等精神的继承，对小说创作来讲，无疑提供了积极动力，推动了小说的蓬勃发展。"娱乐"而外被注入警诫、发愤著书、继承先辈作续等创作精神，也是对小说单纯"娱乐"题旨的超越，提高了小说的内涵、价值、境界。在这些精神赋予中，中国小说愈来愈拥有自己的民族特征。

（五）以《史记》为据，对小说作品艺术风格进行阐释

以《史记》为据对小说作品艺术风格进行阐释，是小说序跋运用《史记》表现最突出的地方。在84条文字中，涉及这一目的的文字占到33条之多。

这样的运用首先见于文言小说序跋中。

如《吴越春秋》为东汉赵晔所撰，书据《国语》《吴语》《越语》《史记》诸书，并加以异说传闻而成。《四库全书总目》评价其："处女试剑""老人化猿""公孙胜三呼三应"之类，"尤近小说家言"。对于该书生成与创作特征论述时，就运用到了《史记》。在《重刊吴越春秋序》中，明钱福断其"大抵本《国语》《史记》而附以所传闻者为之"。清汪士汉在《吴越春秋序》中指出："其属辞比事，皆不与《春秋》、《史记》、《汉书》相似，盖率尔而作，非史册之正也。"②

《虞初志》为明陆氏编撰，系钞合诸家小说而成，凡《续齐谐记》《集异记》《虬髯客传》《周秦行纪论》《南柯记》《广陵妖乱志》《莺莺传》《任氏传》《白猿传》九种，以神异之事记述居多。明汤显祖为该书作序时，指出其"以奇僻荒诞，若灭若没，可喜可愕之事，读之使人心开神释，骨飞眉舞"，认为其"虽雄高不如《史》、《汉》，简澹不如《世说》，而婉缛流丽，洵小说家之珍珠船也"③。

---

① 丁锡根：《中国历代小说序跋集》，人民文学出版社1996年版，第465页。
② 丁锡根：《中国历代小说序跋集》中册，人民文学出版社1996年版，第237，239—240页。
③ 丁锡根：《中国历代小说序跋集》，人民文学出版社1996年版，第1804页。

蒲松龄《聊斋志异》"用传奇法,而以志怪",成为清代最有影响的文言志怪小说集。在对该书艺术成就解读时,清何彤文运用到了《史记》。他在《注聊斋志异序》中说:

  《聊斋》胎息《史》、《汉》,浸淫晋魏六朝,下及唐宋,无不藏其香而摘其艳。其运笔可谓古峭矣,序事可谓简洁矣,铸语可谓典赡矣。其志异也,大而雷龙湖海,细而虫鸟花卉,无不镜其原而点缀之,曲绘之。且言狐鬼,言仙佛,言贪淫,言盗邪,言豪侠节烈,重见叠出,愈出愈奇,此其才又岂在耐庵之下哉!至其每篇后"异史氏曰"一段,则直与太史公列传神与古会,登其堂而入其室。①

《何氏语林》为明何良俊编撰,原作《语林》,又题作《世说新语补》,主要辑录两汉至元代文人言行,共2700余事。在为该书作序时,明王思任说:

  续《史记》之后,或难为《汉书》;续《汉书》之后,且不可羁他史。今古风流,惟有晋代。至读其正史,板质冗木,如工作《瀛洲学士图》,面面肥皙,虽略具老少,而神情意态,十八人不甚分别。前宋刘义庆撰《世说新语》,专罗晋事,而映带汉、魏间十数人。门户自开,科条另定,其中顿置不安,征传末的,吾不能为之讳。然而小摘短拈,冷提忙点,每奏一语,几欲起王、谢、桓、刘诸人之骨,一一呵活眼前,而毫无追憾者。又说本中,本一俗语,经之即文;本一浅语,经之即蓄;本一嫩语,经之即辣。盖其牙室利灵,笔颠老秀,得晋人之意于言前,而因得晋人之言于舌外,此小史中之徐夫人也。……嗟乎!兰苕翡翠,虽不似碧海之鲲鲸,然而明脂大肉,食三日,定当厌去,若见珍错小品,则啖之惟恐其不继也。此书泥沙既尽,清味自悠,日以佐之《史》、《汉》炙可也。②

---

① 丁锡根:《中国历代小说序跋集》,人民文学出版社1996年版,第142—143页。
② 丁锡根:《中国历代小说序跋集》,人民文学出版社1996年版,第415页。

实际上，文言小说序跋对《史记》的这一运用不局限于上述五篇。在明柯茂竹《西京杂记序》、王世贞《剑侠传小序》、清种柳主人《玉蟾记序》、王谟《拾遗记序》、孙星衍《山海经新校正后序》、阮元《山海经笺疏序》中，都得到了同样体现。在此运用中，既看到了小说作品题材、笔法对《史记》的继承，也看到了其与《史记》相较不同的艺术特征与存在价值。

白话小说序跋，也可看到以《史记》为据对小说作品艺术风格说明的文字。这一说明在白话短篇小说序跋中仅有两例，一是王国维写的《唐写本季布歌孝子董永传跋》，一是郋园的《金虏海陵王荒淫又跋》。在《唐写本季布歌孝子董永传跋》中，王国维指出："二残卷皆用七言叙故事。《季布歌》与《史》、《汉》本传合，巴黎书目亦有之"①，说明了《季布哥》与《史记》所记内容基本相合的特征。在《金虏海陵王荒淫又跋》中，郋园说："中国风俗语言，皆随时随地而变更。三代以上有方言，有文言。其后蛮夷通道，侵入蛮语；五胡乱华，杂以胡言。迨用之日久，不独语言袭之，即行文亦袭之。周秦诸子，《史》、《汉》以后至于《南》、《北》各史，亦皆袭之，唐以来，古文义法行，而此等方言俚语遂不见于文人纪载之书；而或时见唐宋人小说中，然不能详也。详者惟传奇杂剧及金元人北曲。按其辞多无意义，且不知其来历也。"②并在此基础上，说明这一小说对方言俚语的保存之功。

相比来说，这一运用在长篇章回小说序跋中表现突出。运用中，既看到了小说叙事与《史记》的"同"，也看到了"异"。看到"同"的序跋有明可观道人的《新列国志叙》，清李渔的《三国志演义序》，清金人瑞的《第五才子书水浒传序一》、《第五才子书水浒传序三》，清高蹇侯的《三国英雄略传序文》，清陈祈永的《台湾外记序》，清彭一楷的《台湾外志叙》，清郑应发的《台湾外志叙》，清张竹坡的《批评第一奇书金瓶梅读法》三十七条、四十八条，清蠡庵的《女开科传跋》等。如《三国志演义序》中，李渔评价作品："传中模写人物情事，神采陆离，瞭若指掌，且行文如九曲黄河，一泻直下，起结虽有不齐，而章法居然井秩，几若《史记》之列本纪、世家、列传、各成段落者不侔。是所谓奇

---

① 丁锡根：《中国历代小说序跋集》，人民文学出版社1996年版，第718页。
② 丁锡根：《中国历代小说序跋集》，人民文学出版社1996年版，第767页。

才奇文也。余于声山所评传首已僭为之序矣,复忆曩者圣叹拟欲评定史迁《史记》为第一才子书,既而不果。余兹阅评是传之文,华而不凿,直而不俚,溢而不匮,章而不繁,诚哉第一才子书也。"①在《批评第一奇书金瓶梅读法》中,张竹坡也两次提到《金瓶梅》叙事对《史记》的继承处,如第三十七条云:

  《史记》中有年表,《金瓶》中亦有时日也。开口云西门二十七岁,吴神仙相面则二十九,至临死则三十三岁。而官哥则生于政和四年丙申,卒于政和五年丁酉。夫西门二十九岁生子,则丙申年;至三十三岁该云庚子,而西门乃卒于戊戌。夫李瓶儿亦该云卒于政和五年,乃云七年,此皆作者故为参差之处。何则?此书独与其他小说不同,看其三四年间,却是一日一时,推着数去,无论春秋冷热,即某人生日,某人某日来请酒,某月某日某某人,某日是某节令,齐齐整整挨去,若再将三五年间甲子次序,排得一丝不乱,是真个与西门计帐簿,有如世之无目者所云者也。故特特错乱其年谱,大约三五年间,其繁华如此,则内云某日某节,皆历历生动,不是死板一串铃,可以排头数去,而偏又能使看者五色眯目,真有日挨着一日日过去也,此为神妙之笔。嘻!技至此亦化矣哉!真千古至文,吾不敢以小说目之也。②

第四十八条云:

  夫他小说,便有一件件叙去,另起头绪于中,惟《金瓶梅》纯是太史公笔法。夫龙门文字中,岂有于一篇特特着意写之人,且十分有八分写此人之人。而于开卷第一回中,不忽出枢纽,如衣之领,如花之蒂,而谓之太史公之文哉!近人作一本传奇,于起头数折,亦必将有名人数点到。况《金瓶梅》为海内奇书哉!然则,作者又不能自已,另出头绪说,势必借结兄弟时,入花子虚也。夫使无伯爵一班人,先与西门打热,则弟兄又何由而结?使写子虚,亦在十数人内,终朝相

---

① 丁锡根:《中国历代小说序跋集》,人民文学出版社1996年版,第903页。
② 丁锡根:《中国历代小说序跋集》,人民文学出版社1996年版,第1095—1096页。

见，则于第一回中，西门见伯爵会时，子虚系你知我见之人，何以开口便提起他家二嫂？既提起二嫂，何以忽说与"咱院子只隔一墙"，而二嫂又何如好也哉？故用写子虚为会外之人，今日拉其入会，而因其邻墙，乃用西门数语，则瓶儿已出，邻墙已明，不言之表。子虚一家皆跃然纸上。因又算到，不用卜志道之死，又何因想起拉子虚入会？作者纯以神工鬼斧之笔行文，故曲曲折折，止令看者眯目，而不令其窥彼金针之一度，吾故曰：纯是龙门文字。每于此等文字，使我悉心其中，曲曲折折，为之出入其起尽，何异人五岳三岛，尽览奇胜，我心乐此，不为疲也。①

在以《史记》为据说明小说作品叙事风格时，看到其较之于《史记》"异"的序跋主要有明甄伟的《西汉通俗演义序》，明袁宏道的《东西汉通俗演义序》，明佚名《新刻续编三国志序》，清毛宗岗的《读三国志法》，清张竹坡的《批评第一奇书金瓶梅读法》三十四条、三十五条，清金人瑞《读第五才子书法》中的两条文字。在这些序跋中，一是看到了小说叙事较之《史记》通俗、生动，更易于吸引普通读者的特征；一是看到了其对《史记》叙事艺术的超越发展。如《读三国志法》中，毛宗岗指出：

《三国》叙事之佳，直与《史记》仿佛，而其叙事之难则有倍难于《史记》者。《史记》各国分书，各人分载，于是有本纪、世家、列传之别。今《三国》则不然，殆合本纪、世家、列传而总成一篇。分则文短而易工，合则文长而难好也。②

《读第五才子书法》中，金人瑞云：

《水浒传》方法，都从《史记》出来，却有许多胜似《史记》处。若《史记》妙处，《水浒》已是件件有。……某尝道《水浒》胜似《史

---

① 丁锡根：《中国历代小说序跋集》，人民文学出版社1996年版，第1098—1099页。
② 丁锡根：《中国历代小说序跋集》，人民文学出版社1996年版，第932页。

记》，人都不肯信，殊不知某却不是乱说。其实《史记》是以文运事，《水浒》是因文生事。以文运事，是先有事生成如此如此，却要算计出一篇文字来，虽是史公高才，也毕竟是吃苦事。因文生事即不然，只是顺着笔性去，削高补低都由我。①

以《史记》为据，对小说作品叙事风格进行阐述。在阐释中，《史记》成为一个标准、一把标尺，它为小说艺术认知提供了必要的语言、材料、结构等立论"视点"。在此"视点"阐述中，人们既看到了小说对《史记》的传承，也看到了对《史记》的超越发挥。在对《史记》的超越发挥中，其较之于"史"的虚构、文才铺张扬厉、愉悦情性特征是得到了明确体现。

（六）以《史记》为据，提出小说阅读审美原则

以《史记》为据，提出小说阅读审美原则，主要是金圣叹在《读第五才子书法》、张竹坡在《批评第一奇书金瓶梅读法》中提出的。

在《读第五才子书法》中，首先金圣叹认为"读书"须先要了解"作书人"的"心胸"。他以《史记》为例指出，《史记》是"太史公一肚皮宿怨发挥出来"，"缓急人所时有"六个字是司马迁"一生著书旨意"。而《水浒传》却不是这样，"施耐庵本无一肚皮宿怨要发挥出来，只是饱暖无事，又值心闲，不免伸纸弄笔，寻个题目，写出自家许多锦心绣口，故其是非皆不谬于圣人"。金圣叹批评："后来人不知，却于《水浒》上加'忠义'字，遂并比于史公发愤著书一例，正是使不得。"②

其次，金圣叹以《史记》为据，提醒读者读书时要关注作品的"文法"。他批评说："吾最恨人家子弟，凡遇读书，都不理会文字，只记得若干事迹，便算读过一部书了。虽《国策》、《史记》，都作事迹搬过去，何况《水浒传》"、"旧时《水浒传》，子弟读了，便晓得许多闲事。此本虽是点阅得粗略，子弟读了，便晓得许多文法。不惟晓得《水浒传》中有许多文法，他便将《国策》、《史

---

① 丁锡根：《中国历代小说序跋集》，人民文学出版社1996年版，第1488页。
② 丁锡根：《中国历代小说序跋集》，人民文学出版社1996年版，第1487页。

记》等书，中间但有若干文法，也都看得出来。旧时子弟读《国策》、《史记》等书，都只看了闲事，煞是好笑。"在金圣叹看来，"人家子弟，只是胸中有了这些文法，他便《国策》、《史记》等书，都肯不释手看，《水浒传》有功于子弟不少。"①

张竹坡在《批评第一奇书金瓶梅读法》中也运用到了《史记》。在第六十九条中，张竹坡指出，阅读《金瓶梅》，要看作品的"结穴发脉、关锁照应处"。他认为只有了解了这些，才有能力去阅读"《左》、《国》、《庄》、《骚》、《史》、《子》"等作品。在第八十一条中，张竹坡又提出《金瓶梅》"必不可使不会做文的人读"。他认为"夫不会做文字人读，则真有如俗云：读了《金瓶梅》也。会做文字的人，读《金瓶》，纯是读《史记》"②。

《洪秀全演义自序》中，清黄小配批评文史编纂的不良现象，说："三代直道，业荡然无存。后儒矫揉，只能为媚上之文章，而不得为史笔之传记也。……彼夫民族的大义，民权的公理，固非其所知，而后儒编修前史，皆承命于当王，遂曲笔取媚，视其版图广狭为国之正僭，视其受位久暂为君之真伪。夫三国、宋代陈寿、司马光者，见晋武、宋太与曹操若也，则上曹下蜀；习凿齿、朱熹者，见夫晋元、宋高与刘备若也，则上蜀下曹。而求如《世家》陈涉、《本纪》项羽，殆罕观焉。"在此基础上，黄小配批评当时对洪秀全故事叙述的谬误说："四十年来，书腐亡国，肆口雌黄，发逆、洪匪之称，犹不绝耳。殆由曾氏《大事纪》一出，取媚当王，遂忘种族。既纪事乖违，而《李秀成供状》一书，复篡改为之黑白，遂使愤愤百年亡国之惨，起而与民请命之英雄，各国所认为独立相到遣使通商者，至本国人士独相没而自污之，怪矣。"③

小说批评中"四大奇书"的命名也与《史记》有一定的关系。对此，清绿园老人于《歧路灯序》、碧圃老人于《歧路灯自序》中均有说明。在《歧路灯序》中，绿园老人讲："古有'四大奇书'之目，曰盲左，曰屈骚，曰漆庄，曰腐迁。迨于后世，则坊佣袭'四大奇书'之名，而以《三国志》、《水浒》、《西游》、《金

---

① 丁锡根：《中国历代小说序跋集》，人民文学出版社1996年版，第1492，1493—1494页。
② 丁锡根：《中国历代小说序跋集》，人民文学出版社1996年版，第1101，1103页。
③ 丁锡根：《中国历代小说序跋集》，人民文学出版社1996年版，第1057页。

瓶梅》冒之。呜呼，果奇也乎哉！"碧圃老人在《歧路灯自序》中说："而三家村冬烘学究，动曰：'此《左》、《国》、史迁之文也。'余谓不通《左》、《史》，何能读此；既通《左》、《史》，何必读此？况老子云：'童子无知而朘举。'此不过驱幼学于夭札，而速之以《蒿里》歌耳。"①

无论是以《史记》为据提出小说阅读审美应注意的"点"，还是对小说批评中"奇书"概念的使用，都可看出，《史记》对小说阅读审美理论的提出是有贡献的。

综上，《史记》在中国历代小说序跋中被广泛运用。其运用从汉至清呈增长态势，主要集中于杂录、讲史、侠义、烟粉、讽喻、传奇等小说文类，而于话本、谐谑、神魔领域相对较少。这既与《史记》认同度不断提高有紧密关联，也说明《史记》在内涵、艺术上与前者联系较多，于后者为少。运用中，在对《史记》仰慕情绪流露下，以《史记》为据，一方面对小说成书时间、内容是否真实、价值意义予以考证，对其作品内涵、艺术特征予以说明；一方面构筑起小说阅读审美理论原则。在这些活动进行中，《史记》于小说题材开掘、内涵拓展、笔法孕育、理论生成的贡献可清楚看出。小说，尤其是章回小说较之《史记》重传奇、重虚构、生动形象、文笔铺张扬厉的特征也得到了较好体现。

（何悦玲，陕西师范大学文学院。）

---

① 丁锡根：《中国历代小说序跋集》，人民文学出版社1996年版，第1057页。

论《史记》在朝鲜半岛的传播与影响

杨绍固

因为其独特的地理位置,朝鲜半岛和历代中原王朝都有一种特殊的政治关系。或成为中国直接统治的一部分,如汉代;或成为半独立性质的政治实体,如元代;或成为中原王朝的藩属国,奉行重大外交,如唐、宋、明、清四朝。因和中国有特殊的关系,中国史书大量传入,对其史学文化、文学写作、伦理观念都产生了较为深远的影响,《史记》的传入更是如此。目前学术界一般认为《史记》在南北朝时期传入朝鲜半岛,《北史·高丽传》有"三史"(《史记》《汉书》《三国志》)传到高丽的记载,因此《史记》传入朝鲜半岛的时间最迟不晚于东晋。

目前学术界对《史记》在域外的传播及影响关注较少,这方面的研究成果不多,在笔者的目及范围内,只有几篇学术论文。张新科《〈史记〉在国外的传播与研究》[1],该文用凝练的文字对《史记》在朝鲜半岛的传播情况进行了大致介绍。魏泓《论〈史记〉在跨文化交流中的双重价值——从主体与客体的视角分析》简要介绍了《史记》在朝鲜半岛的传播、翻译和研究情况。[2]孙卫国《东亚视野下的中国史学史研究》阐述了中国著名史书在朝鲜半岛流传的历史和文化因素,涉及了《史记》在半岛的传播。[3]周海宁的博士论文《中国文化对高丽、朝鲜时代史学之影响研究——以史学体例和史学思想为中心》对以《史记》为代表的中国史学文化对朝鲜半岛的影响进行了系统深入的研究。[4]韩国学者诸海

---

[1]《博览群书》2015 年第 12 期。
[2]《渭南师范学院学报》2016 年第 17 期。
[3]《史学月刊》2013 年第 11 期。
[4] 复旦大学 2013 年博士论文。

星的《〈史记〉在韩国的流传及影响——以翻译介绍与研究现状为中心》①，该文主要介绍了《史记》在李氏朝鲜时期和近现代韩国的传播与研究情况。纵观以上论著，都涉及《史记》在朝鲜半岛的传播与影响，张文和魏文在这方面的研究较为简略；孙文则从史学史的角度进行论述；周文的研究较为全面系统；诸文侧重于介绍近现代韩国学者的研究成果，对李氏朝鲜时期《史记》传播与影响也有涉及，但侧重于资料的汇集。本文利用掌握的韩国文献，对《史记》在古代朝鲜半岛的传播与影响进行研究，在整合上述学者有关研究的基础上，从民族文学和民族历史的角度对这一问题展开论述。

一、《史记》在朝鲜半岛传播基础及传播情况

传说朝鲜半岛的开国者是被周武王分封在此地的商王室子弟箕子，《汉书》记载箕子到半岛后实施"八条之教"，得到当地百姓的拥护。②箕子给朝鲜半岛上的王朝奠定了在中华世界体系中一个特定的位置，也为其以后效仿中国文化提供了先例。③汉武帝时代汉政府在朝鲜半岛设置乐浪、玄菟、真番、临屯四郡，直接派驻官员进行管理，半岛成为中原王朝的直辖地，这一统治持续了400年左右。朝鲜半岛长时间作为中原王朝的直接统治地区，中国史书就有各种便利条件传入，《周书·高丽传》就称其国"书籍有《五经》、《三史》、《三国志》、《晋阳秋》"。④

中国的修史传统和史书记载给朝鲜半岛以巨大冲击，当政者有意学习和仿效。《三国史记》记载："（新罗真兴王）六年（545年）秋七月，伊餐异斯夫奏曰：'国史者，记君臣之善恶，示褒贬于万代，不有修撰，后代何观？'王深然

---

① 《汉学研究通讯》2004年第4期。
② 班固：《汉书》卷二十八下《地理志》，中华书局1982年版，第1658页。
③ 孙卫国《传说、历史与认同：檀君朝鲜与箕子朝鲜历史之塑造与演变》，《复旦学报》2008年第2期。
④ 令狐德棻：《周书》卷四十九《异域上·高丽传》，中华书局1971年点校本，第885页。

之，命大阿餐居柒夫等，广集文士，俾之修撰。"①这是半岛自撰史书的开始，也是他们设立修撰史书机构的开端。高丽王朝建立不久就设有编史机构——史馆，职责为"掌记时政"，监修国史，后来被称为春秋馆、艺文春秋馆等名，但职责没有发生大的变化。李氏朝鲜时期延续了中央政府设置史馆机构的制度。甚至半岛文人也把本国的史官称为太史公，南秉吉曾说："先伯氏圭斋太史公，素尚经学而诗文不屑为也。"②这里的太史公明显不是司马迁，而是指本国的史官。

隋唐时期，朝鲜半岛虽然不再是中原王朝的直辖地，但也深受其文化影响。《旧唐书·高丽传》记载："（高丽）俗爱书籍，至于衡门厮养之家，各于街衢造大屋，谓之扃堂，子弟未婚之前，昼夜于此读书习射。其书有《五经》及《史记》、《汉书》、范晔《后汉书》、《三国志》、孙盛《晋春秋》、《玉篇》、《字统》、《字林》；又有《文选》，尤爱重之。"③可见，高丽王朝早期贵族子弟有研读《史记》等史书的习俗。高丽、朝鲜两朝的最高统治者也挑选研习《史记》的大臣为自己讲解，如李氏朝鲜晚期文人丁若镛有《重熙堂赐对，论〈史记〉〈汉书〉退述玉音，为咏史诗五首》组诗④，从这组诗的题目可知朝鲜王曾和他讨论《史记》。李宜哲《史记》一文记载："是日命玉堂李商凤持《史记》入侍。传曰：'今命读《鲁仲连传》，乍睡之中闻罔测四字，心胆若坠，命止读。闻其四字墨抹云。墨抹又尤何以读也？于是果梦中闻而止读者也。此有其文故。"⑤可见，朝鲜王曾令李商凤给自己讲解《史记》，而且他们二人都很熟悉《史记》关于鲁仲连故事的记载。

作为中原王朝的藩属国，朝鲜半岛统治者既有仰慕中华文化、主动学习的意愿，也有迫于两国间巨大实力对比的差距、被动学习的无奈，都曾通过多种途

---

① ［高丽］金富轼：《三国史记》卷四《新罗真兴王本纪》，吉林文史出版社2003年版，第34页。

② ［李氏朝鲜］南秉哲：《圭斋遗稿》，民族文化推进会《韩国文集丛刊》第316册，景仁文化社1990年版，第664页a面。

③ 刘昫：《旧唐书》卷一百九十九上《东夷·高丽传》，中华书局1975年点校本，第5320页。

④ ［李氏朝鲜］丁若镛：《与犹堂全书》第一册《诗集》第三卷，茶山学术文化财团景仁文化社2013年版，第53—54页。

⑤ ［李氏朝鲜］李宜哲：《政堂故事》第9册，奎章阁藏本刊年不详，第30页a面。

径从中国购置书籍,其中《史记》及其注解、改纂的书籍是一大项。作为宗主国,中原王朝的中央政府也曾多次对朝鲜半岛赐书,如史书记载:"显宗七年(1016年)民部侍郎郭元朝,宋帝赐《九经》、《史记》、《两汉书》、《三国志》、《晋书》、《诸子》、《日历》、《圣惠方》等书。"①两宋时期中国的史官制度和史传文学对朝鲜半岛影响更大。高丽政府开始仿照宋朝制度设置编修官修撰实录,《东国通鉴》记载:"(高丽)平章事韩安仁奏:'睿宗在位十七年,事业宜载史册,贻厥后世,请依宋朝故事,置实录编修官。'制以宝文阁学士朴升中、翰林学士郑克承、宝文阁侍制金富轼充编修官。"②成书于高丽仁宗朝由金富轼等编修的《三国史记》是朝鲜半岛著名史籍,该书由本纪、年表、志、列传四个部分组成,在体例上明显模仿《史记》。朝鲜半岛的其他著名史书如《三国遗事》《高丽史》《朝鲜王朝实录》等,无论在体例、史学观念还是写作手法上,也都深受《史记》影响。

需要注意的是半岛汉文古籍中出现的"史记",并不一定都指司马迁所著《史记》,有时代指"半岛的史书",或是"史官记载的意思"。崔致远《奏论天征军任从海等衣粮状》:

> 右臣得都将任从海及节级状,称自赴征行,已逾五载……伏缘从海等皆是贫寒,更无营业,彼处父母亲属,便须委壑填沟。请具奏论,乞还衣粮者。谨按"史记"释云。天子车驾所至,则人臣为饶幸,赐人爵有级数,或赐田租之半,故因谓之幸也。③

安轴《制策泰定甲子》记载:

> 诸生博古通今,制变之术,于此议中,确论是非,陈之无隐对。

---

① [李氏朝鲜] 金致仁等编撰:《增补文献备考》卷二百四十二《艺文考一》,东国文化社1959年版,第842页。

② [李氏朝鲜] 徐居正:《东国通鉴》卷二十,高丽睿宗十七年九月条,景仁文化社1973年版,第481页。

③ [新罗] 崔致远:《桂苑笔耕集》卷五,民族文化推进会《韩国文集丛刊》第1册,景仁文化社1990年版,第28页b面。

经载道,所以平理天下之大具也。"史记"事,所以劝戒后世之大法也。古之圣贤。作经修史之意。其为用也。不在彼此之殊。而与大下共之者也。①

由上述两段文字内容可知,崔文中的"史记"是指史官记载的意思,安文则是指史书中的记载。这两段文字中的"史记"虽都不是司马迁所写《史记》,但受其影响却是显而易见的。

二、朝鲜半岛文人笔下的《史记》及司马迁形象

既然朝鲜半岛贵族阶层普遍熟读《史记》,那么在这些文人的笔下出现《史记》及司马迁的形象也就不足为奇。笔者根据搜集到的资料对这方面的描写进行了分类:一是直接引用《史记》原文来证实某种观点的;二是对司马迁及《史记》进行评价的。

直接引用《史记》原文的,可以分为三类:一是对《史记》有关半岛历史进行考证的;二是用《史记》记载验证所见中国的历史地理;三是借用《史记》中司马迁对历史现象的评价来品评当前本国社会现象的。

朝鲜半岛文人很重视《史记》中有关自己国家历史的文字,往往对自己认为有疑问的地方进行考证,如下面的这些文字。

"《史记》既曰:'武王乃封箕子于朝鲜而不臣。'又曰:'箕子朝周过殷墟感而作麦秀之歌。'噫!武王既不臣之矣,箕子乃自甘为臣而作朝觐之行哉!其诬圣贤甚矣。"②"《左传》僖公十五年,秦穆公曰:'吾闻唐叔之封也,箕子曰其后必大。'箕子若不朝周,何得以预知朝政。在外藩虽有言,中土人又何以知之。"③"《史记·微子世家》注:

---

① [高丽] 安轴:《谨斋先生集》卷三,民族文化推进会《韩国文集丛刊》第2册,景仁文化社1990年版,第479页b面。
② [李氏朝鲜] 金仲见:《文献考略》第20册,奎章阁藏书1794年版,第12页b面。
③ [李氏朝鲜] 金仲见:《文献考略》第20册,奎章阁藏书1794年版,第13页a面。

'《索隐》曰杜预曰梁国蒙县有箕子冢。'又按《大明一统志》云:'蒙县无箕子墓。'山东布政司古迹条云:'平壤城外有箕子墓。'未知杜说何所考据,岂传闻之讹耶。"①

"涵虚子曰:'箕子之后自周亡至后汉,千余年为公孙康所篡,箕子之统绪失传焉。'今考,公孙康所篡者无据。……箕子之后为公孙康所篡云者,乃因《通典》曰:'朝鲜历千余年至汉高帝时灭,武帝元狩中开其地,置乐浪郡。至后汉末,为公孙康所有。'此与'史汉'所记略同。何尝有公孙康篡箕子后之云哉!"②

由这些话可以看出作者对箕子圣贤形象的维护,从内心里认同古代朝鲜人民是箕子的后代。他们虽然推崇司马迁的著作,但还是对《史记》中关于箕子的描写提出了质疑并进行考证。同时也可以看出半岛文人对中国历史典籍《左传》《史记》《通典》等书的熟悉程度。

用有关司马迁记载来考证中国历史地理的,又可细分为考证历史和地理两类。考证历史的,如李象靖《答权景晦》中的一段话:"'肉辟'条注'宫刑不废',学甫曰:'汉武时,下史迁腐刑,则不废宫刑,亦可知。'"③作者用史书上关于司马迁的经历,来证明西汉武帝时在法律刑罚方面还存在宫刑。用《史记》记载来考证中国地理的,如《蓟山纪程》里的两段记载:

滹沱河,历白硐店,段家岭而至河。一名错河桥,世称汉光武冰渡处。而按《一统志》,河在保定府东鹿县南三十里,距北京三百八十里。又按《史记》,光武北至蓟州,蓟州反应王郎,光武南走,至滹沱河,以冰渡。④

---

① [李氏朝鲜] 金仲见:《文献考略》第20册,奎章阁藏书1794年版,第10页a面。
② [李氏朝鲜] 金仲见:《文献考略》第20册,奎章阁藏书1794年版,第13页a—13b面。
③ [李氏朝鲜] 李象靖:《大山集》卷十九,民族文化推进会《韩国文集丛刊》第226册,景仁文化社1990年版,第689页a面。
④ [李氏朝鲜] 李海应:《蓟山纪程》卷二,"渡湾·癸亥十二月二十三日甲申"条,《韩国汉文燕行文献选编》第26侧,复旦大学出版社2011年版,第100页。

太子河，在木厂铺五里。《史记》称燕太子丹走，死于衍水，即此也。①

这是李海应作为朝鲜使臣出使清朝所写，他用《史记》印证到中国后所经过的地方在历史上发生的事情而兴奋，当然在内心里也有某种自豪感。

借用《史记》中司马迁对历史现象的评价来品评当前本国社会现象的，举两例以证明之。成三问《洪州成先生遗墟碑》：

今累百岁，而人之歆叹慕尚，皆欲百其身者，顾在此而不在彼。岂史迁所谓"其重若彼，其轻若此者哉"！岂不以天理民彝极天罔坠，不可以威武铄。②

再如《高丽史》：

中郎将房士良，上时务十一事，……四曰："司马迁曰：'用贫求富不如工，工不如商，刺绣文不如倚市门。臣亦以谓四民之中，农最苦，工次之，商则游手成群，不蚕而衣帛，至贱而玉食，富倾公室，僭拟王侯，诚理世之罪人也。'窃观本朝，农则履畎而税，工则劳于公室，商则既无力役，又无税钱，愿自今其纱罗绫段䌷子绵布等皆用官印，随其轻重长短逐一收税……③

朝鲜半岛文人对司马迁及其《史记》的评价既有批评的也有赞扬的，总体来看，以赞扬为多，批评较少。批评的发现三例，一个是赵䌹所写诗《宿白石滩》："绝壁松声子晋笙，泊舟傍有绝壁孤松。天许壮游归此老，史迁从古擅虚名。"④另一例是李海应《蓟山纪程》中的一段话："宋朝锡圭冕，可知夫子视

---

① ［李氏朝鲜］李海应：《蓟山纪程》卷五，"附录·山川"条，《韩国汉文燕行文献选编》第26侧，复旦大学出版社2011年版，第511页。

② ［李氏朝鲜］成三问：《成谨甫先生集》卷四《附录》，民族文化推进会，《韩国民族丛刊》第10册，景仁文化社1990年版，第213页a面。

③ 郑麟趾：《高丽史》第6册，西南师范大学出版社2014年版，第761页。

④ ［李氏朝鲜］赵䌹：《龙洲先生遗稿》卷二十三《东槎录》，民族文化推进会《韩国文集丛刊》第90册，景仁文化社1990年版，第427页b面。

涂泥。史迁慨羡青云士，未识浮名本稗稊。"①这两段记载都批评了司马迁的理想追求，认为他写作《史记》的目的是为了追求不能带来实际利益的名声。郑栻《马史删节识语》："马史文有重复处、冗长处，自是力量阔大，不拘精密，固不为大病。然朱弦疏越，合于古而不谐于今，后学之不能及其力量，而反有学步之讥焉。"②这段批评《史记》有重复、冗长的小缺点，而且过于古朴，今人难学。诸海星《〈史记〉在韩国的流传及影响——以翻译介绍与研究现状为中心》一文，在附录中搜集了25则关于司马迁及《史记》评论的文献资料，这些资料从史汉两书优劣对比、李氏朝鲜文人对司马迁的态度、《史记》与《汉书》外其他史书的对比、《史记》中个别篇章的写法三个方面展开，多为赞扬。此外，笔者还找到了六则这方面的记载，实际的文献记载应远不止这些。为了说明问题，笔者列表如下：

表一　朝鲜半岛古典文献称赞司马迁统计表

具体内容	文献出处	赞扬司马迁内容
世南之善读，史迁之普览。	李穆《李评事集》卷一《弘文馆赋并序》，民族文化推进会《韩国民族丛刊》第18册，1631年，第153页a面。	知识广博
然文章近于道者，其惟欧阳文忠公、曾文定公乎！孟子曰："君子之所养可知已矣。"文忠公本于韩愈，行之以史迁之逸，昌之以正雅之和，文定公本于刘向，裁之以班固之密，泽之以秩礼之美。	黄景源《江汉集》卷之十二《宋文苑论》，民族文化推进会，民族文化推进会《韩国民族丛刊》第224册，1790年，第251页b面。	对韩愈影响深远

---

①［李氏朝鲜］李海应:《蓟山纪程》卷四，"复路·甲子二月初八日戊辰"条，《韩国汉文燕行文献选编》第26侧，复旦大学出版社2011年版，第197页。

② 转引自诸海星:《〈史记〉在韩国的流传及影响——以翻译介绍与研究现状为中心》，《汉学研究通讯》2004年第4期。

续表

具体内容	文献出处	赞扬司马迁内容
则何扰扰焉名儒之多耶！不唯今世所不见，虽古亦少。若贾谊、司马迁、韩愈、柳子厚辈是也，以汉、唐之盛，其事业之尤著显，卓然可见者，止此而已。	林椿《西河先生集》卷四《答灵师书》，民族文化推进会《韩国民族丛刊》第1册，第243页a面。1713年	少见的名儒
自汉以来，董仲舒、司马迁、扬雄、刘向所为文，与唐名家李太白、杜子美、韦应物、柳宗元所为诗，入于灰烬，无一人能继其声。	黄景源《梅湖遗稿》序《梅湖集序》，民族文化推进会《韩国民族丛刊》第2册，第265页a面。1784年	散文写作方法后无来者
山塚崒崩，诗可非之欤？况伯阳父所言，非特左氏书之《国语》也。后至司马迁、班固，亦取而载之史矣。夫史者，标准万世之书也，若诬淫不经之说，则二子何取而书之耶。	李奎报《东国李相国全集》卷二十二《非柳子厚非国语论》，民族文化推进会《韩国民族丛刊》第1册，第516页c面。1478年	实录精神可贵
诗章权舆舜南风，史法隐括太史公。以诗为史继三百，再拜杜鹃少陵翁。	李穑《牧隐诗稿》卷二十一《前篇意在兴吾道，大也不可必也。至于诗家，亦有正宗，故以少陵终焉，幸无忽》，民族文化推进会《韩国民族丛刊》第4册，第285页d面。	《史记》像杜甫诗，有章法

  这些称赞性质的文献资料从司马迁的个人材质、《史记》的写作方法、对后世的影响几方面展开。也有部分学者对司马迁既有赞扬也有批评，如尹淮《送忠州曝晒别监吴奉教先敬诗序》："昔太史公，足迹遍天下，绅石室金匮之书，作《史记》百三十篇。雄深雅健，疏荡奇伟，后之秉笔者，莫能出其范围之外，信乎良史之才矣！惜其学驳而不醇，概于道则有未也，君子不无憾焉。"①

  赵凯认为：李氏朝鲜文集中涉及《史记》的史论，多为专篇论文，专著极

---

① ［李氏朝鲜］徐居正：《东文选》第五册卷九十三，朝鲜古书刊行会1914年版，第61页。

少，且以儒家价值观关注其中的历史人物与重要事件，以评论为主，较少进行史实考证。[①]笔者认为这个评价很恰当，整体上说这一时代关于《史记》的史论确实如此。

三、李氏朝鲜时期《史记》选本的刊印

宋元以来，随着印刷技术的发展，文人的不断整理，《史记》的刊本完备起来。这些刊本也大量传到了朝鲜半岛，引起了朝鲜半岛文人的评论。元代蒙古人统治时期，相对来说不太重视文化建设，而且这一时期蒙古人加强了对高丽的控制，高丽上层贵族不得不走上蒙古化的道路。除了元代的特殊原因，宋明两代都有不少文人主张学习秦汉时期的古文，承袭"古文运动"唐宋八大家中的宋代六大家，主张"文必秦汉"的前后七子，都主张学习《史记》的散文写作风格。明清易代，李氏朝鲜统治者用修史的方式强化自身"小中华"的正统地位，普通儒士也积极参与，对《史记》的编选、评论大量增多，古代朝鲜文人对《史记》各种刊本内容的异同和原因也越来越熟悉。

李圭景在《二十三代史及东国正史辨证说》一文写道：

> 《史记》一百三十卷，汉太史令司马迁撰。……及迁当李陵之祸，下蚕室，受腐刑，未竟而没。褚先生少孙补之，迁没后缺《景》《武记》《礼》《乐》《律书》数十篇。褚生足成之，裴骃解之，汉杨终受诏删之。清周亮工曰："汉杨终，字小山，为校书郎，受诏删太史公书为十余万言。"然则《史记》曾经删定，非本书矣。更不知删去何等，或删本与原本并行，而后世独行原本欤？……《史记》外，复有苏氏古史、晋华峤《汉纪》《东观汉记》一百二十七卷、《荀子史记礼志》、《史记评林》三十三卷、《史记纂》十卷、宋赵瞻《史记抵牾论》、金萧贡《注史记》一百卷、皇明张洪《史记要语》……清王士禛《班马异

[①] 参见赵凯、[韩]尹在硕：《域外存珍：简述韩国古代文献中的秦汉史研究资料》，《国学学刊》2012年第4期。

同辨》。①

可见，此时朝鲜半岛文人已熟悉《史记》流行刊本内容的异同及原因。

古代朝鲜半岛《史记》的刊刻有两种模式，官方刊本和民间刊本。官方版本多是李氏朝鲜时期的著名官员利用行政资源对多种版本校对的结果。朝鲜世宗七年（1425），经大提学卞季良的推荐，令郑麟趾、偰循、金镔读诸史，刊刻《史记》，为经筵讲读做准备。②这是半岛刊印《史记》的最早记载。明万历年间朝鲜的李睟光曾校对过《史记纂》并将其进献给朝鲜王。张维记载了这件事："宣庙册继妃，礼多简省，公上箚请行庙见一节。癸卯，拜谏长、兵议、副提学，校正《史记纂》，又赐廐马，拜吏曹参议。"③民间刊刻多有参照版本，反复校对，最后定版。李氏朝鲜时期的李恒福《史纂后跋》记载了他刊印《史记》的过程：

> 韩集之印既已，时有事于太庙，余受戒坐斋房，赵员外纬韩来见余。余与之虞继韩之宜，赵劝印《史记》，因以平日所自抄传来示余。李相国德馨，闻而乐之，出捐家藏一本以畀之。尹海平根寿从而赞成之，又以王弇州《史记纂》十七卷使为模楷，移书往复，论定其去就。弇州所抄，有全选、抄选之别，今于全选得五十三，抄选得二十，通共七十有三。或疑抄选太碎，余曰："折俎虽不及体荐，拣金必待淘沙，是亦文苑一例，何害焉。"其古今注疏删定之责，一委之车斯文天辂。凡十阅月而书克成，虽不能备全大成，亦学海中一钩。④

笔者有幸见到一本藏于韩国学中央研究院（原韩国精神文化研究院）的《史记纂》。这本书封面显示：《增定史记纂》，司马迁（汉）撰；凌稚隆（明）校阅，

---

① ［李氏朝鲜］李圭景：《五洲衍文长笺散稿》[EB/OL]http://db.itkc.or.kr/dir/nodeViewPop?dataId=ITKC_GO_1301A_0170_010_0020

② 翟金明：《文本的力量》，中国社会科学院2017年博士学位论文，第50页。

③ ［李氏朝鲜］李睟光：《芝峯先生集·附录》卷一，民族文化推进会《韩国文集丛刊》第66册，景仁文化社1990年版，第326页d面—327页a面。

④ ［李氏朝鲜］李恒福：《白沙先生集》卷二，民族文化推进会《韩国文集丛刊》第62册，景仁文化社1990年版，第196页c面。

图书编号为 016617。资料显示该书刊刻于朝鲜显宗戊申年（1668），是个缺本（只有第十卷），钤印：家藏；礼侣；锦城后人。该书四周双边，半郭，上下三叶花纹鱼尾。该书只有列传中的六传和附录，六传为《酷吏列传》《大宛列传》《游侠列传》《滑稽列传》《日者列传》《货殖列传》；附录为《太史公自序》《报任少卿书》。对比国内凌稚隆版《史记纂》，该书将中国版二十三卷、二十卷整合成第十卷。既然名为增定，想必以前还有比这内容更少的《史记纂》版本。除《货殖列传》外，该书其他篇章都去掉了眉批，也极少夹注，增加了用谚文标识的句读。与入选的其他几篇列传相比，《货殖列传》不仅眉批多，而且有大量夹注，但原刊中国版本却没有这些内容。

不多的夹注标注了中国历史地理方面的常识，如《游侠列传》在"鸿沟"右侧夹注"地名"，在"巨野"右侧夹注"县名"；"昔尧作，游成阳。"一句有两个夹注，在"作"右侧夹注"起也"，在"成阳"右侧夹注"在定陶"。可见，这些夹注是为了解决古代朝鲜文人对中国文化常识方面不足方面的问题。书中有些地方加了墨点，有强调的作用。《游侠列传》中"（解姊）怒曰：'以翁伯之义'。"右侧加了墨点，笔者认为"义"是郭解侠行的突出表现，也是司马迁要表现的写作主旨，所以编印者认为需要强调。《日者列传》中"天新雨，道少人"右侧加了墨点，这是该文的环境描写，是下文故事展开的前提，有着非常重要的铺垫作用。书中有些句子右侧加了圈号，如《游侠列传》中"至践更时脱之"，《滑稽列传》中"即为孙叔敖衣冠，抵掌谈语"，这两句右侧都加了圈号，这两例都是故事情节发展的关键，加圈号也是强调。

和其他篇章不同，《货殖列传》有大量解释性的夹注，此外还有不少眉批，极少评论和校勘。《货殖列传》题目下注曰："《广雅》云：'殖，立也。又，殖，生也。生资货则利也。'"[1]该文第二页眉批为"铜铁铝未炼者"[2]，应该是交代该页内容对照的时代。第三页眉批为"九府，周有大、王（玉）、内、外、天、职内、职金，皆掌财币之官，故云府"[3]，解释了文中的"九府"。第五页眉批

---

[1] 凌稚隆：《增定史记纂》，韩国精神文化研究院藏本，图书编号 016617，1668 年，第 101 页。
[2] 凌稚隆：《增定史记纂》，韩国精神文化研究院藏本，图书编号 016617，1668 年，第 102 页。
[3] 凌稚隆：《增定史记纂》，韩国精神文化研究院藏本，图书编号 016617，1668 年，第 103 页。

为"五行不说土者,土壤也,国语大夫种曰:'贾人旱资舟,水资车以待也。'言米贱则农人病也,故云病农苦斗米,九十则商贾病,故云病末,其有余不"[①],解释了对应内容五行缺土的原因。上述眉批都用汉字,只有该文第一页眉批用谚文,原文是:"반드시이를써　務흘작시면　느즌세예民의　耳目乙塗훈작　시니거의　行치못한리라",[②]文中空格处是换行的地方,大致意思是:司马迁写作方法高超,如用诗歌表达,几乎不可能有这样的效果。这段谚文眉批是该文唯一的评论性文字。大量的眉批和夹注说明朝鲜半岛文人很重视这篇文章,为什么呢?估计是文人们认为看懂该文有助于改善自己的经济状况,该文有引导读者致富的作用。

上附《报任少卿书》与他篇不同,该文保留了不少校勘内容。该文题目下注有"依《文选》六臣注本校定",和常见现有中国版本相同。[③]五臣(唐代吕延济、刘良、张铣、吕向、李周翰)注本与唐代李善注本合称六臣,是《文选》最著名的两个注本,相互校勘有助于理解文意。"意气勤勤恳恳"一句下注有"五臣本勤恳勤恳"[④]。"若望仆不相师而用",下注有"善本作用而"[⑤]。"是以独抑郁而谁与语",下注"善本作与谁语"[⑥]。"涉旬月",下注"五臣本无月字"[⑦]。这样的例子还有不少。

总体而言,在朝鲜半岛流传、编纂刊印的《史记》版本都打上了当地的民族烙印,迎合了半岛官方意识形态和大众心理需求。

结　论

《史记》通过朝鲜半岛文人购买和中原王朝官方赐予的方式传入,早期以抄

[①] 凌稚隆:《增定史记纂》,韩国精神文化研究院藏本,图书编号016617,1668年,第105页。
[②] 凌稚隆:《增定史记纂》,韩国精神文化研究院藏本,图书编号016617,1668年,第101页。
[③] 笔者对照版本为明代凌稚隆编纂,马雅琴整理,商务印书馆2013年版。
[④] 凌稚隆:《增定史记纂》,韩国精神文化研究院藏本,图书编号016617,1668年,第145页。
[⑤] 凌稚隆:《增定史记纂》,韩国精神文化研究院藏本,图书编号016617,1668年,第145页。
[⑥] 凌稚隆:《增定史记纂》,韩国精神文化研究院藏本,图书编号016617,1668年,第145页。
[⑦] 凌稚隆:《增定史记纂》,韩国精神文化研究院藏本,图书编号016617,1668年,第146页。

本形式流传，在李氏朝鲜时期才出现了刻本，为半岛民众认识民族来历、文人学习写作经验、统治阶层汲取统治经验大有裨益。在一定程度上，《史记》对半岛史官制度、散文写作、文道观念、历史评价等方面都产生了影响。

《史记》的记载加强了半岛民众对箕子的认同感，在一定程度上为接受以儒家文化为主的汉文化奠定了基础。半岛的史书关于箕子的有关记载和评论几乎都是站在维护箕子的立场上，为此，有的文献甚至对中国史料提出了质疑。南龙翼直编选的《箕雅》是朝鲜著名的三部汉诗总集之一，有着深远的影响，书名的字面意思是箕子后人的风雅，可见对箕子的认同感。

《史记》等中国史书传入朝鲜半岛，不仅带动了统治者设立史馆编修自己史书的传统，也为朝鲜半岛文人的历史写作树立了一个光辉的典范，《三国史记》《高丽史》等半岛著名史书在体例和写作方法上都模仿了《史记》。朝鲜半岛文人也把本国的史官称为太史公，对《史记》开展批评时多为赞扬，较少批评，可见他们在内心深处认可司马迁。李氏朝鲜《史记》的刊本得到传播，在古文风气与"理学化"史学观念影响下，《史记》《汉书》的"事、文、义"成为被关注和利用的文本，并在文章写作与史实资料方面，产生了影响力。[1]

（杨绍固，延安大学文学与新闻传播院副教授，文学博士。）

---

[1] 翟金明《文本的力量——以朝鲜汉籍所涉〈史记〉〈汉书〉资料为基础的研究》，中国社会科学院 2017 年博士学位论文。

大学生对《史记》接受度及意愿的调查研究
——以榆林学院大四学生为对象

李晓虎

大四学生基本上完成了大学期间的学习任务。大四上学期课程较少，学生以完成毕业论文、准备考研及实习、就业为主。向大四学生发放调查问卷，能较完整地了解大学生在大学期间的学习情况。

笔者向大一、大二、大三、大四四个年级的中文系大学生各发放了100余份问卷，收集到的信息有较大的一致性。所以本文单就从大四学生收集到的调查问卷来探讨有关问题。

2018年10月下旬，笔者在课堂上向榆林学院中文系大四学生共计发放调查问卷100份，收回74份，回收率74%。在74名学生中，男生5人，女生69人。

一、大学生对《史记》的阅读情况

读过一部分《史记》的大学生有48人，占比65%；没读过的大学生有22人，占比30%；读过全本《史记》的有4人，占比5%。

表1 大学生阅读《史记》情况

总人数：74人（男：5 女：69人）

阅读情况	读过全本	读过部分	未读过
人次	4人	48人	22人
占比	5%	65%	30%

从数据显示，有30%的大学生未读过《史记》，占比较大。读过全本史记的仅4人，占比5%，数量非常少。70%的学生对史记有一定的了解，应该说情况

不太好,也可以说情况不太坏。

表 2 大学生阅读《史记》的学龄阶段

总人数:74 人(男:5 女:69 人)

学龄阶段	初中	高中	大学
人次	3 人	21	26 人
占比	4%	28%	35%

考察大学生阅读《史记》的时间段,主要是为了帮助我们了解学生阅读《史记》的薄弱阶段,进而加强介入,达到宣传和引导学生阅读《史记》的目的。经调查,在初中阶段阅读《史记》的有 3 人。在初中、高中和大学阶段持续阅读《史记》的有 2 人。可见,大学生主要是在高中和大学阶段阅读《史记》的。高中阶段,教材及试卷中会涉及《史记》内容,为高中生了解和学习《史记》提供了便利条件,这也是学生被迫阅读《史记》的体现。但这种强制性的学习介入,是很奏效的一种方式。

大学生在大学期间阅读《史记》,已经没有了应试的压力,大学生阅读《史记》就与大学生的阅读兴趣及其对《史记》的重视程度有关。但此观点,尚有待证实。

表 3 《史记》是否符合大学生的阅读兴趣

总人数:74 人(男:5 女:69 人)

符合程度	符合	不符合	符合度一般
人次	28 人	6 人	40 人
占比	38%	8%	54%

对于《史记》是否符合大学生的阅读兴趣,有 28 人认为符合,占比 38%;有 6 人认为不符合,占比 8%;有 40 人认为符合程度一般,占比 54%。这项数据与笔者的预判基本符合,有近三分之二的大学生认为《史记》不太符合他们的阅读兴趣。

那么,关于如何培养学生对《史记》的阅读兴趣呢?这项工作,不应该从大学抓起,而应该从小抓起、从幼儿园抓起。

二、大学生对司马迁及《史记》内容的了解情况

大学生对《史记》的掌握程度如何，也是十分有必要考察的。因而设计了两道大学生对司马迁及对《史记》了解情况的主观题。

从回答情况来看，大学生对司马迁的了解，主要停留在他是陕西韩城人，因李陵之祸受宫刑；有人谈到司马迁父子都是史官，以及知道其官职；有1人知道其从师董仲舒，有1人知道其曾拜师孔安国、董仲舒。关于司马迁从师何人？这是较为难得的知识点。孔安国作为孔子十世孙，著有《古文尚书》《古文孝经传》《论语训解》。董仲舒构建了中国"独尊儒术"的思想体系。司马迁之学与《史记》之精义，必有其两位老师的影响。

从以上可看出，大学生对司马迁的了解是较为基础性的，深度和广度并不够。大学生完全不了解司马迁的占7人。

关于大学生对《史记》内容的了解，多数人知道《史记》的纪传体系：本纪、世家、列传。知道《史记》叙述了中国三千多年历史。但谈到《史记》的具体内容时，多是谈到教材中记载的李广、廉颇、蔺相如、刘邦、项羽、陈涉、秦始皇等；有1人谈到《报任安书》；有少数人谈到《孔子世家》《货殖列传》《魏公子列传》《淮阴侯列传》《李斯列传》《魏豹彭越列传》；成语"项庄舞剑，意在沛公""破釜沉舟""负荆请罪""烽火戏诸侯""卧薪尝胆""大禹治水""姜太公钓鱼""商纣暴虐"；有2人谈到《史记》是"二十四史"之首。

以上内容，也多载于教材。通过课外书或《史记》著作本身来了解《史记》内容的，占比并不大。

有14人不了解《史记》的内容。

三、大学生对司马迁撰述《史记》原因的知悉情况及对《史记》的评价

司马迁撰写《史记》的原因之所以重要，在于其是对孔子的继承，在于史学

价值之令"乱臣贼子俱"而阐发的"微言大义",在于其遵从父命的"孝子之义",在于其求人生"立言、立功、立德"的三不朽之义,在于司马迁是对中华文化的继承和弘扬,以及《史记》中可见中国之精神。

关于司马迁撰写《史记》的原因,也是一道主观问答题。部分学生能谈到司马迁是遵从父亲遗嘱、继承春秋精神;有的说到人生不能碌碌无为,司马迁要施展个人抱负,实现人生理想;有16人谈到《史记》是宣传儒家思想,这也是难能可贵的;有14人谈到司马迁是在歌颂汉王朝,这点就有失偏颇,也不知道这个观点是从何而来;有的谈到司马迁在歌颂忠臣、贤君,这是司马迁本人也谈到过的;有的谈到司马迁是为了天下人民,还有个别人谈到写《史记》是时代的需要。但对于谈到写《史记》是汉武帝或朝廷要求的,就不准确了。有10名学生不知道原因。由此可见,大学生对司马迁撰写《史记》的原因,已谈得较为具体和全面。

表4 《史记》的价值

总人数:74人(男:5 女:69人)

学习价值	历史知识	文学价值	鉴往知来
人次	54人	50人	37人
占比	73%	67%	50%

关于《史记》的价值,多数大学生认识到了《史记》历史知识的价值,占比50%;谈到《史记》文学价值的有50人,占比67%;谈到《史记》鉴往知来价值的有37人。

对于司马迁撰写《史记》之目的来说,《史记》"鉴往知来"的作用才是最主要的,一半的大学生对《史记》价值的理解存在偏差。

大学生怎么评价《史记》?也是一道主观问答题,多数学生谈到了《史记》的文学价值;《史记》是正史,有历史价值;有个别学生谈到了《史记》的美学价值;有数名学生将《史记》放在了文化瑰宝的地位,谈到了《史记》中政治、经济、军事等思想;有的谈到由于《史记》的出现,史学才有了独立的地位,形成了中国的历史传统;个别学生谈到了《史记》是传统文化,可以传播文化,这个观点非常重要,也非常难得;另有学生谈到了《史记》叙事方式的重要价值。

关于读《史记》的重要性而言，有 66 人认为重要，有 1 人认为不重要，有 8 人认为重要性一般。大部分学生能够认识到《史记》的重要性。但因何重要，则偏差较大。多数人认识不到《史记》在传承中华文化和《史记》对孔子思想传承方面的价值。

四、大学生阅读《史记》的困难

关于阅读《史记》的困难，读不懂或不喜欢文言文困难占比最大，比例达 65%；搞不清《史记》中时间、人物关系的，占比次之，达 64%；有 29 人谈到对《史记》的重视程度不够；也有几名学生表达了没有足够的时间与精力静下来读。

表5 大学生阅读《史记》的困难分析

总人数：74人（男：5 女：69人）

	搞不清时间、人物关系	程视程度不够	读不懂/不喜欢文言文
人次	47人	29人	48人
占比	64%	39%	65%

《史记》以纪传体记载历史故事与人物，每篇都能独立成篇，涉及年代跨越三千多年，历史人物数百个。同一时代有若干人物，同一人物在不同篇目中又有记载。里面关系复杂多样，确实给大学生的阅读造成了很大困难。但另一困难才是最根本的困难。在新文化运动以来，文言文改白话文，又继之以繁体字改简化字。文字的百年变迁，使得越往后的人越不喜欢和接受文言文。这一现象虽已经受到了关注，但让现代人再兴起读文言文的潮流，就比较困难。

从中小学至大学，应该重新探讨文言文怎么学、怎么教，史籍要重视到何种程度、如何利用，以及从史书中读什么的问题。

五、大学生的阅读兴趣及获取历史知识的途径

《史记》是史书之一，大学生对《史记》的了解及熟悉程度，尚不能反映大学生对历史的了解及热爱程度。本次问卷中，除了涉及春秋战国、秦汉历史外，还述及了唐、宋、元、明、清及近代中国等6个时期，共计8个阶段的历史。该题是多选题，大学生可选择其中的数个历史阶段。所以，统计数据有交叉之处。

在74份调查问卷中，了解春秋战国历史的有24人，占比32%。24人中了解秦汉历史的有17人。除此之外，还有11人了解秦汉历史。统计数据见下表：

表6 大学生对中国历史的了解情况

总人数：74人（男：5 女：69人）

历史阶段	春秋战国	秦汉	唐宋	元	明	清	近代中国	中国通史
人次	24人	28人	15人	12人	19人	37人	48人	4人
占比	32%	38%	20%	16%	26%	50%	65%	5%

可见，大学生对秦汉以前历史的了解远高于唐宋。春秋战国与秦汉时期的史料丰富、影响也大，这似乎也可以看出大学生对历史仍然有较强的兴趣。但完全不了解春秋战国、秦汉历史的有39人，占比52%。这说明了有一半的大学生对历史了解甚少，也是堪忧的状况。大学生对元、明的历史了解较少，对清及近代中国的了解较多。

总体来说，大学生对历史的了解是不完整的，也是不够的，有待加强。对于中文（汉语言文学、新闻学、秘书学）系的建设而言，尚未将"史"纳入"文"的课程中来，是一种不值得认可的不科学的学科建设体系。

表7 大学生对中国历史的了解渠道

总人数：74人（男：5 女：69人）

渠道	历史小说	电视剧/电影	教材	网络小说
人次	49人	59人	12人	12人
占比	66%	80%	16%	16%

在网络与自媒体高速发展的时代，我们不难理解通过影视了解和学习历史的比例呈上升趋势。

从数据显示来看，通过影视作品和历史小说了解历史的占比较高，分别达到80%和66%。通过教材及网络了解历史的占比很少。从《史记》的传播考虑，摄制影视作品及撰写历史小说，确实是形势所趋。各地的作家协会应该认识到这种形势。

榆林学院的学生宿舍，一般为每间有6—8人，但拥有电脑的学生占比不大。以大四学生来说，男生的拥有量要多一些，整体上来说，持有电脑量在60%左右。低年级的学生要少一些。这也是大学生通过网络小说了解历史知识的有12人，占比仅16%的原因之一。在大学教材中，也会涉及《史记》中的内容，但占比并不大。

表8　大学生的阅读喜好

总人数：74人（男：5　女：69人）

书籍类别	历史、哲学	文学名著	网络小说	言情小说
人次	26人	59人	34人	41人
占比	35%	80%	46%	55%

通过了解大学生对书籍类型的不同喜好程度，可以引起家长和学校对大学生阅读行为的介入。经调查，历史、哲学类书籍受欢迎程度最低，占比35%；喜欢文学名著最高，占比80%；喜欢言情小说、网络小说的次之。

这74人中，只有5名男生。5名男生中，有4人喜欢阅读历史、哲学类书籍和文学名著，有1人不喜欢阅读历史、哲学类书籍和文学名著，但喜欢读言情小说、科幻悬疑、网络小说。从有限的调查数据来看，男生比女生更喜欢阅读哲学历史类书籍。

大学生阅读文学名著的比例最高，文学名著的一个特点就是感情色彩浓郁，而哲理性、思辨性及深刻性较历史哲学类要弱。

大学生喜好言情小说的比例高于50%，这不利于大学生理性思维的培养。

在笔者看来，大学生的阅读体系是有问题的。

其间，还有一个较为有趣可供探讨的话题。30人喜欢阅读言情小说的同时，不喜欢阅读历史、哲学类书籍。既喜欢阅读言情小说，又喜欢历史、哲学书籍的有11人。虽然此数据尚不能说明历史哲学与言情小说是非此即彼的关系，但在阅读言情小说的同时还能再读些历史哲学类书籍，是可以鼓励的。

结　语

大学生对《史记》是重视的，对《史记》也有一定的了解，但知悉程度还不够。如果对大学生加以引导，他们是有望花工夫来阅读《史记》的。培养当代中小学生阅读文言文的能力，已成为非常紧迫的事情。只有先解决掉这个问题，《史记》的阅读量才能有较大提高。对高校来说，"文史哲"本为一家，不能割裂，应该加强对大学生的历史、哲学教育。

（李晓虎，榆林学院文学院讲师，文学博士。）

《史记》相关研究

从汉代司马迁"发愤著书",到唐代韩愈"不平则鸣",再到宋代欧阳修"穷而后工"的诗学命题,形成中国古典诗学领域的一组悲剧命题,构成诗学领域的一条理论线索。

中国传统诗学的审美之维
——发愤著书 不平则鸣 穷而后工[①]

陈西洁

从汉代司马迁"发愤著书",到唐代韩愈"不平则鸣",再到宋代欧阳修"穷而后工"的诗学命题,形成中国古典诗学领域的一组悲剧命题,构成诗学领域的一条理论线索。这条理论线索,贯穿着中国古典文学的发展长河,揭示出每一朵绚丽浪花背后的悲剧人生意蕴。

司马迁在《史记·太史公自序》和《报任安书》中提出"发愤著书"之说,成为中国古典美学史上一个重要的命题。在司马迁之前,关于"发愤"之说已屡有论述。《论语·述而》最早使用了"发愤"一词,"发愤忘食,乐以忘忧,不知老之将至云尔。"屈原在《楚辞·惜颂》中提出"发愤抒情"说:"惜颂以致愍兮,发愤以杼情"。他说自己身虽疲病,犹发愤憊,作此辞赋,陈列利害,渫己情思,以讽谏君主也。[②]《淮南子》亦有类似记载:"且喜怒哀乐,有感而自然者也。故哭之发于口,涕之出于目,此皆愤于中而行于外者也。""且夫身正性善,发愤而成仁。"这里"愤于中"即充盈于心。"发愤"即圣人勃然而起。虽然"发愤"的说法在春秋战国时代已经出现,但司马迁独特的思想和人生磨难促使他在先秦诸子和屈原的思想基础上进行了提升,系统地形成"发愤著书"说的要旨,成为这一悲剧命题的起点。至唐,在散文文体文风改革中提倡明道说的韩愈,在其《送孟东野序》中提出了"不平则鸣"说,这个观点不再是明道,而实际上是缘情,强调主体的内在情感输出,是司马迁学说的延展。北宋中期,诗文革新运动的领袖欧阳修在《梅圣俞诗集序》中提出"诗穷而后工"的观点,

---

[①] 本文发表于《渭南师范学院学报》,2018年12月23期。
[②] 洪兴祖:《楚辞补注》,中华书局1983年版,第121页。

以梅圣俞人生的困境为依托,强调作家坎坷的人生经历形成文学创作较高的艺术成就。穷到极而工到顶,的确反映在许多著名作家的人生中。从司马迁,到韩愈,再到欧阳修,这条悲剧线索贯穿在诗学领域,以悲苦之音吟唱人生,反映时代生活,展示了作家的创作激情,呈现了创作动机,揭示了文学创作的艺术本源,展示了中国传统诗学一种特殊的审美价值。

一、"发愤著书"——创作激情

(一)"发愤著书"观点的提出

在《太史公自序》中,司马迁写到了自己与壶遂之间的讨论,有关"述"和"作"的资格问题。继而他写了这样一段话:"七年,而太史公遭李陵之祸,幽于缧绁,乃喟然而叹曰:'是余之罪也夫!身毁不用矣!'退而深惟曰:夫《诗》《书》隐约者,欲遂其志之思也。昔西伯拘羑里,演《周易》;孔子厄陈、蔡。作《春秋》;屈原放逐,著《离骚》;左丘失明,厥有《国语》;孙子膑脚,而论兵法;不韦迁蜀,世传《吕览》;韩非囚秦,《说难》《孤愤》;《诗》三百篇,大氐贤圣发愤之所为作也。此人皆意有所郁结,不得通其道也,故述往事,思来者。"①

在《报任安书》当中,司马迁非常详细地叙述了自己遭遇李陵之祸的经过之后,再次不厌其烦地感叹:"古者富贵而名磨灭,不可胜记,唯倜傥非常之人称焉。盖西伯拘,而演《周易》;仲尼厄,而作《春秋》;屈原放逐,乃赋《离骚》;左丘失明,厥有《国语》;孙子膑脚,《兵法》修列;不韦迁蜀,世传《吕览》;韩非囚秦,《说难》《孤愤》。《诗》三百篇,大底贤圣发愤之所为作也。此人皆意有所郁结,不得通其道,故述往事,思来者。"②这段感叹,和上引《太史公自序》字面略有不同,语意基本相似,其中同时出现的"发愤而作"之语。司马迁认为,《周易》《春秋》《离骚》《国语》《孙子兵法》《吕览》《诗经》等著作,"大底贤圣发愤而所为作也"。这些著作的产生,都是因为西伯、孔子、屈原、左丘明、吕不韦、韩非等人感情有压抑郁结不解的地方,不能实现自己的理想,所

---

① 司马迁:《史记》,中华书局1998年版,第1181页。
② 班固:《汉书》,岳麓书社1993年版,第1181—1182页。

以记述过去的事情，让将来的人能够了解其志向。

《报任安书》中又言："及如左丘无目，孙子断足，终不可用，退论书策，以舒其愤，思垂空文以自见。"这句就前文所举往事，进一步陈说其中尤为突出的历史人物左丘明与孙膑，遭遇人生困厄之后，退而论列己见写为书策，著书立说以抒发内心的怨愤，想到顽强地活下来，以著作来表现自己的思想，实现人生的价值和意义。下面司马迁由古人谈到自己："仆窃不逊，近自托于无能之辞，网罗天下方失旧闻，考之行事，稽其成败兴坏之理。著十二本纪……上计轩辕，下至于兹，……十表……八书……三十世家……七十列传……凡百三十篇。亦欲以究天人之际，通古今之变，成一家之言。草创未就，适会此祸，惜其不成，是以就极刑而无愠色。仆诚已著此书，藏之名山，传之其人，通邑大都，则仆偿前辱之责，虽万被戮，岂有悔哉？然此可为智者道，难为俗人言也。"①司马迁终于在古人的经历中看到了自己的生路，决计忍辱含垢，坚持他的著作理想。

（二）形成原因

司马迁"发愤著书"观念产生的最初的最直接的动因是李陵事件。这件人生大祸彻底打碎了司马迁的世界，逼迫他在痛苦中重构人生。"发愤著书"的完成，坚实的支撑力量是情感的力量，父亲的嘱托及其司马迁自负的性格都是重要的因素。同时，司马迁个人价值观的追求，执着的立名意识是他的精神需要，也成为"发愤著书"的心理动因。

1. 李陵之祸

公元前 99 年，李陵抗击匈奴，艰苦力战之后，兵败投降。消息传到朝廷，汉武帝震怒，朝臣们也纷纷责骂李陵背弃朝廷投降。司马迁看到汉武帝寝食难安，想为汉武帝解忧，同时他愤怒于安享富贵的朝臣对冒死涉险的将领毫无同情之心。于是，他挺身而出，陈述李陵投降是出于无奈，以后他必将伺机倒戈一击，报答汉王朝。然而，司马迁为君王分忧的一片忠心，并未感动汉武帝，反使他大为震怒，使自己获刑下狱，遭受残酷的"腐刑"。司马迁本人，具有浪漫的诗人气质，我们从《报任安书》和《史记》中，都能处处看到他富于同情心，

---

① 班固：《汉书》，岳麓书社 1993 年版，第 1182 页。

感情强烈而容易冲动的性格。李陵之祸对于司马迁而言，是感情的悲剧，也是性格的悲剧。司马迁与李陵没有什么特殊交情，所以，无论从私交抑或从官职责任来讲，他都没有替李陵辩护的义务。替李陵辩护的理由，完全是他根据自己对这个人的行为品质的判断，显示了他浪漫的诗人气质。

2. 感情需要

司马迁遭受宫刑之后，他的内心是十分屈辱痛苦的。他感叹奴隶婢妾尚且能够下决心自杀，何况像他这样如此受辱的情况？然而司马迁说自己之所以忍受着屈辱，苟且活下来，陷在污浊的监狱中，遭受刑罚，忍受侮辱却不肯去死，是因为遗憾自己内心未完成的心愿——著述历史。首先，这是父亲临终的嘱托。汉武帝举行封禅典礼，身为太史令，司马谈却因病滞留洛阳，已经走了一半的路，不能继续，他痛苦遗憾，一病不起，临终之前执手嘱托，将已经开始的《史记》的写作事业交给了司马迁。对于父亲的敬重，深厚的感情，使他无法放弃自己的诺言，为了一时的自尊放弃生命。其次，司马迁精神性格中的自负，也是一个重要因素。司马迁曾说："仆少负不羁之才，常无乡曲之誉。"（《报任安书》）从这句话中，我们能够看到司马迁对自己才能的自负。司马家族是中国历史上一个源远流长的家族，其家族在陕西韩城的繁衍也是显赫繁盛的，特定的家庭环境使司马迁从小受到良好的教育，这些都是司马迁自负的因素。从为李陵辩护这件事本身，我们也能看到司马迁性格当中的自负。李陵兵败投降，汉武帝焦虑不安，大臣们不敢言，唯独司马迁站出来为李陵说话，这种率性缘自他骨子里的自信自负，他相信自己能够说服汉武帝，解帝王之忧，救李陵于危难，等待他立功归来。然而突如其来的横祸击碎了他的政治前途，他对父亲的承诺，特定的精神心理、感情的平衡，使他投入到《史记》的创作之中，在著述历史中求得生命的最高实现。这也是一位学者对君主淫威和残酷的命运所能采取的反抗形式。

3. 个体价值观的需要

以孔子为中心的儒家学派在价值观上强调社会整体利益与个人利益的统一，在两者产生矛盾的时候，提倡去抑制、牺牲自我价值来服从社会、群体的利益。司马迁的价值观不同，他非常注重个人的价值。所以，《史记》中歌颂历史上实现了自我人生价值的众多英雄，他说："君子疾没世而名不称焉。"从对传名天下的追求来看，我们能看到司马迁强调个人人生目标，个体人生价值的实现，反对个体对群体的依附。司马迁"通古今之变"的实质，是从历史变迁中探索人的能动性，揭示人的价值和意义，在此基础上归纳出历史发展、社会治乱的规律。[①]《报任安书》中说："人固有一死，死有重于泰山，或轻于鸿毛，用之所趋异也。"司马迁以泰山与鸿毛的比喻很明确地提出不同的价值观需求。对于如何实现"重于泰山"的人生价值，司马迁强调"立名"。他在《孔子世家》《伯夷列传》中多次引用孔子"君子疾没世而名不称焉"，可见他对"立名"的重视，并将其作为自己人生价值观的追求。特别是遭受了巨大的人生灾难之后，在司马迁那里，"发愤著书"就成为一项借助叙事形态重新恢复人作为信仰者的身位的奠基性事业。[②]人生困厄，使他愤激，使他产生更加强烈的"立名"追求。这时，承诺父亲的著述工作上升到更为重要的位置，使他超越自我极端痛苦的情感，从悲苦低迷中解脱出来，产生继续生存下去的强烈愿望。他的"究天人之际，通古今之变"就是启示人们从整体的原则出发去理解一切事物，把任何事物都当作大自然的一部分，也就是将任何灾难看作大自然因果链条的一环，这样去理解思考，从而使人从困难中超脱振作起来。读《报任安书》，我们能感受到司马迁正视苦难，毫不掩饰自己的痛苦情感，他的"立名"的价值追求又使他能通过"发愤著书"阐释人生，演绎历史，认识自己的存在，体现生命的价值。

二、"不平则鸣"——创作动机

（一）"不平则鸣"观点的提出

在散文创作方面提出明道说的韩愈，又提出了"不平则鸣"说。"不平则鸣"说实际上是缘情，并不属于明道。韩孟诗派尚怪奇、重主观的诗歌思想，与当时的讽喻说是极不相同的。"不平则鸣"显然与司马迁的"发愤著书"说一脉相承。只是司马迁更趋向于对作家创作缘由的探索。韩愈"不平则鸣"的诗歌主

---

① 徐兴海：《司马迁的创造思维》，陕西人民教育出版社1995年版，第157—158页。

② 党艺峰：《关于"发愤著书"说的神圣诗学内涵之考释——〈史记〉阅读札记之四》，《渭南师范学院学报》2013年第1期，第25—36页。

张，对于绝大多数元和诗人来说，使他们进一步意识到诗歌创作的源泉和动机。①贞元十九年，韩愈所作《送孟东野序》中说："大凡物不得其平则鸣：草木之无声，风挠之鸣；水之无声，风荡之鸣。其跃也或激之，其趋也或梗之，其沸也或炙之；金石之无声，或击之鸣。人之于言也亦然：有不得已者而后言，其歌也有思，其哭也有怀，凡出乎口而为声者，其皆有弗平者乎？乐也者，郁于中而泄于外者也，择其善鸣者而假之鸣。"②韩愈认为文学生于不平之中，人生越是不平，产生的文学作品越是美好。针对孟郊仕途的坎坷失意，生活的穷愁困苦，韩愈作此序宽慰。"不得其平则鸣"就是鸣其不幸。

关于这个观点，韩愈后来在《荆潭唱和诗序》中也有表述："夫和平之音淡薄，而愁思之声要妙；欢愉之辞难工，而穷苦之言易好也。是故文章之作，恒发于羁旅草野；至若王公贵人气满志得，非性能而好之，则不暇以为。"③从中可见，韩愈认为文学家善鸣者常常是怀才不遇者，穷愁困窘是造成作家内心"不平"的重要因素。由于时代原因，韩孟诗派诗人大多充满不平，遂发抒于作品之中。"不平则鸣"的观念，实质上是屈原"发愤以抒情"，以及司马迁"发愤著书"说的文学传统的进一步发展。"穷"的境况造成艺术家心理失衡，而艺术家通过"鸣"使自己内在的愤懑情感得到宣泄，从而恢复心理平衡。"不平则鸣"展现出创作的主要动因。从心理学角度来看：人的需要、动机主要是由内心的不平衡所唤起。人的一切行为动机的最终目标都是使人回到心理平衡状态。④由此分析，艺术家创作文艺的动力主要源于艺术家的心理失衡。心理失去平衡，使艺术家内心产生通过创作、通过情绪宣泄来恢复心理平衡的内驱力。⑤

---

① 曾广开：《元和诗论》，辽海出版社2017年版，第124页。
② 韩愈：《韩愈全集》（文集卷四），钱仲联、马茂元校点，上海古籍出版社1997年版，第201页。
③ 韩愈：《韩愈全集》（文集卷四），钱仲联、马茂元校点，上海古籍出版社1997年版，第212—213。
④ [美]查普林·克拉威克：《心理学的体系与理论》，商务印书馆1984年版，第86页。
⑤ 米学军：《"诗穷而后工"与美学阐释》，古代文学理论研究（第二十四辑——中国文论的常与变），华东师范大学出版社2006年版，第268—275页。

（二）形成原因

韩愈倡导的文体文风改革是以"文以明道"的口号相呼应的，这是中唐古文运动的主要宗旨。但是与此同时，韩愈在理论与创作实践上又提出了"不平则鸣"的观点。"文以明道"无疑是纯然功利的文学观，"不平则鸣"却是倾向于抒情与写实的，它反映了被人们逐渐认识并重视的文学抒情的特点。韩愈的思想中出现这样一个与他的严格道统观念颇不协调的观点，是有着多方面的原因的。

1. 清寒的出身与悲苦的生存状况

韩愈及其文学集团的作家，在文坛上负有盛名，但大多出身于较为清寒的家庭，个人生存状况坎坷悲苦，穷愁潦倒，自身的经历与人生感悟所形成的独特心灵体验，使他们比较容易理解和同情失意者的心情，一遇仕途蹭蹬，遂生不平之鸣。

韩愈的青少年时代一度是在动乱不安的战乱中度过，也是备尝颠沛流离之苦。《新唐书·韩愈传》中记载："愈生三岁而孤，随伯兄会贬官岭表。会卒，嫂郑鞠之。"①韩愈幼失怙恃，随兄嫂生活，后兄长又死于贬所，他又跟随嫂子回到河阳故里。后来中原兵乱，他随全家人到处避乱。幼年的苦难促使韩愈勤学苦读，渴望出人头地。入朝为官之后，韩愈由于直言进谏也是屡遭贬谪。他因作《谏佛骨表》力谏宪宗迎佛骨，触怒宪宗，被贬潮州，个人的贬谪失意已是灾难，幼女病死途中更是飞来横祸，使他痛苦万分。"女挐年十二，病在席，既惊痛与其父诀，又舆致走道，撼顿失食饮节，死于商南层峰驿，即瘗道南山下。"（韩愈《女挐圹铭》）惊悚痛苦之情，恍惚愧悔之意融于字里行间。

孟郊的家族门第衰微，其父曾任昆山县尉，后又死于任所，其母含辛茹苦将孟郊兄弟抚养成人。为谋求仕进，他刻苦攻读，备尝羁旅劳顿之苦。韩愈多篇诗歌中感叹孟郊贫穷寒酸的生活状况。孟郊自己的诗歌也常常隐含着难言的苦涩与无奈，贫寒窘迫的生活，无情地摧残了他的身体，也给他的精神带来了巨大的压力。不幸总好像死死缠着他，孟郊的三个儿子于元和三年春相继夭折。少

---

① 欧阳修、宋祁：《新唐书》（卷一百七十六），吉林人民出版社1995年版，第3865页。

年丧父，中年丧妻，老年丧子，人生之三大不幸都降临在孟郊的生命中。他的悲苦命运化为"不平之鸣"，苦吟出泣血的文字。

李贺富有才华，又自称宗室之后，有着强烈的功名意识，却因为避父亲名讳而不得举进士，后来也只能就任卑微的官职。冷清寂寞困顿的生活，病弱的身体，死亡迫近的可畏，使他的作品充满凄厉不平之鸣。韩愈、孟郊、李贺、贾岛等人，寒微的出身，生活的困厄，再加上体弱多病的折磨，使他们焦虑紧张压抑。这是他们产生"不平之鸣"的根本情感动因。

2. 强烈的入世思想

"不平则鸣"说与明道说能够同时存在于韩愈的文学思想中，也是由于他的强烈的入世思想。由于这种强烈的入世思想，便把不平之鸣、强烈的喜怒哀乐的感情发抒，和重功利的文学观统一起来了。①积极入世，追求建功立业是汉以后读书人的生活模式，唐代文人更是如此。唐代统治阶级以进士举士，学而优则仕，刺激了文人的从政热情。中唐时期，虽然开元盛世的局面已经逝去，但一度"中兴"的时代使韩愈等人积极追求进仕，以期有用于世。韩愈一生都在为理想而奋斗，曾上《论淮西事宜状》，支持裴度。后又上《论佛骨表》，谏迎佛骨，论佛道之弊。他有雄心壮志，但科举之路却十分坎坷，这在其作品中多有反映。"中兴"的时代，充满希望的氛围里，韩孟诸人积极进仕，却遭遇连连的科场失意之苦。交游、干谒、入幕、外放、贬谪，韩孟诸人在进仕的征途中，既有着羁旅行役之苦，又有着宦海沉浮之悲。他们既不为现实社会所重视，所追求的理想与现实之间形成尖锐矛盾，这就使他们经常处在痛苦和矛盾之中。政治上的压力极大地加剧了他们的心理冲突，为了宣泄内心的愤怒与不满，那颗躁动不安的灵魂转而把不幸受阻的政治抱负化为诗歌创作的激情。②强烈的入世思想与现实的坎坷困顿之间的矛盾，也是形成其不平之鸣的重要因素。

3. 执着的立言意识

儒家讲立德、立功、立言。以立言追求文章之不朽，求得生命之不朽。这反映在中国古代许多文人的人生道路中。文章不朽对韩孟等人的影响也是很深刻

---

① 罗宗强：《隋唐五代文学思想史》，中华书局2016年版，第262页。

② 洪静云：《韩孟诗派险怪奇崛诗风研究》，中央编译出版社2015年版，第65页。

的。韩愈在《柳子厚墓志铭》中说:"子厚斥不久,穷不极,虽有出于人,其文学辞章,必不能自力以致必传于后如今,无疑也。虽使子厚得所愿,为将相于一时;以彼易此,孰得孰失,必有能辨之者。"韩愈强调文学对人生的传世不朽的价值。以韩孟为首的作家们创作往往带有强烈的主观感情色彩,苦心追求,呕心沥血,艺术风格大胆创新求变,这实质上是他们强烈的立言意识的折射。这种强烈执着的立言意识,与司马迁也是一脉相承的。

三、"穷而后工"——创作本源

(一)"穷而后工"观点的提出

欧阳修在《梅圣谕诗集序》中写道:"予闻世谓诗人少达而多穷。夫岂然哉?盖世所传诗者,多出于古穷人之辞也。凡士之蕴其所有,而不得施于世者,多喜自放于山巅水涯之外,见虫鱼草木风云鸟兽之状类,往往探其奇怪;内有忧思感愤之郁积,其兴于怨刺,以道羁臣寡妇之所叹,而写人情之难言,盖愈穷则愈工。然则非诗之能穷人,殆穷者而后工也。"[①]这是欧阳修继韩愈"不平则鸣"之后,对司马迁"发愤著书"说所做的进一步的阐发。在这段话中,欧阳修认为"世所传诗者,多出于古穷人之辞",他所说的穷,是指仕途坎坷、人生困窘,坎坷、困厄出诗人。同时,欧阳修认为"内有忧思感愤之郁积"方能发而为诗,也就是说,"穷"使人对生活的感受比较真切,思悟比较深沉,感情也就愈发强烈,这就是文学创作的动力和源泉。欧阳修认为"愈穷愈工",生活愈是困窘,内心之苦闷忧愤愈是深厚强烈,发而为言,就会形成优秀的作品,所谓穷到极而工到顶。

欧阳修在《薛简肃公文集序》中亦有言:"至于失志之人,穷居隐约,苦心危虑,而极于精思,与其有所感激发愤,惟无所施于世者,皆一寓于文辞。故曰:穷者之言易工也。"这是对其"穷而后工"思想的进一步阐发。

[①] 欧阳修:《欧阳文忠公集(上)》(卷四十二),会文堂书局1913年版,第10—12页。

（二）形成原因

1. 困窘的生存状况

欧阳修自己对于穷苦的生活是有深切体验的。他出身于一个小官吏家庭，但四岁父亲去世，失去依靠，生活陷入贫困。母亲在艰难的生活中给了他良好的教育，亲自教他读书，用芦秆作笔，在沙地上教他写字。欧阳修刻苦攻读，24岁进士及第，入朝为官。他为人刚劲正直，风节凛然，一度被贬为夷陵县令；后因积极参加范仲淹领导的庆历新政，被贬到滁州；晚年又被贬到亳州。一生宦海浮沉，三遭贬谪，对人生命运的变幻和官场的艰险有着深切的体验。欧阳修的好友梅尧臣年轻时由于荫补做了下级官吏，屡次考进士总遭压抑，困厄于州县十多年，虽沉沦下僚，却非常关心时政。他的诗歌关心民生疾苦，写日常生活琐事，抒写人生之不得志，发出困厄者穷愁苦闷的感叹。欧阳修基于自己的人生体验，对好友梅尧臣人生遭遇与创作的理解与感叹，提出"穷而后工"说，反映了艺术创作的普遍规律。

2. 清醒自觉的创作思想

北宋初年，西昆体盛行，面对这种形式主义诗风，梅尧臣感叹："迩来道颇丧，有作皆言空。烟云写形象，葩卉咏青红。人事极谀诡，引古称辨雄。经营唯切偶，荣利因被蒙。"梅尧臣呼唤道的建立，与当时经世致用的思潮相统一，经世致用思潮是促成宋代诗文革新运动产生和发展的重要因素。[1]他提倡《诗三百》的"刺美"精神，同时对于屈原"作《离骚》"，做出高度评价："自哀其志穷，愤世嫉邪意，寄在草木中。"梅尧臣的评价，显然也是寓含着他自己"哀其志穷"和"愤世嫉邪"的思想感情的。欧阳修针对梅尧臣"累举进士，辄抑于有司，困于州县，凡十余年……不得奋见于事业"的人生遭遇，提出其"穷而后工"说。其重点是强调诗人之穷与诗之工的因果关系。诗人之"穷"主要是指其不能施理想抱负于社会政治，而生活在底层，因此却造成诗工的条件；有利于深入社会人生，激发自己的"忧思感愤"之情；愈穷则生活感受愈丰富，产

---

[1] 张毅：《宋代文学思想史》，中华书局2006年版，第41页。

生优秀感人的作品。①梅尧臣与欧阳修的思考，都反映了他们一种创作上的自觉追求。

四、结语

　　司马迁"发愤著书"说总结出了古人创作的一条普遍规律，揭示了创作激情的内在作用。韩愈"不平则鸣"强调激情来自于人心中的不平之气，阐释了人的心理失衡，通过创作得到平衡，揭示了创作的动机、缘由。欧阳修"穷而后工"则通过作家的艺术成就探寻作品之工的本源，强调这激情与不平源自于人生的穷困郁积。他们的理论主张相互补充、相互发挥，成为探究文学创作本源的系统学说，共同构成了诗学领域的悲剧线索，贯穿中国古典文学的发展历程，展示了中国传统诗学一种特殊的审美价值。后来，陆游说："盖人之情，悲愤积于中而无言，始发为诗。不然，无诗矣。"（《渭南文集》卷十五）李贽说："古文圣贤，不愤则不作。"（《忠义水浒传序》）。孔广德说："或则感愤而抒议论，又或则蓄其孤愤而行之于歌咏，无非愤也，即无非忠也。"（《普天忠愤集自序》）他们都与司马迁的"发愤著书"说在精神上有不同程度的联系。②他们又将这种"愤"上升到"忠"的高度，对司马迁等人的观点有了进一步的发展，从而构成了我国传统诗学的一个优良传统。

（陈西洁，渭南师范学院人文学院副教授。）

---

① 王志英：《"发愤著书"说述评》，古代文学理论研究（第十一辑），华东师范大学出版社1986年版，第138页。

② 李壮鹰、李春青：《中国古代文论教程》，高等教育出版社2013年版，第98页。

《汉子精神》中"幽闭"的两种理解
——兼谈司马迁受"幽闭"说之错误

姚 军

李国文在其《汉子精神》中写过这么一句:"司马迁也是一位失败者,受诬、冤狱、蚕室、幽闭,连做人的资格都丧失殆尽,唯有埋首在竹简中著书立说,苦度残年。"[①]

李先生说"司马迁也是一位失败者",那是指他仕途上以求"亲媚于主上"的愿望没有达成,自身反倒受了"李陵之祸","受诬、冤狱、蚕室、幽闭"这四个词就是他遭"李陵之祸"整个过程的撮述。李先生由此感慨司马迁不仅仕途失败,而且还差点儿丢掉性命。

李先生所说的"冤狱"指的就是司马迁在汉武帝面前为李陵辩护,被定罪诬上,投入监狱。司马迁曾被两次下狱,第一次是在天汉二年(前99)岁末,第二次是在天汉三年(前98)岁末,并在此时受了宫刑。[②]

李先生所说的"蚕室",最初是指先秦及秦汉时期进行蚕桑生产及"礼蚕"的处所。司马迁下"蚕室"施宫刑,吴方浪认为此处的"蚕室"只是对养蚕"蚕室"名称的借代,具体指的是宫廷"内官"中的宦者署。[③]

[①] 李国文:《李国文散文》,浙江文艺出版社2001年版。《汉子精神》,又见《高中生之友》2018年第6期。

[②] 张艳国:《司马迁下狱、宫刑年代之商榷》,《史学月刊》1988年第3期。

[③] 吴方浪:《试论汉代"蚕室"与"礼蚕"——兼与宋杰先生商榷》,《内蒙古大学学报》2015年第6期。

若"蚕室"是代指宫刑①，那么，一般情况下人在受该刑后创口极易感染中风，若要苟全性命，就必须留在像蚕室一般的密室中，不能见风和阳光，百日后创口才能愈合。"幽闭"的意思就可以理解为"幽禁""禁闭"，如东汉蔡邕《琴操·拘幽》："无辜桎梏，谁所宜兮？幽闭牢穽，由其言兮。"《后汉书》卷五十六《张王种陈列传》："(陈)球曰：'陈、窦既冤，皇太后无故幽闭，臣常痛心，天下愤叹。今日言之，退而受罪，宿昔之愿。'公卿以下，皆从球议。"《后汉书》卷四《孝和孝殇帝纪》："(十六年)秋七月，旱。戊午，诏曰：'今秋稼方穗而旱，云雨不沾，疑吏行惨刻，不宣恩泽，妄拘无罪，幽闭良善所致。其一切囚徒于法疑者勿决，以奉秋令。方察烦苛之吏，显明其罚。'"这几例所显示的"幽闭"都是指人被限制在封闭而与世隔绝的环境中生活。

若"蚕室"是对养蚕"蚕室"名称的借代，那"幽闭"的意思就只能理解为司马迁受了"幽闭"的刑罚，因为李先生接着说"连做人的资格都丧失殆尽"。正如前边所说，司马迁受的"宫刑"（也称"腐刑"）是割势②，而不是"幽闭"，

---

① 宫刑：周代五刑之一，残害男子生殖器。又叫腐刑，男子被割除生殖器后，数日内伤口会发出肌肉腐烂的臭味，所以称为腐刑。在汉代，属于杂刑之类。还有一种解释是说男子被割掉生殖器后，就丧失了性交的能力，跟腐朽的木头不能开花结果一样，所以称腐刑。宫刑实际上是一种剥夺受刑人生命力的刑罚。

② 男子宫刑的详情不得而知，与后世的净身为太监性质也不同，但其过程应该大体相同。晚清太监马德清说："记得那是我九岁的那一年，大概是光绪三十一年（1905），有一天，我父亲哄着我，把我按在铺上，亲自下手给我净身。那可真把我疼坏了，也吓坏了，疼得我不知晕过去多少次。请想一想，那年头没有麻药，也没有什么注射针、止血药一类的东西，硬把一个活蹦乱跳的孩子按在那儿，把要命的器官从他身上割下去。一根根神经都通着心，疼得心简直要从嘴里跳出来了。动完这次手术以后，要在尿道上安一个管子，不然肉芽儿长死了，撒不出尿来，还得动第二次手术。我后来才听那些懂这种事的人讲，手术之后，不能让伤口很快结疤，要经过一百天，让它俍脓长肉，所以要常常换药。说实在的，所谓换药，不过是换一换涂着白蜡、香油、花椒粉一类东西的棉纸儿。每一次换药，都把人疼得死去活来。我记得，那个时候，我整天躺在土炕上，父亲只准我仰面朝天，有时脊梁骨就像断了一样，想翻一下身子，可是哪敢动一动呢，就是略微欠一下身子，伤口也牵着心疼啊！大小便就只能在炕上躺着拉和尿，屁股下面垫着灰土，灰土天天换，也总是湿漉漉的。大约四个月后，我的伤口好了，我父亲便带着我投亲找友，找路子想把我送进宫去。"据此可大概知道宫刑的过程与残酷。转引自王树卿《清朝太监制度（续）》，《故宫博物院院刊》1984年第3期。

"幽闭"是施之于女性的宫刑，《汉语大词典》第四卷第四百四十页就是这样解释的。李先生说司马迁受了"幽闭"之刑，显然是错误的。

那么，"幽闭"到底指的是一种什么样的刑罚？如何实施？

一说是禁闭。班固《白虎通义·五刑》云："宫者，女子淫，执置宫中不得出也。"《周礼·秋官·司刑》郑康成注："宫者，丈夫则割其势，女子闭于宫中，若今之窨男女也。"《尚书·吕刑》唐孔颖达疏："伏生《书传》云：'男女不以义交者，其刑宫，是宫为淫刑也。'男子之阴名为势，割去其势，与椓去其阴，事亦同也。妇人幽闭，闭于宫，使不得出也。"孔颖达的疏解显然是班固等人观点的继续。汉代也有这样的宫刑，例如《汉书·景帝纪》："元年冬十月，诏曰：……孝文皇帝临天下，通关梁，不异远方；除诽谤，去肉刑，赏赐长老，……除宫刑，出美人，重绝人之世也。"汉景帝诏书，把去肉刑和除宫刑作为二事，肉刑指文帝已废除的黥、劓、刖三刑，"除宫刑"和"出美人"意思是一样的，专指拘禁、禁闭的女性而言。再如程树德《九朝律考》卷一："光武二十八年、三十一年，诏死罪系囚，皆一切募下蚕室，女子宫。明帝永平八年，诏大逆无道诛死者，一切募下蚕室。章帝建初七年、元和元年、章和元年，诏犯诛死，一切募下蚕室，其女子宫。和帝永元八年，诏犯大逆，募下蚕室，女子宫。终汉之世，时以宫刑代死罪，皆沿景帝定制也。"宫刑是死罪减一等一种赎死之刑。"下蚕室"是"去势"的复活，用以代替死刑。古人认为去势是一种枯竭男子生命力的刑罚，处宫刑是对人在精神层面的扼杀。至于女子犯死罪赎死之法，就是终生为官奴隶，采取禁闭于宫中的办法。

鲁迅在《病后杂谈》一文中说："也还是为了自己生病的缘故罢，这时就想到了人体解剖。医术和虐刑，是都要生理学和解剖学知识的。中国却怪得很，固有的医书上的人身五脏图，真是草率错误到见不得人，但虐刑的方法，则往往好像古人早懂得了现代的科学。例如罢，谁都知道从周到汉，有一种施于男子的'宫刑'，也叫'腐刑'，次于'大辟一等'。对于女性就叫'幽闭'。向来不大有人提起那方法，但总之是决非将她关起来，或者将它缝起来。近时好像被我查出一点大概来了，那办法的凶恶，妥当，而又合乎解剖学，真使我不得不吃惊。但妇科的医书呢？几乎都不明白女性下半身的解剖学的构造，他们只将肚子看作一个大口袋，里面装着莫名其妙的东西。"①"将她关起来"，即指"禁闭"说，鲁迅说"决非"，觉得荒谬不可信。

一说是缝合。鲁迅《病后杂谈》中的"将它缝起来"，就指的是"缝合"说。鲁迅也说"决非"，依据何在？他没有说，我们也不好妄加猜测。

据清人褚人获的《坚瓠集》记载，清初亳州有个儒生和家中的一名婢女相好，儒生的妻子非常妒忌，得知此事，就取来一些蒜瓣捣碎，塞进婢女的阴道里，又用针线把阴道口缝起来。婢女痛苦不堪。邻居们知道了，非常愤慨，一起向官府告发。官员大怒，下令逮捕这个妒妇。又叫来皮匠，带着锥子、线绳等物，要把她的阴户也缝起来。儒生害怕玷辱家门名声，极力请求官府赦免。官员说："我这城门楼坍塌已久了，你能把它重建起来，我就免这妒妇之罪。"儒生迫不得已，竭尽家中财物，雇用了许多工匠民夫，才把城门楼重新修好。后来，当地人戏称这城楼为"缝幽楼"。可见，距我们较近的清代，使用缝合这样的残忍手段者也还是有的。

鲁迅又说，"近时好像被我查出一点大概来了，那办法的凶恶，妥当，而又合乎解剖学，真使我不得不吃惊。"这是比较委婉的说法。那么，他所说的凶恶、妥当且合乎解剖学的具体办法会是什么呢？

一说是"椓窍"。《辞海》幽闭条解释为古代断绝妇女生殖机能的宫刑。具体办法语焉不详。

明王兆云《碣石剩谈》："妇人幽闭，即椓窍是也。其法用木槌击妇人胸腹，即有一物坠而掩闭其牝户，止能溺便，而人道永不能矣。是'幽闭'之说也。'椓'字出《吕刑》。"

明清之际褚人获《坚瓠续集》卷四《妇人幽闭》条云："昔遇刑部员外许公，因言宫刑。许曰：'五刑除大辟外，其四皆侵损其身，而身犹得以自便，亲属相聚也。况妇人课罪，每轻宥于男子；若以幽闭禁其终身，则反苦毒于男子矣。椓窍之法，用木槌击妇人胸腹，即有一物坠，而掩闭其牝户。止能溺便，而人道永废矣。'是幽闭之说也。今妇人有患阴颓病者，亦有物闭之，甚则露出于外，

---

① 鲁迅：《且介亭杂文·病后杂谈》，《鲁迅全集》（第六卷），人民文学出版社2005年版，第171页。

谓之'颓葫芦',终身与夫异榻。似得于许说。"

清刘坚《修洁斋闲笔》卷二《幽闭》:"《碣石剩谈》:'妇人幽闭,即椓窍是也。其法用木槌击妇人胸腹,即有一物坠而掩闭其牝户,止能溺便,而人道永不能矣。'是'幽闭'之说也。'椓'字出《吕刑》。"

清王初桐《奁史》卷二十八《肢体门》四:"妇人椓窍为宫刑。椓窍之法:用木槌击妇人胸腹,即有一物坠而掩闭其牝户,止能溺便,而人道永废矣。是'幽闭'之说也。今妇人有患阴颓病者,亦有物闭之,甚则露出于外,谓之'颓葫芦'。(《碣石剩谈》)"①

清马国翰《目耕帖》载:"椓窍之法,用木椎击妇人胸腹,即有一物坠而闭其牝户,止其溺便,而人道永废矣。是幽闭之说也。"

可见,褚人获、刘坚、王初桐和马国翰四人的"幽闭"说都源于明人王兆云,其具体实施办法是用木槌击打妇女腹部,使子宫脱坠,掩闭阴道口,以便阻止性交。蔡枢衡教授所著《中国刑法史》和李光灿教授主编《中国刑法通史》对"幽闭"的解释,材料的渊源也应该来自王兆云的《碣石剩谈》,蔡教授的解释是"古时用棍棒椎击女性胸腹,使肠胃下垂,压抑子宫,坠入腔道,以妨交接"。

还有一说是"剔筋"。《辞源》幽闭条解释为古代毁坏女性生殖器官的酷刑。具体办法也是语焉不详。

明嘉靖时柯尚迁的《周礼全经释原》卷十一说:"民之有罪者,以五刑之法丽之,皆亏体肉刑也。墨者,刻其面,以墨窒之;劓者,截其鼻,形不完矣;宫者,男子去势而为奄,女子幽闭而为奚。去势者,去其阳;幽闭者,闭其阴,盖女子去其生本,则幽阴闭塞矣。"卷十三又说:"男去势而为奄,女幽闭而为奚。盖女子去其生本,则幽阴闭塞矣,犹男子之去势也。汉儒训'幽闭'为'幽而闭于宫中',后儒遂不考幽闭之法。故释'女宫'为'宫中之女',而不知为宫刑之女也。天地一阴一阳而生万物,今男子有去势之法,而女子独无,岂圣人扶阳抑阴之意乎?"认为女子"幽闭"是一种"亏体肉刑","去其生本,则幽阴闭塞矣",绝对不是汉儒解释的"幽而闭于宫中"(即"禁闭"说)。

---

① 陈福康:《新版〈鲁迅全集〉对"幽闭"的注释》,《鲁迅研究月刊》2013年第2期。

明万历时周祈的《名义考》卷七《人部》也说："宫刑：宫，次死之刑。男子割势，妇人幽闭，男女皆下蚕室。蚕室，密室也，又曰荫室。隐于荫室一百日乃可，故曰隐宫。割势若犍牛然；幽闭若去牝豕子肠，使不复生。故曰次死之刑。或疑幽闭为禁锢，则视劓刖反轻，岂能以荫室终身哉？自北魏文帝除后，其法遂泯，惟割势为阉人进身之阶，甘自蹈之矣。"认为"幽闭若去牝豕子肠，使不复生"。

明万历时王同轨的《耳谈类增》卷十八《胜志身体篇》"妇人幽闭"条言："传谓'男子宫刑，妇人幽闭'。皆不知'幽闭'之义，今得之，乃是于牝剔去其筋，如制马豕之类，使欲心消灭。国初常用此，而女往往多死，故不可行也。"

明天启时姚旅的《露书》卷一《核篇上》也说："宫辟，男子割势，妇女幽闭。割势者，只割其两肾，若鸡豕去势之去其肾也；今则并茎而去之。幽闭者，于牝剔去其筋，亦若制牝马牝豕之类，使欲心消灭。故皆置桑室蚕室，而谓之宫。国初犹用此，而女多死焉，因不行。非如《白虎通》之所谓'女子淫，执置宫中，不得出也'。若只执置宫中，任浣洗针工、春作之事，女何所畏而不淫耶？"

明末清初徐树丕的《识小录》："传谓'男子割势，妇人幽闭'。皆不知'幽闭'之义，今得之，乃是于牝剔去其筋，如制马豕之类，使欲心消灭。国初常用此，而女往往多死，故不可行也。"[1]

可见，徐树丕关于'幽闭'的解释完全抄自明万历时的王同轨，其中"国初"一词指的是明朝初期。朝廷使用剔割卵巢等器官的办法[2]，目的是消灭妇女的情欲，结果受刑妇女多因此而致死，也就没有实行下去。

《中国大百科全书·法学卷》"宫刑"条的"幽闭"将《辞海》和《辞源》的上述两种说法并列提及："女子幽闭，古有两说……"古代断绝妇女生殖机能的宫刑，即"椓窍"，指的是用木槌击打妇女腹部，使子宫脱坠，掩闭阴道口，以便阻止性交；毁坏女性生殖器官的酷刑，即"剔筋"，指的是用剔割卵巢等器官的办法，消灭妇女的情欲。

---

[1] 陈福康：《新版〈鲁迅全集〉对"幽闭"的注释》，《鲁迅研究月刊》2013年第2期。
[2] 伊广谦：《"幽闭"考略》，《江西中医药》2003年第9期。

综上所说，李国文《汉子精神》中"幽闭"的理解可有两种说法。作为动词，它是"幽禁""禁闭"的意思；作为名词，它是一种施之于女性的宫刑。说司马迁所受的宫刑是"幽闭"，显然是错误的。"幽闭"的具体实施办法，有"禁闭"说，有"缝合"说，拥有医学背景的鲁迅说"决非"，我以为判断正确；又有"椓窍"说和"剔筋"说，与鲁迅所说的"那办法的凶恶，妥当，而又合乎解剖学"相对照，我以为还是"剔筋"说更符合"凶恶""妥当"和"合乎解剖学"这三个关键词的复合意义。

（姚军，宝鸡文理学院文学与新闻传播学院副教授、硕士生导师，文学博士。）

后　记

2018年11月24日至25日，陕西省司马迁研究会2018年学术年会暨中国语言文学学科建设高层论坛在西安工业大学召开。会议由陕西省司马迁研究会主办，西安工业大学人文学院承办，渭南师范学院学报编辑部协办。来自西班牙马德里大学、香港中文大学、广西师范大学、广西民族大学、枣庄学院、陕西省司马迁研究会、韩城市司马迁学会、陕西省传记文学学会、陕西师范大学、西北大学、长安大学、西安外国语大学、西安工业大学、陕西理工大学、延安大学、西藏民族大学、渭南师范学院、咸阳师范学院、宝鸡文理学院、西安文理学院、商洛学院、榆林学院等30余所海内外高校及研究机构的学者100余人参加了此次年会。

11月24日上午，开幕式环节由西北大学学报编辑部主任刘炜评主持，西安工业大学主管校领导、陕西省司马迁研究会名誉会长袁仲一、渭南师范学院学报总编辑高敏芳、陕西省司马迁研究会会长张新科先后致辞。

西安工业大学主管校领导在致辞中说，《史记》是纪传体通史的开山之作，也是一部杰出的文学著作，鲁迅誉之为"史家之绝唱，无韵之《离骚》"，实为精到之论。司马迁及其《史记》中表现出的扬善挞恶、秉笔直书的史圣风范和坚韧顽强、刚直傲岸的文人风骨流淌和积淀在中国传统文人的血脉之中，其"泰山鸿毛"说、"发愤著书"说是中国人宝贵的精神资粮，对当代中国精神的建构有可资借鉴之处。他还说，司马迁也堪称伟大的科学家。在天文学方面，他首次完整地叙述了全天星官，奠定了星座划分的标准；在历法方面，他制定了著名的《太初历》；在地理学方面，他的著述涉及了域外地理、经济地理、植物地理、动物地理及地土壤地理；在经济学方面，他的"货殖"观念反映了独到的经济思想，一些创见为后世所遵循。袁仲一回顾了陕西省司马迁研究会成立27年的发展历程，并对陕西省司马迁研究会所取得的丰硕成果表示祝贺。

高敏芳介绍了《渭南师范学院学报》的特色化办刊之路。学报从1986年创刊号起，就发表有关司马迁与《史记》研究论文。1989年，设立《司马迁与〈史记〉研究》栏目，推出了大量司马迁与《史记》研究的精品佳作。2011年以来，学校建成了教育部《司马迁与〈史记〉研究》名栏，成立了"陕西省社科普及基地中国司马迁与史记研究院"，编撰出版《司马迁与〈史记〉研究年鉴》，建设"中国司马迁与史记研究展览馆"。近年来，学报注重策划不同的专题，注重与学校承担的各级史科科研课题结合，注重《史记》与地方文化的结合，注重把《史记》的研究置于古代文学、古代汉语、文学理论、现当代文学以至政治学的视域之中，在学术界产生了良好的影响。2018年11月，《渭南师范学院学报》进入中国人文社会科学扩展期刊。

张新科在致辞中说，《史记》是一部浩瀚的历史巨作，全书包含十二本纪、三十世家、七十列传、十表、八书，共130篇、52.65万余字。历代帝王政绩、诸侯勋贵兴亡、重要人物事迹，以及历朝礼乐、天文、兵律、货殖、河渠、地理等诸方面内容，无所不包。"不虚美，不隐恶"，全面记述了中华文明三千年间政治、军事、经济、民族、外交等方面情况，具有极高的史料价值。《史记》更是中国文化的经典之作，它通过记述一系列人物尤其是诸多英雄人物，对中华民族价值观的塑造起到了重要作用；《史记》所体现的大一统思想、爱国思想、积极进取精神、求实创新精神等，都对当今社会发展有积极作用。自汉至清，《史记》研究专著与单篇论文"汗牛充栋"，囊括名物典章、地理沿革、文字校勘、音韵训诂、版本源流以及疏解、读法、评注等领域。20世纪以来，梁启超、顾颉刚、胡适、叶圣陶、郑振铎、范文澜、翦伯赞等名家都曾撰写文章，介绍《史记》的史学价值、思想价值、文化价值、艺术价值。张会长提出，应该建立一门新的学科——"史记学"。"建立'史记学'有利于中华优秀传统文化的广泛传播，有助于树立正确的历史观，构建我们的民族文化，建立我们的民族自信，加深我们的民族认同。这也是当前文化发展和文化建设的需要。"

开幕式后是主题发言环节，由西北大学出版社社长马来主持。雷勇、潘铭基、罗慧玲、刘炜评、张申平、王长顺、孙振田等7人分别向全体参会专家学者做了题为《史官文化背景下的中国古代历史叙事》《略论〈史记〉里之长公主》《早期西班牙汉学的"黄金时代"》《汉代关中游侠刍议》《〈史记〉与古文文统》《论近现代〈史记〉文章学评论之特点》《从〈史记·封禅书〉小说家类看〈汉书·艺文志〉〈封禅方说〉之性质与内容》的报告。渭南师范学院凌朝栋教授、梁建邦教授，陕西师范大学高益荣教授、高一农教授、田大宪教授，韩城司马迁学会会长张韩荣，陕西理工大学梁中效教授分别做了精准到位的点评。七位学者的主题报告分别从叙事学、文本、西方汉学、文学传统等角度探讨学术问题，内容新颖，思想新锐，材料丰富，获得了其他学者的好评。

24日下午，与会学者分为3组进行交流讨论。在分组会议中，学者们进行了激烈的讨论，交流研究方法，分享学术思想。他们轮流报告的论文涉及《史记》的内容和形式、受《史记》影响的文化传统、《史记》的当代价值等，真正做到了多元化研究。点评专家也对论文提出了中肯的修改意见，大家共同营造了平等健康的学术氛围。

2018年陕西省司马迁研究会学术年会论文集选入《司马迁与史记论集（第十二辑）》29篇，大致分为《史记》思想文化研究、《史记》文学艺术研究、《史记》人物研究、《史记》文献研究、《史记》接受研究和《史记》相关研究等6个部分。

《司马迁与史记论集（第十二辑）》由陕西省司马迁研究会选编，主编是张新科教授和李红岩教授，姚军副教授和西安工业大学文学院冯倩萌做了编辑和校对工作。

编者

2022年3月14日